劉君祖易經世界

身處變動的時代，易經教你掌握知機應變，隨時創新的能力。

易經六十四卦的全方位導覽

易經密碼

第一輯

劉君祖——著

目錄

解讀〈文言傳〉

創業維艱——屯卦第三（䷂）

大衍之術

消訟弭爭——訟卦第六（䷅）

學《易》的態度

龔鵬程

君祖把此書書稿發給我看，我讀到他說自己學《易》和教《易》的一段，不覺哈哈大笑。

君祖說：三十幾年前，跟老師學《易》學《春秋》，至少要把《四書》學完，否則你跪下來，他也不教你；現在教書就不能如此堅持。許多人以為學了《易經》就會飛，有神通，反而覺得《四書》沒什麼。可是他連一些基本常識也沒有，教他《易經》這麼難的東西，可怎麼教呢？

是的，《易》為天人之學，孔子晚而學《易》，尚且韋編三絕，可見易道之難。一般人常說：易者，不易、變易、簡易。但其簡易卻是如山谷稱讚杜甫詩那種「平淡而山高水深」的，是把萬物之理總攝起來，成為可掌握的東西，故簡。然而這套東西卻是為學之終境而非始境，即之愈深，究之難窮，非初學所宜問津。我們當年學《易》亦如孔子般，旨在玩辭觀象，有以窮賾蓄德，誰也沒打算宣講。

但世緣難料，君祖以講說《易經》為世所知所重，竟亦已三十餘年。他每天對著初學者講這些連孔子都不願為其弟子們講的「性與天道」問題，其艱難可知。孔子曾批評過：不可與言而與之言，是謂失言。君祖其失言乎？

不然，言各有其機也！方今世衰道喪，其厄遠甚於孔子之時。傳統文化，猶如颶風地震既過，正待收拾重建。此刻尚有一二素心人，有心向學，欲聞第一義、再叩聖哲門，吾儕喜出望外之不暇，何暇擇術而教？他想學什麼，我們就應該講什麼。程度差，沒關係，優柔善入，經典摩習既久，自然也就懂了。難得的是還有人願意學，因此吾人也就應該努力教。

君祖這些年南北奔波，講授《易經》，無非本於此一心情。傳道、授業、解惑，昔聞諸師友者，今盡饋獻於學員身上。以大悲心、行大願力、貢獻不可謂小。

而另一難得之處，不是願力，而是他的教法。

剛才講過，《易經》本來難教，並不適合接引初機。何況歷來以此為天人究極之學，註釋考論者又務窮幽隱，把《易經》講得玄妙萬分，雜於陰陽術數，網羅商道兵機，旁攝醫巫，橫貫天文、電腦、相對論、氣場、原子、宇宙動能。以致一般人才會以為學了《易經》就會飛、就有神通。

我這幾年在大陸，對此感慨尤深。因為大陸自文革以後，真正好好讀過傳統書的人根本沒幾個，但「國學熱」一來，這也大師、那也大師。而且大師們對《詩》《書》《禮》《春秋》基本上沒興趣，都喜歡講《易》。這不是畫狗馬難而畫鬼魅易嗎？你讓他講講《詩》《書》《論語》，你大概就會笑掉大牙；但若聽他講《易經》，可能就要佩其玄妙、仰其高深，而不得不尊稱他是大師了。因此到處都是大師，到處都在講《易經》，而其實《易》道之晦，殆無過於今日。

君祖講《易》，在現今卻是極難得的。他名高，達官顯貴多出其門下。一般人總喜歡說他是帝王師，因李登輝先生等皆嘗從其學《易》。但這實無足輕重，他講學之長處，不必靠闊學生來增價。其真正有價值者，我以為有以下幾點：

一是平實。《易》道廣大，門庭複雜，所以說《易》者不難於玄眇，而難於篤實。君祖善占，不只是義理一派，但他很少就象數說。無論漢儒之說爻辰、互卦、卦氣、承應、爻變、飛伏，或宋儒之說河圖洛書、先天八卦，他均很少採用。不是他不懂，而是他能克制講學人最難避免的炫學好奇之病，凡說及互體卦氣處（如本書乾卦、坤卦、需卦），都緊扣經典文本，不蔓不枝。其他凡引申推衍到天文、生命科學、數理邏輯、醫學、企業管理、政治、經濟等處，亦皆如此。一方面循文守義，不致恢擴曼衍，變成自己的一套胡扯；一方面又讓學習者雖知易道足以彌綸萬象，而基本上仍只就自家生命的安頓說。

二是戒依傍。因為平實，所以君祖說《易》大抵順文直解，教人玩索經文卦爻辭與十翼而已，不會如一般講《易》的人那樣，搭一個外在的架子，把《易經》套進去說。什麼叫搭外在的架子呢？例如用西洋哲學的形上學、存有論、倫理學、認識論；或科學的量子物理、氣場、相對論，邏輯、生物科學；或民族學考古的原始思維、古代史事、生產關係；或佛教義理、禪宗話頭……等等去套。

三是體貼經義。平實地說經，順文直解，本來是最呆板的教法，但君祖能以此獲得學員們的激賞，在於他真能體貼經義。體貼，是一種用心，不只是知識問題。他能時時就《易》卦之構成、卦爻辭之撰就、孔子如何讀《易》贊《易》、各卦相互關聯、卦爻辭相互呼應處去細心體會，詳為闡發，自然說解透闢。這一方面須熟於卦例，能斟酌經文之遣辭用字（可以看他對字詞的解說，十分仔細。但非漢儒訓詁之法）；一方面要首尾相應，照顧全局（如「元、亨、利、貞」在各卦中的情況、「無疆」在幾個卦中的不同），而更重要的是解經者的態度。

四是生命安頓的旨趣。解經的態度，決定於解經者的用心。以吉凶休咎論《易經》的人，看《易經》就只在個人吉凶利害上考量。君祖說《易》，不是這一路，他是觀象玩辭以自畜其德的。

他曾說：「占卦斷卦仍離不開個人修為。也就是說：健康的態度很重要，我們說『藉占習易』，但最後的目的還是『藉易修行』」。這幾句話，大概可見其宗旨。一切學問，回歸自身，幫助你成己成德，這才是儒門易教最重要的精神。因此他講《易》，一卦一爻，處處扣住為人處世如何進德修業說，強調的是如何由此安頓自己的生命。

五是有群己和通的理想。君祖之儒學有個底子，那就是《春秋》公羊家之說。公羊家「貶天子、退諸侯、譏世卿、討大夫」，對君主制、貴族世襲制皆採批判態度，希望能達到「大同」的理想。大同世界之描述，詳見《禮記・禮運・大同篇》，那是個人人獨立而又平等、自尊而又協力的時代。君祖認為《易經》也有這種理想，如乾卦說「群龍無首，吉」就是。他覺得民主共和制度是符合此一理想的，但大同境界，不易遽及，他也不會如康有為寫《大同書》那般冒進，只是以群己和同為理想，願人「保合太和，各正性命」罷了。

此等理想，我亦以為現今不易達到，但講明正理，責無旁貸。我很佩服他這幾十年來用心行道之力，故在其著作前略申一二語以為之介。希望沒講岔了，令老友見笑！

《易經》的現實意義

劉大鈞

《易》作為一門「潔靜精微」的學問，它之所以具有永恒的生命力，即在於它總能解決每個時代所面臨的問題。今讀劉君祖《易經密碼》，使我對《周易》的當代價值有了更深的瞭解。《易》本是卜筮之書，而卜筮則是先民「決嫌疑，定猶豫」的重要方式，在其神秘的外衣下，包裹著對現實和未來的關注與抉擇，透顯出一種深沉的憂患意識。重要的不是事先預知未來的吉凶休咎，而是明曉之所以吉凶休咎的原由。如此吉，不如此則不吉；如此凶，不如此則不凶。這是相反相成的道理。《易》六十四卦三百八十四爻，莫不如此。如師卦初六爻辭「師出以律，否臧凶」，「否臧」才會「凶」，如果「臧」則不凶。節卦六四爻辭「安節，亨」，「安節」才能「亨」，如果不能「安節」則不「亨」。雖然《易》中未必每條卦爻辭都明言吉凶的緣由，但在其卦爻象中一定表達出了相應的信息。明曉了吉凶休咎的原由，才能夠做到趨吉避凶，而趨吉避凶的關鍵則是身處其中的人。所以說，《易》所關切的中心是現實中的人，而不是神秘玄虛的力量。《易》在表達方式上，無論是其卦爻符號還是卦爻辭，都是獨特的象徵性語言，這種象徵性語言的含蓄性、開放性，使《易》具備了廣闊的意義涵攝力，各種境遇中的人都能從中獲取有益的啟迪。

孔夫子晚而好《易》，愛不釋手，以至於韋編三絕，並說：「加我數年，五十以學《易》，可以無大過矣。」（《論語・述而》）孔子以其卓越的人文智慧，對《易》所蘊含的宇宙人生之理做了創造性的解讀，實現了易學由占筮到德義的轉換和提升。孔子提出治《易》應當「幽贊而達乎數，明數而達乎德」（帛書《要》）。「贊」是借助於神明而占筮吉凶，但卻不能明瞭其所以然之理；「數」則是能把握占筮吉凶的所以然之理，對宇宙人生的法則有一個明確的認識；「德」則在「明數」的基礎上能體察《易》與占筮中的德義內涵，將易理貫徹到人生踐履之中，做到進德修業，知機明時。〈說卦傳〉云：「昔者聖人之作《易》也，幽贊於神明而生蓍，參天兩地而倚數，觀變於陰陽而立卦，發揮於剛柔而生爻，和順於道德而理於義，窮理盡性以至於命。」這段話從「贊」「數」「德」的角度闡明了《易》的宗旨。孔子所開顯的「贊」「數」「德」三層一體的詮釋路數，充分展現在今、帛本《易傳》之中，為後世易學的發展奠定了理論範型。

通觀中國易學史，一般粗分象數與義理兩大流派。象數易學以探究《易》文本的象數內涵為主題，在象數模式中構建易學天人之學。義理易學則以探究《易》文本的義理內涵為主題，重在直接揭示《易》文本的天地人三才之道，而是不將其寄託在象數模式上。其實，象數是易學之根基，拋棄了象數，易學也就不成其為易學；義理是易學之指歸，沒有了義理，易學也就失去了其存在的價值。在孔子及反映其思想的今、帛本《易傳》那裡，並沒有象數與義理的分野，義理根植於象數，象數是為了表詮義理，二者本就是一體互顯的。後世易學因其時代思潮和歷史文化需求的不同，在治《易》路數上各有偏重，或偏於象數，或重於義理。但質而言之，它們所關切的中心也仍然是現實中的人，其目的都是為了應對各自時代中的問題，解決人在歷史中的困境。人總是歷史發展中的人，人所面對的問題也總在不斷變化，所以《易》的思想內涵也隨著時代的不同而呈現出不同面貌。《易》之意義不僅在於它是一部古代文化典籍，更在於它能因時現義，為歷史的發展提供啟發性的指導。正如劉君祖先生書中所說：「《易經》並不是死硬的教條，它強調每一代都要創新、要突破既有格局；不但能應付當代最迫切的危機，還具有指向未來的前瞻性。《易經》的智慧在未來百年千年還可以不斷地啟發後人，針對他們那個時代所面臨的問題，從一些基本面上提供指引。」

劉君祖先生是臺灣著名易學家，以切身之實踐對易道與當代社會的互動有深湛的體悟，將難解的易理以現代生活予以解讀，生動活潑，剖析透徹。孟子云：「君子深造之以道，欲其自得之也。自得之，則居之安；居之安，則資之深；資之深，則取之左右逢其原，故君子欲其自得之也。」君祖先生研《易》數十年如一日，切磋琢磨，深造自得，所以他對《易》的解讀也就能「左右逢其原」。他已經出版了《易經與現代生活》、《易經的第一堂課》等多部著作，深受社會各界讀者所喜愛，為易學文化在新時代的發揚光大做出了重要貢獻。這套《易經密碼》，承繼他以現代生活解《易》的獨特風格，將古代易說與現代生活緊密結合，對卦爻象和卦爻辭詳盡剖說，融象數義理為一體，娓娓道來，新意迭出，既適合於初學者，也有益於大方之家。我與君祖先生是相識多年的摯友，他多次參加我所召開的周易學術研討會，我也多次赴臺參加他主辦的易學會議，因而建立了深厚的友誼，今看到其新作即將付梓，我非常高興，故而略述感想如上，以應君祖先生索序之情。

自序／

願把金針度與人

我習易至今已滿四十年，在世界各地授易也四分之一個世紀，人生的黃金年華幾乎都在大易的智慧之海裡浮沉，經歷世事人情也算不少，嗟嘆感喟不可謂不深。一部《易經》來來回回不知讀了講了多少遍，每回講授時不斷能發現新意，以易理和其他學術領域相印證，如道術、佛法、兵家、中醫養生與企業經營管理等，每每圓融無礙，且能有更深透的洞察。孔子五十以學易，立身行事無大過，晚年嗜易簡策不離身，至於「韋編三絕」，看來其中確有道理。總共不過四千字的經文，還有六十四卦爻符號的無字天書，竟然涵蘊如此之深，真的取之不盡，用之不竭！

這套《易經密碼》的大書，是積累數十年的學行經驗匯萃而成，蒙海峽兩岸出版界的朋友不棄，先出簡體字版試水溫，再擴編整理成完整的繁體版以饗台灣讀者。本書以近三百萬字的篇幅，深入淺出解釋經傳全文、闡析卦爻結構，從容探討爻變、卦變、相錯、相綜、相交，乃至卦中藏卦等複雜神奇的變化，並以史實及生活中許多例證印驗說明。由於是根據課堂上長期細講的多次語錄潤飾擴衍而成書，白話口說流暢，讀者也較易領會。

龔鵬程教授與我相知相交卅多年，我多本著作完成後要請人寫推薦序，世海滔滔，群才濟濟，繞來繞去還是找了他。歲月悠悠，老友年輕時的縱橫才情更深化成睿智剛勁的力道，評點鞭辟入裡，見微知著，確實令人佩服。他說本書的價值有五：平實、戒依傍、體貼經義、生命安頓的旨趣、群己和通的理想。真是說的精確到位。大易本是實學與時學，世人癡迷，學究誣罔，偏離大道殊甚啊！

山東大學劉大鈞教授為大陸易學名家，他一手擘畫建立的「周易研究中心」為華夏易研重鎮，幾十年來育才無數。我有幸與他結緣十多年，時有往還。這次也是蒙他第二次賜序推薦了，真心感念。易學理氣象數息息相關，為渾然整體。他說本書義理與象數融合無間，古代易說與現代生活緊密結合，新意迭出，深造自得，確是大家眼界。期望中華易學的瑰寶，能在一代接一代的努力精研下發揚光大，繼明照於天下四方。

大塊出版公司的郝明義先生與我也是多年舊識，幾年前我應邀赴紐約臺灣書院講易，他認真從頭聽到尾，其後也多就易理易占訊聯討論。本書在臺出版的殊勝機緣由他促成，真是：「君子朋友以講習，大塊假我以文章。」感謝他的支持，也衷心希望天下各方的讀者能於此真實獲益。

劉君祖　於夏曆乙未年清秋時節

引語

《易經》的〈象傳〉

我們在進入實際卦爻內容的義理講解之前，先要對「十翼」，也就是〈易傳〉有一個初步的認識。「十翼」之中的〈文言傳〉專講乾、坤兩卦，那是非常特殊的。有些《易經》版本因此將〈文言傳〉調到乾、坤兩卦裡頭；大部分版本因為〈文言傳〉到底是專門解釋「經」的「傳」，所以還是把它放在《易經》經文（即卦和爻）後面，沒有跟著乾、坤的卦、爻辭走。十篇〈易傳〉之中，跟著《易經》經文走的只有〈彖傳〉與〈象傳〉。譬如乾卦卦辭「元亨利貞」後面就是〈彖傳〉，主要解釋卦的結構和卦辭，還有很多創造性的發揮與見解。首先我們看〈象傳〉。

〈象傳〉又分〈大象傳〉與〈小象傳〉。〈大象傳〉解釋卦象，〈小象傳〉解釋爻象。〈大象傳〉是〈象傳〉、〈象傳〉之中創作時間最早的，所以它非常樸素，並沒有著重解釋卦辭，可能在〈大象傳〉創作的時代，認為卦辭沒什麼好解釋的，因為那個時代的人理解卦辭不像現在這麼難。他們比較重視的反而是像乾卦〈大象傳〉「天行健，君子以自強不息」和坤卦〈大象傳〉「地勢坤，君子以厚德載物」這些素樸的觀念，以及從三畫卦變成六畫卦之後的卦象。六爻卦上面三爻構成上卦，也稱為外卦；下面三爻構成下卦，也稱為內卦。上卦與下卦合成六爻卦，即由三爻卦變成六爻卦，在《易經》的發展源流上，這叫做重卦，也就是周而復始的概念；從基層到高層、從內到外、從下到上，隨著時間變化的歷程，經過重卦變成六爻卦，有了上下、內外的分別之後，以八個三爻卦（乾☰、坤☷、坎☵、離☲、震☳、巽☴、艮☶、兌☱）搭配組成的上、下卦之間，自然會產生密切的互動關係。所謂「誠於中，形於外」，「內聖外王」，外面感染到什麼，可能會影響內部；內部所醞釀的東西，可能會影響到外面的言行舉止，所以內、外卦的互動非常重要。〈大象傳〉就是鎖定上、下兩個從自然取象的卦——即代表天、地、水、火、雷、風、山、澤八種自然現象的八個三爻卦——它們之間的互動關係。〈大象傳〉就是經過自然觀察而取法乎自然，再運用到人世間的做人處事上，所以它像是道德勸說，或是人生修煉的經驗法則，而這些經驗法則是有自然天理的依據，如「天行健」是自然現象，對人來說，就是「自強不息」；「地勢坤」是大地的現象，在人來說，就要有「厚德載物」的包容力。由此可見，上、下卦，和內、外卦的互動關係就集中在〈大象傳〉，我們可以通過它來觀察這些卦象，並運用到人間。

有了〈大象傳〉之後，爻辭也需要解釋，所以〈小象傳〉出現了。〈小象傳〉解釋爻辭，不見得是針對它在訓詁上的解釋，而是分析爻是如何寫出來的，它本身所具備的條件、以及爻際之間的互動關係。這個爻所在的卦可以視作大環境，它所在的爻位即是它自身的客觀條件。因此，〈小象傳〉的目的就在於幫我們掌握這個爻在各種力量影響下，它的處境、未來的發展，以及當下的應對之法。

由此可見，〈大象傳〉關注整個卦，重視上下內外的互動；而〈小象傳〉則是分析每一個爻的具體處境。

《易經》的〈彖傳〉

一般認為，〈彖傳〉是在〈象傳〉之後出現的。大概是因為〈大象傳〉和〈小象傳〉出現一段時間之後，不論是學《易》或授《易》之人，都覺得隨著時代更新，又有很多新的經驗、新的創見不斷出現。而〈彖傳〉可說是這個階段的集大成者。

首先是卦辭需要進一步解釋。在古代某一個時期，卦辭可能就是當時的生活語言，不需要逐字解釋。但隨著年代久遠，卦辭產生的背景已鮮為人知，這時就需要解釋了。〈彖傳〉便由此而生。但是〈彖傳〉不能停留在字句的解釋上，還要將整個《易經》義理的架構展開；不但要掌握每一卦、每一爻，還要掌握爻與卦的關係。因為六個爻在每一卦的重要性不一樣，六爻之中假定有影響全局、代表全卦精神的爻，就稱為「主爻」，其他的爻就是配角。〈彖傳〉會直接點出主爻，再從卦與爻的整體結構去分析它。由此可見，〈彖傳〉是在〈象傳〉完成解釋爻辭的任務之後，受到卦辭的啟發，進而結合生活體驗所形成的創造性見解。

《易經》經文通常言簡意賅，不一定會明說什麼，但卻能啟發〈彖傳〉的作者提出一些更新的、甚至是突破性的意見。這些見解很多是很精彩的，所以我們稱之為「贊」。「贊」有幫助、贊助之意，也就是幫助別人理解。孔老夫子對《易經》的貢獻就是「贊易」。孔子五十以學《易》，自己深有體會之後，希望能和大家分享，於是竭盡所能，把一些具有啟發性的心得寫出來，使得《易經》內含的智慧推廣發揚光大，這就是「贊易」。

我們要明白，《易經》並不是死硬的教條，它強調每一代都要創新、要突破既有格局；不但能應付當代最迫切的危機，還具有指向未來的前瞻性。《易經》的智慧在未來百年千年還可以不斷地啟發後人，針對他們那個時代所面臨的問題，從一些基本面上提供指引。這就是〈彖傳〉的作用。我們現在距離〈彖傳〉的寫作時代已經兩千多年。〈彖傳〉的作者從經典的啟發而能有所創新，我們不是更需要創新嗎？現今人們向《易經》起占提問，大到家國天下乃至人類的文明發展，小到個人理財、修身、持家，以及公司經營，都不能拘泥經傳文字，必須以新的時代經驗不斷翻新解釋。要知道，越具有挑戰性的問題，《易經》越能顯現其生生不息的創新能量。

《易經》的〈文言傳〉

在《易經》經文之後出現的，先是〈大象傳〉，然後是〈小象傳〉，再接著是〈彖傳〉，這個時間脈絡顯現《易經》強調一代接一代的創造性精神。在〈易傳〉的其他部分，像乾、坤兩卦單獨有一篇〈文言傳〉，反覆闡釋乾、坤兩卦的卦爻辭，因此內容比卦爻辭多得多。〈文言傳〉絕大部分是孔門思想，從其中大量的「子曰」可以看出。我們今天讀〈文言傳〉，不難得知孔子當時是如何理解、運用乾、坤兩卦的智慧。乾卦〈文言傳〉篇幅較多，因為乾卦是基本中的基本。坤卦〈文言傳〉只有乾卦篇幅的三分之一。所以乾卦〈文言傳〉從卦到爻不厭其詳的講了四遍，每一遍都借孔子的思想、言論，從不同的角度詳細申論。而坤卦〈文言傳〉只強調坤卦柔能克剛、母愛式無限包容的特質，至於乾、坤兩卦共通的東西就沒有多費言辭了。

為什麼只有乾、坤兩卦有〈文言傳〉呢？因為〈文言傳〉具有示範的功能，乾、坤兩卦弄明白了，整個《易經》六十四卦的輪廓、精神也懂了。因此，過去乾、坤兩卦也稱父母卦，天父地母，是生生之源，其餘六十二卦都從其中來。若從八純卦來講，乾卦（䷀）、坤卦（䷁）也是另外六卦的生生之源，乾為父、坤為母，震卦（☳）、坎卦（☵）、艮卦（☶）分別為長男、中男、少男；巽卦（☴）、離卦（☲）、兌卦（☱）分別為長女、中女、少女，剛好一家八口。這也是唯有乾、坤兩卦具備〈文言傳〉的原因之一。

學習《易經》是一個挑戰

學習《易經》，一定要學習《易經》的占卦。〈繫辭傳〉就有提到「大衍之術」——用蓍草占卦的法門。《易經》固然是以義理為先，但占卦是很好的人生觀察介面，也是一種應對變化的操作，一種對形勢發展的敏感和解讀。我個人學《易》四十餘年，學占卦沒那麼久，開始占卦更晚。「大衍之術」講的是占卦的原理，即日、月、星、辰、天、地、人、時週期性的循環互動。它的操作步驟為什麼這麼設計，還有它的運用，以及卦算出來如何解讀、如何觸類旁通？其占法是有境界的，跟人的修為息息相關。正所謂「《易》為君子謀，不為小人謀」。可見品德還是最重要的。

除了「大衍之術」的占卜方法，後世還有一些比較簡單的占法，如金錢卦或者梅花易數等。不過，若要比境界、比針對錯綜複雜的人生問題的觀察、思考，「大衍之術」還是第一的；因為有些占法談不上境界，就是圖簡便而已，而且很多是與人的急功近利、欲望的擴張結合在一起。

我們看現在全世界的災難和人的欲望不受管束、自由極度擴張、不斷包裝資本主義等是絕對有關係的。現在人類要面對的問題還很多，能源問題、污染問題、生態問題，還有反恐戰爭的問題，全都糾結在一起。面對越來越多的天災人禍，包括我們自己在內，難免也要受到一些衝擊、損失、挫折、無奈。可是我們如果有機會學習《易經》，眼前這個瞬息萬變的大環境，也正是我們學習冷靜應變的道場。從前學《易經》的人往往在書齋裡待一輩子也碰不到什麼了不起的事情，那樣理解《易經》是相對浮面的，純粹是書齋式的；如今，我們遭逢許多史無前例的、世界性的問題衝擊，正好刺激我們把《易經》深藏的智慧挖掘出來，進而化解問題、對未來的困惑提出完善的解決之道。所以儘管身處逆境，我們也要為自己「生逢其時」而覺得很過癮。不過，這是我個人對現代世界的想法。我認為，學習《易經》，不僅對個人、社會、乃至天下，都是一大挑戰。當今之世，人的各種貪欲，不管大貪、小貪都被刺激起來，無限膨脹、不受約束，真的是一件非常可怕的事情；還有遙遙無期的金融危機、局部動盪，這些現象很多值得我們深入思考。至少我個人覺得通過六十四卦、三百八十四爻的學習領悟，可以在第一感的時間軸抓到問題的精髓。

《易經》強調節制欲望

對於欲望，不管是儒、釋、道，沒有任何一種修行法門是鼓勵縱欲的。但欲望不可能消滅，所以要恰到好處地節制。否則，像資本主義、自由經濟、自由市場，都是鼓吹自由，希望政府各方面干涉越少越好，為什麼會導致金融危機，出現這麼大的紕漏呢？正如《易經》的第十九卦臨卦（䷒）、二十卦觀卦（䷓）所說的八月之凶（這次的金融危機在二〇〇八年陰曆八月發生）；自由過度失控，大好變大壞，「元亨利貞」變成八月之凶。八月之凶可能是自然生態破壞之後的反撲，也可能是濫用自由，毫無節制造成的金融災難。

可是毫無節制到後來還是得節制，對不對？還是得出手解決問題。這些現象的出現是非常具刺激性、顛覆性的，在《易經》中卻早已經有了答案。道家固然崇尚自由，像莊子嚮往大鵬鳥掙脫一切羈絆，可是你千萬不要忘了，在老莊的智慧中，更強調節制欲望，要清心寡欲。自由和欲望要配套，節制欲望，清心寡欲和崇尚自由是不可分的，所以不會出問題。現在資本主義世界種種金融衍生商品的包裝，不但不要求你節制欲望，反而刺激、引誘、擴張個人的欲望。要你消費，要你盲目投資，連七、八十歲已經退休的人，還花言巧語勸你把積蓄拿出來生財。可見，道家的節欲多麼重要。很多人只看到掙脫束縛、自由的一面，忘了另一面平衡的做法，必須從節制欲望開始，不然一定出事。這也就是臨卦「至于八月有凶」的警告。

創造力源頭在乾、坤

自古以來，《易經》被認為是中國古代文化的源頭。它的生命力真的不可小覷。上經從乾、坤到坎、離是自然的演變，開天闢地，乾為天，坤為地，這是最基本的取象。這個宇宙是怎麼開始的？所有的生命存在又是怎麼開始的？照現在科技知識掌握的宇宙自然發展脈絡來講，一百三十七億年前的大霹靂可能就是開天闢地的起點。很多人說大霹靂前三分鐘就決定了現在宇宙擴充前的基本格局。在極短暫的時間點內突破，很多事物在瞬間注定，這種巨大能量的釋出，我們從乾卦（䷀）到坤卦（䷁）的轉變也看得出來。乾、坤兩卦六爻全變，可謂劇變。這種變化也叫錯卦。卦有錯綜，乾坤的變化是瞬間全變，而隨後的屯卦（䷂）、蒙卦（䷃）、需卦（䷄）、訟卦（䷅）、師卦（䷆）、比卦（䷇），則是慢慢轉變，是相綜一體、一體兩面，幾乎同時具有的一個關係。屯卦變蒙卦，師卦變比卦，整個卦象顛倒一百八十度，這叫相綜。但是乾坤之間一開始就是極度劇烈、天翻地覆的變化。六個陽爻的乾卦瞬間就能劇變成六個陰爻的坤卦，那是多大的能量！開闢創造的源頭能量是如此驚人，影響如此深遠，即便是這個物質宇宙一百多億年之後的格局，竟決定於當時那一剎那，這個創造就很值得去研究，到底是怎麼回事呢？前三分鐘怎麼就能搞定宇宙的基本佈局呢？錯卦的變化，六爻全變，性質徹底相反，但是相反必相成。乾坤結合，剛柔互濟，生生不息，後面屯、蒙、需、訟就這樣維繫下去，所以我們用開天闢地來貫穿。

因此，講到《易經》，我們必然要從乾、坤兩卦最形而上的宇宙創始開始，從本體談到運用，從起點到後面長遠的發展。如果運用到現實人生中，如組織生活、個人規劃，這就與永續經營的架構有關了。永續，就是不管遭遇什麼浩劫、什麼挫折、挑戰，以乾、坤為源頭所湧起的創造力、生命力，足以讓我們面對一切、克服一切、化解一切，而且還可以一代一代傳下去。所以文明絕不會毀於我們這一代人，由《易經》的離卦（䷝）就知道，再大的災難都會過去。不過，自然世界總是適者生存，過不了關的或者無辜的，禍患總是難免。即使這樣，我們也不要灰心，因為事態總是剝（䷖）極而復（䷗），一定有重生再造的能力；而復卦重生再造的能力，根本的創造力源頭還是在乾、坤那最自然的、無窮無盡的力量。

乾為主，坤為從

任何事物若要永續經營，除了分架構，還要分主從。即乾為主，坤為從。乾卦創造、勇猛、精進、自強不息、無限的開拓力量，永遠是要帶頭的，那就叫「主」。可是也絕對需要配套的執行力，把想法落實。你不能老是天馬行空，還得「天馬行地」。也就是說，在廣闊的大地上，要把像天一樣高遠無際的理想落實到大地上，從實踐中一步一步展開。所以「乾」一定需要後面的「坤」，「坤」也需要前面的「乾」作為理念的指導，這就叫從。

乾主坤從，基本上是這樣，少了誰都不行。如果沒有坤，乾就一直在天上飄，無法落實到人倫日用上來；如果只有坤，沒有乾，就可能盲動，因為缺乏天道天理的指引。所以在封建社會，就有君王、臣民。像〈說卦傳〉就說到，乾為君，坤為眾。廣土眾民就是坤卦的涵義。君臣、領導人與民眾之間，顯然就是一個主從的架構。當然現代社會隨著自由開放、多元民主，君臣早已不存在；可是社會上不管什麼組織，一定有主有從。就像我們剛才講的，每一個卦都有最重要的爻，其他的爻都是圍繞這個核心靈魂的爻互動，然後形成這個卦裡面爻的錯綜複雜的變化，也就是主從的變化。

坤卦中含藏的申、田、甲、由

坤左邊是「土」，右邊是「申」。「土」就告訴我們，在這塊土地上，一定要有立足之地，才能建立一個穩當的平台。然後土地上有眾生，包括植物、動物、人類。所以在坤卦的時候，能不能包容？與人相處的關係如何？都很重要。坤卦是希望實踐乾卦的天理，即自然的規律，這就是「申」。「申」即伸張。我們看基督教的祈禱文，每次念到最後，說上帝多麼多麼偉大，最後也很實際，也是「願你的旨意行在地上，如同行在天上」，如果上帝的旨意只行在天上，那地上就倒楣了，沒有辦法普及眾生。行在地上就是坤卦，可見務實的實踐具有非常重要的意義。有了乾卦天理的指導，坤卦務實的實踐，從計畫到執行都井然有序。

乾、坤除了主從關係之外，還可以說是理與勢。乾是講天理的，永遠是那樣周轉不息，到坤卦就有「勢」了。我們棲身的這個地球，有山河大地、山川險阻。我們看天體的運行好像很簡單，而我們要在大地實踐理想的時候，動不動就碰壁、動不動就有險難。這就叫「勢」。所以坤卦〈大象傳〉一開始就點出這個「勢」字，叫「地勢坤」。權勢、形勢，這種壓力感，我們必須面對。碰壁怎麼辦？碰到大河擋道怎麼辦？這都是坤卦很實際的問題。「地勢坤」就告訴我們面臨這些險阻障礙，由不得你浪漫，還得在大地上實踐理想，推行自己的志向，使自己的初衷得以實踐。能不能在這個土地上伸張你的理想，伸張你的天命，這就叫「申」。

「申」字中間就是一個「田」，田地。中國遠古社會有非常漫長的農耕生活。但是《易經》中絕大部分的「田」是講田獵，就是打獵。因為漁獵時代比農耕時代更早，實際上是《易經》主要取材的象徵，可能是藉打獵生活更能比喻人生追求的目標，你是要撒網還是要射箭？是要單點發放還是要一網打盡？如果是撒網，該怎麼佈局呢？打獵也好，種田也好，「田」這個字都無比重要。中間還有「十」字，你的我的，四個格子，就是我們人生奮鬥的平台。回到種植作物層面來講，作物要長得好，首先要扎根，要生根，就要鬆土，要耕耘，要深入到土裡面吸收豐富的營養。

天干「甲」，就是一個在田中深入扎根的象。第一天干代表新的創始，甚至有第一等的績效。干支計時第一個就是甲。想要獲得甲等績效，想要創世紀、劃時代，一出手就有不凡的氣象，有最高檔次的成就，這是怎麼來的？就是要深扎根。而深扎根就要先界定那塊田。

田中作物如果長得好，順著生命的特性往上冒，那個叫自由自在的「由」。有人講資本主義的自由好，但是他忘了欲望是要受節制的，所以自由剛開始好，後面就是無限的災難。老莊道家嚮往自由，但是他重視欲望的節制，所以能夠平衡。可見，真正的自由是節制欲望，超脫欲望的糾纏。如果無法有效節制欲望，那種體制下所有的自由，後來會變成最不自由。不是嗎？從個人到公司到國家都欠一屁股債，幾十兆美金根本就沒用，虛擬的泡泡那麼大，那是自由嗎？那麼如何對待坤卦自由自在的「由」

呢？就是讓它長，瞭解它生命的根性是怎麼長出來，不要壓制。道家最反對壓制，也不要急功近利的幫助，像「揠苗助長」，一拔就死，應該恰到好處的讓它該怎麼長就怎麼長，這就叫「由」。「由」字也是《易經》的關鍵字，像第十六卦豫卦（䷏）、第二十七卦頤卦（䷚），其中最重要的就是這兩個詞：「由豫」和「由頤」。頤卦講養生，強調要順自然，違反自然法則去養生，適得其反。豫卦也是一樣。

「甲」字出現在第十八卦蠱卦（䷑），與現在全世界都很重要的反貪腐有關。蠱卦講到「先甲三日」、「後甲三日」，改革不是要創新、要恢復一個新的循環的開始嗎？那要怎麼做？蠱卦講「甲」，豫卦、頤卦講「由」，一個字就有無限的智慧在裡頭，都是針對時弊的。

申字的意思很簡單，「甲」也做到了，「由」也做到了，貫穿起來就是「申」，那多圓滿啊！想要完成一件事情，你要「申」，不想委屈，那就先得做「甲」的工作，然後注意「由」的發展，最後貫穿起來就叫「申」。《易經》說處末法時期，亂世憂患最重要的，就是做好巽卦（䷸）的功夫。巽卦就講到「申」了。〈大象傳〉說「申命行事」，伸張天命行人事，完成此生的天命。巽卦的君位在六爻裡面就叫「先庚三日，後庚三日」，與蠱卦談改革「先甲三日，後甲三日」在義理上的關聯是什麼？一個是「甲」一個是「庚」，一個是第一天干，改革創新要從頭開始；「庚」是第七天干，也是變更的「更」，這是《易經》要求的，必須要變！庚之後，變成「辛」了，就是第八天干的「辛」。所以，「庚辛」就是「更新」，一元復始，萬象更新。可見「申」和「庚」有關，也跟整個巽卦有關。這個「申」已經如此了不得，往下扎根，往上自由自在地伸枝展葉，並不是空空如也，完全是結合這塊土地的資源，從立足之地把它伸展出來，「申於土」就叫「坤」，所以這個大地之母的母親卦，有無限包容力的生命載體的坤卦，多麼偉大！在土中生就是坤卦的意思，你修這個修那個，學這個學那個，要是你學的東西不能回饋社會，修煉半天只成全自己，跟整個社會一點關係都沒有，不能普渡眾生，不能與當下這塊土地有聯繫。這也不是坤的本性，因為你沒有真正的愛心，與土無關。

總之，我們講了天理地勢、乾主坤從、乾為君坤為民為眾。坤卦也是強調面對現實形勢，順勢用柔。再有就是乾是「天行健」，〈說卦傳〉講它基本的屬性是「健」，剛健不息，勇猛精進，不屈不撓，該做就做，理直氣壯，所以乾的基本特性是健。「天行健」，君也必須行健，既然領袖群倫，當然得自強不息。剛健的人無欲乃剛，至少是少思寡欲，領導人絕對不可以貪嗔癡俱全，所以君也得健，各方面也得勤。坤的基本屬性是順。乾健坤順，這是〈說卦傳〉的說法。至於乾為君、為天；坤為眾、為地……，都是取象；而「乾剛坤柔」則是〈雜卦傳〉的說法；陽剛陰柔，陽大陰小，陽實陰虛，這是基本的屬性。

談完卦的架構、格局、基本精神，接下來我們就要進入乾卦了。

開天闢地——乾卦第一（䷀）

乾卦的「用九」和坤卦的「用六」

很多人讀完《易經》乾、坤兩卦後，對於六爻之後的「用九」、「用六」深感奇怪。因為其餘六十二卦都沒有「用九」或「用六」，而在乾、坤兩卦最後出現一個結論式的「用九」、「用六」。為什麼呢？我們用乾卦為例說明一下。

如果我們把乾卦卦辭「元亨利貞」當成卦的總論，六爻就是它分階段、分時位所作的分論。乾卦整體來講是「元亨利貞」，可是爻裡面有「始壯究、始壯究」，即終而復始、由內到外、由下到上、由基層到高層的變化，那就叫分論。「用九、用六」是怎麼產生的呢？卦辭（總論）、爻辭（分論）敘述完後，大概創作者發現還有不足之處，因為畢竟是天地之卦，於是需要再提出一個東西、再悟出一個大的智慧，才能讓乾、坤永續下去，尤其是落實到人世間，即人類的文明發展。乾卦「用九」為「見群龍無首，吉」，群龍無首居然還是吉，而坤卦「用六」只有「利永貞」三個字，「永貞」才有利。

乾、坤——易之門

乾坤其《易》之門邪？乾，陽物也。坤，陰物也。陰陽合德而剛柔有體，以體天地之撰，以通神明之德。

——《易經・繫辭下》

夫乾，其靜也專，其動也直，是以大生焉。夫坤，其靜也翕，其動也闢，是以廣生焉。廣大配天地，變通配四時，陰陽之義配日月，易簡之善配至德。

——《易經・繫辭上》

乾、坤是易之門，也是易之蘊。「陰陽合德而剛柔有體，以體天地之撰，以通神明之德。」然後乾坤都有其動象與靜象。〈繫辭傳〉說「夫乾，其靜也專，其動也直，是以大生焉。」安靜的時候就專，動的時候就直，所以就有最大的生產能力。坤呢，「其靜也翕，其動也闢，是以廣生焉。」安靜的時候就閉合，動的時候就張開，所以就有最廣的生產能力。這個觀念很重要。換句話說，陽剛如乾的事物不是一天到晚都在動的，也有相當時候是安靜的、沉潛的、閉關的；所以乾裡面有靜有動，靜的時候能專，動的時候能直，所以就可以「大生」。再者陰柔如坤的事物也不盡是閉鎖、沉默、包容、無反應，大部分時間它是閉鎖的，可是它也有動的時候；正如陰極轉陽、柔中蘊剛，時機成熟了，它就爆發出來，那個力量比乾的動能還要強，立刻打開一個新世界，所以能「廣生」。

這種現象的出現就與《易經》的象數即「大衍之術」有關。占卦時會有六、七、八、九這四個數。「九」是老陽，陽極轉陰，陽的能量累積到一定程度之後，就要爆發，最後陽極能量釋放完轉陰，

「九」變成「八」，變成安靜的少陰「八」，老陽轉少陰。一般的陰大部分是「八」，陰的能量保育久了，陰極轉陽，能量要釋放了，「其動也闢」，「八」變成「六」；「六」叫老陰，陰到極點了，陰極轉陽，能量一釋放之後變成老陰轉少陽，變成「七」。「七」就是「其靜也專」的時候，就是少陽；然後「七」慢慢累積能量又到「九」，就是這麼一個循環。所有東西由量變到質變，陰變陽、陽變陰是質變，本質發生變化；少陽變成老陽，累積陽，少陰變成老陰，累積陰，是量變，可是還沒變質，即陰陽沒有變性。但是一般人有時候會產生誤解，以為陽剛的東西就是動的，陰柔的東西都是安靜的，世界如果是這樣，那就完蛋了，陰陽之間不會互動，也沒有物極必反了。可是有些名家一樣會犯這種理解的錯誤，像理學派開山鼻祖、我的湖南老鄉周敦頤，他的《太極圖說》中就有點這個味道：「太極動而生陽，動極而靜，靜而生陰，靜極復動。一動一靜，互為其根。」這裡就把陽剛的東西當成是動態的，陰柔的東西當成是靜態的。一般人要是不了解就會誤解，但作者本身不可能不知道，只是這個寫法，人家會以為陽動陰靜。顯然不盡然。

乾、坤與易簡之間的關係

夫乾，天下之至健也，德行恒易以知險。夫坤，天下之至順也，德行恒簡以知阻。

——《易經・繫辭下》

「易」有三義，古已有之，即變易、不易、簡易，簡而言之就是「易簡」。對於易簡，一個人如果修煉到這個境界，在生活中直可化繁為簡、以簡馭繁，真正是「嗜欲淺而天機深」了。繁複的東西自然變得簡單，清心寡欲，沒有那麼多憂愁、煩惱，也不必擔心害怕，心靈上取得真正的自由。「化繁為簡，以簡馭繁」，要牢記「變易、不易、簡易」。運用這些可以幫助我們克服天下之險阻，尤其是現代社會，生活中隨處是陷阱、阻擾，一不小心就被人騙走錢財，一不小心就被股票「套牢」。正如《易經》六十四卦中艮卦（䷳）的「阻」和坎卦（䷜）的險象環生。只有乾卦，是代表天下最為剛健的力量，發揮陽剛的本性，「德行恒易以知險」；它的功能與效應總是容易的，哪裡有危險，一目了然，不會往裡面跳。再如坤卦，「天下之至順也」，也是發展到極致，「德行恒簡以知阻」；它的功能與效應總是簡單的，前面什麼地方有障礙，都看得清清楚楚。

回過頭來，我們知道，艮卦中有「阻」的概念，其卦象是上艮下艮，兩山相疊。好幾座大山擋在面前，怎麼辦？但整個艮卦沒有告訴我們如何爬高山、如何鑿山洞，只告訴我們要止欲修行，從控制欲望開始。因為我們一生大部分的阻礙，是與生俱來的欲望造成的，那是憂悲煩惱之源，人生的「阻」之源，只是有些阻礙在外面，有些阻礙在裡面。如果不從基本的內在下手，永遠過不了關。就像至順的坤，「德行恒簡以知阻」，突然簡單了，沒那麼多欲望，沒那麼多包袱，沒那麼多顛倒夢想，自然暢通無阻。

〈說卦傳〉說乾、坤

乾為馬，坤為牛，震為龍，巽為雞，坎為豕，離為雉，艮為狗，兌為羊。

乾為首，坤為腹，震為足，巽為股，坎為耳，離為目，艮為手，兌為口。

乾為天，為圜，為君，為父，為玉，為金，為寒，為冰，為大赤，為良馬，為老馬，為瘠馬，為駁馬，為木果。

坤為地，為母，為布，為釜，為吝嗇，為均，為子母牛，為大輿，為文，為眾，為柄。其於地也，為黑。

——《易經・說卦傳》

乾是「首」，首領、元首的首。如乾卦「用九」「見群龍無首」，以及〈彖傳〉最後的「首出庶物，萬國咸寧」。乾為首，一定是頭、領袖，即君王。可以想見，乾在《易經》中的重要位置。再看，坤為腹，就是肚子，肚子就能包容，像大肚彌勒佛，懷孕的媽媽。這是身體的象。

還有就是動物的象，這一點尤其重要。乾為馬，坤為牛。乾取象於馬，因為馬健行，如乾卦〈大象傳〉之「天行健」。坤為牛，牛走得就比較慢了，但忍辱負重、任勞任怨。以前行軍打仗，一定是馬拉著戰車在前面衝鋒陷陣，可是後勤補給就得用牛車，因為牛能載重，古代的輜重車就是牛車。所以古代行軍作戰一定是前鋒、後勤密切配合，這個仗才有勝算。前面是馬，後面是牛，正如男主外、女主內，乾主坤從，配合無間。等到講坤卦時，會發現坤卦從卦到爻沒有講到牛，但它仍然把牛那種負重行遠的能耐講出來了。像卦辭中的「利牝馬之貞」一語，乾卦既然是天馬、公馬，坤卦就是母馬，要合群，就得配合公馬，公馬跑到哪裡，母馬就跑到哪裡，乾主坤從。回到人間來，這就是人與人配合無間的力量。

同樣，我們也會發現，在乾卦卦辭、爻辭裡面也沒有講到馬，只講龍，如「潛龍」、「見龍」、「飛龍」、「亢龍」，甚至到最後來一個「群龍」。為什麼不講馬呢？這就關係到中華民族的文化圖騰和智慧了。據說以前馬只要健壯、高大，有八尺以上就叫作龍。像《西遊記》裡的白馬就叫龍馬，還有成語「龍馬精神」。但這些並沒有真正解決問題，因為馬是實際有這個生物，而龍或許是想像、創造出來的，與乾卦的特性很像。它成為中華民族的圖騰，可能早在軒轅黃帝的時候。古代先民分為各個部落，每一個上古部族都有它的圖騰，一個精神的標誌，但最後民族大融合，不同的民族要有一個新的旗幟、新的圖騰代表，「龍」應該就是如此創造出來的。從過去流傳的龍圖畫，還依稀可以找到蛇的身軀、馬的臉、還有鹿角、魚鱗等。這就是龍圖騰的創造，代表兼容並蓄，也是歷史發展的必然結果。不是把過去的東西消滅掉，而是融會到一個更大、更有能量的東西裡面，能照顧每一個單一圖騰消滅的情緒，大家和平共處。新的圖騰兼取各家之長，創造一個水陸空三棲的不存在的動物，天上能飛，地上能爬，水中能游能潛。這就代表乾卦的創造能量，不管環境怎麼變，都可以掌握主動，發揮創造力，入地登天，圓融無礙，這就是龍。事實上，實際的動物辦不到。真正有三棲功能的動物就是鴻雁，也就是風山漸卦（䷴）。這一卦就取象於鴻雁，鴻雁有蹼能入水；有翅膀能飛，而且飛得還很有紀律，雁行團隊，美極了；在陸地上還能走。這是自然界中具體的三棲動物。乾卦積極主動的精神，創造了一個龍的圖騰出來。所以龍在中華民族的意象中就是一個正面的、光明的形象，如望子成龍等。

由此可見，乾之龍最具包容性、最具創造力，能使天下大同。我們不必把龍當成一個具體的生物看，也不認為以前曾經有龍，現在絕種了；「成象曰乾，效法曰坤」，我們還是把龍視為一個創造性的圖騰。不過，有些人對這個說法未必接受，曾有學者考證，龍在過去極可能存在過，只是極難養。對於這些看法，我們且抱著「見仁見智」的態度，姑妄聽之。

乾為心、坤為物

乾馬、坤牛，上文已提過，接下來要說的是另一種涵義——乾卦談的是「心」，坤卦談的是「物」。心為主，物為從。心主物從，心物合一，才能生生不息。

心如野馬，健行不已，就是心的象。《西遊記》中，唐僧師徒四人真正去取經的其實只有唐僧一個修行者，其餘那些都是象，孫悟空屬「心猿」，白馬屬「意馬」，心猿意馬。唐僧去西天取經，憑的是正心誠意，一個修道者，碰到那麼多妖魔鬼怪、九九八十一難的挑戰，沒有「心意」怎麼能行？他的坐騎白馬就是「意」，大弟子孫悟空護法的就是「心」，觔斗雲一下就十萬八千里，只有「心」才能辦得到，可是那個心有時會有妄念。因為旁邊老是有個豬八戒，豬八戒就是肉欲的化身，貪功諉過，好吃懶做，當中還有一個沙悟淨，所以唐僧這個組合就很有意思。《西遊記》原本就是佛教小說，其中自然有涵義。一個手無縛雞之力的人，面對那麼多的生死恐怖、妖魔鬼怪，怎麼完成取經的任務？可見像唐僧這樣一個修行功深的人，尚且天天在天人交戰，就知道我們一般人的艱難了。

我們看《西遊記》，往往會看到每次大戰妖魔鬼怪之後，師兄弟爭辯對錯，常常是豬八戒贏了。唐僧這個做師父的耳根子軟，總認為豬八戒講得有理。結果孫悟空一氣回花果山，「心」跑掉了，這就喪心病狂了。但豬八戒的「肉欲」又沒法解決問題，最後只好把「心」請回來，師父懺悔，大家再往下走。就這麼一個四人小組，再加一匹馬，時刻面臨天理人欲的鬥爭、修行必有的步驟。由此可見，那個「馬」就是「心」的象，乾是講心，《易經》所有的馬基本的象徵涵義就是講「心」。各個卦爻出現「馬」的時候，緊扣著這個觀點去想，才能想得透。當然，心也不是絕對不會出問題，一旦那個「心」管不住了，唐僧就得趕緊念緊箍咒。

再看，坤卦假定是物，從字面上看，物的偏旁不就是「牛」嗎？「牛」在當時社會覺得是龐然大物。像萃卦（䷬）卦辭「用大牲」，就是講用最高規格——殺牛祭先祖，取意就是「物利豐厚」。

總的來說，乾心、坤物是就本源而論，真正的象徵是——萬物皆從心物始。為什麼會有生命？為什麼有文明的開展？就是心物合一，剛柔互濟，生生不息，大生廣生。若偏重心，沒有物的支持，就不可能生；光只有物，也會陷於「地勢坤」，受欲望驅使，屈服於現實利益，或者為形勢所迫，不得不妥協，那也不能生；因為缺乏天理的指導，缺乏心的控管。這就是「乾心坤物」的涵義。

乾卦卦辭

䷀

乾。「元亨利貞」。

「元亨利貞」四個字，是《易經》的關鍵字。「元」，即根源的「源」，原因的「原」。「元」是開創根源的開創力，如元旦、元年、元月，都是新開始，生生不息的力量由此而生；就像人的元氣，是人的根本。《易經》這本書，第一個字就是「元」，因為乾卦講天道，講最根源的自然真理，一定有根源的創造力，否則三千大千世界形形色色的眾生怎麼來？這就說明，萬事萬物應該有一個創造的源頭。就像人，既然已修成人身，這輩子要有所開展，當然要想辦法建立、接近、體認這樣東西，所以先有一個「元」。「元」的基本特性就是「大」和「始」。一旦有了大的創造力，就不會小鼻子小眼睛，而能拓寬格局，有一個新的開始。既然有創造，就是革故鼎新，它是劃時代的，是一元復始。復卦（䷗）就是學到乾卦這種能量，才能在招致剝卦（䷖）之後還能重新開始，萬象更新。

「亨」，當然是暢通無阻。不管有什麼阻礙，既然有「元」這麼大的創造力，把它發揚開來，自然就可以化一切阻力為助力，創造亨通。我曾講過「享」和「亨」的關係，在古代，享受的「享」和「亨」共用。「享」最主要是天人關係的互動，把祭品、供品擺在香案上，然後取得人與天地自然或祖宗鬼神之間的「溝通」。「享」也是為了亨，不但人際和諧亨通，不同的宗教、國族也可以相處融洽，人與天地自然當然也通達無礙。但是反觀現實，如果真的辦到了「亨」，現在哪裡會有這麼大的生態浩劫、自然破壞，以及人類無限擴張造成自然的反撲！在第五十卦鼎卦（䷱）〈彖傳〉中「聖人亨以享上帝，而大亨以養聖賢」，其中的「亨」就是「烹」，沒想到「亨、享、烹」這三個字在革故鼎新的鼎卦裡面巧妙地合一了，既是實際用來烹肉的鍋子，又是祭祀天地神明的祭器。所以它既是亨，又是烹，然後真正的目的還是亨通。之所以亨通，根源就是因為它有「元」的創造力，「元」自然就能「亨」。在很多卦的卦辭中，這兩個字常常連在一起，即「元亨」，因為元之後自然而然就會亨；前面有什麼障礙、險阻，統統能排除化解。像大有卦（䷍）、鼎卦的卦辭，基本上就是「元亨」的格局。

既然有開創性，又能夠創造一個天地人鬼神無所不和諧的暢通境界，下面當然就可以累積一些成就。就好像做生意就有獲利，有正面的收益。「元」的時候可能是春天播種，到夏天整個生氣暢達亨通，到秋天就要收成了。那就是「利」。

最後就是「貞」。到了冬天，或者經濟不景氣時，大家都儲存用品準備過冬，守住裡面既有的那點東西。可見「貞」是針對「利」來的。假定你奮鬥到有「利」，不懂得「貞」，反而無限擴充，尤其遇到環境不好的時候，可能一個都守不住。「貞」也是「正」，即固守正道。

由此可見，「元亨利貞」是一個創造的循環，從天到人都一樣，如果有很大的創造力，可以排除阻力、創造亨通，自然獲利。可是為什麼那麼多有權有勢的人和百年老店都倒了呢？都是在「利」上面出了問題、守不住。也許有人覺得言過其實，這真不是鬧著玩的，完全是活的《易經》。像美國的雷曼兄弟公司，在次級抵押貸款市場危機（次貸危機）加劇的形勢下，做為美國的第四大投行最終丟盔棄甲，宣佈申請破產保護。現在大家仍然聞「兄弟」色變，為什麼？因為他們破產導致股市海嘯，引起金融界的多米諾骨牌效應。原先人們還深信「四海之內皆『兄弟』」，這下子「雷曼兄弟」完了，一五八年的老公司瞬間倒塌；日本九十八年老店「大和生命保險」也是如此。「元亨利」，我們不否認創造力，但是「亨利」那個獲利能力嚇死人。倘若做不到「固守正道」，就只能到此結束。這就是卦辭「元亨利貞」。我們在〈文言傳〉中還會再強調，這是人生修行，包括自然之德最圓滿的狀態，所以是「四德俱全」。

「元亨利貞」四德俱全

「元亨利貞」四德俱全，有始有終，這才是一個完美創造的循環。從一個點的「元」冒出了頭，開創了「亨利」，而且還懂得「貞」；該守的時候守，有所不為，堅持走正道，將原有的創造完全消化吸收。最後，這一年的「元亨利貞」過去了，原先的一個點又變成一個元，來春春暖花開，又可以重新出發，再去「亨利」，再有「貞」的堅持，如此周而復始，生生不息，就可以不斷擴大。

因此，一切事物要有始有終，「貞」就特別重要。六十四卦中有「元亨利貞」的七個卦，一個是乾卦，這是全德的卦。「全」可真不容易，不但保全自己，還要保全對方，這也是中國兵法的境界。兵家以全勝為最高境界，但不要以為全勝是百戰百勝，真正的勝利是不戰而屈人之兵，造成最少的破壞。這一點很明確地告訴我們：第一，你自己的東西要保全；第二，敵人跟你產生劇烈競爭的東西，也要保全。別人的資源不是宇宙的資源嗎？不是天下的資源嗎？一樣可以轉為正面的運用，所以不但要全己、還要全敵。另外，天地自然也不能因為戰爭受到破壞。所以《孫子兵法》說：「知彼知己者，百戰不殆。」又說：「知天知地，勝乃可全。」那更時髦了。這是兵法的前瞻性，所有的戰爭都不要破壞天地自然，這也是全勝思維自然的延伸。

戰爭中要保全的，除了天地人，還有鬼神和文明古蹟。像阿富汗神學士政權不顧全球撻伐，一炮擊毀了巴米揚大佛。殺紅了眼的戰爭，文物往往會遭遇浩劫。如果天地人鬼神都保全了，這就是《易經》絕對得善終、也是唯一六爻全吉的謙卦（䷎）。謙者，言之兼也，兼善天下，還是一個「全」的思維，一個化解爭端的思維。

六十四卦卦辭中有「元亨利貞」四德俱全的，除了乾、坤兩卦，還有其他五個卦。首先是第三卦屯卦（䷂），如同呱呱墜地的嬰兒，象徵清新純潔的生命，卦辭中也有「元亨利貞」。其次是講隨機應變的第十七卦隨卦（䷐），卦辭為「元亨，利貞，無咎」。再就是第十九卦臨卦（䷒），其卦自由開放、創意無窮，但要小心，濫用自由就會變成「八月有凶」。臨卦的「元亨利貞」有「但書」（指有例外情況或某種附加條件），比較不穩定；時髦過火了，導致物極必反、災難降臨。這一卦的「元亨利貞」居然變成災難，自由開放成為無法化解的問題。不過也不要擔心，臨卦正面的自由開放、創意無窮的部分，也是自然天理的顯現，善加利用，同樣可以「元亨利貞」。第四個卦辭中有「元亨利貞」的就是第二十五卦无妄卦（䷘）。无妄，就是起心動念不要有妄念妄想，不要脫離現實、想得太美了。但人生就是這個「妄」在搗蛋，輕舉妄動。在无妄卦，如果真做到了，負負得正，當然就全真；但太難了，大部分人做不到，難免面臨天災人禍。所以臨卦與无妄卦雖是「元亨利貞」的卦，但要小心它的反面作用。前面的乾、坤、屯、隨四卦比較沒有這個問題，到臨、无妄，發展越深，誘惑威脅越多，看你怎麼把持。

乾卦的「元亨利貞」沒有任何「但書」，是一個最純粹的標準態勢（standardization）。坤卦就有好多「但書」，其卦辭云：「元亨，利牝馬之貞。君子有攸往，先迷後得主。利西南得朋，東北喪朋。安貞吉。」到了坤卦，就要考慮山川險阻，考慮在現實形勢中會不會墮落？會不會受到誘惑，陷入迷途？屯卦也有「但書」，幼小的生命怎麼把良知良能的「元亨利貞」開發出來呢？

這是上經六個「元亨利貞」的卦，最後一個卦辭中有「元亨利貞」的是下經的第四十九卦革卦（䷰）。革卦卦辭也是「元亨利貞」，因為「革」代表人的創意文明發展到極點之後，可以另造乾坤，重新演化，這是全德的卦，也是《易經》第一等的卦。

另外值得一提的是，第三卦屯卦還是「元亨利貞」，到第四卦蒙卦（䷃），情欲蒙蔽了理智，山水險阻也來了。卦辭中「元」不見了，只有「亨利貞」。《易經》中好些感情用事的卦都是「亨利貞」，獨缺「元」。因為感情氾濫，很難掙脫情欲的束縛，喜怒哀懼愛惡欲都是「蒙」，讓人看不清楚。所以蒙卦就要講啟蒙，就是把「元」找回來，回復根源的創造力。

換句話說，「元亨利貞」就成為一個卦的總論，對卦辭有一個鳥瞰式的掌握。一看乾卦的「元亨利貞」，就了解這是最純粹的天理創造了這個循環；坤卦要怎樣不犯錯，才能跟乾卦一樣偉大？屯卦很幼小，要怎麼才能保住「元亨利貞」不喪失？依此類推，蒙卦的「元」不夠了，生命力、根源的創造能量大量縮減，就要想辦法啟蒙；因此所有的後天修煉都強調把蒙拿掉，才能生機無窮。感情也是一樣。最麻煩的是鼎卦（䷱）和大有卦（䷍），因為缺了「利貞」，「元亨利」的最後一步「貞」沒做到，沒有合理的收尾，只好貞下啟元，再創新。六十四卦就有一個代表卦，就是第十八卦山風蠱卦（䷑），成住壞空、貪腐之風、病毒流行，泡沫破滅，神話解體，那就是蠱卦。蠱卦卦辭有「元亨利」沒有「貞」，就因為不正，不懂得合理的收束，所以造成嚴重的結果。在這一環就敗了，更不必有貞下啟元的下一環。

另外，缺「元」的卦也很多，以蒙卦和那些感情卦為主；缺「貞」的卦、不正的卦就只有蠱卦。「貞」字在這裡我也不多說。這個字有很豐富的來源，現在通行的意思就是固守正道，堅持該堅持的東西。然後跟出征的「征」剛好相反。「征」是積極擴張、採取攻勢，「貞」是採取守勢。因為前面的「元亨利」還要有時間消化吸收，才會真正變成你的。人生奮鬥，到了獲利的階段還不算完成，後面還要「貞」；能創業、也要守成。還有，「貞」字在殷墟甲骨文的時代正是卜卦的意思。卜卦的目的就是找出該要信受奉行的正道，讓人生減少失敗。由此可見，「貞」就要奉行天理人情地勢的大原則，否則就可能「蠱」，敗壞一空。

綜上可知，一個卦如果「元亨利貞」什麼都沒有，或者有欠缺，要補的東西就多了；缺什麼就要補什麼。如此，我們就知道那個卦的缺陷在哪裡，要下的工夫在哪裡。就像蠱卦要把「貞」找回來，蒙卦就要把「元」找回來，如此就「元亨利貞」了，這就叫「全」。雖然很難，但要努力做到。

乾卦〈彖傳〉

〈彖〉曰：大哉乾元，萬物資始，乃統天。雲行雨施，品物流形；大明終始，六位時成；時乘六龍以御天。乾道變化，各正性命；保合太和，乃利貞。首出庶物，萬國咸寧。

——《易經・乾卦・彖傳》

乾、坤兩卦的〈彖傳〉幾乎是整個《易經》通過〈易傳〉來闡釋、理解、掌握運用的兩把金鑰匙，而且坤卦〈彖傳〉又是以乾卦〈彖傳〉為基礎。〈彖傳〉所包含的哲理非常豐富，像水的流動一樣覆蓋面廣，可以不斷地衍伸、衍化。但是不論如何衍伸、衍化，都是從乾、坤來的。像國學大師熊十力先生寫的《乾坤衍》這部書，就是鎖定乾卦〈彖傳〉帶著坤卦〈彖傳〉來講整個《易經》的宇宙觀、人生觀。

大哉乾元，至哉坤元

「大哉乾元」，「大哉」是讚詞；「乾元」是一切創造的源頭。這是〈彖傳〉的作者對「元」的讚歎。有了「乾元」，宇宙人生就有一個可以開創一切的根源，這個根源不管是老子的「道」，還是後來講的太極，反正宇宙人生的一切存在，一定有一個能量無窮的創造源頭；它是宇宙的本體，或生命的根源。它不但生天、生地、生人、生萬物，而且連比天地更大的物質宇宙也是從它所誕生的。所以，開天闢地、宇宙萬象的後面都有一個「元」。做為宇宙人生、天地自然之本，這個創造的根源，就叫「乾元」。乾元至大無外，無邊無盡，我們只能由衷讚歎：「大哉乾元！」因此，在中國文化和中國哲學裡面，建構宇宙人生的本體根源，正式名稱就叫「乾元」。至於另一個名詞「太極」，〈繫辭傳〉有「易有太極，是生兩儀」，《莊子》也有提到太極，但是太極並非最初的根源，因為在太極之先還有東西。

因為「乾」是一切的開始，「乾」後面還有「元」，所以坤卦〈彖傳〉也提出「坤元」，不然「坤」所代表的山河大地、敦厚、柔順的屬性是怎麼來的？「至哉坤元」，坤卦強調的是「至」——至聖先師的「至」，發展到最高境界的「至」——而不是用「大」來形容坤元。「坤元」和「乾元」其實還是同一個總源頭。只是「乾元」、「坤元」的表現，就像乾卦跟坤卦一樣，各有不同的屬性。

萬物資始，乃統天

「萬物資始，乃統天」，乾元生天，天生萬物。在天地這個大環境中，憑藉著乾元的創造力，芸芸眾生、一切萬物都展開了。六個爻的第一個爻就叫「始」。「始壯究」（即萬物經歷開創、發展、到鼎盛，然後結束，如此周而復始，循環不殆）、「始壯究」；生命有生命的開始，人類有人類的開始，公司、國家、個人都有開始。當你呱呱墜地那一天，或再往前推到父母結合孕育成胎的那一天，就是一個「始」。天地人鬼神萬物都要得到乾元的滋養才能有所開始。正因為是「萬物資始」，所以說「乃統天」，天的運行由乾元主導。為什麼過去稱天地人為「三才」？人本來沒那麼偉大，但若修成「大人」

的境界。就是可以與天地齊平，與天地合德的「三才」之一。所以，「大人」比起君子、賢人、聖人還要高，是《易經》中德位最高的，相當於佛的境界。像乾卦第二爻、第五爻就有「大人」的概念，影響力重大。人要修到「大人」的境界可不是簡單的功夫，但人人都有這個可能性，因為每個人的生命內在都有「乾元」的基因。

六劃卦也是建立在「三才」的概念上，三才又各分陰陽，天有陰陽，地有陰陽，人也有陰陽。初爻、二爻叫「地位」，即立足的條件；五爻、上爻叫「天位」；中間頂天立地的三爻、四爻就叫「人位」。人就是在天地之間的大舞台上力求發展奮鬥。天地人不管如何偉大，都有一個共同的根源——「乾元」；宇宙浩瀚無垠，但宇宙最後的根源還是無形無象的「乾元」。

「乃統天」的「天」就包含了我們看到的天象，以及物質宇宙的一切。我們現在發現宇宙之大無邊無際，但是這無邊際的宇宙之上還有一個更高層級的「元」，「元」才是統天、統地、統人，以及生天、生地、生人的根源。「乃」字在文言文中有艱難轉折的意思，意味著前面做了好大的努力，好不容易才達到後面的結果。「乃」字在乾卦〈彖傳〉的表述中出現，說明「統天」很不容易。現在科技如此發達，我們敢說「統天」嗎？我們可以有條不紊地治理自然、宇宙嗎？我們光一個地球都搞不好了，統得一塌糊塗。

「統」是上級統領下級。「御天」的「御」是駕車，以前四匹馬、六匹馬拉的車，車夫就叫「御」，他能否讓不同的馬節奏一致，並且在坎坷的路上平穩前進，這都是「御」的功夫。以前帝王也稱「御」，如「御旨」是皇帝的旨意。因為他要駕御天下，天下也絕不只一匹「馬」，怎樣有效管控不同的人與事、不同的單位部門，這就叫「御」。所以，御就是管理、操持、經營。為什麼能夠御呢？因為統，你比他高，你負責管理他，所以你要御；如果你駕御不住，那就非得下台不可，因為你不夠格。

雲行雨施，品物流形

接下來是「雲行雨施、品物流形」。「雲行雨施」，「施」者，布施也，像佛教就講布施。有政治權力和責任的人，要如何施政才能擺脫困局，國泰民安呢？就個人而言，人生過程中的一舉一動或影響小、或影響大，也叫「施」。基督教講「施比受有福」，你能照顧別人，給人家精神、物質的支持，這也是「施」。

再看「雨」字，雨屬於自然現象，陰陽之氣和合到一個平衡點，就會下雨，然後有紓解悶熱的效用。所以「雨」有陰陽和合、生機、化解矛盾、和平解決的意思；這也是《易經》追求的目標，藉自然界的甘霖普降，象徵人間世一個好的政治措施、一個好的宗教布施，可以普渡眾生、國泰民安。這就叫雲行雨施。雨是和解的象徵，而不可開交的鬥爭、兩敗俱傷的衝突，就用「血」來象徵；所以坤卦最後一爻的「龍戰于野，其血玄黃」就是發生嚴重衝突。所以，剛柔平衡、陰陽和合而下雨，那是一種最大的布施。可是下雨之前，一定有一個佈局、造勢的階段，那就叫「雲行」。沒有雲哪來的雨呢？積水氣為雲，水氣累積到一定的密度，時機、形勢各方面都恰當了，就會下雨滋潤大地，使作物生長、江河湖泊水量豐沛。雲是隨時在動的，風吹雲走，所以叫「雲行」。老百姓看政府的各項措施，就好像靠天吃飯的人看到雲在天上流動，可是有了雲還不一定有雨，還得看風向。因此，不論要在什麼環境生存，還得學會看當時當地的風向、氣候如何？如果風向轉了，你就得隨風轉舵。

風向、行雲的時機一成熟雨就來了。這就好比有了好措施，可以紓困了，就像兩岸和解、伊拉克戰爭告一段落，族群仇恨紓解了。可見，結局順利，「雲行」是先決條件；經過雲行的努力，才有機會「雨施」。乾、坤的意象，大可以到無窮的宇宙，小可以到具象如男歡女愛、陰陽和合。我們說男女交合是「雲雨」，也是從這個意象而來的。巫山雲雨，先有雲，再有雨；陽入陰中、陽施陰受，就可以生生不息。這也叫「雲行雨施」。

「品物流形」，分檔次叫「品」。譬如人品高尚是上品；人品差一點是中品；人品低劣是下品。再如品酒、品嚐也是如此。這就說明萬物皆有「品」，有演化、等級、優劣的差別。像一卦六爻金字塔式的結構，初爻是最底層，君位是第五爻，在金字塔塔尖，越高位數量越少，因為品的要求更高。生物在演化過程中，也有分級的現象，那就是「品物」；生物分類學的「界門綱目科屬種」，就是研究生物分類的方法和原理。哺乳類的演化層級是比較高的，爬蟲類、兩棲類、魚類的層級顯然較低。而演化一定是由下而上、由內而外長時間慢慢演變的，就像爻的變化一樣，越演化越進步；演化到像人類這樣不只是有肉身軀殼，還有精神心靈，可能就到金字塔頂端了，這就叫「品」。

「流形」的「流」是流動，有坎卦水流的象；「形」是形態、形狀、形式。在陰陽和合、雲行雨施的大好環境下，大地受到雨水滋潤，萬物就拚命生長，至於長成什麼「形」，得看因緣條件。在動物界貓有貓形、狗有狗形，人有人形，過去恐龍有恐龍的形、三葉蟲有三葉蟲的形；在自然界，山是這個形，水是那個形。這些「形」的形成，要經過漫長的宇宙創生過程；「雲行雨施」是因，「品物流形」是果。「流」表示還在摸索創造的階段，還沒定「形」；在找到一個最好的、可以恒久生存、永續經營的「形」之前，還有不斷修改、變化的可能，所以要保持流動的彈性，等到慢慢演化之後，發現這種生命形式是最適合生存的，它就固定下來了。像長頸鹿原來的頸子也不是那麼長，經過漫長的演化過程，發現「長」是牠的優勢，所以就改變基因，成了今天的長頸鹿。根據考古發現，北京周口店出土的北京人頭骨，就和現在的人很不一樣。為什麼後來會演化成這樣？因為比較有優勢。造型藝術亦然，有創造經驗的人都知道，剛開始也不知道最後的成品會是什麼樣子，中間經過不斷改進，最後才拿出傳世精品。《易經》的傳世也有從「流形」到定形的過程。所以，「雲行雨施，品物流形」，流得好就是上品，流得不好就是下品。形就是這麼來的。

乾卦講形，坤卦講勢，有形才有勢。兵法也是一樣，形勢比人強。正如〈正氣歌〉：

天地有正氣，雜然賦流形。下則為河嶽，上則為日星。
於人曰浩然，沛乎塞蒼冥。皇路當清夷，含和吐明庭。
時窮節乃見，一一垂丹青。在齊太史簡，在晉董狐筆。
在秦張良椎，在漢蘇武節。為嚴將軍頭，為嵇侍中血。
為張睢陽齒，為顏常山舌。或為遼東帽，清操厲冰雪。
或為出師表，鬼神泣壯烈。或為渡江楫，慷慨吞胡羯。
或為擊賊笏，逆豎頭破裂。是氣所磅礴，凜烈萬古存。
當其貫日月，生死安足論。地維賴以立，天柱賴以尊。
三綱實繫命，道義為之根。嗟予遘陽九，隸也實不力。
楚囚纓其冠，傳車送窮北。鼎鑊甘如飴，求之不可得。
陰房闐鬼火，春院閟天黑。牛驥同一皂，雞棲鳳凰食。
一朝蒙霧露，分作溝中瘠。如此再寒暑，百癘自辟易。
嗟哉沮洳場，為我安樂國。豈有他繆巧，陰陽不能賊。
顧此耿耿在，仰視浮雲白。悠悠我心悲，蒼天曷有極。
哲人日已遠，典型在夙昔。風簷展書讀，古道照顏色。

文天祥在臨死之前可以寫出「天地有正氣，雜然賦流形」來，這不就是「流形」嗎？「下則為河嶽，上則為日星」，山河大地不都是流形的結果嗎？今天的地貌，不知道經過多少年的地殼變動。「下則為河嶽」體現了大自然的雕塑、宇宙演化的「流形」；「上則為日星」，日月星辰也一樣有它的演化歷程。在人呢，「於人曰浩然，沛乎塞蒼冥」，人的浩然正氣也是從天地正氣來的，所以許多歷史人物的表現，其實都在彰顯天地的正氣。由「氣」而有形形色色不同的品。

應用到商場，「品物流形」也是適用的。如果你做生意，各種不同的產品你都生產，而且都有消費者、有市場，那這個不容易。有些人專門做平價商品，他掌握的產品就是最普及的；有人專做價錢昂貴且限量生產的精品，一樣可以做得起來，因為他專門針對上品的消費群。所以你一定要了解你的對象屬於哪一品。跟對手交往要用什麼方式，也要了解他在哪一個層級。

因此，創造的歷程就是「雲行雨施」；有創造的環境、創造的條件，結果就是「品物流形」。組織的變革有時候也是一樣，尤其在環境劇烈變動的時代，產品定位各方面都得靠組織具有靈活應變的彈性，隨時調整。否則，十年前可以的今天可能完全無法生存。很多人說發明電腦有一個好處，從前用筆寫，要改很麻煩，現在電腦修改很方便。這也叫「流形」，創造過程中，最好的形式就存活下來了。

「品物流形」跟「品」有關。「品」在坤卦是「品物咸亨」。在第四十四卦姤卦（䷫）也講「品物咸章」。可見，「品」字特別重要，如果你的智慧只能夠了解萬物，那太含糊籠統了。萬物還要細分等級，連電影都要分級，限制級的小孩子不能看。不同的對象演化不同的結果，這就是「品物流形」。

大明終始，六位時成

「大明」，乾為心，所以在宇宙創生之初，就已蘊含未來心靈的能量可以突破物質軀殼的侷限，創造光輝燦爛的人類文明。從第一卦的「乾」就預言了上經最後一卦的「離」（䷝）。離卦專門檢討文明的發展和緣起，還包括文明浩劫的隱憂，以及浩劫重生的法則。從「乾」發展成「離」，乾卦〈彖傳〉的「大明」就是伏筆。離就叫「大明」。大明終始，生生不息。所以離卦〈大象傳〉就有「大人以繼明照於四方」。

光靠物質不能創造文明，這也就是物種發展到人這種具有心靈能量的高級生物才能開創文明，而且薪盡火傳，終而復始。而這個創造力的根源就在乾卦，所以說「大明終始，六位時成」。一卦有六爻，代表六個不同的位，是六個空間佈局的概念。但是初爻到上爻的「六位」，由內而外，由下而上，每一個爻位都想成聖成賢、追求最高成就。想要成，想要「功不唐捐」（佛教用語，意即功夫不會平白浪費），就絕對不能脫離一個考量，那就是「time」——時，一旦脫離「時」，不能與時俱進，錯過當下這個時機，一定會被淘汰。這就叫「六位時成」。《易經》最講究的就是「時」（time is everything）。尤其乾為天道、天時，地要法天，所有的地利皆因為遵循天時才有地利。

位是空間，時是時間，時間、空間是沒有辦法截然劃分的，而且「時」會決定「位」，這和愛因斯坦的相對論以及新的宇宙觀完全一樣。因此《易經》的「位」都是時位，不然不能稱其「位」。任何一個位置都不會永遠固定不變，隨著時代演變，一個位置的意義、價值都要重新評估；就是國家、社會、組織、個人也要隨時重新定位，因為此一時彼一時。在過去半個世紀裡，投資銀行是一個充滿創意的想法，現在嚴格講沒有投資銀行了，又回歸到商業銀行。這就是重新定位。「大明終始，六位時成」，在不同時機，你的位要隨時而轉，這才是最大的智慧。

時乘六龍以御天

接下來就更進一步強調時的重要。時控制一切，逝者如斯夫，不舍晝夜。這無情得很！人不能與時俱進，就得接受淘汰。何況乾卦強調在任何環境都要積極主動，才能統御一切。任何人、任何領袖能合乎時，不管環境怎麼千變萬化，我永遠可以駕馭得好、控制得好、管理得好，他就可以「乘六龍以御天」。抱殘守缺，不合時宜，整天想著過去那一套，不但沒有辦法應付眼前的環境，還得老挨打。想要「乘六龍以御天」，就看你有沒有長進、懂不懂現在的「時」變到什麼程度了？乾卦六個爻就是「六龍」，龍代表積極主動的創造力，而且能上天下海、隨時變化。一卦六爻代表這個卦由內到外、由下到上的一切變化。不管環境怎麼變，我都可以駕馭，而且可以順著這個變化管理整體大環境。這就是「時乘六龍以御天」。

「六位時成」，不要只注意到「六位」，千萬別忘了「時」，這樣才能「成」。長江後浪推前浪，浪淘盡時，再怎麼樣的風流人物一樣都可能被刷掉，「俱往矣」！時移世易，我們要永遠站在時代的風口浪尖，要佔上風，要知機、要應變。可見，懂得時是多麼的重要！

「時乘六龍以御天」，「六龍」就是六馬，想像中的龍要落實成馬了。依照過去的講法，諸侯四匹馬叫「諸侯四駕」，天子則有六駕。換句話說，天子要駕馭六匹馬，好比一卦六個爻，變化更複雜，處理起來的難度也更高，因為要管理各個不同的部門，覆蓋面更廣。至於天子六駕的說法，早先曾被質疑過，因為以前有沒有那麼寬的馬路，而且文物出土時沒有挖掘過六匹馬的殉葬坑。然而二〇〇二年在古代周天子定都所在的河南洛陽市中心，就挖出了天子六駕的殉葬墓、殉葬坑。這下鐵證如山，證實天子六駕的記載，在考古學界造成轟動。

乾道變化，各正性命

到「乾道變化」時，就要講到「利貞」了。前面都在講「元亨」。「乾道」是所有變化之道、創造之道，但不管天道怎麼變化，任何一個生命、任何一個組織都有獨特的生命特色。我們絕對不可以忽略這個「獨」字，不然在市場上產品沒有區隔，在競賽場上終將被取代。

「天命之謂性」，天命的流形，賦予人性、眾生之性，不僅每個人生而不同，每一個民族性也不一樣；絕不能強求一致，更不能說某一種體制可以放諸四海而皆準。自由民主在歐美國家可能不錯，但在阿拉伯國家就未必行得通；自由經濟市場也不見得就是無限的福音，過去跟著老美走的，現在不都倒了一大堆嗎？所以要「各正性命」，發展自己獨特的生命風格或組織特色。「正」者，止於一；上面是「一」，下面是「止欲修行」、「止於至善」的「止」。只有「正」，才會使你找到應該發展的方向。但是路有千條萬條，不必強求一致，因為乾道變化，生命的樣態本來就是形形色色。「各」是各自性、獨立性；「正」是動詞。唯有保障獨立個體的創造性，世界才會多彩多姿；但在現實環境中，人要相處，各民族國家要往來，倘若太偏重各自的獨特性，各行其是，就會破壞整體的和諧，所以，還需要「保合太和」的工夫。

保合太和，乃利貞

「太」字在原始經文上就是寫「大」字。「太和」者，最大的和諧也（The great harmony）。故宮的太和殿，名稱也源於此。「太和」也與《易經》同人、大有卦的「世界大同」呼應。有陰氣、有陽氣，就得有和氣。老子說：「萬物負陰而抱陽，冲氣以為和。」「和」即陰陽接觸之後合而為一的綜合態。有了最大的和諧，人世間就沒有戰爭，沒有衝突。

「保合」是指不要喪失每一個人的獨立性，要保障不同意見的抒發、不同生命特質的展現、不同民族文化的表現；各存其異，求其大同，然後還可以互相合作、以求共存共榮。這就叫「保合太和」。北京故宮九千九百多棟建築群中，從明朝到清朝數百年來，中軸線上三大殿的命名——太和殿、保和殿、中和殿，就是從乾卦的「統天」、「御天」而來。因為乾為君，是領導統御的中心。這是它的文化根源。

「保合太和」既保障群體相處的和諧，也保持各自的特色，那這就是一個最好的社會了。「乃利貞」，所以「元亨」創造出來的東西就能固守，就能貞下起元、不斷累積，真正創造正面的利益。這才是人世的正道。

首出庶物，萬國咸寧

講到這裡，就講到關鍵了。這也和「用九」的「見群龍無首，吉」有關。「群龍無首」是一個最高境界；最後要實現的結果，就是「群龍無首」。那麼「飛龍在天」的領導，要怎樣慢慢過渡到「群龍無首」？由金字塔架構發展成一個平鋪的、網狀的架構，每個地方都是中心，任何人都不要對哪個領袖依賴太深，把他當救世主，因為他也是人，他可能一輩子也趕不上時代的演變，他或者剛開始還不錯，將來也可能受不了誘惑而墮落，因為那個位置充滿無限的誘惑，所以「首」——領導的位置，它可能是致命的關鍵；一個「首」出問題，會影響到全局都出問題，如果交給他太多權柄，而不予以監督制衡，發展下去就不得了。美國自謂是全世界之「首」，但現在全世界的禍首不就是美國嗎？這就叫「首為萬惡之源」，所以「首」如果沒有一定的監督制衡、最高權力的來源沒有一個好的制度規範，一定會出問題。

對個人來說，也要去除對「首」的過分仰賴。最後每個人都是龍，為什麼還要有「首」呢？「首」就是一個盲點，「首」好的時候沒問題，要壞了怎麼辦？我們看古今中外，「首」是好的很少。佛教云「眾生平等」。但是眾生都成佛，那要等到何年何月？所以大部分時間一定還是有「首」的。對於「首」，我們要給予一定程度的規範，最好是民選的，是大家同意的，是可以監督制衡的，絕對不是世襲罔替的。假如這個「首」可以幹一輩子，可以為所欲為，所有規矩都管不到他，就像聯合國的規範，美國想不理就不理，要打仗也不必聯合國同意，這就會出問題。所以〈彖傳〉作者提出「首出庶物，萬國咸寧」八個字，這是更深一層的思維。他發現「飛龍在天」的六爻卦結構有致命的弱點，所以要加一個但書，必須界定元首、領袖、強國盟主都要從眾人之中誕生。「出」就是從那邊出來，「首出庶物」，最高領導人要從眾人之中誕生，才能深知民間疾苦、為民謀福。民眾也是權力的來源。如果老百姓不同意，一樣可以把你拿下來，不會有任何困難。「庶物」在政治上、在管理上，就是指廣大的基層民眾，在《易經》中就是初爻。

專制皇朝的第一代可能是從民間起來的。他很有創造力，也還沒墮落；第二代通常生於深宮，他跟「庶物」——民間就有了隔離，你要他扮演一個好領袖就很難，所以富不過三代。如果他的權力又是有保障的，這就會有問題；歷代以來血淋淋的皇權之爭，你殺我奪，老百姓也會受到波及。所以，〈彖傳〉作者認為，要世界和平、「萬國咸寧」，就必須讓最高領導人從眾人之中協議誕生。如此，再壞的領導人，四年，頂多八年就得下台！因為有任期限制，還有監督制衡。

可見，想要「萬國咸寧」，就必須「首出庶物」。但這也還沒有到「群龍無首」，還是中間階段。可是，要從「飛龍在天」的壟斷、專權、寡頭，發展到沒有任何問題的「群龍無首」，中間還需要漫長的時間和努力。要到那個地步談何容易！佛教說眾生都可以成佛，然而實際上有幾人成佛？「萬國咸寧」、世界和平的理想，《尚書》也提，〈易傳〉也提，可是現實世界只能設法建立「首出庶物」的制度，慢慢改正飛龍在天寡頭壟斷的流弊，然後一步一步往那個永遠不可能的百分之百邁進，至少可以日漸趨近群龍無首、眾生平等的大和諧局面。

就像現在，聯合國還是由大國霸權當政，如果當時沒有設立安全理事會，一國一票，那就很公平；或者沒有設置否決權，現在美國就不會為所欲為。所以提出「群龍無首」的最高理想，是非常關鍵的。〈彖傳〉的創作因為看到太多時代興亡的實際案例，所以，許多思想已經產生了變化。

大家都曉得〈大悲咒〉。有人認為在《易經》系統中的乾卦〈彖傳〉是〈大智咒〉。哪天你覺得有點氣餒了，有點軟弱了，有點挫折了，有點氣提不上來了，有點慌亂了，就把乾卦〈彖傳〉讀個三千遍吧！馬上智慧就來了，心就安定了。這叫〈大智咒〉，是從智慧出發的。我這麼講半是笑話，也半是真的。在末法時期講經，特別感到由衷的敬佩，因為不管儒釋道經典，都是千錘百煉、擲地有聲的思想，真正掌握了人生的基本面。

乾卦〈彖傳〉——創世計畫書

乾卦〈彖傳〉在最後談到了「物」；而在一開始的「乾元」和「大明終始」則明確指出了「心」。正所謂天理人心，其實人心也是從天地之心來的。然而心無形無象，唯物論者所認定的心也不是心臟和腦袋，它們只是心的載體而已。

回到哲學層面，從唯物論的觀點認為，宇宙間一定先有物質，在開天闢地之後，假定三十多億年前海底開始有了生命，而之前整整一百億年則是一片荒寂、沒有任何生命跡象，更不必講到心靈和思想了。這是現代科學發現的事實。先有物，然後是物的漫長演進，在一定時間點上出現生命，然後人類出現，再慢慢從原始本能進化到學會思考，以及身心靈得到提升。可見，唯物論並非否認心的存在，只是主張物質先於心的存在。

堅持唯心論的哲學派別則認為，物質的東西怎麼可能生出心來呢？物要多久才能變成心？這好比要讓頑石點頭一樣難。所以是心生物，因為心量無邊、萬法唯心，心的力量不可思議。這是唯心論的看法。

然而從乾卦〈彖傳〉可知，心早就存在了，只不過心無形無象，看不見。所以在最早條件尚未成熟、在連生命都沒有的階段，心無法藉著物的載體彰顯；隨著生命的發展演進，心的發展越來越精細，條件成熟了，就可以藉很多物顯現其巨大無比的能量。因此，我們不能用「可見」或「不可見」來確定宇宙形成的先後，也不能界定「有」或「無」，那只是影和像、有形與無形的區別罷了。所以「大明終始」的心靈智慧，創造了像離卦那樣光輝燦爛的文明，才能終而復始；肉身死亡就沒有了，物已消亡，但心的智慧文明儘管無形無相，卻可以傳之久遠，終而復始、生生不息。這是乾元的屬性。

除了「大哉乾元」，還有「雲行雨施」的階段。「雲行雨施」是第二十九卦坎卦（䷜）的象，而「大明終始」是第三十卦離卦（䷝）的象。為什麼離卦的前面一定是坎卦？因為宇宙間最先出場的是乾坤天地。然後水一定在火之前，唯有經過坎卦那種天險的試煉，才能創造文明、蘊生智慧，在離卦時大放光明。也就是說生於憂患，方能死於安樂。就像上經第三十卦，以及三劃卦的八卦，離卦都是最後出現的；一直要到第十三卦同人卦（䷌）、第十四卦大有卦（䷍），因緣具備，三劃卦的離卦（☲）才出現；表示開天闢地之後，智慧、心出現了，文明大放光芒的機緣於焉成熟。

因此可以說，乾卦〈彖傳〉等於是一個「創世計畫書」。我們且從〈彖傳〉中出現的三個「物」來說明。從一定程度上來講，整個《易經》可以全部濃縮在乾卦的〈彖傳〉中。從基本創造到整體發展，到最後還提出期許希望——「首出庶物」、「萬國咸寧」、「天下太平」。首先是「萬物」，萬物是總量；其次是「品物」，把「萬物」進行層次、品級的劃分；這就觀察得更細密，讓人們知道每一種物都有不同的用法。最後是「庶物」。分級之後，尤其不能忽略基層。你看所有的宗教都要傳到愚夫愚婦那一層，歷代政治領袖也非常重視民意，所謂水可載舟亦可覆舟，有了眾多基層，才能撐起整個金字塔，不能侷限於上層精英。由此可見，研究任何東西，都要具備「萬物」、「品物」、「庶物」三種觀照點，如此才能達到預期的結果——「萬國咸寧」，每一個人都和諧感通。

正如下經第一卦即專論感情、感應、感覺的第三十一卦咸卦（䷞），要是把芸芸眾生都像情人一樣地看待，人世間哪有那麼多問題呢？這與咸卦〈彖傳〉中提到的「天下和平」是完全呼應的。乾卦希望「萬國咸寧」，就與咸卦說的「天下和平」相呼應；可是第二卦坤卦就不同了，你看最後一爻，乾、坤大戰，「龍戰于野，其血玄黃」；造反、衝突，陰陽大戰。這是現實。乾卦是天理，回到人間，人是會受迷惑的。所以到屯卦（䷂）就「宜建侯而不寧」，本來希望「萬國咸寧」，結果到最後坤卦生下來的孩子「屯」卻從此永無寧日，一直到「未濟」（䷿）。西方文化傳統從《創世紀》到《啟示錄》也是如此。

乾卦〈大象傳〉

〈大象〉曰：天行健，君子以自強不息。

這是乾卦的〈大象傳〉。乾卦的卦象是上乾下乾（內乾外乾），上下卦皆為三劃卦的乾卦，等於是內健外健、上健下健，朝野都是一等一，內外貫穿、渾然一氣，這個創造力就很可觀。我們不難想像，伏羲氏當時仰觀日月星辰的運行，大概感歎於天地偉大的創造力，由此悟出先天八卦，開創了《易經》。所以伏羲畫卦是從觀察天象開始，觀察外面的大宇宙，進而觀察我們身心的小宇宙。現代科技可以透過太空望遠鏡，讓我們擴充視野，甚至看到一百幾十億年前瑰麗的宇宙景象。可是讓人難堪的是，從前古人能看到的東西那麼少，卻可以開創偉大的智慧；反觀現在，先進的科技工具常犯下愚昧的錯誤；現在就是把所有諾貝爾獎得主關在一起一年，也寫不出像《易經》或《道德經》這麼有智慧的著作。為什麼？因為現代人的欲望不得了！

既然欲望多，就像蒙卦，「元」被蒙蔽了，根源的創造力一定打折扣。自然的天象運轉那麼有規律，後面一定有一個永恆的法則在支配，那就是「天行健」。把宇宙的精神運用到人世間，就是「君子以自強不息」。我們不能靠誰主宰，一切都得靠自己。這是《易經》的一個大徹大悟——不要依賴任何外在的東西。天體是自動自發、自強不息的，人只有真正找到內在創造的源頭，才能像天一樣自強不息、無欲乃剛。如果內在是虛的，要靠強大的外力給你保證，都有崩毀的可能；唯有靠自己，才是真正的強。可是要自強並不容易，必須經年累月時刻不得懈怠。然而，只有自強不息、精益求精，才能達到「元亨利貞」的境界。

相對於坤卦的「厚德載物」，「自強不息」是自我的充實造就，此外，還要接觸廣土眾民，去面對社會現實、山川險阻，所以坤卦講包容，要「厚德載物」。可見，第一卦乾卦是做好自己，第二卦坤卦是處理好群眾關係；第一卦堅持自己奮鬥的理想，第二卦則要很能幹地做事。

《易經》六十四卦第一卦講自己、第二卦講群眾。其實六十四卦每一卦的初爻、二爻也類似這個關係。為什麼乾卦要先講自己呢？像乾卦第一爻「潛龍勿用」，自己先修，等到第二爻「見龍在田」，就要展開人際往來、處理群眾關係。自己沒做好之前，你還是不完整的，處世的智慧一定有問題。從相乘法則來看，要在人際關係、群眾合作中獲利，自己的學養、智慧越高，若基數是一，交十個朋友，就有一乘十的力量；一百個朋友就有一百的力量；如果基數是零，交一百個朋友還是零。

所以，坤卦拓展群眾關係的先決條件，就是乾卦的「自強不息」。第一爻「潛龍勿用」，先充實自己，第二爻才能「見龍在田」，展開自己，然後就是社會人群。先佔住了理，下面就是勢的處理。乾卦是很強悍的，從自強不息開始就強調「自」。就好比學習的「習」字，習字上面是小鳥練飛，下面的「白」字以前也是「自」，整個字就是取象於小鳥不斷鍛鍊牠的翅膀，By yourself，好的也是你自己幹的，壞的也是你自己犯的，一切都在你自己。因此，在困境中，首先要想到的是自己如何面對，不能幻想依靠別人援救。〈繫辭傳〉云：「自天佑之，吉無不利。」正是這個意思。「自強不息，厚德載物」，這也是清華大學的校訓，人生基本面就這八個字，處理好了就成；處理不好，七折八扣，一定很多問題。

另外，還要說說「以」這個字。這個字在經典中的出現率頗高。「以」就是先看懂了有這麼一個東西，然後就要設法把這裡面的原則運用出來：天道自然的原則是「行健」，倘若人也要「行健」，那就得自強不息。然後，這個運用還要擴散開來，不能局限在一個地方，同時希望別人也能運用「天行健」的道理。如此，先知覺後知、先覺覺後覺，可以擴大影響別人，人生就會充滿蓬勃的生機。可見，「以」就是一個槓桿的支點，由認知到實踐，君子以「天行健」的法則自強不息。

乾卦六爻詳述

六爻的關鍵詞：潛、見、惕、躍、飛、亢

乾卦六爻基本上以「龍」為意象，即「初九」的「潛龍」、「九二」的「見龍」、「九五」的「飛龍」、「上九」的「亢龍」，總結論「用九」還有一個「群龍」。可是在「九三」、「九四」爻中，我們看不到「龍」字，為什麼？我們在前文講過，一卦六爻，分天、地、人三才，而「九三」、「九四」是人位，不講龍，講「龍的傳人」。「九三」改稱「君子」，任何人只要有上進心都可以向君子靠齊。「九四」也是人位，是人奮鬥的位，離「九五」「飛龍」很近，不提君子了，可是不管怎樣，還是人行天道，裡面隱隱約約就有一個龍的意象，只是把主語給省略了，而且講了一個充分不確定的狀態——「或」，可能這樣、可能那樣，處在猶豫徬徨的危險狀態。但這還是有一個龍的象，只不過是一個在深淵上、懸崖邊「或躍在淵」的跳龍，躍躍欲試，想要一躍而飛至第五爻君位，但是很危險，跳好了就飛起來，跳不好就粉身碎骨，摔到萬丈深淵，或者摔回第一爻，前功盡棄。

要掌握乾卦六爻由內而外、由下而上的奮鬥歷程和演化的過程，我們只需記住六爻的關鍵字，這個詞就代表在這一爻的主體精神，只要你掌握這個詞，即使爻辭沒有記住，想到它你就知道該爻應該怎麼做了，然後進一步了解這六爻的六個關鍵字是如何串在一起的。我們且細細看之。

首先是「初九」：「潛龍勿用。」關鍵是一個「潛」字。沉潛。潛到人家看不見的地方，隱姓埋名，沉潛修行。凡是在最基層歷練，我們要重視「潛」這個動作。其次是「九二」：「見龍在田，利見大人。」「見」者，現也。當然你現出來，浮出水面，人家就看見了，就開始盯住你的表現，對你有預期，你就不自在了。開始沉潛，你做什麼別人都不知道，但潛到一段時間總要出來，這就得「見」。第二爻的關鍵就是「見」字。一個在水底下或者在地底下，一個浮在水面上或在地面上。「初九」、「九二」是「地位」，「初九」是地下，所以當然有「潛」的象。「九二」是在地面上的位置，所以就「見龍」，而且出現「田」的象了；不管是種田的生產基地，還是馳騁追逐的戰場、獵場，人生的角逐開始了；好比旗號打起來，公司開張了。由「潛」到「見」、由地下轉地上。《易經》義理派的開山祖師，即魏晉南北朝時期的王弼，在註解乾卦第二爻時寫道：「出潛離隱，故曰『見龍』，處於地上，故曰『在田』。德施周普，居中不偏，雖非君位，君之德也。初則不彰，三則『乾乾』，四則『或躍』，上則過亢。『利見大人』，唯二、五焉。」（王弼《周易注》）從乾卦初爻的最基層到二爻，時空、環境變了，必須出山了，就叫「出潛離隱」；由「潛龍」到「見龍」，有了社會責任，就要接受群眾監督。人家看你有點模樣了，將來甚至可能發展成「飛龍」。二爻與五爻是相應的，雖然現在還不是領袖，但前途看好，可能是未來的領袖。所以二爻之「見」，當然是擺脫初爻「潛」的時候那種寂寞、埋頭苦幹的處境，直到資源具備，可以具體而為了，但社會壓力、監督也跟著來了；因為公眾人物只要出一點錯就會給人抓到。這是「見」，有機會也有考驗。

然後是「九三」：「君子終日乾乾，夕惕若，厲，无咎。」「九三」的精神就在「惕」。正所謂拚命三郎，陽居陽位過剛，充滿幹勁，又是下卦的頂點。可是也有點過頭了，「九二」居中，「九三」苦幹就是希望出人頭地，能夠爬到第四爻，由內到外，由下而上，由地方到中央；當完了縣長還想當省長、部長；國內的本土市場經營有成，就企圖擴張海外市場。因此三爻就得要有努力衝天的幹勁，而且競爭多、風險高，所以這個階段自然而然出現「惕」這個字；要戒慎恐懼，從早到晚沒命地幹，精益求精，再接再厲，就是怕落後、怕落伍，怕在嚴酷的競爭中失敗。

第四爻「九四」：「或躍在淵，无咎。」就是一個「躍」字。內心蠢蠢欲動，蹦蹦跳。因為離「九五」「飛龍在天」的君位僅僅一步之差。「九五」是國家元首、公司負責人，「九四」就是經營的高層，就是內閣、國會、部長等。如果說「九五」任期到了，或者「九五」出問題、老前輩退休了，「九四」就有可能補位，副總統接替總統的位置。所以處在「九四」那個位置，心裡就躍躍欲試，能不能鯉魚跳龍門、在一躍之間變成飛龍呢？不過，「九四」有一個「淵」，淵就是懸崖峭壁下的深水潭。「九四」還沒離地，如果他想飛，萬一這麼一跳，跳好了，哇！飛起來了，就成「九五之尊」了，想怎麼幹就怎麼幹，反正大權在握；如果是沒跳好，或者跳早了、或者政治鬥爭失敗，不但沒辦法跳上去，還摔倒在初爻那一汪深潭。可見「九四」之高位離初爻還是很近，而且重力加速度，公司倒閉、人摔倒，這還不快嗎？上午還有一個氣勢磅礡的骨架，下午就已經化為灰燼。而現實中的四爻不止一個，好些四爻都在那邊準備補位，準備向第五爻進軍；都想由躍而飛，想在人生一躍登天。然而，就像古代很多大官一旦卸任，上午還是八抬大轎，下午就得騎著毛驢灰溜溜。換句話說，「或躍」不一定能飛，「在淵」的可能性還更高。從「潛」、「見」、「惕」到這個高位，一不小心就前功盡棄，又得從頭來。但有從頭來的機會嗎？這就是人生的難，高處不勝寒。

然後，同樣是第四爻，因為它是一個金字塔的架構，因為絕不止一個四爻，好多四爻，同儕之間會排擠、鬥爭，擠掉一個賺一個，自己機會就大一點。所以都擠在狹窄的懸崖邊，跳好了就上去了，跳不好就掉下來。可見，「躍」字非常值得研究，我們看這個「躍」字，是一隻大鳥，既然是鳥就希望大鵬展翅、鵬程萬里，但是飛之前沒有準備動作，行嗎？小鳥練飛不是練很久嗎？

好了，到了四爻，已經累積很多人生歷練，也坐上了高位，但還不算最高，仍然受制於人，所以他就想由躍而飛，更上層樓；可是躍就有風險。我們看一隻大鳥「不鳴則已，一鳴驚人；不飛則已，一飛衝天」的過程就知道，大鳥在飛之前，翅膀更收斂，甚至往後退，表面看好像沒有要飛出去，其實牠是在觀察、在蓄勢；而牠的腳尖、腳跟有點提起來。我們就知道牠野心不小，牠在佈局，遇到好機會，一個後座力就上去了，這就叫「躍」。人的心理活動也一樣，都是有跡可尋的。舉一個政壇的例子來說吧。前幾年，蘇貞昌先是做為有實權的臺北縣長，沒有直接奪取大位，而是先擔任黨主席，因為黨主席沒有人要幹。這就是「先蹲」，到那個地方「蹲點」，先熟悉環境，先蹲而後跳，跳完再飛。這下又給我們《易經》多加一個爻，「飛龍在天」前面的「或躍在淵」當中，還有一個「或蹲在淵」；蹲而後躍，躍而後跳。每一步看著是退，其實是為了取得往上一躍的彈力，並且避開第一線衝突；因為「躍」的風險太高，這一跳下去是飛還是沒頂，沒把握，所以是充滿不確定感的「或」。

總的來說，「九四」爻很辛苦，風險又高，但是要記得，它所要完成的動作就叫「躍」。

由「潛、見、惕、躍」，如果「飛」成了，到第五爻「飛龍在天，利見大人」，「飛」起來了，騰空了，愛怎麼舞怎麼舞，可是有朝一日也可能因為權力的傲慢，或者總有一天你會退休，就到了第六爻「亢龍有悔」，「亢」者，高亢也，聲音很高亢，很亢奮。強硬到極點、不回頭，只想繼續擴張往前衝，沒想過踩踩煞車、退一步。於是總有一天，你會撞到牆，出事了。人世間不就很多「亢龍有悔」的例子嗎？美國「亢龍有悔」了，那些華爾街大亨「亢龍有悔」了，從鼎盛時期的「飛龍」摔了下來。同樣是高居天位，「九五」「飛龍在天」，「上九」可是天外天，飛到外太空，高過頭了，遠離人世，發揮不了實際作用；而且「碧海青天夜夜心」，寂寞到極點，什麼人都動員不了，卸任的元首如同落架的鳳凰不如雞。由此可以看出，「飛龍」與「亢龍」差多少！所以那個時候不能要強，越強越傷。

乾卦最後一爻「亢龍有悔」的態勢就提醒我們，人生在世要能剛能柔、能屈能伸，因為後面就是坤卦；你不能陽剛過度，陽剛過度一定出狀況，剛愎自用。這就是「亢」的警示，站得最高，但是最可憐、最危險；大老的位置、退休的位置、沒有資源，若還死要強硬，就是這個結果。

由上可見，「潛、見、惕、躍、飛、亢」，做為乾卦六爻的各個階段——潛龍、見龍、終日乾乾、躍龍、飛龍、亢龍，曲線分明，直接告訴我們物極必反、盛極轉衰的道理。

初爻：潛龍勿用

初九。潛龍勿用。

〈小象〉曰：潛龍勿用，陽在下也。

現在回到具體的每一爻，先看初爻，「潛龍勿用。」，這條龍自命不凡，未來的發展潛力無窮，可是處在最低的位置，不為人知。正因為沒人知道，沒有干擾，反而可以潛修。也就是說，要成大事，先下基層，該有的歷練必須經歷，而且還要耐得住寂寞。可見，在「潛龍」之時，手頭沒有任何資源，自身沒有任何地位，不能發揮任何影響力，在這種情況下，輕舉妄動無用，最好別動；因為時機條件不成熟，徒然曝光，只會耽誤自己的潛修。

既然是「潛龍」，上面至少還有五條龍壓著，那就慢慢來吧，耕耘基層，設法深造。這就是「初九」。正如〈象傳〉所說：「潛龍勿用，陽在下也。」同樣是陽爻，有實力、有資源，也自命不凡；陽剛之力、進取之心皆具，但現實條件是誰都不知道你的「在下」。所以不能操之過急，等時機成熟再出來。所謂時機成熟，就代表機會來了，因此這個爻的爻變就是第四十四卦姤卦（下圖），一個可毀滅、可創造的機會來了！這個稍縱即逝的機會如果處理不好，或者與機會失之交臂，機會可能變成危機；如果抓住機會，危機可能變成轉機。這個姤卦是非常微妙的，所謂的邂逅，所謂的不期而遇，人生的機遇到了，如電光一閃；但機會沒到之前，強求也沒有用。就像東漢末諸葛亮未到出山時，只能繼續高臥隆中，當時其他名士也是如此，潛隱待時。這就是乾卦初爻「潛龍勿用」的象。

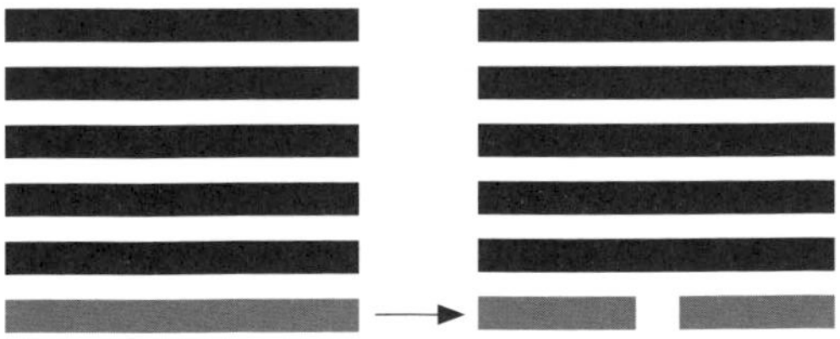

姤卦　乾卦

既然「潛龍勿用」一段時間了，什麼時候才是正確的時機？這就需要判斷了。如果正是時機，你出來了，那就進入乾卦第二爻——下卦的高潮了，這一爻成就了民間的民意領袖、各行各業的傑出人士。

二爻：見龍在田

九二。見龍在田，利見大人。

〈小象〉曰：見龍在田。德施普也。

我們且看二爻，「見龍在田」，這條「龍」讓大家都能看到，而且它有一個平台，有一個基地，或者開始追求人生的重大目標。「九二」鎖定往外發展、往上進取的目標是什麼？就是「九五」的「飛龍」，二跟五是相呼應的。假定你將來想做第一人，即君位、行業的頭頭或在種種事功的領域佔據上位，第二爻已經是下卦的中間，合乎中道，且陽居陰位，剛而能柔。懂得中道，不會像「九三」那麼衝，也不會像「初九」動彈不得；為了冒出頭來，要好好營造自己，廣結人脈，上下用功。「見龍在田」，說明一個人開始進入人生的狩獵期，開始追求目標，開始著眼佈局，開始人生規劃。

「利見大人」，「大人」主要是指「九五」，一方面是他個人將來想做「九五」，現在就要做各方面的準備；另一方面，現在的「九五」對發展中的「九二」來講，是極力提拔他的好前輩、好老師、好長官、好領袖。從爻的相應來說，二爻、五爻是相應的，而且紅花要有綠葉扶襯，因為「九五」也需要「九二」幫忙穩住下卦，使得朝野和合；然後二爻也需要五爻的提攜，因為二爻有實力、有基層。可見，二、五是互相需要的，乾柴、烈火少一樣都不行。

所以五爻的「利見大人」，那個「大人」是指「九二」，大人不一定是君位；二爻的「利見大人」，見大人就有利，「大人」則是指飛龍在天的「大人」，即「九五」。可見，二、五互相需要，好比魚幫水、水幫魚，提攜後進，先知覺後知、先覺覺後覺。

在初爻時是「門前清，不求人」，不求任何人，一心一意造就自己，等到自己的基本能力具備了，到第二爻就要廣結人脈，展開關係；這時，「九五」的上層關係是最大關係，所以「九二」要與「九五」發展良好的互動關係。有人提攜你，而你也值得人家提攜，如此你就會長進得快、上升得快，成就得快。這是第二爻的特色；有人帶領，有人欣賞，並且願意提供機會，當然少走很多冤枉路。

「九二」的〈小象傳〉說「見龍在田，德施普也」，也就是說不要忘掉初爻基層對你的支持；要如雲行雨施一般妥善照顧他們。首先是覆蓋面要廣。你是二爻了，你下面不是有一幫小兄弟嗎？不是有很多你服務的選區嗎？不是有很多客戶要經營嗎？你是「見」，他是「潛」，「見」者要照顧「潛」者。人家擁護你出來，你是他們的民意代表，要替大家謀福利，所以支援的人越多，二爻的「見龍在田」就越可以往上發展「利見大人」的關係。其次是，照顧初爻，不能偏心，要一視同仁。這樣初爻基層的支持才全面，這與〈彖傳〉的「雲行雨施」如出一轍。

像佛教的布施，一種是給你錢，叫財施；一種就像我們勉強教《易經》，叫「法施」，沒有錢給你，就教給你智慧吧；還有一種就是「無畏施」，人生什麼事情你都可能會有沒來由的，或者有來由的，很深層的恐懼。我們平常遇上難以處理的事或遭遇巨大的變故時，都是那種恐懼，皆因顛倒夢想、深思憂懼造成。所以要教人「大雄無畏」，這也是一種布施，讓別人解脫這種恐懼。這些都是「施」，主要看「九二」對「初九」的照顧要普及，如甘霖普降，滋養天下蒼生。由此可知「九二」的基本面不錯，地位穩固，算是響噹噹的一號人物了，大家看好他的未來。

「九二」的爻變是第十三卦天火同人卦（下頁圖），這一卦主要講的是營造全球最和諧的人際關係，要超越族群、超越國家、超越宗教、超越血緣；乾卦第二爻做的事情就是同人卦的工作。不僅要上下「同人」，也要左右「同人」，儘量少樹敵，多交朋友；總有一天你的影響力會像棋盤一般，縱橫交織，擴散出去。

由「潛龍」到「見龍」也代表一個深藏在內的東西突然翻上枱面，顯現出大家都看得到的意向。人都會做夢，聽說動物也會作夢。夢到底是怎麼回事？西方心理分析家佛洛伊德和榮格都有研究。好久以前，我結合《易經》占卦和義理去問夢是什麼？結果得出來的就是「見龍在田，利見大人」，爻變是「同人卦」。說到底還是人際間的互動。俗話說「日有所思，夜有所夢」，白天的活動、腦子裡的想法，或者過去、現在、未來跟人群的接觸，都是作夢的材料；平常不敢講、不敢想的，都可能在夢境中浮現出來。

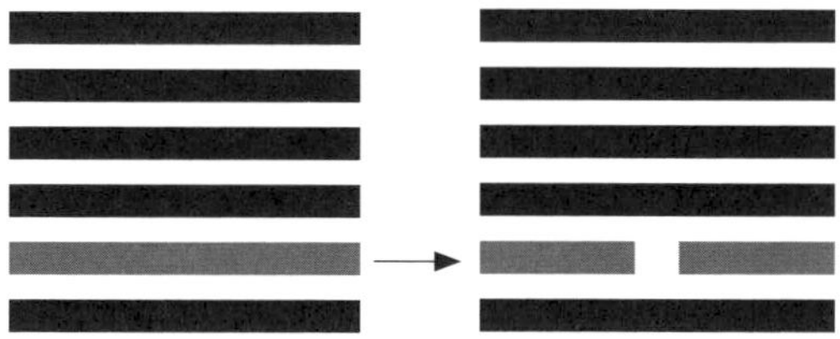

乾卦　　同人卦

三爻：終日乾乾

九三。君子終日乾乾，夕惕若，厲，无咎。

〈小象〉曰：終日乾乾。反復道也。

再看第三爻。要注意的是，第三爻和第四爻都是「無咎」。可以這麼說，在《易經》中，對「無咎」的追求，比吉凶、輸贏、得失、成敗還重視。人生在世，能不出問題，不怨天尤人，才能立於不敗之地，這就是「無咎」，可見這人生多難。在過去幾年的經濟困局中，全世界不知多少有權有勢、有資產的人，眼見他起高樓，眼見他樓塌了，他們都沒法求得「有終」（好的結局），所以「无咎」不容易。

由此可知，在《易經》中，所謂的吉凶禍福，不論結局好壞到何種程度，遠比不上追求絕對的「無咎」。我們知道，乾卦重在講天道，而乾卦的「九三」、「九四」處在人位，三爻「多凶」，人生真不容易，得時刻留神；四爻則「多懼」，戒慎恐懼，地位雖高，反而更害怕，怕老闆打壓、怕同儕排擠、怕初爻的選民天天要你下台。所以三爻、四爻追求的是最後的「无咎」，能「无咎」就不錯了。這是奮鬥的中間階段，也是一個人的中年階段，我們叫它「哀樂中年」；因為它承上啟下，既不在最高的位置，也不能自己全權決定；既要聽命行事，又得提供意見，負責執行。與二爻「見龍在田」，處在未來非常看好的穩定狀態截然不同。正所謂「前不著村，後不著店」，在三爻、四爻的人位，多凶、多懼、多是非，而且經過這個考驗，最後所求不過是「無咎」而已。為了要「无咎」，就要儘量少犯錯，犯了錯得立刻改。〈繫辭上傳〉就說過：「無咎者，善補過也。」人哪有不犯錯的，犯錯後善於改過，才會「无咎」。所以對人對事不苛求百分百完美，一定要有一些可容許的錯誤；但要勇於面對過失、有調整措施，不要隨便遷怒於人。因此，三爻、四爻在乾卦中最後是「无咎」，談不上吉凶。

繼續看「君子終日乾乾，夕惕若」，「乾乾」，「乾」即「健」，陽剛進取的精神。君子日夜努力，保持警惕。從早上到晚上，又從晚上到早上，總不停息。在學問的追求過程中、在事業的苦幹階段，這種經驗大概每個人都有，無晨無昏無晝夜，因為時間不夠。哪有到時間上班下班的，每天每時每刻都得想、都得做。君子在三爻就進入這個境界了，因為不甘心只待在下卦、只在野、只在地方上、只在國內市場，所以他有衝天的幹勁；「終日乾乾」，從早到晚，日升日落，健而又健，不斷鞭策自己。這就是「夕惕若」。沒有這個「惕」，可能就被淘汰了，上不去，只能庸庸碌碌過一輩子。

三爻的「若」字和四爻的「或」字，都是《易經》中比較常用的字，說明在人位猶豫徬徨、模稜兩可之間進退未定，心情也不是那麼篤定。之所以加倍努力、夙夜在公，主要就是因為「惕」；始終捏著一把汗，擔心在競爭中被淘汰，擔心事情做得不夠好。這種狀況就叫「厲」。「厲」也是《易經》中的一個關鍵字。在人行天道的乾卦第三爻，就出現了一個「厲」，可見做人真不容易。因此，在客觀環境處於「厲」的狀況時，遭遇這種凶險、動盪、充滿挑戰的時候，更得激勵自己全力以赴，才能「無咎」。

「九三」的〈小象傳〉說：「終日乾乾，反復道也。」這裡出現了第二十四卦復卦（䷗）的概念，非常寶貴。「反」者「返」也，就是回頭，《易經》中幾乎所有的「反」都是此意。「返」就是要我們回歸基本面，復卦就是如此；一元復始，其初爻是陽爻，上面全是陰爻，剝極而復。如此看來，當今社會，傳統製造業、經營生產力的東西還是很重要，不能都抽空了買空賣空，拿來玩金錢遊戲。「反復道也」，只有經過如此努力，才是永遠的道。乾道變化，天道、地道、人道，人生奮鬥的正確方向，一遍又一遍地實踐，錯了回頭，錯了再回頭；克己復禮，改正回歸基本面，去掉虛浮的表象，這就是「反復道」，絕非一次就成。

所以人生要經過不斷嘗試，和復卦的原理一樣，兩邊都是懸崖峭壁，能不能永遠站在中心線不出問題？那很難。但是，就好像開車到險路，如果執意前行，一不小心就摔下去了。所以車到險關不要硬闖，馬上打方向盤轉回來，因為不安全，過頭了，偏離中道了。有時候扶了東來西又倒，過猶不及還是得過來。在人生行進中，不可能全是走直線，難免走點曲線；這也沒關係，走上彎路，闖點小過，記得及時調整，過而必改，還是可以到達目的地。就怕逾越了平衡點還是不肯回頭，那就永遠不能到達終點了。

這就是「反復道」。雖然有一點偏離，仍屬正常的螺旋線。

第三爻的爻變就是第十卦履卦（下圖）。「履」字底下就是「復」，上面的「尸」就是神主牌，這一卦告訴我們人生的實踐需要腳踏實地，完全依循「復」的規律。「履」就是人行天道，腳踏實地地幹，然後在遭遇無數困難當中累積人生的經驗、履歷。第三爻就是苦幹的象，「反復道」，嚴格要求、不斷改進；這個階段如果「无咎」，就有可能再往上冒，由內而外、由下而上，更上層樓，進入第四爻更高的位置。

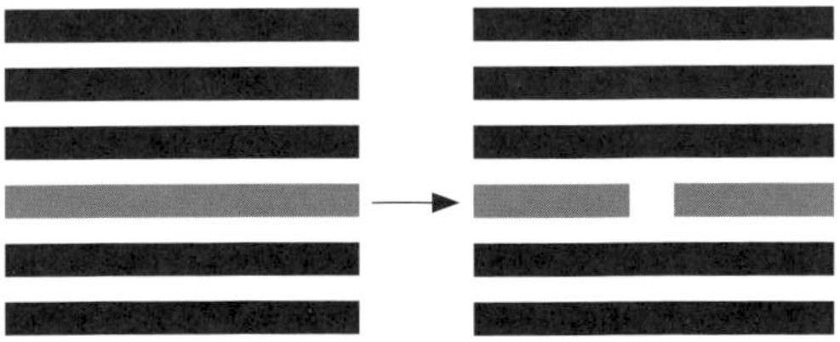

四爻：或躍在淵

九四。或躍在淵，无咎。

〈小象〉曰：或躍在淵，進无咎也。

第四爻是上卦的開始。「九四」又是陽居陰位，雖有實力，卻要懂得忍耐。不過，「九四」的忍耐與「九二」不同；「九二」也是剛而能柔、陽而能陰，也是陽居陰位，但它畢竟是居下卦、內卦之中，又有「九五」照應，位置很穩定，所以他做起來很自然，上下關係經營得很好。「見龍在田」，充滿了未來性，爻變是同人卦，大家都說他好。四爻不是，四爻不居中，位置是高度危險的，伴君如伴虎，還有功高震主的嫌疑；太愛表現的話，會給自己招來無窮的麻煩。老闆看見你就想，你是不是要造反、是不是想太早出頭？同儕之間也很妒忌你，本來這裡也只有那麼幾個位置，何況又是處在懸崖邊上。如果同儕能抓到你的小辮子，暗算一把，輕輕一擠，你就掉下深淵，噗通一聲，再也起不來了，他也少了一個競爭者。

還有，「九四」做為中央的執政高層，他的對象就是相應的「初九」基層，基層還支持不支持他，下次還選不選他，就要看他政績如何了？這就是四爻的基本狀況。可見，「九四」有很多需要負責的對象。首先，他要仰承「九五」，這是得罪不起的；其次他還要拿出執政績效，給支持他的「初九」相應的交代。假定支持率低於十%，他大概就得摔下來了。「或躍在淵」四個字說得多麼形象化，此時正如在懸崖邊跳舞，蹦蹦跳跳，不小心一跳，發現自己落在水底。面對深淵，你是往上躍升還是直接沉潭？因此你要明白，處在「九四」這個位置，要剛而能柔，不能太強硬，要能夠忍耐，不然在這個位置待不了幾天。這個位置是高度政治敏感的位置，與三爻不同；三爻也是人位，只是「多凶」，而四爻「多懼」，位置更高，由地方到中央，要有更全面的思考；三爻是專業比較重要，不斷精益求精「反復道」，在專業上不斷累積奮鬥，求學、做事、歷練。四爻的話，坦白講，專業不很重要，更重要的是，在複雜的高層政治鬥爭環境中，你的敏感度怎麼樣？你會不會亂講話？一旦失言，影響就很大。有時候一個朝廷的一品大員，可能講話不見得有錯，就因為觸犯當今，就得下台。所以「九四」是一種政治歷練，因為位置不同了，要對初爻負責，還要協助五爻執行。

再者，「九四」面臨的挑戰也不一樣了，現在到上卦、外卦了。三爻是內卦，本土市場經營得不錯，不代表海外經營會一樣好；因為得面臨「在淵」的挑戰，績效的期望值越高，風險越大。有這樣的風險意識，還有堅忍能力，「或躍在淵」時還能「无咎」，那就不錯了。

話說回來，乾卦無論如何都是鼓勵人上進的，這麼高風險的位置，「九四」爻的〈小象傳〉還是說：「或躍在淵，進无咎也。」在那麼高的風險下，是不是乾脆放棄算了？還是回到地方上吧，當個校長、做個教授，或者早點退休，領終生俸，頤養天年。但是乾卦是一個進取的卦，既然已經奮鬥到四爻了，甚至有機會通過考驗，實現「飛龍在天」的宏願，為更多人服務，他不會就這麼放棄的！前提是不墮落。只要不墮落，就可以掌握更多資源，讓產業提升、學問進階。這就是「進无咎也」。如果遇到危險就放棄，那麼乾卦一開始還會說「自強不息」嗎？因此即使在「或躍在淵」這樣一個遭遇身心大歷練的高風險時刻，〈小象傳〉還是鼓勵說「進无咎也」。事實上，在現實生活中，一旦有了危機意識，對風險有適度控管，可能就不會有危機了。就怕一個人膽大無知，亂闖禍、亂講話，最後不可收拾。

在四爻中，「或」字和「躍」字的表述很生動。留神「在淵」的高風險，然後求「无咎」，不放棄進取心。可見這一爻是很悶的，在夾縫中求生存。四爻爻變為第九卦小畜卦（下圖），此卦可謂是「以小博大」、「密雲不雨」；這正是一個修行的狀態，上壓下擠都不管它，只在中間斡旋周轉。小畜就是一個很悶的環境，那也沒辦法，誰叫你是第二人，不是第一人？已經到了這麼高的位置，就得扮演好這個角色。這就是「九四」的處境。

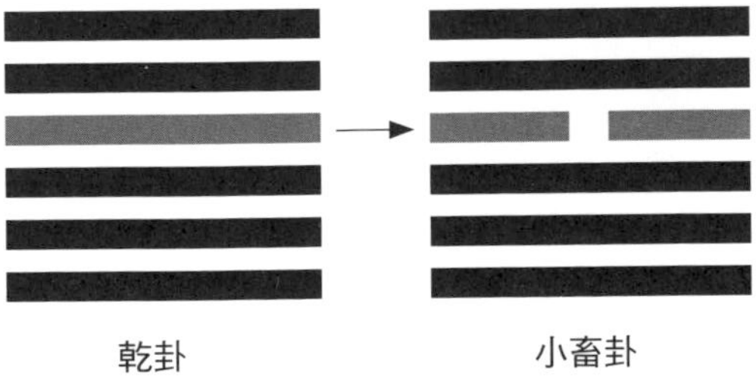

小畜卦　乾卦

五爻：飛龍在天

九五。飛龍在天，利見大人。

〈小象〉曰：飛龍在天，大人造也。

終於到了第五爻「飛龍在天」，這下爽了，登基變成第一人了，站上金字塔的塔尖，愛怎麼飛就怎麼飛，掌握的資源可說是無限。當然，擁有這麼大的資源和至高無上的權力，也要有相應的表現，否則下面就會一團亂了。其實，第五爻也是面臨無限誘惑的一個爻，很容易墮落，因為他也是人。只要一墮落，馬上就變成「亢龍有悔」，不管是不是真退休、真卸任，在位置上明擺著是「飛龍」，實質上可能已經是「亢龍」了；剛愎自用、傲慢與偏見，都有可能。

因此，一到「飛龍在天」的全盛期，《易經》馬上就給你道德勸說——「利見大人」。這裡的「利見大人」，不是天天看鏡子沾沾自喜，看自己真像大人、領袖，雙目炯炯有光。錯了！是要找到好幹部來輔佐你，這個好幹部，就是第二爻。所以「九二」和「九五」雙方面是共利互惠的，一個是「利見大人之君」，一個是「利見大人之臣」。若是搞寡頭政治，是找不到好幹部、好支持者的，當然就不可能有好的政績了。所以，「飛龍在天」一個很重要的但書，就是利見「見龍在田」的大人。如果有這麼好的助手，就如「九五」〈小象傳〉所說：「飛龍在天，大人造也。」「造」即創造。處在最高位置，擁有最高權力，可以給民眾授權，扶持好的幹部。原先為民服務的構思、理想，現在完全可以付諸實施了。這麼難得的機會，可以不斷地創造人民的福利，創造正面績效。正如「九五」爻變為第十四卦火天大有卦（下圖）。「大有」是大家都有，雨露均沾，「雲行雨施，品物流形」；不是你一個人擁有全部，老有、少有、壯有、男有、女有、鰥寡孤獨廢疾者都有。只要同樣是人，理應大家都有。二爻還要做「同人」的努力，到五爻就可以歡欣收割了。假定真有理想，到高居影響力、有權柄的位置，就得好好幹，創造「大有」均富的環境，這就是「九五」的功效。如日中天，火天大有，如同佛光普照，太陽高高掛在天上，普渡眾生，讓大家都曬到陽光。

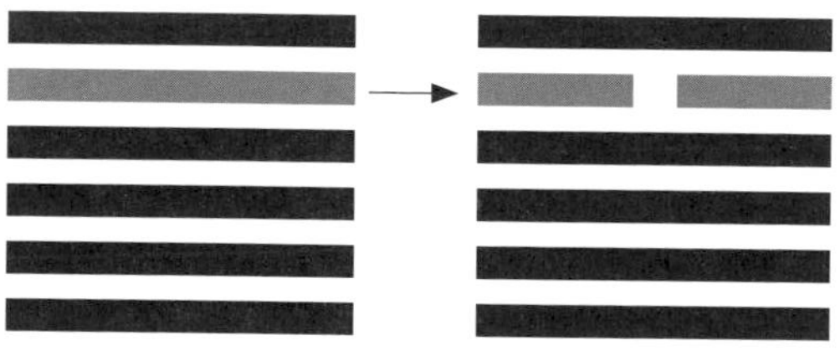

乾卦　　大有卦

這是第五爻。換句話說，領袖的責任在此，理應如此。然而落實到人世間，則未必辦得到，古今中外的領導人，合乎這個條件的恐怕一成也不到。這就是政治的風險，也是這種金字塔體制的弱點。

上爻：亢龍有悔

上九。亢龍有悔。

〈小象〉曰：亢龍有悔，盈不可久也。

「飛龍在天」，如果不利見大人，都跟小人混在一起做壞事，甚至貪腐墮落，那就完全不是「大人造也」這個象，更不會有利；很快變成支持度很低的「亢龍」。也就是第六爻的「亢龍有悔」。「亢龍」就有悔，因為你老是高高在上，聽不進別人的話，滿心以為天縱英明。這種驕傲的心態一旦過頭，陽氣過盛，就如同「上九」〈小象傳〉所云：「亢龍有悔，盈不可久也。」太驕傲、滿溢出來了，肯定無法長久。「上九」爻變為第四十三卦夬卦（下圖），五陽一陰，到頭了，快攤牌了，生存的空間有限，面臨陰陽大對決。可見，「亢龍有悔」是非常不諧和的象，「盈不可久也」，器小易盈，絕不能久。

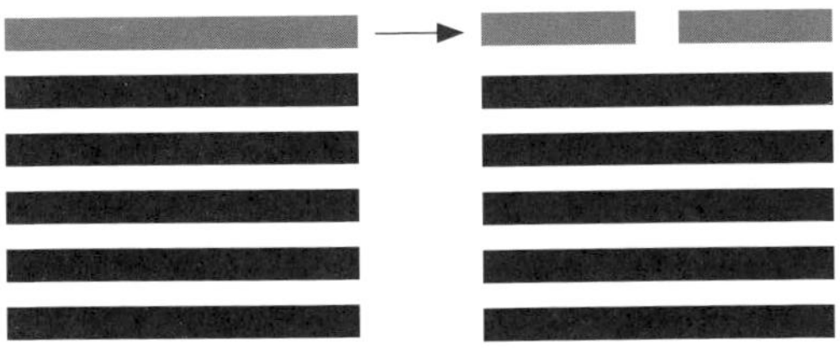

乾卦　　夬卦

總論：群龍無首

用九。見群龍無首，吉。

〈小象〉曰：天德不可為首也。

乾卦六爻後，來了一個總結，也可以說是憧憬、嚮往，那就是：「見群龍無首，吉。」「群龍無首」不是一個已經現實進化的層級，而是一個無限的終極理想，永遠不會百分之百完成。極樂世界、天下太平、人間天堂，這都是理想，即使永遠不會百分之百實現，但這個理想的提出確實有其必要性。所以《易經》六十四卦最後有既濟（䷾）和未濟（䷿）兩卦。可見沒有「用九」，還真不行，否則會甘於墮落，甘於現狀的不理想而不思改進；如果我們步步趨近，就永遠有進化的可能。

所以乾卦一定要有蓋頂的理論，六條龍沒有一個完美，都有很多但書。像三爻、四爻多苦，二爻多累，初爻還得憋，五爻一點也不輕鬆，而且隨時可能墮落變成「亢龍」，懊悔無限。因此，這就刺激我們對這種金字塔結構的深層反省了。前面〈彖傳〉講到「首出庶物，萬國咸寧」還是一個階段性的彌補方式，假定最後眾生都成佛，大家都有良知良能，開發自性，每個人都有機會成為龍，那還要「首」幹嘛呢？因為「首」是導致「福在哪裡，禍也在哪裡」的根源，很難制約。不管是君主時代、民主時代，真理都有可能被操縱。就像自由經濟，開始一聽好極了，但怎麼會到今天這個地步呢？由此可見，「見群龍無首」幾乎就是一個世界大同的象，當眾生的自性都開發到極致了，不需要有一個關鍵的「首」掌握所有資源。否則，要是「首」出問題了，他的禍就會傳染，禍國殃民，害大家不能動彈。像美國華爾街那個「首」，造成全球多少人跟著陪葬。如果是群龍無首，每個地方都有一個獨立自主的中心，傷也傷不到我，因為我不必靠你。這是一個理想的大同景象、也是演化的最高階段。

乾卦陽剛的精神發揮到極致，就是出現「群龍無首」的象，這也是中國文化的一個終極理想。可惜「群龍無首」到後來以訛傳訛，變成一個組織失序、沒有領導人、大家徬徨不已的負面之象了。很多經典中的微言大義傳到後來，都走到對立面去了，因為無法理解那個崇高的境界，所以把它當成負面的。「吉」不是凶，「用九」其實不是爻辭，是介乎經、傳之間的。〈小象傳〉說「天德不可為首」，乾卦講天德，不可為首，一有首就有流弊。以前帝王爭霸時代，一個領導中心掌握一切，可能有一段時間好，萬一不好的時候怎麼辦？企業如果有一個總部，全球的分部都得聽總部指揮，總部如果被摧毀了怎麼辦？那不是全部都得停擺？如果每個地方分區治理，都成為一個獨立的機構，它還可以和不好的隔離，這就是「去總部化」。「天德不可為首」，能為首都不要為首，大公無私，天德好生，基本上是這個境界。群龍無首的理想典型在臺灣企業經營史上，如宏碁集團創辦人施振榮先生，幾十年前就有這個思維，他是不是受《易經》的啟發我不知道，那時候他也喊出口號：在企業內部希望培植好多條龍，訓練五百個總經理獨當一面。群龍無首，可大可久，但後來招致慘重的現實挫折，交了上兆元的學費。這個思想很前衛，但是臺灣現實的經營環境，甚或全世界的經營環境都還沒演化到那個地步，調子過高，反而招致重大的挫敗。

在天、在淵、在田

乾卦六爻講完，我們且回過頭來，再看第二爻「見龍在田」、第四爻「或躍在淵」，和一般人耳熟能詳的第五爻君位九五之尊的「飛龍在天」。這三爻之所以特別提出來，因為它們都有一個「在」字。在天、在淵、在田，是乾卦中最重要的三個爻。一個是「九五」「飛龍在天」，最高位置的領導；一個是輔佐「九五」的第四爻，中央執政大臣之位的「或躍在淵」；還有就是第二爻，象徵民間、地方，在野的社會中間勢力。按照三劃卦的基本原則，我們知道，第二爻是下卦的中心，第五爻是上卦的中心，二者所佔的位置就是《易經》所謂的「中」的概念；一個三劃卦第二爻的位置，剛好是發展到實力飽滿、氣勢最旺的位置；第三爻反而是物極必反，開始往下走。第二爻在下卦，在野、在民間、在地方，實力雄厚。第五爻在上卦，是在朝、在中央一個最壯盛的位置。而四爻是中央輔佐帝王的大臣之位，也是對民間影響重大的位置。就一個領導統御的乾卦來講，五爻與二爻相應，互相「利見大人」，加上第四爻，第四爻與第二爻分別在中央的上卦和地方的下卦輔佐第五爻掌控全局。所以二、四、五都在重要的位置上，爻辭就各有一個「在」字，在位、在職，甚至人生在世的很多責任。

這三爻雖然都是「在」，實際上還有很大的區別。我們都知道《易經》一卦六爻和天、地、人三才的概念是相合的。人生天地之間，頂天立地，如何才能促成天時、地利、人和的綜合最大效應？上爻和五爻居天位，三爻和四爻居人位，二爻和初爻居地位。在乾卦，我們發現第五爻與第四爻，一個是鎮守全局的位置，一個是一人之下、萬人之上的輔政位置；看起來只有一個爻位之差，實際上卻有天淵之別。成語「天淵之別」，就是從《易經》來的。

第五爻是「在天」，高高在上，「大人造也」。第四爻看著是高，其實處境之險惡，伴君如伴虎，同儕之間互相競爭。五爻只有一個，可是四爻有一堆，有朝一日五爻退休或者出狀況了，四爻隨時可以取而代之，可是候選的四爻有一堆，人人有機會，個個沒把握，他們之間會和平相處嗎？一定很難。所以他們之間充滿鬥爭。這就是「或躍在淵」指出的險境。所以不要高看四爻，與五爻相比，雖只有一位之差，卻是天差地遠。真正的「淵」象其實是指第一爻的潛龍，高崖下的深潭，可能上午在第四爻，一步沒跳好，下午就變成第一爻。第五爻與第一爻真的就是天淵之別了。而且我們知道官不為副，第五爻是正的，第四爻是副的，這個「副」就差太遠了；正主第五爻絕對可以置第四爻於死命，控制得緊緊的，這就是第四爻的深層憂患。如果你是處在第四爻，不妨明白告訴你，先別高興，你根本就是「在淵」，隨時要小心翼翼，才能「進，无咎也」。可見，「在淵」講的完全是赤裸裸的人生現實，不是好應付的路子，要非常小心。

《易經》中的「在」與「存」

「在」字也有重視當下立足之地的意思。「在」者，「土」加「才」也。我們講坤卦強調「土」，亦即這個「平台」的重要性；那是伸展人生抱負必須具備、必須建設的平台。有土斯有財，「在」字就是提醒你要好好耕耘當下立足的這塊土地所蘊藏的資源。「在」字的偏旁就是天、地、人三才的「才」的概念。我們要用的錢，要用的人才、天才、地才就是資源；要達到天時、地利、人和，這些都得好好掌握，深刻認識；這樣不管「在田」、「在淵」還是「在天」，才能將這個位置的角色充分發揮。像《大學》的「大學之道，在明明德，在親民，在止於至善」，以及文天祥〈正氣歌〉的「顧此耿耿在」、「典型在夙昔」，都可以從這些角度去理解。

再看「存」字。〈繫辭傳〉中有一段話：「列貴賤者存乎位，齊小大者存乎卦，辨吉凶者存乎辭，憂悔吝者存乎介，震無咎者存乎悔。」「存」者，「才」「子」也。「存」與「在」的差別就很值得玩味。「存」也是重視天才、人才、地才的資源運用，可是他看重的不只是當下這塊土，他想得更遠，想到子子孫孫後代未來的事情。積穀防饑，為了下一代著想，不把所有錢財都用掉，到銀行把錢存起來，等到百年歸天，兒子、孫子那一代才有錢財可以用。這就叫「存」。「存」就是往未來看，為子孫憂，不限於經營當下這塊土地。所以人生「在」的思考很重要，「存」的思考也很重要。

現在大家都很憂心生態破壞的問題，這也是全球文明面臨的災難。如果繼續這樣下去，不趕快改弦更張，幾十年後，我們還給子孫留下什麼？假定天地人都已殘破不可修復，未能為子孫預留永續發展的資源，我們就沒有盡到照顧未來的責任。所以，只有「在」的思考，而沒有「存」的思考，還是不行的。然而，光有「存」的思考，忽略「在」的思考也不行；「在」的問題都解決不了，哪還會有未來？

我們現在讀經典，也是古聖先賢根據他們當時「在」的經驗，為我們留下了這麼多的寶藏。我們從中吸取營養，得到圓融充滿的智慧啟示，這就是「在」與「存」兩者並重。所以〈繫辭傳〉談到永恆性的東西，說「成性存存，道義之門」，存而又存，都不是現在馬上用得到的，但未來會有用。這是「存」「在」並重的思考。「存」重視永恆性，看重未來；「在」重視現場感，當下即是。就像我們活著的時候，生死、存亡是一個概念，但生死、存亡不同，生死是指肉身軀殼的硬體，存亡是軟體，是無形無象的精神永存。

〈繫辭傳〉引用上經第二十七卦頤卦（䷚）和第二十八卦大過卦（䷛）談肉身生死的問題。生死關頭，不是只有肉身的生死，還有天堂地獄的概念，亦即坎卦、離卦的概念。坎卦是無限沉淪，離卦是向上提升，進入文明洪流，成為永恆的資產。所以生死就是「在」的概念，還在世、還活著；生前死後就是存亡的概念，有其永恆性。

由此，我們和《老子》一個很有名的命題對照一下，他說「死而不亡」，這個意思我們就能懂了，死和亡不是同一個概念，死而不亡才是真正的長壽，所以《老子》說「死而不亡者壽」；肉身雖然死了，可是我們現在還讀《老子》，還讀《易經》、《莊子》，那就代表他們身雖死，可是精神的影響是不亡的、永恆的。

學佛的人讀佛經就知道，佛經一開始總是說「一時，佛在哪個地方」。佛當時講經的現場，那叫做「在」；佛經集結整理之後，對遙遠的未來還有一定的影響力，那就是「存」。

再看乾卦，「在」是一個動詞，有「察」的意思，要你深刻反省體察。這個字就更有力量了！此時此刻的當下，你在怎樣的一個時間、位置——就是《易經》所謂的時與位——一定要深刻體察，才不會搞錯狀況。五經中的《尚書・舜典》也說，任何一個君王上台，都要把曆法、天文地理的現象弄清楚。

其中很有名的一句話說：「舜乃在璿璣玉衡，以齊七政。」就用了一個「在」字。「在」是動詞，後人解釋是觀測星辰的天文儀器。要深刻掌握天人互動、天時週期性的循環，才能「以齊七政」。這裡的「在」就是深心體察的意思。

一個乾卦幾乎涵蓋整個宇宙人生，由「潛」而「見」、而「惕」、而「躍」、而「飛」至終極，物極必反而「亢」的一個普遍過程。中間在三個重要的位置上都強調「在」，「在田」要怎麼做，「在天」應該怎麼做，「在淵」要如何小心自保，不出狀況。這些都得深刻體察。

《易經》互卦、錯卦、綜卦的概念

首先是互卦。照過去的講法，互卦與中爻有關，中間的第三爻、第四爻，或者延伸得更廣就是第二爻與第五爻。這是最早建立卦中有卦、情境中又隱含情境的看法。所以對一個六劃卦所象徵的形勢要有百分之百的掌握，還要看到它的內部，看到它可能重新排列組合的未來。簡單講是這個意思。對乾卦來說，三爻、四爻、五爻做為一個新的卦的上卦，我們發現還是乾。然後二爻、三爻、四爻做為一個新的重新排列組合的三劃卦，也是乾。然後中間的地方剛好就是人位，人多是非多，所以我們講「三多凶」、「四多懼」，很不好處理，充滿競爭。這四個爻所構成的一個新的卦藏在本體的乾卦裡頭，就叫乾卦中的卦中卦。二三四五爻以外，若把初爻及上爻也拉進來，每四或五個爻重組成一個新的六劃卦，那麼任何一個卦，理論上都可以畫出裡面藏了五個代表未來可能性的卦，這就是互卦或稱卦中卦的概念。可是在乾坤兩卦發現，絕了，不管怎麼畫，乾中永遠是乾、坤中永遠是坤；正是天中有天，天外有天的概念。六十四卦中，也只有乾坤兩卦有這個特性。所謂廣大配天地，不管把乾、坤如何分割，取它四個爻、五個爻重新組合，還是乾、還是坤；這就是大宇宙和小宇宙的概念，也就是乾、坤的特性。天理放諸四海而皆準，局部與整體沒有差別。所以中醫把人身小宇宙當成整個自然浩瀚的大宇宙；道家則把人的養生和治國連成一片；佛教也講一滴水可以映現三千大千世界。

然而，六十四卦中，也只有乾坤兩卦可以做到互卦完全相同。其他任何一個卦經過分割就不會這麼均衡圓滿、小中見大、局部反映整體。

其次就是錯綜的概念，錯卦是六爻全變。如乾卦六爻全變就變成坤卦。講理講慣的人，要他適應現實人生的種種形勢，有時候就會出問題，需要一個大調整。就像錯卦六爻全變的調整一樣。仗勢慣了的人，要他接受天理，有時需要一個好大的突破，他才能面對。

再次是綜卦。我們知道，綜卦是一體兩面的概念。乾、坤沒有綜卦，這叫自綜。《易經》中有八個卦，即乾（䷀）、坤（䷁）、坎（䷜）、離（䷝）、中孚（䷼）、小過（䷽）、頤（䷚）、大過（䷛）八個卦是對稱的卦。可見，綜卦就是把整個卦倒過來，調整看事情的角度，例如屯卦（䷂）與蒙卦（䷃）相綜，需卦（䷄）與訟卦（䷅）相綜。自綜就是從一百八十度對立的角度看問題，結果看到的是同樣的象，沒有觀點的差異。乾、坤就有這個特色，所以它的綜卦就是它自己。我們在自然觀察中，面對廣闊的大地與浩瀚的太空時，觀察整個宇宙或者看離我們較近的銀河，不論從哪個角度看，它都是均衡展開的，因為它太遼闊了，不因觀察角度而變。政治立場不同的人解釋一個卦，常會有截然相反的看法；但是面對天理、地勢的乾坤兩卦則不會有差別；面對談養生送死的頤卦與大過卦，面對討論人生信仰與在錯誤中歷練的中孚、小過，也不會有觀點上的差別，都會得到共同的結論，這就是自綜的意思。

占卦實例1：乾卦五爻變——剝卦

我們且以臺灣二〇〇八年的選舉為例。在二〇〇八年三月到五月選舉期間，當時勝負已定，臺灣民眾最關心的是往後能否安和樂利、開始過好日子？我有一個綠營、而且算是深綠的朋友，馬英九當選總統，他很有挫折感，很不樂意接受，等到他心思比較安定，願意接受選舉結果之後，他最在意的也是臺灣往後的經濟發展態勢。他占了一卦，問二〇〇八年五月二十日至當年年底臺灣經濟會怎樣？結果占到乾卦（下圖），但五爻齊變，唯一不動的上爻，得的是不變的少陽之數「七」；其他五個爻都是一定會動的老陽之數「九」。所謂爻變就是陽爻變陰爻，陰爻變陽爻，物極必反。結果，這個乾卦五爻齊變成剝卦。當時臺灣的狀況不是「剝」嗎？資源大量流失，整個經濟的根基動搖；一方面可能運氣也不好，剛好遇到全球金融風暴；另一方面內部當然也有過去留下來的一些問題。從乾卦看氣勢飽滿，但乾卦的「潛、見、惕、躍、飛」五個爻都動，這一動就不得了，五陽變陰，變成一個剝卦。而且當時算的時候是陰曆四月，剛好就是乾卦的月份；剝卦是陰曆九月，從陰曆四月到陰曆九月，所以下面連續五個月到半年大概都不會好。後來看臺灣的經濟形勢確實是這樣，受到全球金融風暴的波及，從陰曆四月到陰曆九月的半年時間越剝越厲害。算出這樣一個結果，很多人懷疑會不會受到占卦者主觀意識的影響。其實不盡然，不管是誰算，《易經》永遠告訴我們，一切可能的發展都得面對。

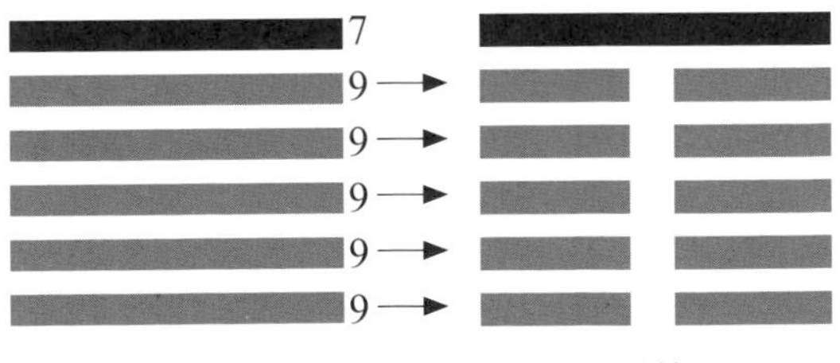

乾卦　剝卦

占卦實例2：乾卦的爻變——需卦

在二〇〇八年下半年，馬英九當之後，緊接著就是陳水扁貪腐事件東窗事發。當時整個事件鬧得還挺大的，每天都有「連續劇」可以看。當事件剛揭露出來，偵查機關進入辦案程序，我們就占了一卦，想問問這個事件最終會怎樣？能否衝破重重阻力、還臺灣民眾一個公正的交代？結果占到的卦象也是乾卦。注意「乾為君」，陳水扁被捕之前是總統，他的來歷、分量非同小可，儘管已經卸任，還可以呼風喚雨。這一卦結果動第四爻跟第六爻（下圖）。由此我們也可以做出判斷，一個是「或躍在淵」，一個是「亢龍有悔」。兩個爻都動，換句話說，對當事者非常不利，判決的可能性極高，但是需要一段時間。我們看乾卦六爻，第四爻動了，第六爻也動了。爻一動就要參考該爻爻辭做為斷卦的基準。第四爻「或躍在淵，无咎」，對當事者來講，在懸崖邊隨時可能摔得粉身碎骨，是極度危險的一個狀況。這個爻把那個尷尬的處境直接點出來了。可是我們知道，第四爻雖險，仍然可能「進，无咎」；知道有麻煩，若能小心審慎處理，也不是絕對死路一條。可是後面還有一個上爻，當然不利了，不管怎麼應對，最後很可能還是「亢龍有悔」。依〈小象傳〉的講法：「盈不可久也」，所以第六爻就沒有任何防護罩了。當時被羈押的陳水扁是不是「亢龍」的樣子？兩個爻一起變，統統變成陰爻，就是第五卦需卦。由此卦看，陳水扁事件會對民眾有一個交代，但是需要一些時間，也要有信心。所以需卦講「有孚，光亨，貞吉，利涉大川」。需卦是要耐心等待的，因為這個事情非同小可，急切不得。

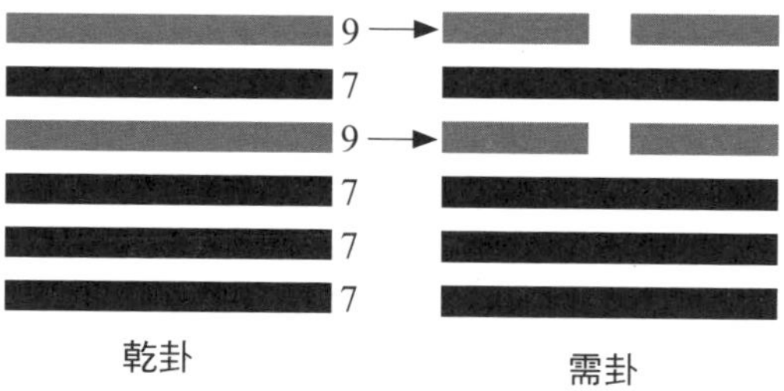

厚德載物——坤卦第二（䷁）

乾（儒學）、坤（道家）

中國文明是世界文明中唯一能流傳至今的古文明。在佛教傳入中國之前，中國本土諸子百家兩大主流是儒道兩家。儒道兩家的思想核心，可說就是乾、坤兩卦的全部內涵。乾卦的勇猛精進、自強不息，就像孔子以降，儒學的基本精神是積極奮鬥、積極參與、剛健不息。坤卦的順勢用柔、廣大包容，就是從老子開山以至整個中國道家的基本精神。你要是對老莊以後的道家學說（例如道藏之類）有興趣，你會發現它的思想源頭全在坤卦之中。因此，乾、坤互補，乾、坤結合，才能生生不息，變成另外六個三劃卦；也才能發展其他六十二個卦。

中國文化也是一樣。儒乾、道坤，一剛一柔、一健一順，看著相反，其實相成的互補關係，構成了雄偉壯闊的中國文化。所以《易經》是啟發儒、道兩大思想根源的根源，這正是它可貴的地方。

因此，我們讀坤卦時，處處會浮現《老子》的金句名言。我有一個學生就曾占問：歷史上確有老子其人嗎？這的確是個問題！因為老子留下的資料太少，司馬遷的《史記》也是寥寥數語，說明在他那個時代就已經沒什麼文獻可考了。如此神秘的一個人，竟成為道家的思想典範。那麼到底有沒有老子這個人？孔子有沒有跟他請教過呢？結果一占卦，也是乾卦，中間四爻全動（下圖）。看起來確有其人，沒騙我們！在圓融自足的儒家之外再開出來的一個系統，叫頤卦。頤卦主要是講養生的卦，而道家追求長生，強調清心寡欲，通過欲望的節制，達到自食其力、自我俱足的生活品質，跟頤卦的內涵是一致的。而這也就是老子學的特色。

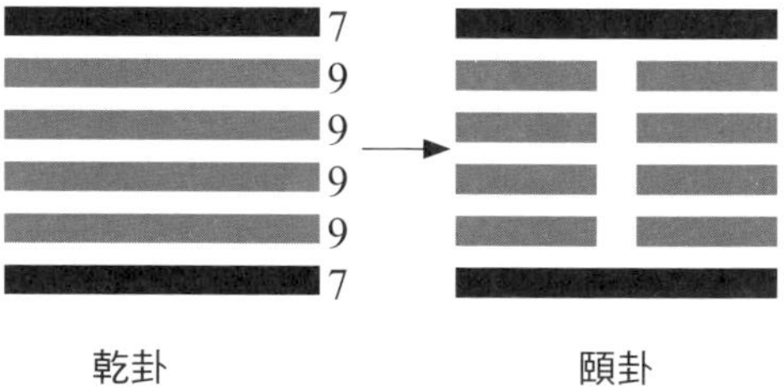

坤卦卦辭

䷁

坤。元，亨，利牝馬之貞。君子有攸往，先迷後得主。利西南得朋，東北喪朋。安貞吉。

元亨，利牝馬之貞

接下來我們就進入坤卦，先看卦辭。這個處處都有老子思想源頭的一個卦，有大地之母、包容無限的至柔之象，強調要處理好廣土眾民的人際關係。當然它是建構在乾卦自強不息的基礎上，然後擴展到人群社會；秉持乾卦的天理，希望能突破山河大地的險阻，在現實人間開展。這就是坤卦。真實人生並沒有那麼順利，在「理」上行得通的，在「勢」上不一定行得通。

坤卦就教我們包容忍耐，要看得遠，要如宰相肚裡能撐船，不要在乎發展過程中是亨、利或不順，因為終究會有善終的。說到「終」，我們看乾卦講創始，可是有始無終的例子多得很，有權、有錢的，不得善終的機率超高。要「有終」不容易，而且要能終而復始；到你這兒雖然結束了，你卻留下了一個典範，你的結束就可以帶動新一代的開始。終而復始是《易經》最重要的概念之一。

我們再繼續看坤卦。坤卦的卦辭不像乾卦，乾卦卦辭簡單明確，是沒有任何條件但書的全德之卦。坤卦雖然也是「元亨利貞」，但有現實形勢（如情欲等）的制約，必須突破這些限制，才能回歸乾卦渾然一體的「元亨利貞」四德俱全；天理與地勢合一，才有往下生生發展的力道。所以坤卦說「元亨，利牝馬之貞」。「利牝馬之貞」就是一個條件，提醒我們在坤卦的環境，就要以坤卦之道做為處事待人的基本法則。坤卦要固守堅持的「貞」，與乾卦的「貞」不完全一樣。處於坤卦之中，就得面對坤卦的現實，表現坤卦的特性；山擋在前面，就得想辦法越過；水攔在那裡，就得想法子渡河。所以在坤卦伊始，就把「牝馬」的概念提出來，你懂得牝馬的行事方式，按照牝馬的生態，重視與別人共事配合，不要爭先恐後強出頭，這就對你絕對有利，你就有可能回歸乾卦的「元亨利貞」。如果你不懂得「牝馬之貞」強調群性的特質，事事想要稱雄作主，那麼你絕對不會有好結果，更談不上「元亨利貞」了；而且乾坤兩卦之間如大小、強弱、剛柔、陰陽之間就會產生關係的緊張、對立，甚至兩敗俱傷，就如坤卦上六爻「龍戰于野，其血玄黃」的結果，十分慘烈。

「牝馬」是老子、也是道家最基本的意象。「牝」即陰柔的、雌性的。與之相對的是雄性的「牡」。老子云：「谷神不死，是謂玄牝。玄牝之門，是謂天地根。」這段話出自《老子》第六章，在開宗明義開始不久就提出「牝」的概念，可見這是很具有代表性的。《易經》的卦辭絕對在《老子》之先，可知老子的思想是直接從《易經》坤卦來的，只是坤卦講「牝馬之貞」，亦即母馬如何配合公馬的生態。老子講「玄牝」，「玄」在第一章就出現了：「玄之又玄，眾妙之門。」意思是最後的無上真理。玄是一種帶有一些光點、一點赤紅色的黑，就像夜空的顏色，所以叫「天玄」。「地黃」則是大地的象徵。天與地各有一個具有象徵性的代表色：夜空中閃爍著一些星點，因為離我們太遠了，很神秘，讓人有無限的遐思，所以那個顏色就叫玄；地黃就非常現實了，就在我們腳下踩著，那種厚實、包容的感覺是觸摸得到的。尤其是《易經》的誕生之地——黃河流域、黃土高原，遍地都是黃。老子講的「玄牝」，與乾卦的「天玄」還是有關聯的，把「牝」推高到一個極致。「玄牝」並不是講什麼神奇的事物，而是講小嬰兒的生理反應。嬰兒離青春期還早，根本沒有男女觀念，他雖然不知道「牝牡之合」（即陰陽交合），但他一樣具有自然的生理反應，這也叫「牝牡之合」。在六十四卦中，離卦（䷝）是陰柔的卦，八純卦中的離卦（☲）是一家八口中的二女兒，坤卦是母親，而離卦與少女的兌卦（☱）、長女的巽卦（☴）是不太一樣的，這兩個不是偏上就偏下，「巽下斷，兌上缺」，離卦剛好「離中虛」，是最中道、最恰當地繼承了坤卦母親包容寬厚的德行；所以離卦中也有「牝」的象。坤為牛，負重行遠，任勞任怨，離卦就講「畜牝牛」。

另外，「利牝馬之貞」說明坤卦與乾卦千絲萬縷的關係。乾為馬、坤為牛，坤卦的卦辭還是沒有脫離乾卦，因為馬是乾卦的象。但這裡強調母馬要與公馬配合；公馬怎麼領頭跑，母馬一定跟進，配合無間，而且絕不搶先。這才是「牝馬之貞」。因為馬是乾卦的象，坤就要懂得守柔、配合。這在上古時期的華北平原，可能就是最樸素自然的生態觀察。因為那時有很多未馴服的野馬，馬群以群居為生，帶頭的一定是公馬，後面一群母馬跟進，絕不落後，也絕不搶先。這就是坤卦強調群性的德行；與公馬配合無間，不會一天到晚爭權內鬥。正如老子所說的「不敢為天下先」，與世無爭，才能得善終。這就是坤卦「利牝馬之貞」的意思。能守住這一點，最終一定會得到正面的效益。這是和乾卦的「元亨利貞」不同的地方。

君子有攸往，先迷後得主

前面是用馬的意象談坤卦如何捨己從人，後面就挑明了講要如何落實到人世間了。「君子有攸往」：「攸」就是「所」；利益攸關，利害所關。「往」就是往前走，心中有主張、有堅持，不是漫無目標。畢竟坤卦也要有自己的人生目標，然後擇定乾卦，見賢思齊，跟著他走。君子是指有智慧、有上進心的人，要怎麼「有所往」才能實踐坤卦的精神呢？首先就要確定目標，然後培養建構人生的實力。

「先迷後得主」，世事不會那麼順利，剛開始可能會迷路，差之毫釐，失之千里。原因就在於由乾入坤，入世漸深，碰到現實的利益，就像小孩子長大越來越不可愛，欲望越來越多；如此涉入人間，不免迷惑。這一迷惑，受到欲望的驅使，距離乾卦象徵的天理越來越遠，這叫「先迷」，迷途、目迷五色。可是坤卦還是有「元亨利貞」的基本良知良能，即使受到挫折，也會醒覺。迷途知返後，就會發現還是得接受乾卦所代表的天理天道指揮，就像基督教講「皈依我主」一樣。所以，不要在欲望與現實糾纏的坤卦形勢中迷失方向，浪子回頭當及時。即使前面有一段迷失的過程，後面覺悟了、立刻改弦更張，又懂得奉乾卦的天道為主，甘心作從，信受奉行，中心又有主了，這就是「後得主」。一得主，乾與坤的矛盾解開，理與勢的分離彌合了，天理、人欲慢慢又找到了平衡點。

「先迷後得主」說明什麼呢？其一，坤卦缺乏乾卦的指導，偏離天理，常常會有迷惑，甚至一迷就回不了頭。人生一定會犯錯，若迷途知返，還是會被接納的；只是中間度過一段荒唐歲月，這就是「先迷後得主」的第一個意思。

其二，與道家的處世哲學很接近。乾卦是要帶頭往前衝的，坤卦則不是，坤卦絕不帶頭，絕不搶先；別人做對了，我就跟進、配合。這樣一來，非但不必冒開拓的風險，甚至是撿現成的，正如人家研發產品獲得專利，而你只要付一點權益金，就可以量產拷貝，雖然不是你的開創，但你照樣可以獲利。像臺灣的經濟發展主要就是代工產業，那就是坤卦，也是一種生存方式。乾卦的創意，坤卦跟進。所以道家發現很多事情搶先反而沒有任何好處，於是主張「不敢為天下先」。老子這樣說，也不是認為人生永遠沒有搶先的機會。但是如果是資源有限的坤卦體制，就不要做自己做不來的事，量體裁衣，不敢為天下先。否則極可能什麼也沒搞出來，反而第一個犧牲。所以要有自知之明，讓那些乾卦性格的人去搞創業，一段時間之後，我發現他值得肯定，我就跟他配合；如果他出事了，那我當然不跟從了。這就是後來居上的概念，至少能夠自保，所以不敢為天下先。「先」就是搶先的意思，搶先就迷，因為你是坤卦，你哪有開拓的能力？懂得居後，跟乾卦配合得很好，他需要你，你需要他，不但不衝突，反而會互利雙贏。這就是「後得主」的第二個意思。

總之，《易經》教你看長遠、看最後，因為得善終不容易，現實中有開始沒結果的多得是。關於這一點，我們也可以參考復卦（䷗）。復卦是乾坤之外最重要的卦，復卦第一爻是「不遠復，無祇悔，元吉。」沒有問題；第六爻是「迷復，凶。有災眚。用行師，終有大敗，以其國君凶，至于十年不克征。」慘得很！又是一個大迷，「迷復，凶。」而且緊接著天災人禍並至，然後長達十年一蹶不振。復卦剛開始時，有一點差錯，但是迷途知返、及時修正，所以沒問題；但接下來犯的錯沒人提醒，自己又不反省，越差越遠，最後天災人禍一起來，想回頭也來不及了。從初爻錯到第六爻，真是夠糊塗了，而且積重難返，所以是《易經》中非常凶險的一個爻。換句話說，復卦第六爻就不是「先迷後得主」，因為他回不來了；初爻沒問題，初爻是「得主」的。先得主而後迷，就會搞得很慘。復卦可以做為人生的警醒參考。坤卦基於慈母的愛心，在《易經》第二卦就告訴我們：人生都是要往前奮鬥的，「君子有攸往」，不論男女老少、強的弱的、大的小的，剛開始難免迷途失道，但最後的結果才是最重要的。

利西南得朋，東北喪朋

乾卦〈彖傳〉云：「……六位時成，時乘六龍以御天。」從這句話可知，「時」居主導地位。

除了「時」之外，還有「位」，而「位」要依「時」才能有所成就。在《易經》中講的就是「時」與「位」、時間空間的概念，並且時位一體，不能分開。既然乾卦講了「時」，坤卦就開始講「位」，從卦辭可以看到，東南西北的方位都點出來了。平時我們無論往何處去，事先都得弄清方位。這就好比人生過程任何一個定點都要搞清楚方向，否則難免四處碰壁。

《易經》自然也涉及卦象的方位，如「先天方位」、「後天方位」；坤卦就有「西南」、「東北」。這就告訴我們，人生的羅盤要清楚，從哪裡出發，希望最後到哪裡，即使中間遇到什麼形勢狀況，也要穩住、不能迷途。可見，有一個人生指南是何等重要。

「利西南得朋」，這句話有非常清晰的智慧在裡面。剛剛講「得主」，現在講「得朋」，可見朋友很重要。「東北喪朋」，如果方向錯誤，不但沒辦法爭取到朋友，還天天和人家吵架，甚至引起戰爭衝突。《易經》最大的智慧就是要求我們了解可能的敵友關係之後，逐步化敵為友。而坤卦的「東北喪朋」就給了警示，朋友關係沒搞好，反而把朋友激成敵人，那是最可怕的。因為朋友對你總有一定程度的認識，「蜜月期」一斷，或者是離婚，或者是分手、散夥，他站在一個競爭者的立場，對你的虛實瞭若指掌，就會比陌生的敵人還可怕。坤卦這兩句話就告訴我們：既然要重視人際關係，方向就一定要抓準。尤其是「位」，定位，個人的定位、組織的定位、國家的定位，都很重要，別搞錯，一旦定位錯誤，與周遭關係惡化，天天衝突，你怎麼做事？何況還是處在資源不足的坤卦。

「喪朋」與「得朋」，一個「得」，一個「喪」，綜觀《易經》六十四卦、三百八十四爻，到處都在講「得」與「喪」。因為在現實人生總不免得與失的計較，患得患失，有時候得而復失，有時候失而復得；得則皆大歡喜，一旦失去，就像辦喪事一樣，所以叫「喪」。

如此看來，「喪朋」的後果相當嚴重。那麼在本卦中，「朋」到底是講什麼呢？就是乾、坤為

「朋」。注意，不是同性為「朋」，坤與坤不能生小孩，乾與乾也不能生小孩，一定要坤與乾做朋友，正如男女陰陽異性相吸互補，如此才能生生不息。所以站在坤的立場，一定要想辦法和乾卦發展出一種朋友的關係；搞好關係，拉近關係，不要衝突，這個關係就要發揮坤卦的智慧，不要爭先搶做老大，不要對著幹。

「得朋」就代表乾坤關係好得很，兩岸關係、朝野關係、世界各國各民族各文明之間的關係都好得很。大家都是朋友，一個世界大家一起辦奧運會，大國小國都一樣。正如《論語》說的「四海之內皆兄弟也」，換一種說法就是：四海之內都「得朋」也。這是坤卦重點中的重點。

大多數人都認為，人生不能白幹，因此在「迷惑不解」時，希望「得主」；「得主」之後，乾主、坤從，下面就是「得朋」；建立一個平行對等的關係，你需要我，我需要你。但是必須先掌握西、南方位，如果搞錯方位，東、北方位就會導致「喪朋」，那是撕破臉的事，造成關係的對立緊張，不但不能生生不息，還可能帶來滅亡。這種做法是最沒有智慧的。

這就是坤卦中的「得朋」、「喪朋」。乾、坤互為「朋」，異性為「朋」，這一點千萬不要搞錯，因為《易經》中「朋」的概念，都是指陰陽之間的和合互補。如果是單純的陰與陰、陽與陽，那就沒有任何生機。所以人生要懂得辨識那些明顯與我不同的東西，然後積極的跟他合作、學習，這才有突破困境、開創新局的可能；否則路子會越走越窄、生存空間越來越狹小。

「利西南得朋，東北喪朋」後面還有一個結論，即「安貞吉」。「安」字的偏旁是寶蓋頭，是女陰之象。《易經》的陽爻就是陽根的象，《易經》的陰爻就是女陰的象。「安」字，下面有一個女，這真是無比的安靜。國家安全、安定、安靜，安於利，固守坤卦該守的「牝馬之貞」，就一定會吉，給你帶來無限的福報，而不是毀滅的殺機。所以坤卦中「元亨，利牝馬之貞」，中間當然有「君子有攸往，先迷後得主」。講細一點，要儘量爭取朋友，要維繫朋友關係，不要製造敵人，更不要化友為敵。人生得與喪之間的關係，永遠要有自知之明，要安於「牝馬之貞」，才會獲吉。

先天、後天八卦的方位概念（先體、後用）

「西南」、「東北」涉及到方位的問題。首先我們要了解一個概念，就是先天八卦與後天八卦。後天八卦是講運用的，所以說「後天為用」；先天八卦是講本質的，故云「先天為體」。那麼它們的方位如何呢？〈說卦傳〉云：

> 帝出乎震，齊乎巽，相見乎離，致役乎坤；說言乎兌，戰乎乾，勞乎坎，成言乎艮。萬物出乎震，震東方也。齊乎巽，巽東南也；齊也者，言萬物之絜齊也。離也者，明也；萬物皆相見，南方之卦也；聖人南面而聽天下，嚮明而治，蓋取諸此也。坤也者，地也；萬物皆致養焉，故曰致役乎坤。兌，正秋也；萬物之所說也，故曰說言乎兌。戰乎乾，乾，西北之卦也，言陰陽相薄也。坎者，水也，正北方之卦也；勞卦也，萬物之所歸也，故曰勞乎坎。艮，東北之卦也，萬物之所成終而所成始也，故曰成言乎艮。

這是講後天八卦方位（下頁右圖）。八卦剛好分居八方之位，離卦屬火，是南方之卦；坤卦屬地，是西南之卦；兌卦為澤，是正西方的卦；乾卦為天，屬西北之卦；坎卦為水，正北方之卦；艮卦為山，是東北之卦。震卦為雷，是正東方之卦；巽卦為風，是東南方的卦。在應用上，中醫和風水絕大部分都是後天八卦，因為它已經成型、落實，互動關係明確了。

那麼先天八卦呢？其方位的確定大抵是根據〈說卦傳〉而來。〈說卦傳〉第三章：

> 天地定位，山澤通氣，雷風相薄，水火不相射，八卦相錯。數往者順，知來者逆。是故《易》逆數也。

所以先天八卦的方位就是所謂的「天（乾）南地（坤）北」、「日（離）東月（坎）西」（左圖）。「天地定位，山澤通氣」，即乾坤定位，艮兌通氣。乾為天，坤為地，父母定位；艮為山，兌為澤，少男少女通氣。「雷風相薄」，即震巽相薄，震為雷，巽為風，長男長女相薄。「水火不相射」，即坎離不相射，坎為水，也為月，離為火，也為日，中男中女不相射。

至於「八卦相錯」，則是說三個爻完全相反，乾、坤天地相反，三陽三陰，定位就是天南地北，乾為南，坤為北，剛好是對角線的位置，這就叫定位，也是錯卦的位置，一條直線貫通。「山澤通氣」，也是對角線的少男少女，即艮卦與兌卦是相錯的。「雷風相薄」，對角線的巽卦與震卦也是這樣。「水火不相涉」，因為離東坎西，所以坎卦與離卦剛好相錯。如此八卦相錯所構成的圖，就叫

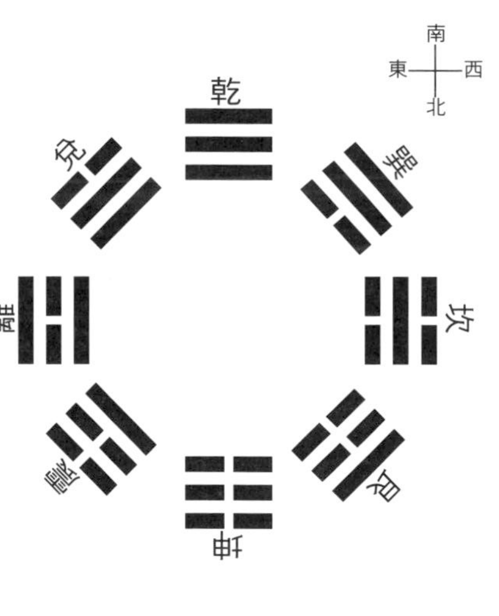

先天八卦方位圖

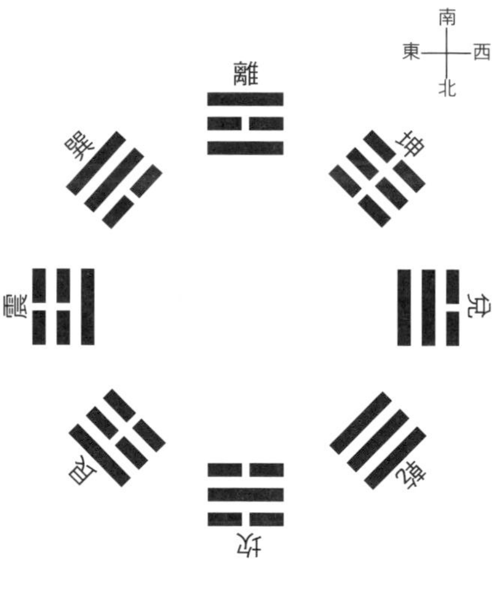

後天八卦方位圖

先天八卦。這是後人的說法，〈說卦傳〉中並沒有講，不過這種推演也不是沒有道理。

任何一本關於《易經》的書籍，大概都會告訴你先、後天八卦的方位和應用，尤其後天八卦的方位應用廣得不得了。先、後天八卦的方位，跟我們現在看地圖的習慣正好相反，南方一定是在上面，因為我們嚮往乾卦的天道，也嚮往離卦的光明。所以先天八卦乾卦在上，代表天理；後天八卦離卦在上，代表光明。絕不會把坤卦、坎卦擺在上面。乾卦的天道天理在後天八卦發揮起來就是離卦燦爛光輝的文明。這就是「體用」。

乾、坤、坎、離在先天八卦中有如十字架，正好也是《易經》上經從乾坤開始到坎離結束的卦序，撐起整個上經三十個卦的義理內涵，這四個卦就是四正卦。至於巽、兌、震、艮分居西南、東南、東北、西北四個角隅的位置，就叫四隅卦。《易經》下經三十四個卦，從咸、恒到既濟、未濟，主要的義理內涵構成內容就是這四個卦。從數字上來說，先天八卦中，分別為：乾一兌二，離三震四，巽五坎六，艮七坤八。這是先天八卦的「體」。

變成「用」之後，也是運用最廣的，就是後天八卦。離卦在南方，坎卦在北邊；震卦在東方，兌卦在西方；坤卦在西南方，乾卦在西北方；艮卦在東北方，巽卦在東南方。這是後天八卦的方位。這個方位在過去的影響當然很大，就如同一個人的人生方位一樣。我們在人生過程中，不但不可沒有方向，不可盲從，還是要根據自己的資源條件明確自身奮鬥的方位在何處。

從先天到後天方位的發展，這八個卦都有它的位置和體用。其實在幾百萬年的人類演化過程中，方位的意識在剛開始並不很複雜，到現在則越來越複雜了。像現代的航太儀、航海儀，可謂是「差之毫釐，失之千里」，所以要求絕對精確。相對來說，人類之初天地四方的六合概念就很夠用了，發展到八方的時候，在生活上已經是相當具體的精密要求了。直至後來八方也未必夠用，才又分得更細。

我們認為在坤卦卦辭中，「西南」、「東北」是泛指四方的概念，而不是指八方。以後天八卦來講，西南方是坤卦，東北方是艮卦，但在坤卦中，不可能有這個概念。所以我認為這是泛指四方的概念，因為《易經》經文創作非常早，所以「西南得朋」、「東北喪朋」不是指坤與艮的後天八卦方位。那是什麼意思呢？意思是，你現在是坤卦，你就要緊守你的本份，不要撈過界了，正所謂井水不犯河水，你現在是坤卦，就待在坤卦的西南一隅，保守你的西南半壁。不管是最完整的坤卦，最合乎中道的離卦，還是稍有偏差的兌卦與巽卦，大致來講，還是陰柔的本性，和陽剛的東北半壁代表陽剛的強大實力（即乾、震、坎、艮）要多互動，營造朋友的關係，如此才能生存下去。如果天天對抗，一定死得最慘。所以守自己的本位，即利西南，西南就是陰方，陰柔的四個卦都在後天八卦的西南半壁江山。

如果據守「西南」，與「東北」配合好，兩地的產品貿易交流，你賺他也賺。如果你要撈過界，用你的坤卦搶佔對方市場或企圖稱雄；原本應該待在西南的陰方，結果跑到東北的陽方打對台、製造衝撞，那不是干擾到他的勢力範圍嗎？這樣兩者之間馬上對立緊張，一定馬上「喪朋」。可見，坤卦就要發揮坤的柔順本性，不要做自己做不來的事，只有「利西南」，守住陰柔的母體位置才能充分表現本色，與位居「東北」的豪雄保持良好關係。

所以，選定正確的方位就可以「安貞吉」——安於「牝馬之貞」的教誨，一定可以獲吉。換句話說，「東北喪朋」可能就是迷；「西南得朋」沒有迷就得主。所以得主、得朋，其實都是同一回事。

另外，關於「西南、東北」還有直接相關的兩個卦。一個是蹇卦（䷦），一個是解卦（䷧）。蹇卦與解卦的卦辭都講「利西南」，它們的母胎就是坤卦，所以要學坤卦順勢用柔的處世智慧，才能在複雜且寸步難行的蹇卦中，與人家化解仇怨，在和解的解卦中才能討得好處。這裡的「利西南」就蘊含著「利西南得朋」的意思，「得朋」當然有利。蹇卦也講「不利東北」。「西南得朋」就有利，「東北喪朋」就不利。這就是方位的概念，絕大部分與後天八卦有關。

《易經》四方之應用

坤卦卦辭自古以來就有很多解釋，像「西南得朋、東北喪朋」，但是很多註解亂得一塌糊塗。我們認為還是要經過審慎思維，註解時也要言之有據。像坤卦卦辭涉及四方的概念，基本來說就是陽居陽、陰居陰。西南就是坤卦所在的陰方，陰卦就要有陰卦的表現。這和爻位的正與不正是一樣的概念。本身是陽爻，就要居於初爻、三爻、五爻之奇數位的陽位；陽爻居陽位，才是擺對地方，叫做「正」，也叫「當位」、「得位」。陽爻如果擺到二爻、四爻，以及上爻偶數位的陰爻位，是不能做主、因人成事的位置，這就是陽爻居陰位，擺錯地方，一定會影響現在、未來的表現，所以是「不正」。所以陽爻居陽位，陰爻居陰位才是正，反之都不正。這是《易經》可稱之為樞紐的觀念；從第一爻到最後一爻，第一卦到最後一卦，都沒有偏離這個基本樞紐。

我們回到四方的概念上來。《易經》經文的時代那麼早，很多人認為其「西南」、「東北」可能是明確的指現在八個方位的西南方與東北方，完全不是這個意思。讀〈繫辭傳〉就知道我們習慣講的八八六十四卦，在〈繫辭傳〉中就沒有六十四卦的稱呼，都是叫八卦；八卦就是六十四卦，以八卦為代表。所以可以這麼說，在《易經》中八方就用四方來代表，因為不需要細分到那個程度，但是人生的大方向可一點不能錯。

舉例來說，像離卦（䷝）是第三十卦，離卦〈大象傳〉屬於〈易傳〉，創造於經文後面好幾百年，依然用四方來代表方位的概念。其辭云：「明兩作，離。大人以繼明照于四方。」像乾卦的「大明終始」也是照四方——「照于天下四方」。那是文明永續的概念。這是一個證據。再如第四十四卦姤卦（䷫），其〈大象傳〉云：「天下有風，姤。后以施命誥四方。」「后」是諸侯的代稱，地方上最高的領導。「后以施命誥四方」，姤卦卦象是五陽下一陰生，代表地方諸侯一旦有了危機，就得藉烽火狼煙警訊天下四方。《尚書・大禹謨》載：「俾予從欲以治，四方風動，惟乃之休。」其中就有「四方風動」的概念，與姤卦的〈大象傳〉是相通的。因為「天下有風」，一旦有風吹草動，就會影響全天下。像金融風暴的狂風一吹，全世界都受到影響，所以要有警訊，不然那邊上午出問題，下午就輪到你了。

坤卦〈彖傳〉

〈彖〉曰：至哉坤元，萬物資生，乃順承天。坤厚載物，德合无疆。含弘光大，品物咸亨。牝馬地類，行地无疆，柔順利貞。君子攸行，先迷失道，後順得常。西南得朋，乃與類行；東北喪朋，乃終有慶。安貞之吉，應地无疆。

萬物資生，品物咸亨

「至哉坤元，萬物資生，乃順承天。」「乾元」是用「大」來讚歎，至大無外；「坤元」用「至」，如同高空中一隻飛鳥，天上的訊息靠鳥的飛行直接傳達到地上。所以坤卦的創造力不是自己去創造的，而是照著乾卦百分之百執行完成，這就叫執行力。結果是乾有多偉大，坤就有多偉大。如果不能百分之百達成，只完成十分之九，那就還有十分之一，乾坤之間就有了差距；也就是說，從創意到執行，從理想到現實，就有了落差。「至哉坤元」、「止於至善」、「至聖先師」都在講修行，指一個人的人生實踐達到最高境界。所以「大」和「至」是兩個不同的概念，屬於乾、坤兩卦「元」創造力的核心；這兩個「元」不是兩個，還是同一個，因為宇宙只有一個元，只是在乾卦屬於開拓，強調「大」；在坤卦則強調信受奉行、配合無間地完成，所以強調「至」。

「萬物資生」是指從乾卦的「資始」，有了生機的肇始，到坤卦的「資生」，亦即懷胎賦予形體。可見，〈易傳〉的用字一點也不馬虎，每一個字都有精確的涵義，譬如「始」和「生」的概念就不同。父精母血，資始、資生。像日本化妝品牌「資生堂」，就是取坤卦〈彖傳〉的「萬物資生」為名，因為它的化妝品主要顧客是女性。換句話說，如果你要做男性化妝品，就可以參考乾卦〈彖傳〉「萬物資始」，命名為「資始堂」，搞不好比「資生堂」做得還好。如果你想做嬰幼兒美容養顏產品，估計命名「始生堂」，一定一炮而紅。

「乃順承天」，「乃」字表示不容易，經過艱難轉折。「乃」的前面得經過好多努力，才終於產生「乃」後面的結果——「順承天」。坤道柔順的特質就很明顯了，這和乾卦「乃統天」控制一切、主導一切的高位階就有了差別，各有各的精彩。

坤卦〈彖傳〉和乾卦〈彖傳〉一樣，也是以四言韻文的節奏開展鋪陳。但這些讀來順口的文字並非形容詞的堆砌，講的完全是人生的實際道理。接下來是：「牝馬地類，行地无疆，柔順利貞。君子攸行，先迷失道，後順得常。西南得朋，乃與類行；東北喪朋，乃終有慶。」「乃終有慶」是一個最好的結果，福國利民，皆大歡喜。這是解釋「安貞吉」——「安貞之吉，應地无疆」，恰如其分地表現坤卦的本色，所以有最好的結果。我們在乾卦強調乾卦〈彖傳〉最後講「萬國咸寧」，以世界和平為最高的理想。坤卦也提出光明的期望，希望在廣大的土地上能夠實現「品物咸亨」的最高理想。「品物」就是「品物流形」的「品物」，亦即大地眾生不分演化層級的高下貴賤，都能亨通。不能上層的人亨通，下層社會民不聊生；也不能只讓人類活得自在，而讓其他物種的生態被破壞，生存空間日益縮小。所以「品物流形」是讓你自由發展定形；「品物咸亨」是希望坤卦所營造的世界，可以讓所有物種都能亨通自在。

德合无疆、行地无疆、應地无疆

坤卦〈彖傳〉有一個概念很重要，非常值得重視，就是「无疆」。「无疆」在〈彖傳〉出現三次。可見〈易傳〉的作者對這個詞有高度的推崇。其用意又是什麼呢？就是希望化解分別心，去掉我們內心及外在的疆界；不要抱著「非我同類，其心必異」的心思，把疆界劃分得清清楚楚、明明白白，不准別人越界；然後屬於疆內的自己人，不管做多大的壞事，貪汙舞弊全部照顧。事實上，疆是永遠劃不完的，劃到最後就剩下你自己，然後你就永遠跨不出這個鴻溝。如此一來，根本就沒有必要談天說地了；從乾的天理到坤的地勢，永遠沒有機會，文明也不會有前途，因為分界太明顯。所以坤卦的偉大、它的包容，就要人們不要有「疆」的概念。像現在全球化的時代，不就是無疆嗎？全世界不論哪一個地方，只要有本事，到處可以立足，可以運用那裡的生產力，可以在那裡開拓市場。當今之世，全球的經貿合作越來越體現無疆的概念，諸如資金、技術的往來越來越密切。當然無疆過火了也不得了，像全球金融風暴也是從「无疆」而來的，沒有設限，就會流通過頭。

坤卦廣土眾民，策略上是教我們要順勢用柔，儘量開放，儘量不要劃地為牢，不然生存空間會越來越窄。譬如今天跟你取暖的有一萬人，明天變成五千人，後天變成兩百人，最後只剩下一個塔羅牌。倘若不設疆界，對整個世界開放，對天地人鬼神開放，就會越來越弘大。

「无疆」在坤卦〈彖傳〉中，可謂是三次指點迷津。首先是講坤卦與乾卦的配合。因為現實中的奮鬥必須依循天理，所以「坤厚載物，德合「无疆」。這裡的「合」就是和乾卦「合」。這就應了乾卦的「保合太和」。「德合无疆」，道與德合一，這樣男女、強弱、大小、剛柔，也自然會「合」了，合才能生。乾卦代表的宇宙也是「无疆」的。那我們在這麼一個小小的地球上，難道還做不到「无疆」嗎？至少內心也要做到「德合无疆」，要培養國際合作、人群合作的習慣，這樣你的前途也會「无疆」。

其次是「牝馬地類，行地无疆」。配合之後，就是行動了。「行地无疆」是一個「天馬行地」的概念，當然不是「天馬行空」那樣前衛、超前。在現實生活中，天馬行空的人很多，不過不是行動上的，而是嘴巴上的。常常一講就不得了，可是怎麼落實呢？可見，「天馬行空」講起來容易，做起來難。坤卦為什麼要取「牝馬」的象，原因就在這裡。公馬的天馬行空，在現實人間是無法落實的；思維儘可以縱橫馳騁，新奇的理念、創意如泉湧般不可收拾，但是沒有坤卦牝馬腳踏實地的執行，再好的創意思維又有什麼用？所以把創意落實就叫「至」，坤卦的創造力才算發揮到最高峰。坤卦取牝馬的象，馬本來是天的象，「行天无疆」很容易，宇宙空間本來就沒有阻礙。一旦下地變成牝馬「行地无疆」，汪洋大海、山河險阻都不在話下。由此可知，「牝馬地類」是強調再高明的理想都要在人間跑跑看，跑對了配合無間，理想和現實沒有落差，才會「行地无疆」，走遍天下無罣礙。這是第二個境界；不過「行地无疆」還是要建構在「德合无疆」、乾坤不離的基礎認識上。

最後是「安貞之吉，應地无疆」。坤卦〈彖傳〉在下結論時出現「安貞之吉」，這說明中間可能會先迷後得主，可能會想差了，擺錯位置，發展方向錯誤，損失大量資源。如果中間有錯就得趕快回頭，亡羊補牢猶未晚，重點在最後的「乃終有慶」，皆大歡喜。所以最後告訴你，不管你是一直都對，還是先迷再回頭，「安貞之吉，應地无疆」，聽起來就格外親切；你不是地嗎，那你亂跑什麼呢？還是回歸坤卦的基本面吧！「安貞之吉」，那麼你仍然可以「无疆」。

總之，從「德合无疆」、「行地无疆」到「應地无疆」三個層次，又是「始壯究」的概念，意義很深遠。

容保民无疆、民說无疆

從《易經》到〈易傳〉總共提了六次「无疆」，這個思維不僅在我們二十一世紀管用，而且在往後的無窮歲月永遠有用。坤卦是「无疆」的母體，另外三個「无疆」全部在〈易傳〉中。一個是臨卦（䷒）〈大象傳〉的「君子以教思无窮，容保民无疆」。「君子以教思無窮」，意思是說要動腦筋，在自由開放的臨卦中要有創意、有想法，這樣你的發展才是無窮的。「容保民无疆」，包容保障人民，沒有界限、沒有疆界、沒有國界、沒有分別；資源可以自由流動，無窮無疆。從卦象來講，臨卦上卦是坤，其「无疆」的概念還是根源於坤卦；坤卦就是馳騁理想、實踐理想的平台，所以臨卦是以開放自由為主調。

另外一個是在益卦（䷩）〈彖傳〉中出現兩個「无疆」：「益，損上益下，民說无疆。自上下下，其道大光……益動而巽，日進无疆……。」這也是從坤卦來的。益卦的二、三、四爻互卦為「坤」，同樣有坤卦在廣土眾民中順勢用柔的本事與智慧。益卦的〈彖傳〉說，益是損上益下，「民說（「說」通「悅」）无疆」，老百姓高興到沒有邊了，真是利益眾生。「益動而巽，日進无疆」，每天都有收益，而且不是局限一個地方，在全世界，沒有界限，沒有國界。

益卦、臨卦都是對人生有重大啟示的卦，都強調「无疆」，不然事業不可能真正做大，只會小裡小氣，小鼻子小眼睛，畫地為牢。如果能夠落實坤卦「无疆」的概念，大家都坦坦蕩蕩，天下為公就有可能了。

含弘光大，品物咸亨

「含弘光大，品物咸亨」，「含」就是坤卦第三爻，講坤（地）道的人位。順便提一下，要記得乾坤十二爻，最好的方法就是記住每一爻的一個字，乾卦是「潛、見、惕、躍、飛、亢」，坤卦是「履、直、含、括、黃、血」。像坤卦第三爻的「含」，說的就是「含」的本事、「含」的忍耐力；口中含著一個東西，只能慢慢化掉，這需要時間和耐力。為什麼不立即處理？因為馬上處理就會造成緊張對峙的衝突。尤其在坤卦的時候，你居於勢弱，人家就是要故意激怒你，然後藉衝突收拾你。所以你必須忍耐，像韓信鑽胯下、張良為了接受黃石公老人的教誨，三番兩次受折辱；句踐為了復國，親嚐夫差的大便。這種忍耐力，皆得利於「含」字。所以我們常用「含辛茹苦」來形容母愛，而中華民族幾千年來養成的韌性之高，也是「含」得恰到好處，不會過分的剛，也不會過分的柔。第三爻就是這個功夫，所以能有最好的結果，講到具體的六爻時我們就會知道，所言不虛。

「含弘」，氣度寬宏，好比曾參所說的「士不可以不弘毅，任重而道遠」。這不就是坤卦「服役」的象嗎？如〈說卦傳〉云「致役乎坤」，然後才能大度包容。據說商朝《易》就叫《歸藏》，乾以歸之，坤以藏之，要能藏這麼多東西，一定要很有包容力、很有內涵，裡面是虛的，然後才能任大事。小不忍則亂大謀，當然需要時間，坤卦就需要時間；如《論語・子路篇》云：「無欲速，無見小利，欲速則不達，見小利則大事不成。」這就叫「含弘」。要達到無限寬廣，只有「弘」且「毅」，幹到底，任重道遠，才能夠成功。有些人器量寬宏，有些人先天就小，盡算小賬，小賬算完了，大賬也沒有，有時候還因小失大。因此，只有「含弘」，從大地學的東西，才能光大事業，匯成大格局。坤卦本來勢小，為什麼有大的可能？就因為懂得「含」，懂得「忍」，懂得「虛心學習」。

「品物」就「咸亨」，有包容忍耐力，凡事皆能逆來順受，那麼在你這個領域上上下下、高高低低的品物都能亨通順暢。可見，從乾卦的「品物流形」到坤卦的「品物咸亨」，表現得更具體了，伸枝展葉，發展得非常好。

「品物咸亨」的先決條件就是「含弘光大」。坤卦講「光」，「含弘光大」，重視發出來的光；乾卦講「明」，是指發光體的中心、智慧的中心。所以乾卦的〈彖傳〉講「大明終始」，落實到坤卦就變成「含弘光大」；由「明」生「光」。在後來的艮卦（䷳）中，「光」和「明」就結合在一起了，正如其〈彖傳〉云：「時止則止，時行則行，動靜不失其時，其道光明。」「光」是坤卦的概念，「明」是乾卦的概念，修為成功，那是艮卦，「其道光明」，也是清朝道光皇帝年號的來由。正因為有了乾明坤光的概念，有「明」的點才能發光，像佛教講的千燈相傳，光光相照，那是由明生光的境界。遍覽六十四卦三百八十四爻，出現「光」與「明」的地方比比皆是，我們要特別加以注意，人生的目的就是要追求光明，沒有「明」怎麼會有「光」？有了「明」，還要想辦法讓它「光」。這就是乾卦的「明」和坤卦的「光」大致的意思。

西南得朋，乃終有慶

「乃終有慶」，就是皆大歡喜的意思。少數人高興就叫「喜」，在《易經》中也是大量出現；個人的高興叫「喜」，雙方面的高興就叫「嘉」，喜上加喜，兩邊都照顧到了。這種互動彼此才會有信心。一個領域中的眾生都歡喜，像佛經記載每一次佛講完法，聞法大眾皆大歡喜。這就叫「眾喜」。政治或管理跨越疆域的經營活動，也都追求皆大歡喜的境界。這就是「喜、嘉、慶」的大致意思。

「含弘光大，品物咸亨，牝馬地類，行地无疆」，這些在上文已闡述過，不再重複。「柔順利貞」

也容易懂。「君子有行，先迷失道，後順得常」就是解釋「君子有攸往，先迷後得主」。乾卦的天道，在坤卦的實踐中偏離了中心線，那就得趕緊回頭。迷途知返，就叫做「後順得常」。所以，坤的特質就是要懂得順天順乾，不要自己瞎摸索，瞎闖路。「先迷」是失道，「後順」又回歸常道了。「得常」就是得朋、得主，不再處於失落的狀態。因為先會迷，會失道，所以道家「不敢為天下先」，不幹傻事，寧願居後做跟進的角色。這就是坤卦智慧的發揮。

然後就講方位，「西南得朋，乃與類行」。「乃與類行」是說乾、坤為「類」，陰陽互補為「類」，也就是說不要老跟自己相同的人一起，那是不能生生不息的；嘗試跟自己不一樣的人交往，才能創造相反相成乃至更廣闊的人生。「西南得朋」，則說明坤卦要居陰位，就沒有對立緊張，還會有類似於現代的經貿合作持續發展。坤卦的「類」就是指乾，公馬跑到哪裡，母馬就跟到哪裡，公母互為「類」。「類」、「朋」都是陰陽合的概念。如果是「東北喪朋」，則是想不開，走彎路、瞎搞，違反坤卦的本色；但只要最後懂得回頭，後順得常，還是來得及，「乃終有慶」。也就是說，如果一開始「西南得朋」，就做對了；如果中間錯了，「東北喪朋」，趕快迷途知返，修補關係，最後還是皆大歡喜，萬家生佛，乃終有慶。

由此可知，坤卦的處境就在於要了解自己的本份，了解跟外面的對應關係，如此才能「應地无疆」。人生追求無疆，追求光大就是如此，尤其坤卦是小國，資源缺乏，這是最佳的生存智慧。

這種智慧應用於兵法，更是了不得。像有一本關於兵法的書——《大智無疆》，就是談《孫子兵法》在非軍事領域的運用。書名很別致，大智慧無疆，可見兵法通了，不只用在軍事領域，也是放諸四海而皆準。

綜上所述，「含」字的意義深遠，也就是陰陽和合的智慧。就像現代社會一些夫妻之間，做老闆的丈夫在商場縱橫來去，能力確實很強，但是回到家中，老闆的太太更強，因為她叫老闆娘；你再怎麼大，即使你管理全世界，但是老娘管你，間接管理全世界。所以你儘管去賺，賺到最後還是得孝敬老闆娘。這也叫「含」。陽在陰中，陽不管多大，這個「含」都有彈性可以包容；所以儘管你大，但你間接助長了我的大。這就是柔的智慧。就像很多從小秘書、小會計發展成老闆娘的事例，也不失為成功的捷徑。總之，整個坤卦〈彖傳〉闡述的坤卦智慧，除了包容用柔，以小博大、以小事大，還要強調服務無疆的精神，才算真正把乾坤兩卦結合運用到人間的主從管理上。正如〈繫辭傳〉所說，我們且看下文。

無為而治與垂衣裳而天下治

神農氏沒，黃帝、堯、舜氏作，通其變，使民不倦，神而化之，使民宜之。《易》窮則變，變則通，通則久。是以自天佑之，吉无不利。黃帝、堯、舜，垂衣裳而天下治，蓋取諸乾坤。

——《易經．繫辭傳下》

「神農氏沒，黃帝、堯、舜氏作。」神農、黃帝、堯、舜都是古代政績卓著的偉大領袖。「通其變，使民不倦，神而化之，使民宜之。」做政治、做管理一定要懂得變通，因為時代不斷在變，要完全了解它的變化，然後在不通之中求通。就像遇到金融危機，很多人就得調整理財習慣、消費習慣。「通其變，使民不倦。」懂得應變，老百姓才有繼續活下去的勇氣。因此所有的政治措施都要「使民不倦」，政權才夠穩定。可見，黃帝、堯、舜這一套很厲害，他們所處的時代也有各種新的挑戰，但他們都應付得非常好。

「神而化之，使民宜之。」這是更高的層次了。「使民不倦」只是讓他勉強接受，那是很低的檔次，最高的層次是出神入化的。老百姓不但不會厭倦，反而覺得很欣喜，因為你所塑造的環境是非常適宜人生存的；有質、有量、有品位、豐衣足食，然後還有趣味，這就叫「宜之」。陽根女陰結合的象就是宜；因時因地制宜，不但我們能夠活得不錯，我們的子子孫孫都可以在這塊土地上活得不錯。這樣的政治功夫可謂一流；而且潛移默化，神而化之，老百姓覺得很舒服。「通其變，使民不倦。」這是講政治文化的，講領導統御的。更進一步則要在不變的基礎上「神而化之，使民宜之。」這也不是政治人物自己宣傳就能辦得到，要讓老百姓實際有那個「宜」的感覺。

《易經》教給我們的就是「易」，「窮則變，變則通」，「變」才有機會「通」；「通則久」，窮、變、通、久就是《易經》最樸素的智慧。窮、變、通、久是時間的元素，只要不斷調整，就不會有事、不會斷。「行地无疆」是講空間，廣土眾民，沒有任何限制，處處行得通。「窮則變，變則通，通則久，是以自天佑之，吉无不利。」大有卦（䷍）上爻爻辭就是「自天佑之，吉无不利」。「自」是自強不息的「自」，你自己成功了，自性生萬法，自天合一，自中就有天，大宇宙就在小宇宙，天理就在人心。門前清，不求人，既然你的智慧、行為都合乎天理，哪裡還需要外在的保佑？自天佑之，吉而且無不利，順當到極點，這不是迷信的概念，所謂天助自助；如果自暴自棄，還希望有個本命元神老天爺在後面保護你，那是做夢。

「黃帝、堯、舜垂衣裳而天下治，蓋取諸乾坤。」就是從乾、坤兩卦取象。「天下治」不是泛稱的天下太平，「治」的主體是天下，全民共治，全世界各國各族各文明共治，反壟斷、反獨裁，強調「群龍無首」，所以在乾卦〈文言傳〉闡述「群龍無首」時，仍然是用天下治的平等、獨立、共和的概念。「垂衣裳而天下治」就是無為而治，真正的領導人有感召力，大方向正確，他不必管那麼多雞毛蒜皮的細節；在他那種感召力下授權，就叫「垂衣裳」。如果領導人率先垂範，上樑正，底樑要歪就不大容易。這就是最小的經營成本達到最好的收益效果，而且結果是天下治。這句話中的「衣」和「裳」我們要區分一下。「裳」是下衣，腰帶以下的部分；「衣」是上衣，腰帶以上的部分。其實是同一件衣服，像罩袍之類，不像現在西服是兩件式的，穿襯衫、褲子，以前是整個一件，中間圍腰帶，腰帶以上就叫「衣」，上衣，下衣就叫「裳」，其實是代表朝野一體，君民一體，乾坤一體。「垂衣裳」即從上到下、高層到基層、從朝到野都是和諧一體、全民共治的；它與「飛龍在天」高高在上的獨裁專斷、強權控制是有分別的。

「黃帝、堯、舜」就是指天下為公、揖讓為國的禪讓政治。沒提大禹王，是因為中國古代從大禹以下就開始家天下的局面。「蓋取諸乾坤」，這說明「垂衣裳」也是相應的，像坤卦第五爻的爻辭「黃裳元吉」，強調柔性管理、授權管理、無為而治的概念，在老子道家的思想中就常以這個概念為標榜。乾卦第五爻則是「飛龍在天」，強勢管理、控制一切，但必須得到「見龍在田」的配合輔佐才會有利，不然「飛龍」就可能變成「亢龍」。

強勢管理是乾卦的「飛龍在天」。柔性管理、無為而治，在儒家來講就是大舜；道家講得更精到、更全面，就是坤卦的「黃裳元吉」；都是懂得授權，懂得激勵其他人的參與，不是一個人高高在上。這兩種管理都有其重要性，主要看它的適用範圍。

坤卦〈大象傳〉

〈大象〉曰：地勢坤，君子以厚德載物。

現在到了坤卦的〈大象傳〉：「地勢坤，君子以厚德載物。」乾卦講「天行」，坤卦講「地勢」，可見，形勢比人強，山河大地有險有阻，沒辦法迴避，就要跋涉山河，面臨人生必有的險阻。但是要懂得如何逢山開路、遇水搭橋，需要時間；畢竟「地勢坤」不像「天行健」，天理怎麼講都通，「地勢坤」要面對實際的障礙，一定要有耐心。乾卦〈彖傳〉講「雲行雨施，品物流形」，這個「形」就是萬物孕育發展成最有競爭力的形。到坤卦就更實際了，有這麼多「形」，一定會糾結在一起，這就是「勢」。像恐龍時代，恐龍這一「勢」居於絕對優勢的地位，別的動物當然怕得要死，等到恐龍滅絕，別的勢就起來了。

在我國的諸多兵法典籍中，也是先講「形」，再講「勢」。有「形」才有「勢」，那就熱鬧得很。所以在乾卦「品物流形」之後，在坤卦的大地之上就出現「勢」的概念。面臨由「形」發展出錯綜複雜的「勢」，要怎樣建構平台，伸張抱負理想？那就是深植於土，少樹敵，處理好人際關係，學會包容。正如「君子以厚德載物」，沒有分別心，心胸寬廣如大地，不管是萬物之靈，還是毒蛇猛獸，都可以在其中獲得涵養，像慈母一樣全部包容。

「君子以厚德載物」這句話就告訴我們，人要跟大地學的就是「厚」——敦厚、包容，不要尖酸刻薄。薄的人一穿就透，厚的人就不在乎。我們要注意的是，乾卦講道，坤卦講德，處處都是相扣的，所以說天高地厚。乾卦的「乾道變化」，到坤卦馬上落實成為德——「厚德載物」，「載」就是有無限的承擔。

「自強不息」和「厚德載物」，其實就是心和物。乾卦講心，坤卦講物，你看，坤卦不就給我們很強烈的暗示嗎？「厚德載物」，不就是物嗎？乾卦中的自強不息，什麼東西能夠不息？生死之後還有存亡？就是精神靈魂不滅，「不息」就是心，它不必靠任何東西。而「厚德載物」就要能夠承擔，藉著承載才能夠實現，所以這個包容之德不僅僅是道德勸說，人生要落實，這也是必然之勢。

坤卦六爻詳述

初爻：防微杜漸

䷁

初六。履霜。堅冰至。

〈小象〉曰：履霜堅冰，陰始凝也；馴致其道，至堅冰也。

坤卦六爻之後也有一個結論：「用六。利永貞。」這是坤卦的最高境界。「用六」與乾卦的「用九」一樣都是結論。六爻是進入實際操作的分論，每一個爻在不同的時與位，始壯究、始壯究，檢討天、地、人三才的互動關係。所以爻辭談得很微觀、很局部、很細膩，但是很真實；卦辭則談得很宏觀。當總論講完、分論也講完了，猶有遺憾，發現還有東西必須補充，或者提出改善的理想，於是就出現了結論。在乾卦來說就是：「用九。見群龍無首，吉。」希望天下為公、眾生平等，不希望有任何一個中心壟斷控制一切。在坤卦就是：「用六。利永貞。」「利永貞」與「群龍無首」配合，簡直好到極點。「用九」把乾卦的九——陽剛變化、窮變通久的精神發揮到極致，不斷地開創，不斷地調整，不斷地突破；「用六」就把坤卦的「六」——牝馬之貞、「至哉坤元」務實推行的精神發揮到極致。「六」是老陰的概念，陰極轉陽的概念，陰柔的功夫達到至柔，一定可以克至剛。

我們看坤卦第一爻「初六」。坤卦一開始是一個節氣的概念，呈現自然天象的變化。「履霜堅冰至」，坤卦是大地的象徵；腳踏實地就是「履」。一腳踩下去，發現踩了個透心涼，感覺不舒服。「履」的本意是鞋子，上古時期的鄉野草民未必有鞋子，尤其在秋霜時節，光著腳踩在大地上，那個感覺就叫「履霜」。踩到霜才發現節氣變了，照這樣下去就是小雪、大雪、小寒、大寒，這就是「堅冰至」。冰雪封山，堅冰牢不可破的寒氣時節很快就要來到，這就叫「至」，也就是「至哉坤元」的「至」。所以一定要有防微杜漸的思維。人活在天地自然之中，經歷四季輪迴，一定累積許多經驗。「履霜」就是個「機」，看到秋霜的剎那間馬上就要想到再幾個月寒氣會更嚴重，大地要結冰了，而且那冰不管怎麼捶、怎麼敲都化不了，因為冰結得夠厚。履霜時堅冰還沒來，但可以推想馬上就要來了，所以現在就要做準備。

可見，「堅冰至」是未來，「履霜」是當下。「履霜」的時候就要為未來的「堅冰至」提早防範。景氣不好，一個嚴重的警訊出現，就是「履霜」，這時該怎麼辦呢？如果在霜的時候設法除霜，只要用一點點熱量就可以處理；等到霜結成堅冰，那就很難對付了；即使有能力對付，也不知要花多少成本。

人生很多事也是如此，從履霜的起點到凍結的堅冰之間有一個過程，一路下滑，這個下滑的勢點，我們通常叫拐點；在拐點時就要有動作，不然到後面就會越來越難，形勢越來越惡化。所以有先見之明的人，懂得在「履霜」時，在事情還不很嚴重的時候當機立斷，趕快做危機處理，到堅冰的時候就不會損失那麼大。

坤卦「初六」的〈小象傳〉解釋這一爻時說：「履霜堅冰，陰始凝也；馴致其道，至堅冰也。」在寒氣剛剛開始凝結為霜的時候就要有所警覺，倘若放任不管，或者做過分樂觀的預期，那就會「馴致其道，至堅冰也」，總有一天會碰到完全沒辦法破冰解凍的局面。「馴致其道」，「道」就是按照這個路子發展下去、繼續擴大。「馴」就是「順」的意思，馴獸師能讓兇猛的獅子、老虎變得順服馴良，因為牠怕鞭子，那就是地勢坤的「勢」。人在權勢形勢的逼迫之下非低頭不可，這也是坤卦，不然為什麼要忍耐呢？「馴」的目的就是讓再兇悍的東西都得順。「馴致其道」，順著自然節氣往下發展，一定會越來越冷，越來越難以處理；等到「至堅冰」那一步，就沒法善後了，所以還不如在「始凝」的時候早早下手。

坤卦初爻的意象是從節氣來的，因為霜降的時間與坤卦所象徵的十二消息卦之陰曆十月只差一點點，所以坤卦第一爻就取「履霜」的象。不過在海南、臺灣講節氣，像在講天方夜譚，如果到華北等高緯度地區，節氣的感覺就比較實在。

「初六」爻變是復卦（下圖），發展到堅冰就是上爻。「初六」是始，經過始壯究、始壯究兩重卦發展成「上六」的乾坤大戰、陽剛陰柔之間兩敗俱傷、雙方關係完全凍結的局面，這就是「堅冰至」。就像當今的國際關係、宗教之間的對立，剛開始沒那麼嚴重，可能只是一點小摩擦，像薄薄一層霜，但當時雙方誰也不願道歉「除霜」，累積久了就變成不可化解的「堅冰」世仇。按照《聖經》、《古蘭經》的記載，伊斯蘭文明與基督教文明原先不就是兄弟嗎？但現在不但兄弟之情蕩然無存，其間的殺伐之氣已到無法和解的地步；譬如巴以問題，幾次的國際調停都沒法解決。所以人在「履霜」時千萬要有大智慧，趕快除霜，不要等到堅冰已至，連神仙也救不了。

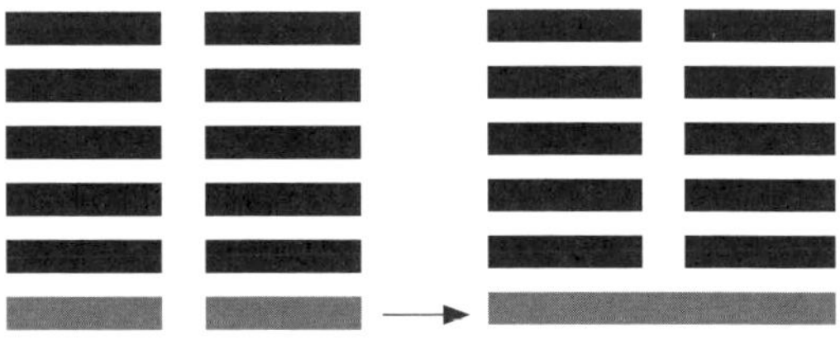

坤卦　　復卦

上爻：山窮水盡

上六。龍戰于野，其血玄黃。

〈小象〉曰：龍戰于野，其道窮也。

初爻如果是履霜，就要防到最後一爻的堅冰。這是坤卦窮極的爻。乾卦到最後是狀況極慘的「亢龍有悔」；因為剛愎自用，陽剛過度，失去群眾支持，沒有資源，所以空「有悔」。坤卦發展到極致，「東北喪朋」，與乾卦的關係變成難以化解的堅冰，出現「龍戰于野，其血玄黃」的慘局。上爻爻變是剝卦（下圖），我們看剝卦的「剝」字，不就是千刀萬剮、資源大量流失的象嗎？搞到這個地步，辛苦一輩子的東西，全部毀於一旦。乾卦的龍在坤卦最後一爻出現，不就是是乾坤大戰嗎？「野」就是坤卦黃土地的象。「龍戰于野」堪比世界大戰，宇宙大地任何一個角落都被烽火波及。

「其血玄黃」，天玄地黃，這是一個象徵。天為「玄」，黑中帶一點赤色，是星空的顏色。「黃裳元吉」的「黃」與「其血玄黃」的「黃」都是土地的顏色，都是坤卦的象徵。學陰陽五行的也知道，東南西北各有其色，中央屬土，黃色是土色，所以它有廣大包容的意思。「其血玄黃」，表示兩敗俱傷，天流出玄色的血，地流出黃色的血。而在大戰之中，較弱小的一方損傷必定更慘重，所以要小心謹慎，在「履霜」之時就要意識到未來可能演變為「龍戰于野，其血玄黃」的慘況，千萬不要讓那個「剝」的日子來到，否則就完全違反坤卦的智慧，不但沒有「得朋」，反而是「東北喪朋」，把朋友逼成敵人。所以「上六」〈小象傳〉云：「龍戰于野，其道窮也。」玩完了！山窮水盡，坤卦之道完全走偏了。這個因果關聯的脈絡，透過「初六」與「上六」爻變為「復」與「剝」可以看得更清楚。

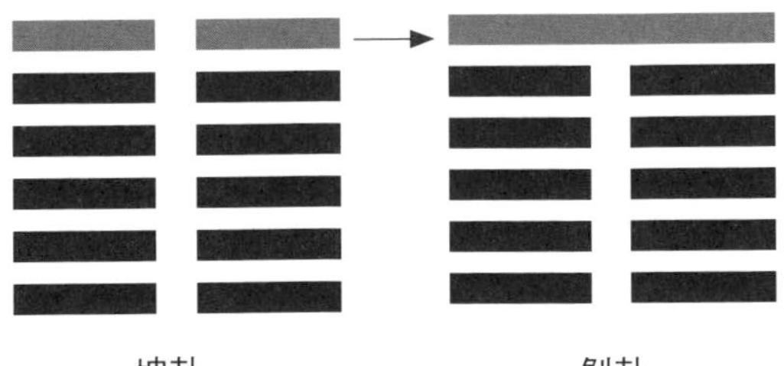

坤卦　　剝卦

三爻：忍耐為上

六三。含章可貞。或從王事，无成有終。

〈小象〉曰：含章可貞，以時發也。或從王事，知光大也。

坤卦三爻、四爻，正應了「三多凶，四多懼」這句話。「六四」還是陰爻居陰位，所以它還控制得很好，只要柔順處理當前的危險形勢就可以了。可能會有人問，第四爻的處境不是像乾卦的「或躍在淵」一樣危險嗎？沒錯，「六四」爻辭就是根據這個象來的。陰居陰位，知道自己是陰，就不要有陽的表現，懂得戒慎恐懼，故可以自保。但三爻就不是了，「六三」陰居陽位，本身是不正的，很容易犯錯；因為「六」是陰爻，「三」是主動之位，結果，本身沒什麼資源和實力的「六三」竟然去搶陽位，注定不會有好結果。所以爻辭提醒你不要硬幹，因此才有含章可貞的「含」。「三含四括」，因為坤卦實力有限、資源有限，處於夾心餅乾的人位特別要有忍耐的智慧。小不忍則亂大謀，正所謂「留得青山在，不怕沒柴燒」。這就是六三「含」字的意義。

「章」字也是《易經》中無比重要的字。「章」有光明的意思，過去就用「明」來解釋「章」。一個人做事有章法，井井有條，成竹在胸，就像離卦縱橫交織的人際關係，資源分佈如大棋盤般清清楚楚。可見心中有數叫「含章」，該怎麼做，心裡很清楚，但因為處於下卦「六三」不正的爻位，實力不足，只得含辛茹苦、耐心等待時機，決不輕舉妄動。所以要將自己的「章」——智慧、創意、計畫「含」起來，藏在裡頭，不能洩漏。可能有人會問，是不是未來一直都要如此收斂呢？當然不是，因為「含弘」未來一定會「光大」，等到形勢變化對我有利，再把裡面的光放出來。中間的忍耐期往往需要幾個月到幾年，甚至更長的時間。

「可貞」，「可」是動詞，適可而止就叫「可」；不過剛，也不過柔，恰到好處。「貞」是固守正道的意思。「可貞」意思就是固守正道而行，但也得考量形勢與對象，「貞」要恰到好處，「正」也要恰到好處。不要用我們的「正」凸顯人家的「不正」，那就會樹敵。可見人生真的很難混，要控制得恰到好處，即使固守正道，也要到「可」的地步，恰到好處，以免引起反彈或過早決戰。這就是「可貞」的意思。

六十四卦中，卦爻辭出現「可貞」的還有无妄卦（䷘）、損卦（䷨）和節卦（䷻）。无妄卦第四爻爻辭云：「可貞，无咎。」這裡的「可貞」意即節制欲望，不要有妄想貪念，才會无咎。損卦卦辭中也有「可貞」二字，意思差不多。另外就是節卦，意思是說節制欲望不要過頭了，其卦辭云：「苦節不可貞。」雖然貞，到最後一爻卻還是凶。就好比古代的貞節牌坊傷害人性，壓抑過度反而走火入魔。開放過度也不行，壓抑過度也不行，這就是可貞、不可貞的衡量，看著簡單，其實大有人生的智慧。像資本主義社會的金融災難就是在「可貞」方面出了問題，所以必須調整社會對策。「含章」有多難，由此可見一斑。

「六三」〈小象傳〉云：「含章可貞，以時發也。」因為時機的考量，處於弱勢、居於人下的時候，不能發作，所以「含章」。等到將來時機改變了，我裡面的東西就得傾囊而出了。「以時發」，純粹是「時」的考量。要有成功的未來，現在就必須忍耐，犧牲眼前的榮、辱，這就叫「含章可貞」。但不要忘記「以時發也」，如果別人對我們「含章可貞」，不要認為他是心悅誠服，他是在等待出手的時機，現在不發，時候對了就發。

接下來看「或從王事，无成有終。」但凡官場、職場之事都可叫王事。「從」，坤卦本來就是「從」，你不是老闆、頭頭，如果懂得「含章可貞」的智慧，你去做官，就要做人家的幕僚。「无成有終」，人生無非求善終，所以千萬要做到「无成」，不要爭名奪利，以免老闆對你側目而視、同儕非消滅你不可。所以在坤卦第三爻若想在自己的主導下有所成就，那就違反坤卦「西南得朋」的要義，結果一定是「東北喪朋」；「有成」則「无終」，「無成」反而「有終」。以前封建時代做官的人都懂這一套，一切榮耀歸於長官；現在學生寫論文一定要提提論文指導教授，讓他掛頭牌，謝謝他指導有方。你要是認為那是你自己獨力完成的，有成无終，肯定會搞壞關係。

要懂得「或從王事」的涵養和智慧，不要強出頭。正如〈小象傳〉云「知光大也」，從良知良能開始建立知識系統，提煉智慧，用自己的智慧「或從王事」，才會含弘光大，前程光明。這個爻爻變正是《易經》中最可貴的、最得善終的謙卦（下圖），謙和地面對一切，兼顧天地人鬼神各方面的利益。「謙」為言之兼，卦與六爻全吉，六十四卦中沒有負面作用的只有這一個卦，乾坤兩卦都辦不到。所以在坤卦大地的實踐中，第三爻的人位若能做到這十二個字，爻變就是必得善終的「謙」。

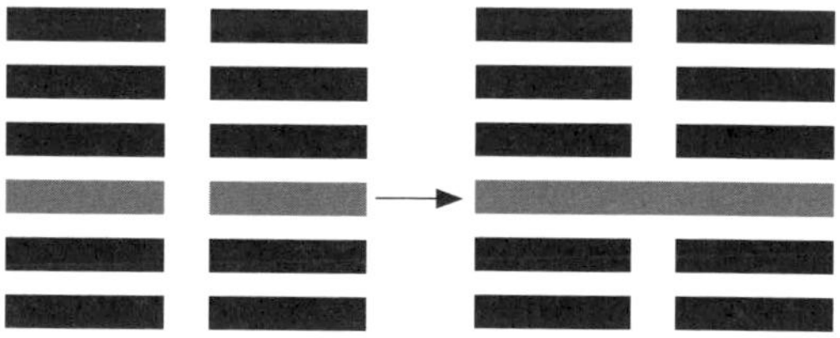

坤卦　謙卦

四爻：謹言慎行

六四。括囊。无咎，无譽。

〈小象〉曰：括囊无咎，慎不害也。

「六四」的境界比起「六三」又不一樣了，與乾卦「九三」、「九四」倒是很像。「六三」的時候偏重專業的精進，就像乾卦「九三」的「君子終日乾乾」，這同樣是因為坤卦本身重視人群關係，故三爻得學「含章可貞」，好好幫別人做，自己不搶風頭；到了第四爻的高位則要更小心了，「括囊。无咎，无譽。」要明白自己不是第一人，旁邊還有一堆虎視眈眈的同儕，所以千萬不要追求「譽」，有譽必有咎，名滿天下則禍隨之，謗亦隨之。所以坤卦「六四」要懂得居高位而不追求虛名，避開最容易生事的第四爻，以保絕對的無咎。

「六四」保護自己的方法，就是「括囊」。「囊」是布袋，「括」就是把我的一言一行，包括我的思維、我的中心意志，如同用麻繩把袋子綁得緊緊的，不顯山不露水，謹言慎行。換句話說，坤卦第四爻就是要獨立自主，不跟外界發生任何衝突，如同數學算式中的括弧一樣內在自行運算，別人不會知道我心裡想什麼，所以不會惹禍。

「括」字還有射箭的意思，箭尾維持方向的部位也叫「括」。箭在發射之前，必須卡得很緊，絕對不能動，等到準備充分才可以發射出去。這是「括囊」比較生動的解釋。

「六四」〈小象傳〉云：「括囊无咎，慎不害也。」〈小象傳〉解釋得非常赤裸明白，真心為慎，戒慎恐懼的目的就是免於政治迫害。慎才能不害，要是言行不慎，囂張跋扈，很容易就成為眾矢之的。

由「六四」〈小象傳〉的「慎不害也」可以聯想到法家代表人物、戰國時期的韓國宰相申不害。一般來說，戰國時期的法家很少可以得善終的，申不害是個例外。申不害做韓國宰相長達十幾年，不惹禍，不招災，他的志向也得到了伸張，而且最後可以全身而退。看起來也有括囊的智慧。法家另外還有一個重要人物叫慎到，時人稱之為慎子。申不害跟慎子都是法家重要的先行者。

處於四爻高位，能夠審慎約束言行，當然就不會出任何問題。這是位居副手必備的智慧。因此對這個爻我們必須要有深刻的認識，畢竟這個爻不會永遠如此，就像三爻也不是永遠那樣。三爻是為了圖將來有謙卦的善終；四爻現在的忍耐節制是為了等待時機成熟，好大鳴大放，錦囊妙計傾巢而出。

「六四」爻變為早有所圖的豫卦（下圖）。《三國演義》常描寫蜀國戰將每次出戰時，諸葛丞相都會給他一個錦囊，以備急用之時打開。豫卦就是預測未來，事先準備；只有預測精確、預備周全，才能必享豫樂。豫卦是充滿熱情的卦，積極戰鬥、積極行動，可是坤卦第四爻在括囊的時候是冷到極點的象；最後出手時那麼熱烈、奔放，中間其實曾經過一個爻變的轉折。前面因為是無比沉靜的「括囊」，沒有任何人會防備你，等到你那個深藏不露的囊一打開，傾囊而出的戰力，立刻轉為豫卦的戰鼓隆隆，馬上征服一切。由此可知，在形勢尚未成熟之前絕對保密、絕對封口，這叫「括囊」；一旦時機成熟，只要他一出手，你就猝不及防；然後他就由「括囊」轉為「囊括」，將所有成果囊括而去。就像二〇〇八年奧運美國選手菲力浦斯一人獨奪八面游泳金牌，就可以說是「囊括」。那一年美國要是沒有他那幾面金牌，場面就會很難看；而他之所以能囊括八面金牌，就因為他曾有漫長的「括囊」準備階段，經歷艱苦卓絕的訓練，最後一出手就大獲全勝。

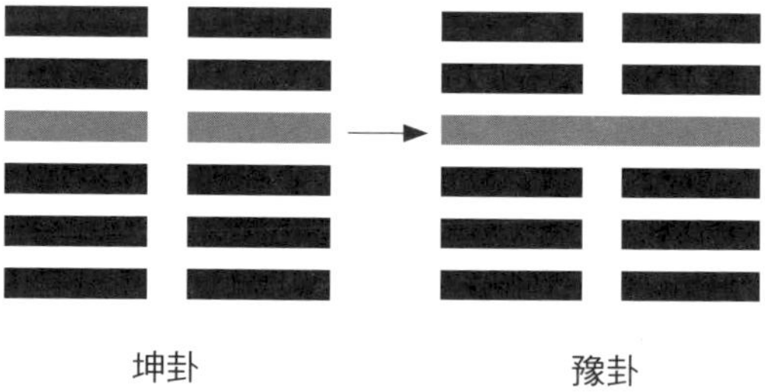

坤卦　　豫卦

以上就是「括囊」的要義。我們要從這個爻學到一些智慧，用以幫助我們化解不利的情境。

五爻：無為而治

六五。黃裳。元吉。

〈小象〉曰：黃裳元吉，文在中也。

「六五」〈小象傳〉說：「黃裳元吉，文在中也。」三爻講「含章」，「章」有光明、章法結構的意思。五爻講「文」，學過〈繫辭傳〉就很清楚「文」的概念。「文」是剛柔交錯，宇宙天文、星羅棋佈，明的、暗的，錯綜複雜。天文、人文、文明、文化，都是這個概念。也就是說，坤卦要管理廣土眾民，沒有一套本事是不行的；尤其是君位的柔性領導，絕不同於威權式、雄才大略式的強人領導；坤卦要懂得領導群眾，就要無為而治，不要管太多，讓下面的人自由發揮，甚至有嘗試錯誤的權利。他們有參與感，才會積極參與，這樣才能運用組織群體的智慧，而不是像「飛龍在天」一樣搞成「亢龍」、「獨夫」，沒有「見龍在田，利見大人」的輔佐，只靠一根蠟燭一直燒。老闆太能幹，下面沒有人可以跟他配合，這個組織就會非常危險。所以諸葛亮最後是累死的，秦始皇不讓人家分勞，到最後也累死了。所以「黃裳」的結果比「飛龍在天」好多了，是充滿創造性的吉——「元吉」。乾卦六爻沒有「元」和「吉」，只有到最後「見群龍無首」才有一個「吉」，事實上又是很難辦到的。坤卦第五爻則明白指出，如果你做到「黃裳」，就可以「元吉」。一個爻就元吉，因為想通了、做通了。

「文在中」，「六五」居上卦之中，柔性管理才能恰到好處。「六五」爻變是比卦（下圖）。比卦就是大家互助合作。一個人的智慧有限，三個臭皮匠，勝過一個諸葛亮。這就是「黃裳」的意義。

「文」是剛柔交錯，就是大有文章，很有文化，不用動武，不必嚴刑峻法，在自然薰陶中形成剛柔互動。這種管理方式，不管遇到多麼錯綜複雜的問題，都可以和平解決。

關於「黃裳」，說個題外話。大家讀金庸小說都知道，《射雕英雄傳》的

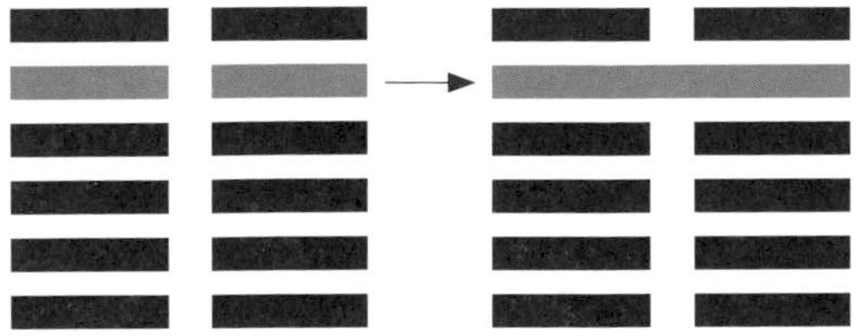

坤卦　　比卦

「黃裳」就是《九陰真經》的作者。《九陰真經》是東南西北中五大家爭相搶奪的武林秘笈。這個概念可說是金庸讀《易》，從坤卦「剽竊」來的；藉坤卦君位的象，加上作者黃裳是個太監，在宮中百無聊賴，所以深入《道藏》坤卦的智慧，寫出以柔克剛的《九陰真經》，引來武林競逐，人人想做天下第一高手。

「黃裳，元吉」有最好的結果，即「文在中」。「黃裳」與「無為而治」又有什麼關係？坤卦基本上是群眾的象，乾為君，坤為民；人民做主，民為貴，這是微言大義。在《易經》、〈易傳〉中敢把這一點解釋清楚的，很少。孟子講「民為貴，社稷次之，君為輕」，坤卦就是民，坤卦君位，就是人民做主的意思。「民為貴」不就是黃帝堯舜垂衣裳而天下治嗎？上衣下裳，「裳」是腰帶以下的部分，就像《易經》每一卦有上卦的領導階層，有下卦的基層民眾。「黃」是尊貴的象徵，中道的象徵；合乎中道就叫「黃」。「黃裳」就說明「黃」的尊貴不在社會上層結構，而在「首出庶物，萬國咸寧」；所以不講「黃衣元吉」，而講「黃裳元吉」，就是民為貴的意思。這是坤卦君位真正的意思。但是要做到「黃裳元吉」那得有一套，而且不希望通過改朝換代的革命，希望是自然的政權轉移，這就叫「文在中也」。

再說一下「黃裳」的柔性管理。六十四卦中有三十二個卦的柔性管理和三十二卦的剛性管理；一般來說，柔性管理的效果，依爻辭看，得到好結果的特別多。像乾卦「九五」「飛龍在天」的管理，如果條件不具備，結果可能很糟。像火風鼎的鼎卦（䷱），火天大有的大有卦（䷍），君臨天下的臨卦（䷒），都是「六五」為君位，而不是「九五」。這就是「六五」強過「九五」，「黃裳」的柔性管理勝過「飛龍在天」的強勢管理。

關於「文在中」，還有一個歷史人物王通很值得一提。他是中國傳統文化思想上的重要人物，在隋唐之交很多幫著唐朝打江山的文臣武將，包括魏徵、李靖、溫彥博、房玄齡、杜如晦、陳叔達等都是他的學生，但他只活到四十歲左右就過世了。後人稱之為「文中子」。他的政治思想就是「黃裳元吉，文在中也」。

〈說卦傳〉中提到，坤卦除了是民眾的象，還有一個基本的象就是「文」。坤為「文」，因為要處理好跟乾卦的關係，「文」就是剛柔交錯、裡面大有文章。用武力解決太容易了，但不會有好結果，所以要用文化、和平的方式處理剛柔、強弱、大小之間的矛盾，這才是文德的功夫。但「黃裳元吉」在專制時代傳了幾千年之後卻慢慢走樣了，後來這個思想就劣化為只有帝王才有資格穿正黃色衣裳，連那些龍子龍孫都不能碰。這下就變成「亢龍有悔」，完全違背坤卦「黃裳元吉」的本意；原本是希望「黃」到大地上，每一個人都是尊貴無比的「黃」，沒想到本應四處開花的「黃裳元吉」，結果變成一家壟斷。就像「群龍無首」被後世曲解一樣，《易經》的本意可不是這樣。

二爻：循規蹈矩

六二。直方大。不習，无不利。

〈小象〉曰：六二之動，直以方也。不習无不利，地道光也。

「六二」是坤卦最費解的一個爻，我們化繁為簡，先講它的基本要義。「直方大」，「直」字非常重要，直就不彎曲。孔子說：「人之生也直。」生命最自然的狀態，那就叫「直」。孟子的浩然正氣「直養而無害」，澎湃洶湧，不繞彎、不扭曲，那也是直。「直」字下面加兩點就是「真」。道家修到最後要成為「真人」。所以「直人」就是一個「真」的概念。

所以，「直」就是一種自然狀態。坤卦是廣土眾民，坤卦「六二」陰居陰位，既中且正，就像乾卦的「九五」是主位，坤卦「六二」最能代表坤卦的特色，因為它是下卦，本來就是民，而且是民的中心。善良百姓先天的美德本性，那是直的，不是虛偽造作的；但要在群眾中展開「直」的本性，決不是任意妄為，想怎麼就怎麼，那就誤解「直」的意思了。《論語》記載「子曰：人之生也直，罔之生也幸而免。」就是老百姓普遍的民性表現，總是有一些共通之處，那就叫「直」。再如：「斯民也，三代之所以直道而行也。」夏商周三代都是直道而行，到後來世風日下，該堅持的不堅持，就是斜曲「不直」了。還有一種就是「父為子隱，子為父隱。直在其中矣」，父親偷羊，兒子舉發他，以為這是「直」；但孔子認為真正的人性是「父為子隱，子為父隱，直在其中」。因為父親犯罪，做兒子的保持緘默就好了，這才是自然成就人性，不傷害人情、人性的「直」；若追求一個形式上的「直」，其實是作偽，邪僻得不得了。

坤卦「六二」爻表現出來的就是「直」，這個爻爻變是勞師動眾的師卦（下圖）。如果不是通過刻意的思想灌輸，老百姓都有一個「人同此心，心同此理」的共通表現，這種生命的自然態就叫「直」。這個我們必須肯定。

再看「方」，就是天圓地方的「方」。天圓地方不是講幾何造型，而是哲學；亦即天道是圓的，地道是方的。「天圓」是指宇宙星辰的運行圓融無礙，「地方」是區塊、框框的概念，就是腳踏實地、循規蹈矩地學習，也就是「方以智」的概念；凡事都有一定的規矩方法，就像中醫的配方、一方水土一方人，都有一個定型的東西。圓是循環反覆，所以天道是開拓；地道要規規矩矩的學習，這就叫「直方」。

坤卦本性善良，除了「方」，還要「大」。「大」是乾卦的概念，而坤卦是

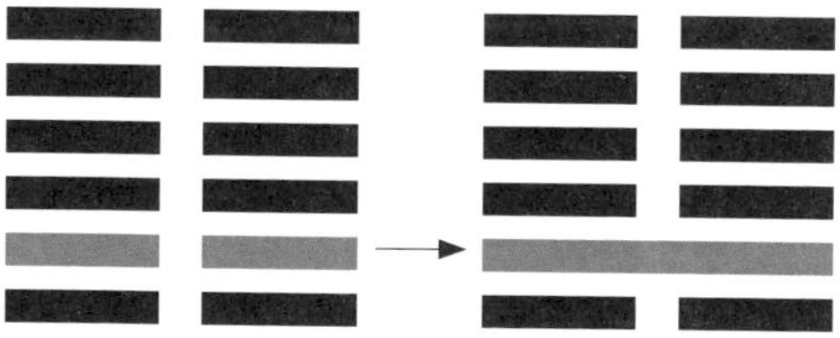

坤卦　　師卦

要跟乾卦學習的。老子云：「人法地，地法天，天法道，道法自然。」道本身就是自然。「方」是指坤卦具有「直」的善良本性，所以要規規矩矩學習乾卦所代表的「大」，最後就可以跟乾卦一樣偉大。「不習，无不利」，社會是個大染缸，而「人之初、性本善」，善良的本性不要受習氣污染，所以「直方大，無欲乃剛」。然而「性相近，習相遠」，剛開始不錯，後來卻墮落了。如果能做事，又可以學習仿效乾卦的天理，不墮落、不習染，最後當然是「无不利」，有最好的結果。

所以「六二之動」，根據內在的「直」去做「方」的學習，不習无不利，是坤卦地道光明的展現。最後的「用六。利永貞」，永遠固守「牝馬之貞」，就可以「以大終也」。坤卦剛開始很小，但因為他努力學習乾卦的「大」，最後他也由小變大，擁有源源不絕的資源。這是「用六」的結論。

「六二」中正之道

「六二」中正，因為二爻居於下卦中心，是合乎中道、恰到好處的。二爻是偶數位，是陰爻的代表，陰爻居陰位、陽爻居陽位就叫「正」。既中且正，所以是「中正」。像乾卦「九五」也是中正。

「六二」是坤卦的主爻，「直方大。不習，無不利。」代表坤卦有包容、忍耐、順勢用柔的德行，而且要仿效乾卦，母馬永遠跟著公馬，實際的執行力要跟上創意的理念。「方」為動詞，就是「仿效」的意思。乾有多偉大，坤就有多偉大，沒有任何差距；唯一的不同就是坤不在前面開創，而是落實乾卦開創的理想。所以說「直方大」。「直」是坤卦先天自然的本質，像佛教也強調「直心」是道場，不矯揉造作，不讓後天的情欲扭曲自然的本性。假定坤卦有這個美質，乾卦的「大」就是他學習的目標。如果坤能善用他像海綿一樣的學習能力，見賢思齊，亦步亦趨，一段時間自己就得到提升、擴充了，這就是由小往大學，有一天就跟「大」一樣，沒有差距。那就是坤卦的創造力──「至」。天上地下沒有距離，天道的理想百分之百實現，那就是「直方大」的境界。

乾卦是坤卦要學習的對象，天道是地道學習的對象，所以老子說，人要從廣博的大地學習，從山河大地學習。「地法天」，就是直方大。「人法地，地法天，天法道」，正如「大哉乾元，萬物資始，乃統天」。「天法道」之後就是「道法自然」。

將坤卦精神發揚到極致的是老子，他說處世三寶的第一個是「慈」，就是愛心。孟子就說：「未有學養子而後嫁者也。」女子要嫁人之前不需要學習怎樣養小孩，等到她變成媽媽，自然會克服一切學習上的困難。所以我們可以看到，好多家庭主婦都好厲害，什麼東西壞了，她都會修，因為現實逼著她要照顧小孩，不會也得會。這就叫「不習，无不利」，愛心能克服一切，真愛生大勇，不必學習就可以應付裕如。

「習」的第二個意思就是「污染」。「人之初，性本善；性相近，習相遠。」後天很多習氣，嗜欲漸深，天機漸淺，就是習染。所以坤卦「六二」要保持原先的「直」就很難，始終要以乾卦的天道自然做為終身學習的對象。若能如此，「直方大，不習」——不需要專門刻意學習什麼，反而可以「無不利」，因為有時候知識越高、作惡能力越強，習氣污染越厲害。這是坤卦值得一想再想的地方。所以〈小象傳〉說「地道光也」，如此就可以將大地之道、坤卦之道發揮得燦爛輝煌。

《易經》的卦氣系統

消息月是《易經》的基本概念，也稱《易經》的卦氣系統。從復卦開始，經臨卦、泰卦、大壯卦、夬卦、乾卦、姤卦、遯卦、否卦、觀卦、剝卦，一直到最後的坤卦，這就是十二消息卦的月份循環（下

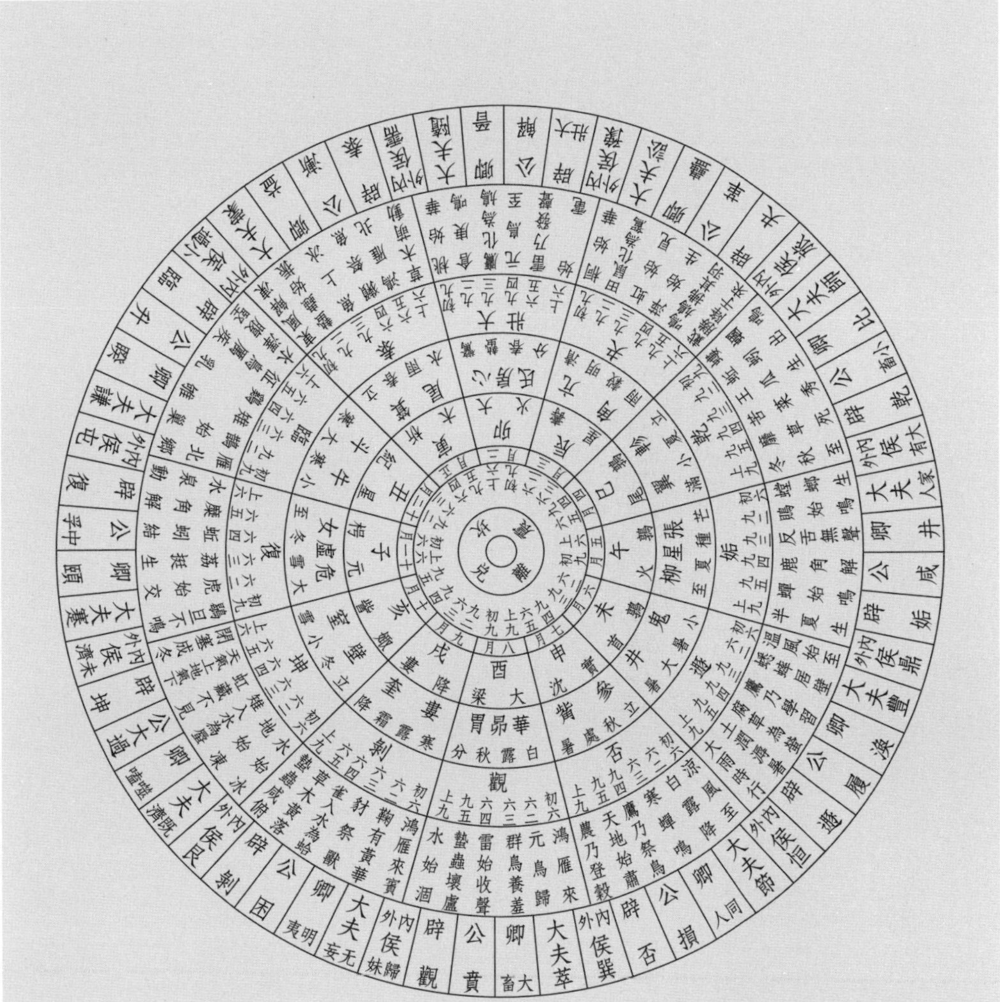

六日七分圓圖

頁圖）。坤卦是陰曆十月，剝卦是陰曆九月，復卦是陰曆十一月，剛好是冬至。這個卦氣圖的繪製十分精密，寒來暑往，不但代表那個月陰氣陽氣的消長，甚至可以細到一個爻。例如坤卦是陰曆十月，一個月三十天，那麼每一個爻大約是五天；從「履霜堅冰至」一直到「龍戰于野，其血玄黃」，將一個月用六個爻來細分。然後用十二個消息卦形成一年十二個月的循環。而其他的卦也全部在卦氣圖裡頭。

十二消息月中間那個核心的圓是季節的概念。坎卦、離卦、兌卦、震卦剛好是八純卦的一半，代表一年四季。離是火，是溫暖的夏天，而它對應的四分之一有三個月，所以離卦的月份是天山遯、天地否、風地觀；兌卦是秋天，就是剝卦、坤卦、復卦；坎卦象徵寒冬，就是臨卦、泰卦、大壯卦；震卦是萬物甦醒的春天，所以是夬卦、乾卦、姤卦。這跟後天八卦也是相合的。

跟整個節氣有關的，除了身體，還有我們一輩子種種勞心勞力的活動。《易經》和中醫都很看重節氣的影響。有時候要解決問題，還要特別注意時間的概念。《易經》強調時機、時勢的精確掌握，時間就是一切，人生的吉凶禍福都和時間有關。而卦氣圖就是落實在一年之中發展出的時間系統，很值得多花心思想想。

占卦實例1：履霜堅冰至

日本幕府時代最後的梟雄德川家康最後結束戰國時期，統一日本，建立德川幕府。在取得霸權之前，他與前輩大老織田信長和豐臣秀吉從來沒有正面衝突，始終以柔順的手段，完整地保持實力。反觀豐臣秀吉卻到處侵伐擴張，甚至不自量力地挑戰當時的大明王朝，最後落得死於非命；織田信長也是一樣，五十歲那一戰讓他死得很慘；不必別人收拾他，環境就收拾他了。周武王在消滅殷紂王之前也是柔順稱臣，等到時機成熟，一戰而殲敵。強梁者不得其死，這是老子的智慧，也是坤卦的智慧。

我對德川的事情有些了解之後，一九九九年我曾占一卦問：我們二十世紀末的中國人能從德川家康學習到什麼？結果卦象就是坤卦第一爻，學「履霜堅冰至」的智慧。德川的成功在於他能及時調整對策、化解與政敵之間的嫌隙，所以他能兵不血刃，坐等前面幾個霸主連番倒下之後，自然繼承政權，開始德川幕府的統治時代。他接受日本執政大權之後，對當時日本在整個世界局勢中的處境也看得很清楚，他仍然是以「履霜堅冰至」的智慧處理各種危機，因此才有兩百多年的江山。換句話說，德川一生的智慧，就濃縮在「履霜堅冰至」這五個字裡面。

有了德川的經驗之後，我就越來越偷懶，要寫讀書報告時就占一卦，只需三、五個字，就把讀書報告寫出來了。

占卦實例2：用六永貞，以大終也

如果你占到一個卦，卦中有陽爻也有陰爻，倘若陽爻都發生變化，不管是幾爻變，多多少少都有往坤卦變的趨勢。要怎麼判斷呢？從我們過去的例子可以看到，坤卦比較柔弱被動，無法像乾卦一樣隨心所欲的開拓既有資源。然而，即使陷入被動、處於挨打的坤卦，也要運用坤卦的智慧，而不是兩手一攤宣告放棄。在完全被動的情勢下，若要扭轉乾坤，就得「用六，利永貞」，將坤卦的智慧發揮到淋漓盡致，讓六個爻全部都動起來。照講坤卦六爻全變就是乾卦，就占卦的理論來說，這個機率是超低的，因為陰爻要動不容易，占一個爻出現六是十六分之一的機率；六個爻都是六，那是十六的六次方分之一，接近兩千萬分之一的機率。

倘若占到坤卦六爻都動，就是六六大順，因為六爻全變，就從弱小的坤卦變成實力雄厚的乾卦；其實這就完全契合「用六，利永貞」的精神。一旦將坤卦的精神智慧發揮到極致，而且永遠固守「牝馬之貞」的原則，就可以「用六永貞，以大終也」。懂得以柔克剛、借力使力，所有陽的資源都被吸收進來，最後自然跟陽一樣大。這就是結局圓滿的「以大終」。

要占到六爻全部是九的乾卦也不容易。就有人說，如果占到乾卦六爻都動，結果是坤，好像原來很大，最後百煉鋼變成繞指柔，所以是正面的；也有人說，應該從「用九，見群龍無首，吉」來判斷，所以也是「吉」。占到坤卦六爻都動，就用「用六，利永貞」判斷，好像無本生意，小的進去，大的出來；弱的進去，強的出來。

總之，要占到乾卦六爻全變已屬難得，要占到坤卦六爻全變的機率則更低，代表這是難度很高的修為。所以，我們看歷史上很多很有名的占象，大概都沒有出現過。

解讀〈文言傳〉

何謂「文言」？

〈文言傳〉是乾、坤兩卦專有的。坤卦〈文言傳〉篇幅不多，乾卦〈文言傳〉則佔大部分，何以如此？因為乾卦是最基本的。從卦到爻，又從爻到卦，乾卦〈文言傳〉不厭其詳講了四遍。但坤卦也有它的特性，由乾卦的「大哉」到坤卦的「至哉」，由理想到實踐，由企劃到執行，由天理到地勢，藉坤卦的特性來提醒我們，要面對現實，不要光想不做。至於與乾卦共通的東西在坤卦就不用多談了，因此坤卦從卦到爻講得比較簡略，只講一遍。

首先，〈文言傳〉的「文」和「文在中」的「文」，都有剛柔交錯的意思，象徵錯綜複雜的陰陽互動形勢，諸如男女、雌雄，大小、強弱等。要妥善處理這些棘手的問題，除了要有耐心、包容心，還要沉得住氣，更要有和平解決爭端的智慧，才能避免像「龍戰于野」這樣的流血衝突。這就是「文」。

與「文」相反的就是「武」。用武力處理糾紛，不但無法解決問題，反而會帶來更多爭端與傷害。而「文」的手段固然可以皆大歡喜、和平收場，但這種高段的功夫，必須具備深厚的文化素養與文明發展過程累積的經驗智慧才做得到。

《易經》對於「文」的精神有充分的發揮，例如小畜卦（䷈）就講「君子以懿文德」，「文德」是解決所有紛爭的重要素養。正如《論語・季氏篇》云：「遠人不服，則修文德以來之。」不以戰爭的手段而使天下臣服，用和平化解矛盾，這就叫「文德」；相對而言，霸道的思維無法解決任何問題，也不會得善終。

其次就是「言」字。「言」和「語」是有差別的。「言」是指正式的言論，所以儒家三不朽——立德、立功、立言，「言」是其中之一。「語」就比較生活化、比較平易、自然，不需要字斟句酌。重要人物特別要謹言慎行，因為他們的言論影響層面太廣，所以通常一個重要部門、重要人物都有發言人，專門負責發表公告或重要宣言，而且需要縝密的幕僚作業。

總的來說，〈文言傳〉通過乾卦、坤卦六爻承、乘、應、與的互動，象徵人類組織生活中種種高層與基層、內部與外部的很多衝突矛盾，提出以和平方式處理紛爭的期望，並建立永恆性的理論，也就是「立言」。可見，〈文言傳〉是入世的、務實的，談的都是人生中極可能碰到的經驗。

乾卦〈文言傳〉

和諧互助，政通人和

> 元者，善之長也；亨者，嘉之會也。

「元者，善之長也。亨者，嘉之會也。」這句話是解釋乾卦卦辭「元亨」二字。〈文言傳〉係孔門弟子編撰，在孔子過世之後整理而成。這句話應該是孔門弟子引用孔子當年解釋乾卦「元亨利貞」的話。

「長」為成長、生長、發展。因為「元」是核心的創造力，核心的競爭力；它可以由一個點，通過創造力的迸發而開拓無限的空間。宇宙的生成就是如此。「善之長也」，生長、成長的過程稱做「善」，這是對天地人、宇宙人生的高度讚美。這個「善」不同於善惡相對的「善」，而是絕對的；「生生之謂易」，「善之長也」。也就是說，如果你懂得體會、學習這個「元」，你就會充滿創造力；你的心智、才慧的成長發展將不可限量，這就是「善之長也」。關於「長」字，我個人覺得有點像英語動名詞的概念，亦即「善」是一直在繼續發展、前途不可限量的。所以易卦終於「未濟」，而非「既濟」，「既濟」就有限制，不見得能再成長變化；只有「未濟」才有無限的可能性。「元者，善之長也」，至善的境界就是「元」，不是停滯不前、固定不變的，而是繼續發展、成長、創造；掌握這個根源的創造力，才能止於至善。

「亨者，嘉之會也。」大家互相交流，最後形成對大家都有利的共識，就叫「嘉」。「嘉」也是雙喜的意思。雙喜不一定是兩個，而是兩方面，像海峽兩岸雙方簽約以推動三通，像甲乙雙方、原告、被告；或者雌雄、陰陽、男女、強弱……。雙方在互動之中如何避免衝突；若有分歧又將如何化解？總之，在互動過程中，將一切阻力化為助力，使雙方互利雙贏，那是一件值得嘉許的美事，這就是「嘉」。絕不能一邊佔盡便宜，一邊忍耐吃虧，必須雙方的利益都照顧到，保持最佳平衡點，這才能亨通無阻。

人與人之間可以溝通無礙，可以分享成果、互利合作，也可以和諧互動，叫作「亨」，或者「通」。為了達到「嘉之會也」，在互動交會、互相溝通時，能讓「會」達到「嘉」的效果，對雙方都有利，就要先做到「亨」。首先就要打通障礙，不但政通人和，人與自然界也要亨通。如今全球暖化引發生態危機，就是人與天地之間的關係不亨、不通。人類為了一己私利，拚命掠奪自然資源，有沒有跟大自然溝通溝通？它同意嗎？如果只考慮單方面的利益，拚命開發建設，忽略另一方的感受，甚至造成傷害，那就不可能「亨」，更不用說是「嘉之會」了。

由此可知，首先要找回「元」的創始力量，然後才能達到眾生、自然界，甚至天地人鬼神之間的亨通，使彼此交流互惠。這就是「亨者，嘉之會也」。因為「元」的創造力是取之不盡、用之不竭的，不管遇到什麼障礙都能突破化解，所以有「元」必有「亨」。因此，卦辭中只有一個「元」，後面沒有「亨」的，在六十四卦中，除了比卦的「元永貞」和損卦的「元吉，無咎，可貞」之外，其餘卦辭中，有「元」必有「亨」。

和諧共存，圓滿善終

利者，義之和也。貞者，事之幹也。

「利者，義之和也。」「利」字最早的意思是秋天的禾苗成熟，拿著鐮刀去收割。「和」即和諧互動、和平崛起。其實「和」字也跟以前農業社會的禾苗有關。和諧社會、世界和平在當今之世猶顯重要。現在世界各地到處是衝突，而每一個衝突的雙方都認為自己是絕對合乎正義原則的。正因為雙方各自堅持自己的義，導致衝突不斷，沒有辦法「和」，所以天下難得有「利」。這個「利」是指天下的大利、公利，亦即在公義原則之下，每一個人的「義」都可以得到尊重保障。

正因為在「亨者，嘉之會」的基礎上，「利」才可達到「和」的局面，我尊重你，你尊重我；要成就我的意義，未必會傷害到你的意義，此之謂「義之和」。可見，《易經》的「利」非同小可。「義之和」是眾多的義、眾多想法、眾多原則都處於和諧共存的狀態；如此一定會出現對天下人都有具體利益的大利。這就是「利者，義之和也」；而「和」是關鍵，否則不但無利而有害，甚至流血不止、戰爭不斷。

另外，「利者，義之和」也牽扯到一個問題，即《易經》絕不諱言「利」。從孟子發端的「義利之辨」，發展到後來就有點無聊了，完全違背《易經》的〈文言〉大義。「利」比「義」大，是指天下的大利、公利，而不是褊狹的、片面的，或小團體的私利。

在一定程度上來說，「利」比「義」的層次還高，它是一種綜合態。只是孟子之後的儒家，義與利勢不兩立，而且諱言「利」，好像一講到「利」就是金錢至上，很不道德。若是這樣，現在所有企業活動或者個人理財活動都不是「義」了？可見，諱言「利」並不通達明智。因此，《易經》就說得坦坦蕩蕩：「利者，義之和。」只要不違反公利，追求私利全屬正常。

除此之外，「利者，義之和」，還非常強調「和」的境界。大國發展，為什麼一定要蹂躪小國呢？可不可以「萬國咸寧」呢？一個「利」字，不僅一針見血地點出事理的要點，還包括和諧共存的眾義。這也是乾卦天理的要求。

「貞者，事之幹也」，「幹」為主幹。我們做任何事，一定有一些必須要堅持的正道原則，不能隨便放棄。「元、亨、利」可說是一個事業從開創到後續發展、獲利的過程；不論如何鴻圖大展，最後一定要能夠「貞」，才可以得圓滿善終。也就是說，事業的開創固然重要，經過消化吸收蘊養之後，還要能藏、能貞，才守得住。就好像不適合投資的時候，不妨保守，等到來年適合「貞下起元」的時機再動。可見，「元、亨、利、貞」分別來說是一個點，整體來說又是一個生生不息的圓。

有很多卦只有「元亨利」，而沒有「貞」。這就說明不管開始如何轟轟烈烈，但不代表能夠永續恆存。美國華爾街就是如此。所以「貞者，事之幹」很重要，少了貞的卦就會敗壞，如蠱卦卦辭有「元亨利」，沒有「貞」，本身已經不正，然後又守不住，成住壞空，到最後注定敗壞成空。所以在蠱的階段就要改革，不然所有東西都不能保鮮，勢必毀壞腐爛。

由此可知，「貞者，事之幹」，幹事的基本原則就是「貞」。否則做任何事都有始無終，如同狂風暴雨之後，什麼也沒留下。

君子體仁，足以長人；嘉會，足以合禮；利物，足以和義；貞固，足以幹事。君子行此四德者，故曰：乾，「元亨利貞」。

「元亨利貞」四德俱全

「元亨利貞」為四德，就是從這段話來的。我們在乾卦提到過，《易經》六十四卦中，卦辭有「元亨利貞」的只有乾、坤、屯、隨、臨、无妄、革七個卦。「行此四德者」即「君子體仁，足以長人；嘉會，足以合禮；利物，足以和義；貞固，足以幹事」。〈文言傳〉就用這個理論來解釋乾卦的卦辭「元亨利貞」。

「君子體仁」，「體」就是體會、體驗；接著用「仁」將抽象的「元」具象化。我們看桃仁、杏仁，果實中含有種子基因（DNA）的核就是「仁」。種子有堅硬的外殼，它可以在地底埋藏幾千年，一旦機緣成熟，它還可以發芽開花。這就是所謂的「仁」——核心的創造力。表現在人際互動上，就是「足以長人」，是人與人之間善意的交流，正如〈繫辭傳〉所說的：「安土敦乎仁，故能愛。」仁心仁政可以激發核心創造力，讓創意源源不絕，就如種子的生命力可以生生不息。

仁的基因（DNA）可以不斷繁衍、開拓，那就是「元者，善之長也」。既然是善之長，那就一定要做深入體察、體證的工夫，如此才「足以長人」。「足以」是全部，氣勢飽滿，沒有一點虧損；「長人」，就是可以領袖群倫。要當領導人，當然要有核心的創造力，還要以仁心推行仁政，所以儒家特別強調「仁」。

你是「元」，你是元首、是領導人，要開創新紀元、建立制度，就不能吝於溝通，這就是「嘉會，足以合禮」。社會上芸芸眾生、形形色色，各有各的想法，要怎樣才能和諧相處、共同獲利呢？「亨者，嘉之會也」，領導人要懂得善用「禮」，為人群往來建立合理的規範制度；而這個制度必須考慮整個大環境的共同利益，並且一步一步都能落實。

從「體仁，足以長人」到「嘉會，足以合禮」，已經是雙喜了，接著是「利物，足以和義」，「物」包括人和其他一切事物。有了「足以長人」的核心創造力推動仁心仁政，又有「合禮」的制度，結果大家都各蒙其利。既然「足以和義」，你信你的阿拉，他信他的耶穌，互相尊重、互不干擾，大家都可以安居樂業，那就沒什麼好爭執的。所以領導人從「體仁，足以長人」、「嘉會，足以合禮」開始，有了好的想法，好的制度，好的創意，就能富國利民，創造安和樂利的和諧社會。

既然有了和諧社會，接下來要做的就是繼續堅持，這就是「貞固，足以幹事」；將天理正道孕養吸收、成為一種內在的品質，做為再出發、再開拓的動力。立身處事必須守貞，固守正道，故「貞固」二字尤為重要；固有道德，固有文化，固有的良知良能等等。現實生活中，許多必須固守的東西，往往就是我們固有的東西。

〈文言傳〉的問答體例

初九曰：「潛龍勿用」，何謂也？子曰：「龍德而隱者也。不易乎世，不成乎名，遯世無悶，不見是而無悶。樂則行之，憂則違之，確乎其不可拔，潛龍也。」

九二曰「見龍在田，利見大人」，何謂也?子曰：「龍德而正中者也。庸言之信，庸行之謹，閑邪存其誠，善世而不伐，德博而化。《易》曰『見龍在田，利見大人』，君德也。」

九三曰「君子終日乾乾，夕惕若，厲，无咎」，何謂也?子曰：「君子進德修業。忠信，所以進德也；修辭立其誠，所以居業也。知至至之，可與幾也；知終終之，可與存義也。是故，居上位而不驕，在下位而不憂。故乾乾因其時而惕，雖危無咎矣。」

九四曰「或躍在淵，无咎」，何謂也?子曰：「上下無常，非為邪也。進退無恒，非離群也。君子進德修業，欲及時也，故無咎。」

九五曰「飛龍在天，利見大人」，何謂也?子曰：「同聲相應，同氣相求；水流濕，火就燥；雲從龍，風從虎；聖人作而萬物睹。本乎天者親上，本乎地者親下，則各從其類也。」

上九曰「亢龍有悔」，何謂也?子曰：「貴而無位，高而無民，賢人在下位而無輔，是以動而有悔也。」

上面是關於六個爻的問答，大家可能會問，這是誰在提問?是不是發生在幾千年前的孔門講堂呢?其實這並不重要，它也許只是一種創作體例罷了，就如《論語》也有很多問答，可能是孔門弟子經過編輯整理而形成的問答體例。這種體例有其存在的必要，因為人生本來就是「學」和「問」；學問就是問答，藉這種體例了解《易經》，就像《論語》中的「或問」（有人問），是誰問不重要，因為提問的人說不定程度不怎樣，或者甚至是個壞蛋；話頭、話題，才是最有價值的命題。對於大家都有疑惑的問題，只要看孔子如何展現智慧、提出解釋就好。

藉著問與答，使《論語》、《易經》傳世不朽，這肯定是一種創作的體例。像熊十力先生的《十力語要》也是問答體。老先生用心很深，他也確定他的作品可以傳世，可是問的人不一定都值得寫下來，他就說「某生曰」。記得南懷瑾先生曾和我們說，早些年他給和尚講佛經，就很有挫折感。因為那些和尚對於佛經大多數一知半解、甚至不明所以，連佛教的歷史也弄不清楚。本來老先生講課用典是最拿手的，可是遇上這批和尚也沒轍了，他得從頭講起。我聽了就「心有戚戚焉」，我們現在用很多事例舉證另外的事例，而這些以前好像也是基本常識，可以幫助你了解《易經》這麼難的學問。可是有些人連基本的東西也不知道，進不了門，這又從何講起？三十年前我們跟老師學《易經》、《春秋》這麼難的東西，不是想學就可以，至少要把《四書》學完一遍；不然你跪下來，他也不教你《易經》。現在很難堅持了，尤其要普及的時候，大家認為學了《易經》會飛、有神通，反而說《四書》沒什麼好學的。所以熊十力先生在他的書上只寫「某生曰、某生曰」，我一看就知道他在想什麼，那就是問題有意義，但是提問的人不怎麼樣。南懷瑾先生也一樣，書上儘是「生甲、生乙、生庚」。事實上重點也是在問答。

龍德而隱者也

初九曰「潛龍勿用」，何謂也？子曰：「龍德而隱者也。不易乎世，不成乎名，遯世無悶，不見是而無悶。樂則行之，憂則違之，確乎其不可拔，潛龍也。」

「初九曰『潛龍勿用』，何謂也？」什麼意思啊？學生不懂，就藉機引出孔老夫子比〈小象傳〉解釋爻辭更深入的見解，《易經》的處世智慧也發揮出來了：「龍德而隱者也。」「隱」為隱居、隱士，「潛龍」是德行完整、飽滿，已經全方位地具備了龍的特質，但因為「勿用」，時機未到，必須沉潛，要耐得住寂寞，隱藏起來。這樣做的目的，一方面自保，一方面圖未來，一方面更精進修行。「而」是

「能夠」的意思;表示很有實力、有這個能耐。不要把「而」當做輕飄飄的轉折語。已經具備龍德的人,不管是為自己或者福國利民,一般就會躍躍欲試,想出來表現。可是「潛龍勿用」,那就要「能夠」隱。中國歷史上有很多隱士,有智慧、有才幹,可是身處亂世,就要憋得住。這就是「龍德而隱者」。

下面就講到實際的表現了:「不易乎世,不成乎名。」「易」就是改變、變易。「世」就是一般的、世俗的見解、觀念。「不易乎世」,不受一般世俗價值的看法所改變,完全照自己的想法而活。一般流俗的意見常受時代的習氣感染。一個人既然要隱,代表整個外在環境是比較黑暗的,充滿無力感。一般人定力不夠、禁不起誘惑,所以追逐時潮,追逐流行;或者風氣更壞,遇到一點誘惑脅迫,乾脆就隨波逐流、同流合污;只有「潛龍」之德的人能堅持信念,不因社會流俗而改變。

「不成乎名」,要堅持信念,首先要拒絕名利的誘惑。有些人拒絕「利」還辦得到,但就是抗拒不了虛名的誘惑;希望人家說他好,說他是大師,甚至希望有好的名聲可以傳世。其實名和利一樣,並沒有高明多少。有的人就是這樣,在利上能夠過得了關,能夠堅持自己的操守。在名上就沒有辦法抗拒。你看歷史上很多標榜清高或者什麼的人物,像很多明朝遺臣不願意做清朝的官。皇帝就說,你們都很有學問,那來編《四庫全書》、編《古今圖書集成》吧!然後來的都是有學問的博學鴻儒。那些人心就動了,一想,我參與編輯這些圖書,我的名就可以傳下來了。結果就這樣落進了名的圈套。

所以名、利都能看淡,才能做真正的潛龍。虛名本來就沒什麼意思,成語「貪夫徇財」說得好,光是「財」這一關,很多人就過不去。可是有些人是「徇」名,用一個「名」就能把他吊死、卡死,這就叫「烈士徇名」。但這並不比「貪夫徇財」高明到哪裡,其徇是一也。因為你在乎名聲,碰到這個東西就過不了關,甚至「好名者必作偽」,明明境界不到,功夫不到,可是故意假造形象,好像你見地到了、修為到了，這種人多得很！好名，喜歡活在掌聲中，喜歡做公眾人物。這都不能算潛龍。既然是「潛龍勿用」，就不受世俗價值影響，根本沒有成名的想法。對於這種人，你就莫奈他何，因為他已經「不成乎名」，徹底斬斷名利場的慾望，任何人對他都無從下手。

「遯世无悶」，是徹底的隱居。「遯」就是天山遯（䷠）的遯，小豬跑路，也是十二消息卦陰曆六月的遯。徹底遯離人間，是真正的隱者，心中一點也不氣悶。不像有人是假遯，他還想做官，還在那裡觀望。不是有個成語叫「終南捷徑」嗎？說的就是唐代的盧藏用曾隱居在京城長安附近的終南山，藉此博得名望，因而做了大官。後來指以退為進，暫時在外面轉一圈，等待時機復出；或者出了什麼大紕漏，下台避風頭，隔幾年再出來，反而官升一級的，這就是藉隱遁為手段的假遯。「遯世无悶」在大過卦（䷛）〈大象傳〉也被標舉出來：「君子以獨立不懼，遯世无悶。」「遯世」固然不容易，但要「无悶」，真正耐得住寂寞，而且內心安定，這才是真功夫。

「不見是而無悶」，「見」就是被人家怎麼樣的意思。「不見是而無悶」是說不被世俗認可，不但不在乎，也一點都不覺得煩悶；罵他也好、誇他也好，對他完全不造成干擾，因為潛龍已經完全超脫了。這個解釋當然是通的，可是更高的解釋應該是「見龍在田」的「見」，世事如何，他完全看得清清楚楚，可是現在是「潛龍」，還不到「見龍在田」的時機，所以他就得裝聾作啞，把自己的才華智慧深深埋藏。「是」這個字，從乾卦〈文言傳〉我們就知道，《易經》乾卦第一個爻就講「是」，日正當中為「是」，比喻一個是非標準，乾卦第一爻還沒成熟，所以不能表現。《易經》從第一爻到最後一爻都在講這個「是」，最後一卦未濟卦的最後一爻最後一個字也講「是」——「有孚失是」。從〈文言傳〉的解釋我們就發現，《易經》始於「是」，終於「是」，中間就是「是」的隱顯起伏而已。最耐人尋味的是，到了最後的未濟卦，「是」又不見了。

「樂則行之，憂則違之」，潛龍是怎麼活的呢？一般人要的名利財色，他完全不在意，自得其樂，自行其是。也不是說社會上的什麼事情他都不參與，他高興就幹，不高興就不幹。換句話說，完全自己決定，不受任何人左右，

「確乎其不可拔，潛龍也。」真的沒有任何事情能動搖他，除非他自願，這就是潛龍。就如「撼山易，撼岳家軍難」。「確」，是非常明確，絕不虛偽做作，更不是欲迎還拒，故意做做樣子給人看。

由此可見，做為乾卦初爻，因為根基深厚，真的無法動搖他。這個爻除了上述從修德的角度解釋，也可以從組織發展之初，打下深厚的基礎來解釋，如此發展出來的組織，因為根基深厚，誰都不能拔你的樁、攪亂你的佈局；潛龍就是負責在一個可大可久的事業裡把基礎扎穩。不然，根基鬆垮垮的，隨便一點風吹雨打就倒。在這裡，「潛龍勿用」的意義比起卦、爻辭的時候又有了擴充，而這個「潛龍」就不是初出茅廬的社會新鮮人，而是歷練很深的遁世君子了。當然，這句話多多少少有一點「夫子自道」的味道，若是這樣，可見一個「潛龍勿用」的爻辭就能給人這麼深的啟發，何況是整部《易經》！

龍德而正中者也，君德也

九二曰「見龍在田，利見大人」，何謂也？子曰：「龍德而正中者也。庸言之信，庸行之謹，閑邪存其誠，善世而不伐，德博而化。《易》曰『見龍在田，利見大人』，君德也。」

「九二」居下卦之中，是「正中」，不是「中正」，「九五」或「六二」才是「中正」。「初九」已經具備龍德了，到「九二」「見龍」可以表現自己的時候，當然更有龍德了。而這個位置比「初九」的「潛龍勿用」位置更好，也是表現自己的時候，就不是很客氣了；「見龍在田，利見大人」，就要上

下經營，廣結人脈，然後把才華儘量發揮出來。這一爻要注意的是千萬不要犯錯，因為你將來可能是「飛龍在天」的領袖，所以要重視很多品德修養上的細節，不能留下任何瑕疵；首先是「庸言之信」，即使最平常的一句話、一個言論，都要注意誠信原則，不能空口說白話。其次是「庸行之謹」，平常的行為更需要審慎注意。很多人在第二爻「見龍在田」的位置時，不懂得謹言慎行，做了很多荒唐事，等到將來往更高的位置發展時，對手不一定挑大事整你，專從細節上刁難，過去不光彩的紀錄很可能就成為讓你窮於應付的致命傷。所以在第二爻的時候就要有警覺性，不像初爻藏在地底下，反正做什麼人家都不知道；現在已經浮上枱面了，所以最平常的言行都得謹慎。

「閑邪存其誠」，「閑」字是門中有木，有「門檻」的意思。我們進一個廟門，必須跨過一道門檻；我們讀《易經》，也要邁過一定的門檻才入得了門。可見，「閑」字有內外之分，門裡、門外兩個世界，是某種資格認定的標準，不能隨便放水，不然良莠不齊。第二爻在發展事業時，要開始壯大自身的力量，吸收各種人才，所以要了解進門來的人是安好心還是來臥底的。因為二爻的「見龍」很多，大家都想要有好的發展，彼此競爭激烈，為了了解對手陣營的底細，很可能會派人臥底，所以要有一個檢驗標準，看到底是不是真正志同道合的人，免得一粒老鼠屎，打壞一鍋粥。可見，「閑邪」就是對於有邪惡動機、不是真同志的壞分子，一定要有辦法鑑別、區隔；如此，才能將心誠意正、志同道合的人留在自己的陣營中，這就是「存其誠」。宋明理學家講修行，也是主張把壞念頭擋在外頭，而將正心誠意存在裡頭，這種說法當然對。但〈文言傳〉講得更務實。組織發展也是一樣，一定要設門檻，把不純正的壞分子擋在外頭，留下品種精良的，這種組織的力量當然比較強。

所以「閑」字就是一個團體、門派的門檻，門禁森嚴，不是輕易可以進入的。「閑邪存其誠」的這樣一個團體，在「見龍在田」的領導下，一定會創造很多福國利民的事業，做很多好事，但很低調，絕不誇耀，這就叫「善世而不伐」。「伐」字在《論語》出現過，孔子問學生志向，顏淵回答說「願無伐善，無施勞」。「無伐善」就是默默行善，但絕不拿來誇口炫耀。這就是謙德，正如謙卦第三爻所說「勞謙君子，有終，吉。」相反的，有些人做了點雞毛蒜皮的事，唯恐人家不知道，甚至登報告知天下；像有些企業想做點公益事業，還要召開記者會，然後拿一張好大的支票照相。這些都有問題。「善世而不伐」，能做到第二爻的修為，其實跟初爻的「不成乎名，遯世无悶，不見是而无悶」，還是有直接的因果關係；一爻做到了，二爻也做了很多事了，但還是非常謙虛，不會盛氣凌人。所以「善世而不伐」，做功德就好，不要誇耀。「德博而化」就是不要搞小團體，要廣施德、博愛天下人。

「《易》曰『見龍在田，利見大人』，君德也。」你已經具備未來領袖「飛龍在天」的德行，雖然還不是君位，但已經具備君德了，所以他是領袖人才。在「見龍」的時代，就要把自己造就成領袖的架式。而且君德就是要照顧別人，不驕傲、不誇大，還要開始發展組織，一言一行都要非常謹慎。這就是「九二」，陽居陰位、剛而能柔的表現，爻變是天火同人（䷌），跟全世界不同族群發展和諧美好的關係，而且拿得出實質的貢獻。

君子進德修業，因其時而惕

九三曰「君子終日乾乾，夕惕若，厲，无咎」，何謂也？子曰：「君子進德修業。忠信，所以進德也；修辭立其誠，所以居業也。知至至之，可與幾也；知終終之，可與存義也。是故，居上位而不驕，在下位而不憂。故乾乾因其時而惕，雖危無咎矣。」

「君子進德修業」，《易經》永遠是德業並重的。「德」比較偏重內在修為，「業」就是各種形態的事業創造，諸如慈善事業、宗教事業、教育事業等等。「修業」代表人生事業要不斷地修正，與時俱進。因為創業過程中，形勢、環境甚至人心都不斷在變，必須隨時調整，像修剪花木一樣地精進修行。〈繫辭傳〉說：「富有之謂大業，日新之謂盛德。」第三爻是人位，從早幹到晚，這種自強不息的象，就叫進德修業；內在的充實，表現在事業開拓的績效上。

「忠信，所以進德也」，這完全是《四書》「盡己之謂忠」的觀念。「九三」爻變為腳踏實地的履卦，這麼辛苦的幹，把所有精力都投入在實踐他的信仰與承諾，這使得他內在的德一天比一天進步。《論語》云：「十室之邑，必有忠信如丘者。」可見，忠信是立身之本，惟有忠信，才有可能進德。

「修辭立其誠，所以居業也。」「修辭」，並非修辭學的「修辭」，「辭」是講話。乾卦第三爻做人做事都很盡力，所以一定累積很多待人接物的心得，可以對外表述。但是話不能隨便講，要反覆考量、仔細斟酌，好做最完善的表達，這就是修辭。可見，要重視話語的講述，因為講了就要負責任；「立其誠」就代表不能亂講話，每一句話都是將來能兌現的。「修辭立其誠」也是第二爻「庸言之信」的後續發展，而且精益求精。何謂「居業」？「居」即固守，不管從事什麼事業，至少能守得住；因為他不會亂講話，提出目標和看法時，就已經認真衡量過了，這樣別人對他才有信心，他的事業才能守得住。「修辭立其誠，所以居業也」，這句話看起來有點老生常談，但是你看看當今社會能做到的又有多少人？事業怎麼可能延續？怎麼可能守得住呢？「元亨利」之後就沒有「貞」。總的來說，「九三」是做人的基本功，是以人道實踐天理。

「知至至之，可與幾也。」第三爻雖然還沒發展到人生期許的目標，但已經是下卦（內卦）的巔峰了，而且他有目標意識，知道自己想要更上層樓，爬到外卦、上卦，追求「止於至善」的目標。而他是說到做到、想到就做到的人，所以他會這麼拚，想要靠自己的自強不息、苦幹實踐，達到最終的目標。這就叫「知至至之」。「可與幾也」，就是可以參與機要。「幾」是見微知著，看到一個點，就可以想到後面整個發展趨勢。「與」，完全跟事理的變化合拍。任何一種發展曲線就是這樣，剛開始還不太明顯的就叫「幾」，由這個「幾」隨著形勢發展，就會發展到原先預期的點，這可能就是你人生的「至」。靠著努力和敏銳的判斷，你完全跟得上時機的變化，這就是「知至至之，可與幾也」。可見，「九三」對形勢的判斷、預測能力都很扎實、很精確；眼前不管在曲線的哪一點上，將來一定可以趨吉避凶，通過重重障礙，達到「至」的境界。

在乾卦中提過，「九三」爻變是腳踏實地的履卦；「知終終之，可與存義也」，和這個意思很接近。從下卦來講，其實也是某種程度的「知終終之」。從潛龍奮鬥到第三爻，一定積累了豐富的經驗，這時該是做總結的時候，所以把前三爻的努力「終之」，對過去做一個回顧、檢討；「可與存義也」，就是將這些寶貴的奮鬥經驗像銀行存款一樣儲存起來，做為往上卦、外卦繼續提升、開拓的儲備資源。由此可見，第三爻雖然處在乾卦六爻發展中的尷尬點，辛苦備至，但完全知道自己在做什麼，再出發前，要將過去的經驗消化吸收，檢討過去、策勵將來。

「是故，居上位而不驕，在下位而不憂。故乾乾因其時而惕，雖危無咎矣。」這幾句話的意思很清楚。什麼叫「居上位」？即第三爻居下卦上位，就下卦來講，就是已經到達民間、國內市場的巔峰。可是這有什麼好驕傲呢？就全卦六爻來講，人生的「至」還早，目前的表現只是階段性的成功。假定在內卦的基礎上，想繼續開拓海外市場，走國際化道路，原來在國內的這些經驗就要懂得「知終終之，可與存義」。因為目前還只是小局面，由內而外、由下而上繼續奮鬥的路還長呢！如此想來，就沒什麼好驕傲了。「不憂」怎麼講呢？即在全卦六爻來講，現在還在下卦，要不了多久就可以到上卦了，所以不要擔心。可見，「九三」完全了解自己的積極努力不會是白幹的，他很清楚目標在哪裡。

「故乾乾」，「乾乾」就是健而又健，但要注意「因其時而惕」；永遠要與時俱進，對外在形勢的變化保持高度警戒，並且隨時提醒自己在什麼地方還要加把勁，什麼地方還很脆弱。「厲」就是危險的意思；「雖危」，即三爻處在劇烈競爭的環境，所以充滿動盪、危險、挑戰，但結果是「无咎」。因為整個過程已經全力以赴，而且對自己的角色定位了解得清清楚楚，所以不會有事。也就是說，該警惕時警惕，但不必一天到晚瞎緊張，否則沒辦法保持從容放鬆，反而成不了大事。就像兩岸關係很長一段時間很不平靜。大概就在大陸對台佈置大量導彈的那段時間，我有一個學生就很緊張的打電話給我。我說，「因其時而惕」，不會有事的，不要瞎緊張！所以，永遠要跟外面的形勢打成一片，這才叫「知至至之，可與幾也」，不然就會瞎緊張，最後勞而無功。

上下無常，非為邪也

九四曰「或躍在淵，无咎」，何謂也？子曰：「上下無常，非為邪也。進退無恒，非離群也。君子進德修業，欲及時也，故無咎。」

這個爻已經不是專業努力的問題了。進入外卦，就踏入一個全新的環境；如同到了跟國內市場完全不同的海外市場；或者，離開地方到中央。也許你在縣長任內政績不錯，一旦進入中央高層，很可能一塌糊塗。為什麼？因為這是第四爻，要有更廣闊的視野、更高層的修為，同時要面對更凶險的政治鬥爭；所以，你的敏感度一定要夠，甚至要超過你的專業技能。「九三」與「九四」比起來還略顯單純，因為他只要在自己的專業領域付出一定的努力就可以達到預期目的；而「九四」面臨的形勢顯得更複雜了，所以「或躍在淵」，位置隨時可能被換掉，也就是「上下無常」，上台下台，不一定。

第四爻雖然上下無常，但是在這個環境下，還是得負責任，畢竟因緣機會一到，你就可能上到巔峰，所以要調整心態，位進高階絕不是為了摟錢、貪污，或者為了某種不正當的動機，這就是「非為邪也」。能在這個位置待上多久不知道，幹一天就要做好一天；即使下台，也是理所當然，沒什麼可惜的。所以，「非為邪也」就是說，無論台上台下，都不要有邪惡的動機、不做邪惡的事；包括動機與實際行為表現，都不可以「為邪」。「九四」的位置因為是「在淵」，所以跟初爻「在淵」的「潛龍」其實是很靠近的，一不小心，就會前功盡棄。

「進退無恒，非離群也」，「無恒」就是「無常」。第四爻在枱面上做大官，要為社會人群服務，當然不能離開人群。一旦下台，有些人沒官可做就會覺得憋氣，其實下台後有更廣闊的社會服務空間，可以做志工，或者把你豐富的經驗拿去做任何其他事情，都可以為人群服務。所以不管在朝在野、台上台下、在政府、在民間，都沒有離開人群。這明顯是孔子的思想，也是儒家的主調。《論語》中就有這樣一段話：「鳥獸不可與同群，吾非斯人之徒與而誰與？天下有道，丘不與易也。」說的就是這個意思。

換句話說，四爻與三爻的不同就是「無恒、無常」，一切都是無常的，要做好心理準備，要上就上，要下就下，不必眷戀，也不要有得失心；設法讓自己在這個位置上發揮正面的貢獻，才是最正確的。

「君子進德修業，欲及時也，故無咎」。三爻、四爻是人位，都強調「時」，三爻是「因其時而惕，雖危无咎」；四爻是「及時」。四爻的位置因為時間有限，能多做好事就多做一點。《水滸傳》中梁山泊好漢的領袖「及時雨宋江」，「雨」就是「雲行雨施」，在枱面上的領袖人物要負責照顧下面的人，可是也得在人家最需要的時候，如及時雨般適時伸出援手；若不及時，天雨可能變水災。《水滸傳》宋江等人的諢號「及時雨」一看就知道是文藝創作的產物，一百零八條好漢到後得善終的很少，大概是「及時雨」沒下到田裡，都送（宋）到江裡頭去了；江水需要及時雨嗎？田地才需要。那不完了？

宋江後來不也是落得一場空嗎？判斷錯誤，政治智慧不夠，被耍了。所以他在強盜窩裡可以像及時雨一樣照顧自己人；一旦要跟朝廷鬥智，那就太幼稚了，只有被利用的份。《水滸傳》第二號人物也被作者暗地裡罵了，軍師吳用綽號智多星，看著很有智慧，其實是「無用」。聰明反被聰明誤，及時雨送到江裡去。這都是現實人生常見的陷阱與坑洞，也是四爻普遍的處境。

同聲相應，同氣相求

九五曰「飛龍在天，利見大人」，何謂也？子曰：「同聲相應，同氣相求；水流濕，火就燥；雲從龍，風從虎；聖人作而萬物睹。本乎天者親上，本乎地者親下，則各從其類也。」

二爻與五爻分別為朝野勢力的核心，而且互相「利見」。「九二」的「利見大人」是指「九五」，「九五」的「利見大人」則是指「九二」。所以第五爻最高領導的位置，就強調紅花綠葉、乾柴烈火互相配合的關係。如果五爻不能發掘、提拔、運用「見龍在田」的二爻，就極有可能走上「亢龍有悔」的不歸路。而「見龍在田」的二爻，當然希望得到五爻的肯定與提拔。

孔子這一段的解釋文辭很優美，尤其是「同聲相應，同氣相求」。二爻與五爻的見龍、飛龍為什麼能和衷共濟、朝野和合、兩岸合作呢？因為二爻、五爻兩個核心人物聲氣相通、理念接近，容易建立共識，也懂得平等合作；我求你，你求我，平等往來，同氣相求，聲氣相通。所以五爻求二爻，二爻呼應五爻、也求五爻，互相需要。正如「水流濕，火就燥；雲從龍，風從虎，聖人作而萬物睹」。「睹」就是大家都看到了。「本乎天者親上，本乎地者親下，則各從其類也」，正如坤卦「西南得朋，乃與類行；東北喪朋，乃終有慶」。「類」是陰陽互補的概念，和朋友的「朋」是一個意思。「各從其類」，每一個類裡面都是有主、有從，有乾、有坤，彼此理念接近，又有親和力，親上親下、陰陽和合、物以類聚，自然就互相吸引，於是形成不同的政黨、族群、團體、組織。

五爻和二爻就是這種自然吸引、和衷共濟的角色。這就告訴我們，身為領導人，千萬不要搞寡頭獨裁，必須同聲相應、同氣相求；而且要知道「水流濕，火就燥」這種自然的趨勢是無法抵擋的。「水流濕，火就燥」就是離卦與坎卦的象徵。火燒久了就會很乾燥，乾燥則易燃。人一定要在適當的環境才能發光發亮，這就是「火就燥」。「水流濕」呢？這個地方一直有水流過，就是潮濕的。水往下流，火往上燒，環境跟人互動、群體跟個體發展關係，都有一個自然的趨勢，領導人必須順應這個趨勢。

天地是乾坤的象，「本乎天者親上」就是指「火就燥」；「本乎地者親下」就是指「水流濕」。什麼意思呢？離上而坎下也。乾為天、離為火，這兩個卦的關係太密切了。離卦不是太陽嗎？跟乾卦、跟天有體用、主從的關係。水在地上流，坎卦跟坤卦當然有關係。《易經》上經講天道的演變，從乾、坤開始，坎、離結束。從體啟用，然後再驗證，諸位可能就知道了，先後天八卦方位同位的概念，先天方位是天南地北，乾卦在南，坤卦在北；後天方位是離南坎北，所以同樣是南方的光明方，先天是乾卦，是天理、天道的位置；後天就變成離卦，人所開創的文明必須依循乾卦的天理。所以乾與離，先、後天同位。同樣的道理，坤與坎都在北方，也是先、後天同位。水在大地上流，坎有險象，坤卦代表要務實面對人生複雜的形勢，故人生多險難，坤卦跟坎卦有體用的關係。

「本乎地者親下」，坎卦的水是本乎地的，所以大地涵養水，而水滋潤大地。「本乎天者親上」，離卦的火本乎天，太陽高掛天上，得到乾卦提供創始的能量，太陽就在天上發光發熱數十億年。水流濕、火就燥是自然現象，不是人為安排。應用到人際關係也是如此，有些人就是沒緣分，絕對無法聚合成一個團體，一起為共同的理想奮鬥；若勉強在一起，就會天天吵架。所以「親」的關係很重要，天火同人（䷌）就是親，人際的和諧親近，聲氣相通，無法強求。

雲從龍，風從虎

「雲從龍，風從虎」的「從」也是主從的「從」。龍這種圖騰是人創造出來的，充滿靈動的生命力，神龍見首不見尾，旁邊還祥雲圍繞、襯托，所以很神秘。一個領導人旁邊一定有成群的隨扈或幕僚，不可能孤孤寡寡地一個人。這些隨從、輔助的團隊就好像龍旁邊的「雲」，越發襯托龍至尊無上、充滿神秘感的氣勢。

「風從虎」，第五爻是龍虎風雲，象徵了不起的人物、重要的角色；所以用百獸之王的老虎當做象徵物。老虎要出現了，先來一陣狂風大作。武松打虎的故事就是這樣，主要角色現身之前，先有配角出場開道預告。坤卦的「履霜堅冰至」也是如此，堅冰將至時，會讓我們先看到結霜。風一出現就預告虎要出動了；一看到雲，龍可能就藏在雲後頭。

龍虎永遠是做主的，雲與風只是陪著唱戲，相得益彰。這就是「雲從龍，風從虎」。乾卦第五爻從龍取象，為「飛龍在天」；革卦第五爻從老虎取象，叫大人虎變。反正都是很強悍的，資源眾多、隨扈成群。跟重要組織、企業或者商社來往，能夠隨便見到核心人物嗎？當然不可能，所以要先跟周邊的人打交道。

「聖人作而萬物睹」，領袖人物的表現大家都看得到，若他能大展神威、福國利民，各式各樣的人才若聲氣相通、理念相近，就會投奔過來協助。「本乎天者親上，本乎地者親下」，上卦、下卦的位置很清楚，各從其類也，無法勉強；志同道合的人才可以組織成一個有共識的團體，大家一起奮鬥。

另外，古代關於「雲從龍」的傳說也很有意思。過去專制時代為了誇耀帝王是天生不凡的真龍天子，必須塑造很多傳說，例如出生時就有紅光滿室等瑞相。甚至到了民國時代，還有媒體傳播說袁世凱睡著的時候有人看到是一條大龍。諸如這種政治「神話」，歷史記載也很多。像漢高祖劉邦這個出身平民的皇帝，也有「天生不凡」的傳說。據說他在剛造反抗秦時，到處打游擊，晝伏夜出、居無定所，常需要接濟。他的老婆呂雉就負責後勤補給。這是史書上記載的，也不知是真是假。劉邦每次在外面打游擊，他自己都不知道會在什麼地方落腳，可是每次需要補給時，呂雉總會穩穩當當的差人把補給送到。劉邦自己也覺得奇怪，他就問呂雉。呂雉也真會講話（歷史書上就這麼寫），她回答說：這一點都不難，我只要往天上一望，只要有五色祥雲的地方，夫君一定在下面。劉邦一聽當然相信了，因為他是龍嘛！所以一定有雲跟著龍。這種話，再冷靜的人聽了都會飄飄然，當然呂雉也就坐穩了第一夫人的位置。這種歷史記載，說實在，非常有可能是漢王朝的「新聞局」創造出來的。

可見，「雲從龍」的傳說深入人心，要不要相信，那還其次，我們只要了解，主角出動前一定有很多跡象；有「飛龍在天」這麼劇烈的變化發生，事先絕對有徵兆。我們要懂得看這些徵兆，才能提早做準備。

無位無民

上九曰「亢龍有悔」，何謂也？子曰：「貴而無位，高而無民，賢人在下位而無輔，是以動而有悔也。」

「貴而無位，高而無民。」你再高貴、政治歷練再深，很抱歉，你已經不在其位，隨便一個老百姓都調不動。有「飛龍」在位，「亢龍」就得避嫌。可見「位」很重要，退職、離職之後，少了「位」的保護，不論過去多麼尊貴，現在也沒有任何實權了。

「賢人在下位而無輔」，你過去在組織中有長期的奮鬥，門生故舊一定很多，可是他們現在要為新的「飛龍」服務，你這「亢龍」能不能叫得動他們，就很成問題。尤其是如果「飛龍」跟「亢龍」之間有矛盾，這些還要靠「飛龍」吃飯的舊人，怎麼能聽你的呢？所以「在下位而無輔」，這就是「人在人情在」的道理。「是以動而有悔也」，在「亢龍」的時候，你一定要了解，現在你不是飛龍了，你再要進組織的門，沒有「識別證」，就別怪人家翻臉不認人。所以，在位與不在位、在職與不在職，天差地遠。人生就是這樣，也沒什麼不對。因此，我們千萬不要在沒有一切執政資源的情況下，還做一些不合時宜的輕舉妄動。一動，一定有悔。

乾元用九，天下治也

潛龍勿用，下也。見龍在田，時舍也。終日乾乾，行事也。或躍在淵，自試也。飛龍在天，上治也。亢龍有悔，窮之災也。乾元用九，天下治也。

這一段主要從「位」的角度切入。開篇就是「潛龍勿用，下也」，說明位置太低，位卑職輕，非服氣不可。既然不能起大作用，就沒有必要逞強。正如〈小象傳〉強調的「陽在下也」。

「見龍在田，時舍也」，「舍」即旅舍，是幹嘛用的呢？休息用的，所以就有「止」的意思。我們到旅舍，不就是要養足精神，第二天再上路嗎？在人生旅程之中，「見龍在田」這個位置就像旅舍，因為你不會一輩子待在第二爻，還要繼續往前奮鬥；現階段如同旅館，是人生的中繼站，所以就要懂得「止」的智慧，在旅館休息時就要儘量往上、往下、往橫各方面發展人際關係，所以這一爻爻變是同人卦（䷳），其意在於此；照顧基層，然後看能不能找到互相呼應的「飛龍在天」（「九五」），這個「止」就會止得很精彩；而你也不會永遠待在這裡，時機成熟就會再往上、往外充實人脈、建立平台。

「終日乾乾，行事也。」三爻日夜苦幹，是為了精益求精、反覆琢磨。「或躍在淵，自試也」，「躍躍欲試」這個成語就從這裡來。是在懸崖邊跳舞的危險位置。「試」是自己嘗試，而不是別人試你；讓別人來試你，那風險太高了；因為你想一跳成「飛龍」的企圖就會暴露出來，而旁邊還有好多「或躍在淵」的同儕互相競爭。所以這個位置特別危險，即使有更上一層樓的企圖心，也要仔細掂量自己。說不定在高位的「飛龍」也對你抱著戒心，從而對你進行監管。所以在這個時候，你要試試自己夠不夠格，看看將來若登高位，能不能做得比上一任好？平常看著「飛龍」做得不好，那你就要想想：要怎樣取代他，同時又擊敗同儕對手，然後可以勝任這個職位？這就叫自試，是虛擬的，只是思想實驗。平常不論在朝、在野，就得研究當政者出現的問題，不管是內政、外交，你有建議、監督權，但不能光提建議、光喊監督，自己內心、私下也要操演；如果是自己碰到這種問題應該如何處理？是執政黨處理得比較好，還是在野黨處理得比較好？所以萬一將來你開始執政了，「或躍在淵」變「飛龍在天」，你不是滿腦子空白、從頭學起，而是積累長期觀察、研究的心得，這就是自試的功效。

「飛龍在天，上治也。」一個人高高在上，管理一切，很累，也可能有風險；剛開始可能做得不錯，但很難長期維持。像唐太宗李世民的「貞觀之治」到後來也呈現老邁、昏庸的趨勢，可見「長治」好難。這就是飛龍在天這種金字塔格局容易淪為獨裁、專斷的致命點。為什麼要「群龍無首」？道理就在這裡。如果大家都是龍，任何一個飛龍成為亢龍，馬上有其他修煉成真龍的人才可以替補。「上治也」，大權在握的一個獨裁者能英明多久？能抗拒誘惑多久？很難說。

「亢龍有悔，窮之災也。」「飛龍在天」的「上治」極有可能發展成「亢龍有悔」；剛愎自用過頭了，聽不進任何話，滿腦子的傲慢與偏見。「窮之災也」，甚至引發種種災難。所以到最後就自然而然得到一個結論——「乾元用九」。

「乾元用九，天下治也。」從「乾元」無限創造力的核心，到經歷過乾卦六個爻，最後發現都不完美，必須從「眾生平等」、「一切眾生皆可成佛」的觀點，提出一種新的制度。「乾元用九」，因為大家都有龍種，都有良知良能，只要好好地修，這個社會體制就可以提供大家公平發展天賦的機會。「天下治」，即天下太平。「乾元用九」之所以強過「飛龍在天」，就是因為「天下治」。「天下治」與「上治」不同。「上治」是強人政治的獨裁管理，「天下治」就是全民共和的意思。如果是一個人高高在上，一旦他出問題了，下面的人不就全部倒楣嗎？「天下治」，每個人都具備這個能耐、智慧，社會就穩定安全得多。可見，古今以來的社會，君位獨大，可說是萬惡之源；只有「天下治」這種網狀結構，每個地方都可以成為中心，組織的經營不需要總部，就不會讓風險集中。

乾元用九，乃見天則

潛龍勿用，陽氣潛藏。見龍在田，天下文明。終日乾乾，與時偕行。或躍在淵，乾道乃革。飛龍在天，乃位乎天德。亢龍有悔，與時偕極。乾元用九，乃見天則。

這一段是從「氣」的角度切入。

「潛龍勿用，陽氣潛藏」，有陽剛之氣的人在初爻不能動的時候懂得潛藏，這是很不容易的。初爻的處境非潛不可、非藏不可。

「見龍在田，天下文明。」文明就是離卦的象。前面我們提過，乾卦第二爻爻變就是「天火同人」。在「見龍在田」的時候，整個組織、社會因為「見龍」出現，像「天下文明」這種無限美好的願景，是我們可以期待的。二爻爻變下卦變成象徵「文明」的離卦（☲），上卦還是乾卦（☰），正是天下文明的象。在「見龍在田」這一階段，正如〈小象傳〉所說的「德施普也」、「君德也」，所以我們可以看到未來的希望。

「終日乾乾，與時偕行。」說的是永遠與時俱進。時代不斷在變，不落伍，就得不斷進修，永遠跟著時代一起走。

「或躍在淵，乾道乃革。」「乃」字不容易，是艱難轉折的象；「革」代表天翻地覆的劇烈變動。從第三爻到第四爻，乾卦的奮鬥方式得徹底翻新，不然應付不了第四爻「或躍在淵」的凶險處境。從三爻進入四爻，下卦進入上卦，內卦進入外卦，這一路奮鬥下來，奮鬥的方式也得調整了，不能直接把三爻那一套用在四爻。「乾道乃革」，指乾道本來就是不斷變化的，不能一成不變。

「飛龍在天，乃位乎天德。」拚老命總算登到權力的高峰，「乃位乎天德」。「天德」是什麼？大公無私，生生不息。一個飛龍在天的領袖人物，當然要為大家謀福利；有這麼大的權力，就必須擔負起那個責任，怎麼還可以自私自利呢？「乃位乎天德」，不能保證你會行天德，甚至可能反其道而行。這說明這個位置很不容易，能不能效法天道、行天德？很多人做不到，「亢龍有悔」就是慘烈的後果。

「亢龍有悔，與時偕極。」說明跟著這個時勢走到頭，碰壁了。「與時偕行」是好事，「與時偕極」就是走到窮極之處，沒路可走了。這表示「飛龍」若不行天德，就有可能落到「亢龍有悔」的下場。

「乾元用九，乃見天則。」整部《易經》，我們要學的就是天則。《易經》上經是講「天則」可以運用到人世；下經則是講人性、人情的變化，以及悲歡離合，勝負成敗的「人則」；然而「人法地」、

「地法天」，歸根究柢還是要以自然律——「天則」為依歸。這個「天則」就比達爾文進化論講的物競天擇要讓人舒服多了。「物競天擇」是弱肉強食、適者生存的霸道思維，自然界中是有殘酷現實的這一面，不合適就被淘汰，所以很多物種都滅絕了；可是《易經》指出的「天則」，除了競爭的一面，也有合作的一面。就像媽媽愛小孩，也可以「不獨親其親、不獨子其子」（《禮記・禮運篇》）。「天則」裡面就包含了這個，而且比這個大得多；在「群龍無首」、「世界大同」、「天下太平」、「萬國咸寧」的時候，就是「天則」的充分體現；不然永遠不公平，永遠是強淩弱、眾暴寡。一旦大家都成龍、成佛，究竟圓滿，「乾元用九，乃見天則」，就可以避開「天德」發展為「亢龍有悔，與時偕極」的悲劇輪迴。

這一段〈文言〉以及上一段，文字不多，但意義很深。經由六個爻的奮鬥之路，我們不難發現金字塔塔尖權力資源過度集中的弊病。最後提出一個最高的理想——「天下治」，才是「乃見天則」，就是「群龍无首，吉」。由此可知，不是只有佛教說眾生皆可成佛，《孟子》也說「人人皆可為堯舜」；孔子在《春秋》則說，歷史發展到最後天下太平的階段「人人皆有士君子之行」，每一個人都可以實踐高標準的道德。「人人皆有」就是「大有」的概念，只有「大有」能打破壟斷、獨裁的局面；因為人人都有同樣的根基，只要修得好、發展得好，「人人皆可以為堯舜」，「有為者，亦若是」，所以這不是某一個人的專利。一樣都是人，別人能，你為什麼不能？

再說「元亨利貞」

乾元者，始而亨者也。利貞者，性情也。乾始能以美利利天下，不言所利，大矣哉！大哉乾乎！剛健中正，純粹精也。六爻發揮，旁通情也。時乘六龍，以御天也。雲行雨施，天下平也。

這一段是從乾卦〈彖傳〉開始解釋卦辭。

「乾元者，始而亨者也。」乾元是「萬物資始」的創始能力，一旦它開始發揮作用，就一定有化阻力為助力，排除障礙、創造亨通的本事。這是把元、亨放在一起來說。

「利貞者，性情也。」這說明要保有先前創造的成果，又要獲利，就要消化吸收，還要守得住。因此，能「貞」就有「利」，開創的東西如果最後不正，就會「既得之，必失之」，沒法保存。前人開拓的事業，不但能發揚光大，還能永續經營，這就是「性」和「情」的問題了。中國人講「性」與「情」，「性」是本，各正性命，從天命到人性、性善性惡；「情」就是從「性」發展出來的喜、怒、哀、樂、愛、惡、欲。芸芸眾生，人間世要擺脫情的糾纏、束縛、困擾，太難太難！但那也是人生必須面對的。那麼如何調整、避免欲望氾濫到不可節制、甚至造孽的地步，這就是「性」的問題。畢竟「情」是從「性」來的。換句話說，順性純情，一個人如何處理「情」的問題，關鍵在自己的「性」。可見，把持修為，痛下「利貞」的工夫十分重要；不然，原本純淨圓滿的「性」經過習氣污染而成「情」，再由「情」氾濫成不受節制的欲望，「元、亨、利」之後，就無法用「貞」畫上一個圓滿的句號了。

「利貞者，性情也。」情由性生，《四書》、《五經》的思想體系也非常務實地主張，人生就要勇於面對「情」的挑戰。所以它告訴我們，「情」不是究竟，是從人性慢慢發展出來的；可是人生在世，許多痛苦都是情的問題，能不能通過情的試煉而回復本性、接到天命？那就要靠個人的修為了。《易經》、〈易傳〉講「乾道變化，各正性命」，這是唯一提到「性」的地方；然而上經交代了天命的源流之後，下經就全力處理人情的問題，包括咸卦、恒卦、兌卦、萃卦……，這時反而不談「性」，因為談「性」太空泛，必須老老實實地在每一卦、每一爻錯綜複雜的「情」境中受苦、承擔、互動，然後學習超越、保持、調適。那時候講「性」的空理論是沒有用的，就像宋明理學很多地方就嫌唱高調，忽視人生「情」的重要性，老講一些人做不到的，反而變成偽君子。可見，仔細探究「情」可以幫助我們了解《易經》，尤其下經有那麼多談感情的卦，對「情」的理解，可說是第一要事。

「乾始能以美利利天下，不言所利，大矣哉。」乾卦有這麼大的創造力，能以創造出來的美好利益利天下，這就是大公無私、服務大眾的心態。「不言所利，大矣哉。」這又是謙卦的精神了。有這麼大的貢獻還不誇口，這不正是「善世而不伐」、「願無伐善、無施勞」嗎？有些人稍微做了一點利天下的事，就天天宣傳，那就叫「言所利」；「不言所利」則認為不值得說，只是盡本分而已。這就是乾卦無欲乃剛、寡欲乃剛的道理。

「大哉乾乎！」乾卦所象徵的精神值得大力稱讚。後面就接著闡述：「剛健中正，純粹精也。六爻發揮，旁通情也。時乘六龍，以御天也。雲行雨施，天下平也。」「剛健中正，純粹精也」，這是講乾卦剛健的本質，不受任何欲望的污染。「健」就是天行健，當然是勇猛精進；「純」就是不含雜質、不受污染；「粹」就是指精華的部分。「純粹精」，就是指乾卦的「元亨利貞」沒有任何條件，一派天理自然，這就是「剛健中正，純粹精也」。佛教講「大雄無畏」、「勇猛精進」也是如此。可是光有這個基本面還不夠，一定要結合後來實際發展抱負的平台，理想要在人群世界實現，所以乾後面是坤，甚至乾卦六爻不同的時位都有不同的做法。基本面是「剛健中正，純粹精也」；發揮、運用起來就叫「六爻發揮，旁通情也」。又出現一個「情」字！「旁通」，有觸類旁通、旁敲側擊之義，所以六爻全變的錯卦也叫旁通卦。也就是說，我們要懂得因應各種不同的情境，並將那個情境的特質發揮出來，這才能由體生用。六爻代表不同的時位——潛、見、惕、躍、飛、亢，處在不同的時位，就應該盡力展現那個時位的生命情態，不然就可惜了陽剛之美的「純粹精」；但是，要把「旁通情也」發揮到淋漓盡致，就必須對人情世故有通透的了解。然後，才可以取得主導優勢：「時乘六龍，以御天也；雲行雨施，天下平也。」「雲行雨施」就是「天下平」、「天下治」的概念，因為一切眾生都得到布施，接下來就可以「時乘六龍以御天」，這正是乾卦〈彖傳〉的話。《春秋》最後也是要建立一個世界大同的「太平世」。「太平世」不就是「天下平」嗎？《易經》和《春秋》所追求的最高理想大致是一樣的。

寬以居之，仁以行之

君子以成德為行，日可見之行也。潛之為言也，隱而未見，行而未成，是以君子弗用也。君子學以聚之，問以辯之，寬以居之，仁以行之。《易》曰：「見龍在田，利見大人。」君德也。

「君子以成德為行。」不是說「君子行此四德者，故曰『元亨利貞』」嗎？「日可見之行也」，像「童子軍」要日行一善，不看你怎麼說，而要看你怎麼做。學了多少，體會了，馬上表現出來，每一天都有進步。「日可」，每一天都可以日新其德，智慧上的徹悟可以在日常言行中表現出來，你的一生就真的受用了。

「潛之為言也。」這是在解釋初爻的「潛龍」。「潛」是「隱而未見」，還不是「見龍」。「行而未成」，還沒到成熟的地步，所以「隱而未見，行而未成。」「是以君子弗用也」，一個有智慧的君子這時候當然不會亂動。

然後下面講第二爻：「君子學以聚之，問以辯之，寬以居之，仁以行之。」「辯」即辯論。「學以聚之」，肚子裡裝了很多東西，還要懂得質疑、問難，所學才能真正發揮作用；「寬以居之」，學到的東西要經過一段時間的蘊養，也許三、四年之後，突然碰到什麼事情，你一出手就見不凡，這就是「寬以居之」。「居」就是固守、蘊養、消化、吸收的過程。「居」要「寬」，不要急，慢慢來。「仁以行之」，等到將來蘊養自如、知行合一了，就用創造力的核心「元」，把它實踐出來。「《易》曰：『見龍在田，利見大人。』君德也。」你不一定有君位，但是有君德。有君位的人常常沒有君德，飛龍在天而無君德，就會變成「亢龍有悔，與時偕極」。

重剛而不中，中不在人

> 九三重剛而不中，上不在天，下不在田，故乾乾，因其時而惕，雖危无咎矣。九四重剛而不中，上不在天，下不在田，中不在人，故或之。或之者，疑之也，故无咎。

關於這一段所說的「九三」和「九四」，過去有些解釋明顯是誤判。「『重剛』而不中」，三爻四爻不居上下卦之中，這是當然。「上不在天」，也不是「飛龍在天」的領導位置；「下不在田」，也不在下卦「見龍在田」穩定、安定的位置；夾在中間，不上不下，所以三爻四爻多凶險。可是什麼叫「重剛」呢？過去一種解釋認為，「重剛」就是陽居陽位，「九三」是陽爻居於三爻的陽位，「拚命三郎」陽氣太盛，性情火爆。然後解釋「上不在天，下不在田」，說因為陽居陽位，故「乾乾」，「因其時而惕」，有了危機意識，面臨危險的環境就可以平安度過。這是用「位」的概念來解釋陽居陽位。可是「九四」怎麼會「重剛」而不中？「九四」是陽居陰位，陽爻居於第四爻的陰位，怎麼能叫「重剛」？這就前言不對後語了。正確的解釋應該是，「重剛」不是陽居陽位、剛居剛位，「重」是重卦之「重」；三劃卦變六劃卦為重卦，第四爻與第三爻就是上、下卦和內、外卦交疊的位置。第三爻是由內而外、由下而上，快要「重」了；始壯究、始壯究，那個位置是內外交際、上下交際、朝野交際，要脫胎換骨的位置；但是第三爻的專業水準不能應付第四爻敏感的政治環境，所以重的位置，即交替的位置是特別凶險的。由此可見，「重剛」即意味著乾卦上卦也是剛，下卦也是剛，兩剛之間的三爻和四爻則「重剛」，如果沒有實力、沒有智慧是過不了這關的。

第三爻不是一個好的位置，不居中，「上不在天，下不在田」就容易理解了。為什麼第四爻明明是人位，反而「中不在人」呢？這就代表四爻比三爻還要難過得多。四爻是陽居陰位，你即使有再大的本事，但處於如此危險的位置，一定要低調收斂，有時候甚至不能用真性情、真面目去應對，否則很容易被競爭對手給幹掉。可見第四爻真不是一個可以好好做人的位置；整個局勢是扭曲的，在這種位置的官僚長期處在凶險競爭的環境，自然會練就種種面具，不以真面目示人，這就是「中不在人」的意思。一般人可以自然而然，愛怎麼樣就怎麼樣。身處高位者，為了保護自己，往往會把真面目遮住。過去講三爻還是人位中的正位，道理就在這裡。四爻必須要有保護色，要戴好面具，講一些言不由衷的官場話，不然很危險，想做人都難。

「中不在人」者，表面風光，其實內心有無限的痛苦，可又不得不維持。「上不在天」則表明不是最高決策層，不能左右大局；「下不在田」，則對二爻穩定的環境十分懷念；「中不在人」，對三爻靠專業素養即可自保的生活也常懷眷慕。可見，四爻啥也不是，「故或之」，「或之者，疑之也」，「或」即疑惑的惑。這就是四爻這一特殊環境對一個人的錘煉，看你能否經過這個考驗？俗話說「怕熱就不要進廚房」。四爻爻辭「或躍在淵」就是這麼來的。如果通過考驗，即可无咎。過去的學者認為，這個爻就是小畜卦（䷈）「密雲不雨」的位置，關於這一點，我稍微提一下。

我曾講過一個很具體的案例，就是說《易經》占卦可以反映一些生前死後的情境。我們周易文化研究會有個學生因心臟病突發去世。他的去世對大家造成很大的衝擊。他剛去世時，另一個學生就占卦問他現在的處境。平常看來，人都過世了還占卦，不是超乎常情嗎？結果占出來就是乾卦第四爻，爻變為小畜卦。已經過世的學生在哪裡？「他」上不在天、下不在田、中不在人，他在夾縫中，因為那時還在四十九天之內。你看《易經》占卦占出來的情境抓得多準！從這個案例，就完全懂「中不在人」了。

大人——《易經》最高的德位

夫大人者，與天地合其德，與日月合其明，與四時合其序，與鬼神合其吉凶。先天而天弗違，後天而奉天時。天且弗違，而況於人乎？況於鬼神乎？

我們都知道，在二爻「見龍在田」時就出現「利見大人」；「大人」的概念，在身世地位顯赫、處於最高領導階層的第五爻又出現了。何謂「大人」？《易經》中修行最高的德與位就是「大人」，就像佛經中「佛」這個最高的位置，比聖人還要高一個檔次。在佛教中，佛的成就最高，其次是菩薩、羅漢、僧。在《易經》中，修行次第最高的就是「大人」，其次為聖人、賢人、君子。大人因為處在最高階，所以他肯定是天人合一的，就像〈繫辭傳〉中所云通天地人鬼神，具有至尊的永恆性和包羅萬有的境界。

「夫大人者」，乾卦〈文言傳〉第五爻把大人挑出來談，這是對一切學《易》眾生提出一個最高標準的典範。大人是什麼呢？「與天地合其德」，「天地」即乾、坤，「德」是指乾、坤的大公無私；「與日月合其明」，離為日、坎為月，體用兼備，乾坤、坎離都是「明」的來源；而這也就是「大明終始」的「明」。換句話說，在好的時代就像太陽，在壞的時代就像月亮，都能發光發亮，這就是大人。「合其明」，就是「保合太和」的「合」，能大公無私，就能與天地合其德；有智慧，就能開創文明；

不管時代好壞，都能發光發熱，給很多人帶來希望。

「與四時合其序」，序即卦序、爻序，始壯究，始壯究。乾卦的「潛、見、惕、躍、飛、亢」，坤卦的「履、直、含、括、黃、血」，就是卦中爻的順序、因果關係、來龍去脈。「乾坤屯蒙需訟師」、「咸恒遯兮及大壯」這是卦序。「四時」指的是春夏秋冬、六七八九、「元亨利貞」等週期性循環。時有其序，所以不能著急，在春天想做秋天的事；一定要配合自然的節奏，做合乎時宜的事，才能有所成就。而大人的智慧、表現，可與春夏秋冬的循環完全合拍、合序，產生共鳴，故能用力少而成功多。

「與鬼神合其吉凶」，對於天地人鬼神，《易經》倒是不避諱；在人世間不諱言「利」，對整個宇宙不諱言「鬼神」。「與鬼神合其吉凶」，包括有形的、無形的，只要心胸開闊，無須大驚小怪；就算他存在，在我們心誠意正的努力奮鬥之下，合其吉凶，鬼神之流就不會干擾到你；然後有很多事情，「春江水暖鴨先知」，不管是吉兆、凶兆，你早一步體會到、感應到了，就可以方便你做整個人生的調整佈局。

由此可見，宇宙間一切有形無形的存在，包括天地、日月、四時、人鬼神，統統合而為一，這就是「大人」的境界。

「先天而天弗違，後天而奉天時。天且弗為，而況於人乎，況於鬼神乎？」這幾句說的是天地人鬼神。「天」還是最尊的，如果你的作為、你的高瞻遠矚、你的所有預測都百分之百準確，這就是「先天而天弗違」。也就是說，大環境的演變還沒發展到那個地步，你已經直接判斷會有那一天，然後提前佈局。等到那個現象真的發生，你已經掌握先機，這是超時的智慧，你的目光可以超越時代幾十年、幾百年，甚至像佛祖、孔子可以超越時代幾千年。可見，「先天而天弗違」是一種最大的創造力，只有大人可以發揮這種智慧。「後天而奉天時」，對於天時、環境的演變，雖然反應稍微慢一點，但可以立即跟上，決不會落後，這就是「奉天時」。

「天且弗違，而況於人乎，況於鬼神乎？」天亦弗違，何況是人與冥冥中的鬼神？大家不都會配合、協助嗎？可見，大人的智慧德行已經到了這個地步，俗話說「德高鬼神驚」，就像離卦（䷝）〈大象傳〉所云「大人以繼明照于四方」，文明的開創者不是君子，而是大人，所以上經最後一卦是光輝燦爛的文明之象，人所開創的東西，代表人類群體社會的最高成就，叫「大人」；所以「大人」不限於一個人，也可以是指整體人類共同開創的成果。謙卦（䷎）是唯一得善終的卦，其卦辭云：「謙。亨。君子有終。」其〈彖傳〉也講到「天地人鬼神」。俗云「滿招損，謙受益」，說到滿招損，不得不提一下豐卦（䷶）。豐卦日正當中，豐功偉業至極，但也可能馬上面臨崩滅。就像美國華爾街過去資源雄厚得不得了，卻一朝潰敗了；就因為沒處理好天地人鬼神面面俱到的關係，太驕傲了，自然招致損失。所以豐卦的下一卦是失時失勢失位的旅卦（䷷）。因此豐卦〈彖傳〉提醒我們，成就越高，越要注意天地人鬼神的和諧關係，否則很快就出事。

知進退存亡

亢之為言也，知進而不知退，知存而不知亡，知得而不知喪。其唯聖人乎？知進退存亡，而不失其正者，其唯聖人乎？

我們看上爻，「亢龍有悔」很好理解，然而「亢之為言也」，由「潛」到「亢」，中間到底發生了什麼呢？「知進而不知退」。意思很明瞭，只知道拚命往前擴充投資，不懂得後退，就會發展到「亢」的下場。人生一定有進有退、有往有來，這才能長久。「知存而不知亡」，只想到存在那一面，不懂得看滅亡那一面，這也是導致「亢」的原因之一。另外，「知得而不知喪」，貪得無厭，不知收斂，最後反而什麼都守不住，失去一切。「西南得朋」是「得」，「東北喪朋」就是「喪」。「知得而不知喪」，總是往得利的方向看，沒有謹慎評估風險，那一定會衝過頭，變成「亢龍」。

「其唯聖人乎？」我們才說，怎麼有這種笨蛋，一天到晚只知道進、知道存、知道得，不知道退、不知道亡、不知道喪！結果〈文言傳〉告訴我們，除了聖人之外，每個人都是這麼貪嗔癡，盡想好的，只有修到聖人的境界，才可以擺脫這個毛病。「知進退存亡」，該進就進，該退就退，該存就存，該亡就亡；「而不失其正者」，永遠都可以正確應對。

這些基本理論看著不難，實際人生要做得到，「其唯聖人乎」？至少要到第二級的菩薩或聖人境界才做得到；做不到的就全部變成「亢龍有悔」了。

坤卦〈文言傳〉

柔順之道

〈文言〉曰：坤至柔而動也剛，至靜而德方。後得主而有常，含萬物而化光。坤道其順乎，承天而時行。

坤卦〈文言傳〉第一篇簡潔明瞭，像詩歌一樣，通過直接解釋〈彖傳〉來解釋坤卦卦辭。「坤道其順乎」，坤卦的智慧就是「順」字。人面對「地勢坤」，一定要懂得「順」，不能逆勢硬幹。「承天而時行」，說的不正是坤卦的「乃順承天」嗎？完全不是乾卦「時乘六龍以御天」的那種霸氣，而是承天的「牝馬之貞」，母馬跟著公馬走，不落後也不超前。「時行」，《易經》是「時」的智慧，永遠要合乎時，這就是「順」。

「後得主而有常」也是在解釋〈彖傳〉。什麼叫「得主」？乾主坤從，對坤卦來講，西南得朋，柔順就可以得朋、得主。「含萬物而化光」，不就是「含弘光大，品物咸亨」嗎？「含萬物而化光」，有無盡的吸收力與包容力，無論什麼東西都可以含蓄包容，久了之後還可以化解所有的衝突、不順，而且不會樹敵，最後就可以發光。「後得主而有常」，這就是「先迷後得主」，然後是「利西南得朋，東北喪朋，安貞吉」。

講到這裡，我覺得有必要對過去有些註解做個糾正。因為以前沒有標點，不同的斷句，語句脈絡的意思就有差別。有一種斷句法是「先迷後得，主利，西南得朋，東北喪朋，安貞吉。」單獨看，意思是通的，可是你看坤卦〈文言傳〉「後得主而有常」這一句，就知道它的理解有誤，不是「主利」，而是「先迷後得主」。可見，讀書還是要細心一點，不能有成見。但是，《易經》如汗牛充棟的註解當中，有很多是前言不對後語的。

「坤至柔而動也剛」，「坤至柔」，正是「至哉坤元」的意義。坤是最柔的，至柔克至剛，要占到六爻全變的坤卦之所以難，就是因為要做到「至柔」真是太難了。太極拳練到至柔，即可無堅不摧；要坤卦六爻全動，變成乾卦，得要有多大的能量注入，那是逼近一千九百萬分之一的機率。「動也剛」，陰極轉陽不就是「動也剛」嗎？剛與柔不是截然的常態，發展到極點，物極必反，柔變剛、剛變柔。在變剛的瞬間所釋放的能量就是天下第一。這說明坤做為民眾的象，民眾平時總是逆來順受，等到他受不了暴政，要起來鬧革命了，那就是「坤至柔而動也剛」。

「至靜而德方」，就在最沉靜的「直方大」裡，就可以修行「至靜」的功夫；「德方」是講第二爻，「方」就是仿效學習，規規矩矩、按部就班地在一個框框裡循序學習乾的智慧。坤卦至靜，然後用方、大學習天道，達到建立知識、形成智慧的學習效果。所以，乾有多偉大，坤若學得好，就跟乾卦一樣偉大，一點也不落後。

由此可見，「後得主而有常」，合乎宇宙常道。「含萬物而化光」，一點也沒輸。「坤道其順乎」，可以撿現成。「承天而時行」，不必帶頭在前面冒險，人家走出來的路，你只要跟上就是了；人家開發出來的產品，你可以量產運用。

積善之家，必有餘慶

積善之家，必有餘慶；積不善之家，必有餘殃。臣弒其君，子弒其父，非一朝一夕之故，其所由來者漸矣，由辯之不早辯也。《易》曰：「履霜，堅冰至。」蓋言順也。

這一段是講第一爻，也是很有名的，司馬遷的《史記》最後一篇〈太史公自序〉就引用了這一段；這一段也和孔子寫的《春秋》有關。因為那時處於亂世，一天到晚有國家滅亡，而且「臣弒其君，子弒其父」。這種社會道德敗壞、國家快速滅亡、政權即刻崩毀的局面是有徵兆的；也就是說在堅冰的階段已經不能挽救，在履霜的時候尚有希望。可是很多人在履霜之時沒有警覺，以致事態每況愈下、罪孽深重到回不了頭的地步。這是坤卦第一爻的意思，在人類歷史上，特別是一個衰敗的時代，常常都是如此。

「積善之家，必有餘慶；積不善之家，必有餘殃。」這已是大家耳熟能詳、深入民間的一句話了。說明不論善報、惡果，都是日積月累來的。「臣弒其君，子弒其父，非一朝一夕之故，其所由來者漸矣。」就像風山漸的漸卦（䷴），要敗壞也是慢慢敗壞的，不會一下子就一塌糊塗。「由辯之不早辯也。」早在徵兆出現時不以為意，到最後積霜成冰，悔之晚矣。在「履霜堅冰至」時沒有警覺，就可能演變成「龍戰于野，其血玄黃」。所以「《易》曰：『履霜堅冰至，蓋言順也。』」也是馴至其道，順著敗壞的勢頭往下發展，陰寒之氣越來越凝重，最後成為難以處理的堅冰，這就是「蓋言順也」。

所謂的「積善之家」，這個「家」不一定指家庭，在西周及春秋時期，諸侯稱國，大夫則稱家，可見「積善之家」的家，有一定的勢力範圍，而且人口充足、資源雄厚，有點像現在的家族財團，或是一個組織、一個政黨。既然資源雄厚，若能行善積善，除了福國利民，還必有餘慶（「慶」是皆大歡喜）；因為創造的福報太多了，當代的人享受不盡，還有結餘可以生利息，讓子子孫孫都享受餘蔭。「積善之家」是中國人很樸素的觀念，如果後代有傑出人才使家族興旺，往往會歸功於祖宗風水好、祖宗積義行德，積多少代的福德才有這一代的輝煌。俗話說「前人種樹，後人乘涼」，也是這個意思。

反過來，有「積不善之家」，就有「積不善之家」。如果一個有權有勢的政黨、家族、豪門一天到晚做壞事，就會造成這個時代的「共業」，讓大家一起遭殃。「必有餘殃」，是指明明沒做壞事的人，也會因為這個家族團體做的壞事而跟著倒楣。所謂「城門失火，殃及池魚」，禍國殃民，老百姓並沒有做壞事，可是就因為有人禍國，所以殃民；不但這一代的人被「殃」到，還會剩下很多殃，就像滾雪球一樣，不斷累積，導致絕子絕孫。如果我們這一代徹底破壞自然生態，不也是必有餘殃嗎？就算你這輩子碰不到，你的子子孫孫都會倒楣。

下面就講社會風氣了，「臣弒其君，子弒其父」，更不像話了。在正常的人倫關係中，「子弒其父」還是很少發生的。一旦發生，這個社會就太可怕了。其實歷史上臣弒其君、子弒其父的例子就很多。像唐太宗李世民為了奪皇位，不惜逼迫父親、殘殺兄弟；像雍正皇帝未登基時，九子奪嫡、六親不認，帶來的傷害也很可怕。「臣弒其君，子弒其父」，為了爭權奪利，導致整個社會倫理崩解。為什麼會這樣？「非一朝一夕之故」也！統治集團立了壞榜樣，以致「其所由來者漸矣」。大家也覺得這個做法合理，那就會越來越糟，「由辯之不早辯也」。所以「《易》曰：『履霜堅冰至，蓋言順也。』」可見，千萬要小心。

我還要特別強調「殃」這個字。「殃」的造字，就是中央做壞事的意思。如果中央做壞事，靠近中央就是自找倒楣。《論語》中孔子說「危邦不入，亂邦不居」，即為此意。就如餘殃像個災星一樣，除非你道力高深足以降妖除魔，不然誰碰到誰倒楣。離「積不善之家」太近，不知多少人要倒楣！老子曾說「無遺身殃」，就提醒人不要造孽，否則不但本身受殃，還會殃及子孫。尤其末法時期，果報加快。以前可能要累積好幾代，現在一積就滿，滿了就爆，爆了換人再積，於是又滿了、爆了，各種環境生態越來越惡化。你看很多一般正常社會不會發生的事，例如亂倫，或是父母自殺前把子女統統殺掉，現在的社會卻屢見不鮮。這就是「履霜堅冰至」的概念，不要以為是小事，這是人類社會共業的冰山一角；大壩潰堤，常常是從一個小洞開始的，非一朝一夕之故。如果當位者做出壞的示範，「其所由來者漸矣」，上樑不正底樑歪，大家漸漸也不以為非了，這更可怕，那這個社會一定出事。

君子敬以直內，義以方外

直其正也，方其義也。君子敬以直內，義以方外，敬義立而德不孤。「直方大，不習，无不利」，則不疑其所行也。

有了第一爻的警訊，第二爻就得好好發揮坤卦廣土眾民、「地道光」的智慧。〈文言傳〉坤卦第二爻還是講「直方大，不習，无不利。」老實做人，把善良百姓的德行發揮出來，就是「直其正也」。你是坤，就要學乾，這個世界要規規矩矩學習仿效的東西多得很，那也是你理所當為的。「直」是你內在的「正」，「方」是你外在的「義」。

「君子敬以直內，義以方外」，不講得很清楚嗎？「敬以直內」，內在都是直的；「義以方外」，端端正正、廣博地學習效法。「敬義立而德不孤」，「敬」就是「敬以直內」的「敬」，指內在的功夫；「義」就是「義以方外」的「義」，即外在的學習研究與發展建立。當內修、外修都確立了，「德不孤」，西南絕對得朋。這不就是《論語》中的「德不孤必有鄰，十室之邑，必有忠信」嗎？你要是冒尖了，成為標竿，馬上就會有同聲相應、同氣相求的效應，社會上善的力量就會互動，產生影響力，你怎麼會孤呢？孤陰不生，獨陽不長。「德不孤」，說明絕對有志同道合、人同此心、心同此理的同伴。但是你首先要樹立「直內方外」的敬與義，有德，才不會孤。可見，坤卦要爭取群眾，首先要讓自己變成表率。

「直方大，不習，无不利。」就可以號召動員、影響大眾，因為你把大眾都喚醒了。「則不疑其所行也。」於是當仁不讓，為所當為，不僅自己不會遲疑不前，別人看到你「敬以直內，義以方外」，也不會懷疑你的做法。

所以第二爻最標準，「不疑其所行」，坦蕩蕩，該怎麼做就怎麼做。第三爻、第四爻就要參考形勢、多所忍耐了。

地道無成，而代有終

陰雖有美，含之，以從王事，弗敢成也。地道也，妻道也，臣道也。地道無成，而代有終也。

第三爻有含蓄、內在美的概念。其爻辭有云：「含章可貞。或從王事，无成有終。」為了「有終」，第三爻爻變是謙卦（䷎），就是「有終」的象。「陰雖有美，含之」，你的內在再美，因為「時」不對，還不到表現的時候，只得「含之」，不能輕舉妄動。因為「六三」不中不正，屈居下風，老是被欺負。但所謂「留得青山在，不怕沒柴燒」，張良、韓信、德川家康、句踐都是如此。現在沒有機會，那就要「以從王事」，在別人的所開創的事業當中跑龍套、當配角，保持低調，「弗敢成也」。因為「無成」才「有終」，在這個不利的時候，若想要有成，肯定無終。這個「弗敢」正是道家的精神。老子云「勇於敢則殺」，一般人很勇敢，什麼都敢拚，老子就澆一盆冷水說，好勇鬥狠的人都會被幹掉；所以主張「勇於不敢則活」，為了要活，就要勇於不敢。「勇於敢則殺，勇於不敢則活」，三爻四爻都是這個概念，所以叫「弗敢」。人家譏笑我不敢衝撞是孬種，其實這個「不敢」就是我的勇敢。一般人就是想在「我」的手上，在很短的時間內取得最大的成功，搞得後患無窮。「弗敢成也」，要我做主角、由我主導，那我絕對不幹，肯定要謙讓推辭。

這就是坤卦第三爻的智慧，叫「地道无成，而代有終也」。要得善終，就不能「成」，而且這不是天道，是地道；真要用到我，我也跟你講好，我不是真的，我是職務代理，我不是真正的主人，真正的主人度假去了。我用代理的名義幫他完成，就像人替天行道一樣，等到乾卦回來了，我絕不戀棧，馬上把東西轉交給他。你幫他做得好好的，但不掛你的名，出名的是老闆，你是在他的英明指導下完成。這樣你就絕對「有終」。「地道无成，而代有終」，「代」是暫時的、假定的、虛擬的。所以這個爻願意讓，不要搶。

在這裡，我故意把中間的「地道也，妻道也，臣道也」拿掉，因為這幾句本來是沒有的。「陰雖有美，含之，以從王事，弗敢成也。地道无成，而代有終也」多順！莫名其妙跑出一段「地道也，妻道也，臣道也」，不是欺負人嗎？兩性太不平衡了！千秋萬世所有讀《易經》的女性看了都要拍桌子，而這跟《易經》的觀念也格格不入。《易經》講的是陰陽平衡，絕對不壓榨一邊。這段不倫不類的話，可能是經過秦漢君主專制大男人主義時期混入的，這種思想和「用九」、「用六」的精神差太遠了，那時還沒有印刷術，是在傳抄過程中讓見識不及的人自己寫進去的。大概從他的理解來看，「陰雖有美，含之」，一切榮耀歸於長官，歸於君王；於是他就接著說了「地道」該怎麼做，「妻道」該這麼做，「臣道」該這麼做，把《易經》的精神糟蹋透了。多出來的衍文竄入正文，這種事我們在讀古文的時候常發生，不管從押韻的角度，還是從整個思想的節奏來看，統統不對。「陰雖有美，含之，以從王事，弗敢成也。地道无成，而代有終也」，一氣呵成，多好！

天地閉，賢人隱

天地變化，草木蕃。天地閉，賢人隱。《易》曰：「括囊，无咎无譽。」蓋言謹也。

第四爻更有意思了，像文藝創作一樣，把兩個截然不同的意境交疊在一起，製造一個巨大的反差，讓你思考第四爻所深蓄的能量何時爆發的問題。我們講過，坤卦第四爻如果能充分保障自己的安危，一旦時機發動，錦囊妙計的袋口一打開，按照預定計畫出手，就有可能是百戰百勝的順利。第四爻爻變是第十六卦「利建侯行師」的豫卦（䷏），是早有預測、早做準備、熱情行動的象；而且通常一出手都會得手，因為前面夠能忍，也夠懂得保密。就像一個袋子全部都鎖住，一旦打開，能量釋放出來，就不得了了，所以在袋子鎖得很死的時候，跟袋子打開之後，所展現的行動力量與爆發力是截然不同的。

「天地閉，賢人隱」就是「括囊」的時候，沒有人認可，環境壞透了，每個人都啞口不言、謹言慎行，心思絕不外露。因為世道太壞了，「天地閉」就像否卦一樣，「賢人」若有表現，一定會惹禍，所以他就隱居起來，像「括囊」一樣，要求「无咎无譽」。

可是，等到壞的時機過去，否極泰來，世道變好了，他就要好好表現了；在「否」的時候隱忍保住的元氣一旦爆發出來，那種創造能量，就用「天地變化，草木蕃」，草木繁茂、欣欣向榮來象徵。所以坤卦第四爻爻變，由被動變主動，「天地變化，草木蕃」，就是豫卦的象；「天地閉，賢人隱」就是坤卦第四爻「括囊」的本象。這兩個象一熱一冷、一動一靜，提醒我們對外表沉靜、內裡波濤洶湧的事物，有更為深刻細膩的了解。

從坤卦第四爻引申的象就是「天地變化，草木蕃」，雖然現在看不到，但最後可能的發展結果；先能夠「天地閉，賢人隱」，將來就有機會「天地變化，草木蕃」。如果你身邊就有這麼一個人，千萬不要看走眼，因為他是「天地閉，賢人隱」，雖然沒有任何動作，等到該行動的時候，「天地變化，草木蕃」，那時候就來不及了。

「《易》曰：『括囊，无咎无譽。』蓋言謹也。」謹言慎行，這是居高位者至少要有的自保智慧。

把《易經》卦象、爻象運用到人格心理分析，也會很有用。有一種人就是「括囊」型的人，即使外表冷漠，喜怒不形於色，但他內心可能有「豫」的熱情奔放；這就是典型的「悶騷型」人格。其實在第四爻，所謂「中不在人」，正是高處不勝寒的位置；為了自保，不能輕易表態，所以外面看到的都不是真的。「天地變化，草木蕃」與「天地閉，賢人隱」，這兩個極端的東西寫在一個爻裡頭，一個是未來象，一個是現在象；一個是表象，一個是深刻的裡象。兩者互為表裡，其實是同一個東西。

君子黃中通理，美在其中

君子黃中通理，正位居體，美在其中，而暢於四支，發於事業，美之至也。

第五爻「黃裳元吉」是民為貴、無為而治的柔性領導，講得很美；可以運用到肢體屈伸的動作。「黃中」的觀念很重要，一順則百順，所以「君子黃中通理」是通情達理。「正位居體」有兩個解釋，主要的意思差不多。

一說「體」是核心、主體，就像總部一樣。領導人負責大政，很少干涉部屬，這是柔性管理，與「飛龍在天」的強勢管理不同。「美在其中」，因為「文在中」，所以有內在美。坤卦的柔性之美表現在上卦、外卦之中的「黃裳元吉」。「而暢於四支」，很多事情何必非我不可呢？我的雇工、手足、幹部、群眾會負責執行，只要管道暢通，讓每一個人都有參與感，讓他們盡情發揮。至此，坤卦的柔性管理就發揮了坤卦群眾的力量，「而暢於四支，發於事業，美之至也。」這是坤卦之美的表現，也是高度讚賞「黃裳元吉」的領導方式。

《易經》六十四卦中三十二個「六五」裡面，得到成功而有「吉」，甚至是「黃裳元吉」的居多數，強過強勢管理的「飛龍在天」。大致是如此，雖然不能一概而論，但領導人太能幹，部屬跟不上，沒有「利見大人」，也不是好事。

關於「體」的解釋，另一說就是指四肢、四體，跟「暢於四支」有關。練功的人都知道，心越靜，身體動作越流暢無礙；要是心不靜、思維不斷，身體就會受到限制。

總之，不管「體」是指身體還是體用的「體」，都是相通的。

講到《易經》美學，過去也有人批判過，很多從語文切入的研究，距實際的境界差得很遠。其實乾坤這兩個基本卦中，都包含陽剛之美和陰柔之美的概念；而坤卦第五爻、第三爻都是陰柔之美的表率。「美在其中，美之至」是一個；「陰雖有美，含之，以從王事，弗敢成，无成而代有終。」多麼謹守分寸，這也是一種陰柔美。「能以美利利天下，不言所利，大矣哉！」這就是陽剛美。

陰疑於陽必戰

陰疑於陽必戰。為其嫌於无陽也，故稱龍焉。猶未離其類也，故稱血焉。夫玄黃者，天地之雜也。天玄而地黃。

這是講最後一爻。陰陽之間到最後居然發生劇烈的衝突。〈文言傳〉指出其關鍵，就在「陰疑於陽」。第二爻因為行為坦蕩，所以「不疑其所行」；第六爻走到極端，矛盾加深，「陰疑於陽必戰」，你僭越本份，踰越西南、東北的界限，逼得龍只好現身攤牌，他懷疑你是不是要搞獨立、是不是想篡位奪權？陰陽之間不能和衷共濟，誠信的基礎完全被破壞，互相懷疑，疑心生暗鬼，最後只能訴諸暴力。所以這個「疑」很糟，「疑」就有障礙，子虛烏有的事都會變成真的。

夫妻之間、朋友之間也是一樣，「為其嫌於无陽也」，這個龍會找你麻煩，因為他懷疑你完全不把他放在眼裡。所以在坤卦前五個爻，乾卦根本沒出面，直到第六爻走極端，他才出手；就像大國、強國一看到小國越過危險區域就會出手干預一樣。所以到了最後一爻，「龍」不但現身，而且發動猛烈的「龍戰于野」。由於你誤判形勢，以為自己可以為所欲為，終於引起陰陽大戰。「故稱龍焉」，龍的形象，乾卦的威力，就在坤卦最後一爻顯現。「猶未離其類也，故稱血焉」，龍的陽剛力量一發動就會很慘，因為到那時已經積重難返了。什麼叫「猶未離其類也」？這時候你才大徹大悟，必須回到坤卦的角色，退守到「龍戰于野」的「野」。「類」是「西南得朋，乃與類行」，「陰陽合」為「類」。前面五個陰爻因為完全沒看到陽的蹤影，剛開始還守本分，後來以為可以自己做主，結果引來人家的干涉，這才發現自己根本離不開陽大陰小、陽主陰從的關係圈，只是幻想自己離開罷了；就像孫悟空怎麼也跳不出如來佛的手掌心。很多夫妻關係也是這樣，一段時間感情黯淡，各行其事，最後發現「猶未離其類也」，畢竟已非自由身，還是得回到原來的關係中。

「故稱血焉」，到了煞不住車時，就一定會流血解決。「夫玄黃者，天地之雜也。天玄而地黃」，一旦爆發衝突，一定兩敗俱傷，天地之血混雜在一起，那就很糟糕了。早知如此，何必當初呢？這就是坤卦第六爻的慘象。

在坤卦全卦中，三爻與六爻是相應的。三爻一直戒慎恐懼，知道自己還不是正主，「代」才有終，所以不會僭越分寸。大家都知道韓信的故事，韓信被劉邦重用，最後功高震主，有段時間，甚至與劉邦、項羽有天下三分鼎立的可能。那時就有人給韓信建言，教他藉機勒索，最好能封一個王的號，這個王只是暫時的，就是做假王的意思。劉邦聞言大怒，正要破口大罵，一旁的張良就踩他一下，告訴他要封就封真王。結果封了一個更大的，就把他牢牢框住了。你看最後，韓信還不是讓劉邦的老婆給收拾掉了？

總之，坤卦永遠不能跟乾卦脫離關係，關鍵時候、生死關頭，還是得服從乾卦的領導；因為乾卦代表天理，坤卦代表現實，包括後天習染的種種情欲。迷途久了，以為沒事，等到「龍戰于野」時，才發現天理昭昭、歷歷不爽，最後還是得遭受「龍戰于野，其血玄黃」的天懲。所以理勢要合，乾坤要合，才能生萬物，這是不易的法則。

「稱龍」、「稱血」，倘若完全按照現實利益或欲望行事，「為其嫌於无陽也」，總有一天會碰到「陰疑於陽，必戰」的局面，把虛幻世界當成真實世界，必戰；把金錢遊戲的泡沫當成真的，必戰。

必戰就很慘烈。我們講過，人類發展、文明發展，眼前這麼大的教訓還是第一次碰到。經濟危機的泡沫主要就在二〇一〇之前五年發生。在二〇〇二年、二〇〇三年的時候，全世界還在一個可以管控的範圍內，不管怎麼買空、賣空，都沒有超過一百兆的；到後來膨脹到六、七百兆，遠遠超過全球實際生產的產值，那不是太離譜了嗎？這樣一個虛擬的世界，很多人在裡面遊戲，還認為永遠不會有問題，一定會有人出面「背書」，沒想到最後一垮連番垮，差點出現全球經濟崩解的危機。

整部《易經》就是乾卦講的「理」和坤卦講的「勢」。所以，總合《易經》全部的智慧，就是這兩個字；知理順勢才能成事，才能生生不息。倘若違背天理，再大的勢也一定會瓦解冰消，不會長久；如果不懂得靈活運用坤卦所代表的廣土眾民、複雜的形勢、人性的幽微，乾卦的天理也絕對無法落實。所以乾不離坤，坤不離乾，乾坤和合，下面才有三男三女其他六個卦生出來，也才有屯、蒙、需、訟、師、比……六十四卦的發展。

創業維艱——屯卦第三（䷂）

生命科學的深層奧秘

《易經》的第三卦屯卦（䷂）、第四卦蒙卦（䷃），談的就是生命的源起、生命的本質，以及生命降生後的認知問題。認知關係到我們如何了解這個世界？我們的意識是怎麼來的？世界有些什麼特性？隨著幼小生命的逐漸成長，他要怎麼開啟智慧？這就是屯、蒙兩卦的意義。

「屯」是初生生命的象徵，「蒙」是蒙昧無知。幼小的生命誕生時，後天學習還未展開，他就像一張白紙，對世界還是蒙昧無知的，所以需要啟蒙教育。在人類社會，包括父母、師長、學校，甚至社會的教育，都屬於蒙卦的範疇；生命需要不斷成長，因此需要漫長的、甚至是終身學習的工夫，才能對這個世界的人情、人性，以及組織社會的運作原理有清楚的認識，這就是蒙卦涉及的認知問題。

屯卦是生命的開始。二十一世紀以後對生命科學、認知科學都有了更深層的認識。其實自古以來，東西方各大宗教及思想學派對這個問題的探討也從未中斷：生命到底是什麼？我們之所以能深刻地認識自己、認識宇宙萬物，到底是什麼東西在運作？在乾坤開天闢地之後，這些問題就是頭等的大事。

南懷瑾先生曾說過，要認識生命，就要探討從父精母血結胎後，胎兒在母親腹中發育、直到呱呱墜地的過程。的確，生命充滿奧妙，我們要了解生命，就不能不了解生命的起源，了解兒童、嬰兒，以及胎兒的生長變化。這就是《易經》屯、蒙兩卦探討的問題。然而，不管科技如何發達，不管過去各大宗教、各大思想門派提出怎樣的見解主張，好像還真的不容易得到放諸四海而皆準的定論。佛教認為生命是一種輪迴；道家則對嬰兒充滿探討的興趣。《老子》五千言把嬰兒比做一個人的修煉成就，希望人最終能反璞歸真、返老還童，而成人世界則充滿矯揉造作的習氣和欲望，因此紛爭不斷。這就是《易經》屯卦的意象。老子書中信手拈來都是嬰兒的意象，例如談到修煉的境界時，他說：「專氣致柔，能嬰兒乎？」所以要學坤卦順勢用柔的功夫，像嬰兒那麼柔軟；再如談到生死問題時，他說：「草木之生也柔脆，其死也枯槁。」小孩子很柔軟，但人老過世之後就硬梆梆的。老子也強調，人可以藉著後天修為達到「如嬰兒之未孩」那種清新無染的德性。這些意象不知是不是受了《易經》屯卦的啟發。可見道家思想在對待生命的問題上結合了對《易經》坤卦義理的領略與發揮，確實很深刻。

屯：初生草穿地

「屯」字是一個象形字。東漢許慎《說文解字》云：「屯，難也。象屮木之初生。屯然而難。从中貫一。一，地也。尾曲。《易》曰：『屯，剛柔始交而難生。』」「屯」字的解釋為「初生屮」，在冬去春來、大地回春時，小草穿過地面生長出來，就是「初生草穿地」。我們知道草的根雖然細小，但百折不撓、非常有韌性，隆冬時節已經凍結的地面上，沒有一點縫隙。但小草的根就在地底下彎彎曲曲掙扎找出路；等到天氣回暖，大地解凍，它馬上破土而出，開出兩片柔嫩的小葉子，恰似太極生兩儀。這就是屯卦的象。屯卦的屯字千萬不要念錯，是念「諄」，不是「囤積」的「囤」。

由此可見，一枝草一點露，初生草穿地，從一枝小草清新的生命開始，就是屯卦的象。這是個很美的象形字，變成簡體字也還是這個樣子。其實，這是隨時可以做實驗的，把一顆種子種在花盆裡，過段時間就會發現，兩片嫩葉從土中冒出來，非常可愛，可是這個時間不會太長，它馬上就會分枝開葉，這就是蒙。按照卦序，屯卦之後馬上就要蒙了，「蒙」不也是草字頭嗎？可是它亂長亂長，就不像兩片嫩葉那麼清新可愛、那麼簡單，因為生命由簡而繁，越長越大，就像小孩子心思很單純，成長之後入世漸深，習氣、嗜欲也漸深，情欲蒙蔽理智，天機則越淺。這個階段就叫蒙。此時，和童稚時期相比，距離越來越遠，這就是由屯入蒙的過程。

屯與蒙都是直接從植物取象造字，植物初生後，假以時日，它就開始亂長，此時就需要修剪，就像人需要後天修行、修德，以調整生長狀態。此時，教育和學習管理就顯得相當重要。因此，屯、蒙兩卦都有草創的象，但是屯清新簡易，蒙就變得混濁複雜了。坤卦第二爻也提醒我們，習氣很可怕，隨著生命的成長，隨著你接觸人群、參與社會，你不見得能堅持原來的天真，只有「不習」，才會「無不利」。

屯卦卦辭是「元亨利貞」四德俱全，跟乾、坤兩卦一樣，麻雀雖小，五臟俱全，表現在卦辭上，「元亨利貞」是完整的。但時間不會太久，隨著生命漸漸成長，卦序往下推演就會進入雜草叢生的蒙卦。就像周歲之內的孩子目光清亮，他敢直接看你，也不會閃避；大概周歲之後，他就開始「蒙」，懂得藏東西、耍心機；等到成人，那就更壞了。這就是由屯入蒙。

《三字經》講「人之初，性本善，性相近，習相遠。」其實就是講人如何從屯入蒙。按照乾、坤、屯、蒙、需……的卦序發展，指出生命發展的自然趨勢。我們發現，不管是深奧的經典，或是像《三字經》、《菜根譚》這些淺易的讀本，都在不斷印證這個無可置疑的真理。因此，在人生之中，教育以及後天的品格修為就顯得非常重要了。

新生、天生與再生、人生

屯卦主要講「生」，象徵生命剛剛開始，而且是天地造化之下，自然而然的新生，並且是天生的。但是這一「生」，就萬事起頭難了，種種的災難隨之而至。如果把屯卦的原理運用在人生事業的開創，正是創業維艱的象。概括地講，整個屯卦除了新生、天生、自然而生之外，沒有目的，也沒有計畫，只是整個生命世界的自然開展。但是一「生」就會碰到很多困難，首先是知識、經驗不足，很生嫩、很幼稚，也很容易摧毀、夭折。就好比創業沒幾天就倒閉，所以要面對很多苦難，並設法克服。那麼，在生之初，要怎樣發展自己，讓生命禁得起考驗？這就是屯卦要想辦法做到的。不管是自然的生命，還是社會、國家、政府、企業的生命，都要考慮到養育、經營、發展、壯大的策略，並且要克服困難，在憂患、困難中成長。所以簡單講，屯卦就是談生之難。

《易經》六十四卦中，遭遇艱難困苦的卦多得很。像困卦（䷮）、坎卦（䷜）的險象環生、艱難困苦；像蹇卦（䷦）的寸步難行；還有就是《易經》中最深層的痛苦明夷卦（䷣），黑暗時代、大難當頭。類似的卦在六十四卦中，可謂比比皆是。相對於困、蹇、明夷這些卦，很多苦難還是與人間社會有關。但是屯卦的「難」是與生俱來的，生命一出現，就面臨自然的嚴酷考驗，有生必有難，跟你做錯、做對沒有關係。可見生命確實不容易，一生下來就得面對種種艱難困苦。生之難既無可迴避，也正是對生命的考驗，是生命必修的學分。古人說「生於憂患」，大概就是這樣。

如果說屯是新生事物，必須面對天生的苦難，那麼還有一個卦也是談「生」，即第二十四卦復卦

（䷗）。不過復卦的「生」與屯卦不一樣，復卦談的不是天生——，而是「生生」，屯卦的「生」是天地造化，是第一次，屬於新生；第二次或之後的生，就是生命本身在雌雄、剛柔、陰陽、男女結合之後繁衍生育，新陳代謝，生生不息，這就是復卦的概念。復卦已經把人凸顯出來了，就像西方神話中有了亞當夏娃之後，上帝就可以不管了，他們會自己找出路，摸索出一套複製的法則。人就因為有這種再創造的能力，即使面臨如剝卦（䷖）一般的浩劫，一樣可以「剝極而復」。「復」有重生、再造、生生的意思，永遠可以再站起來。換句話說，最初的生命要藉屯卦天地造化的力量孕育；生之後，慢慢學習自足，並且得到複製的能力，不管遭遇再大的挫折，都可以讓生命、事業不斷繁衍下去，這就是復卦的力量。「剝極而復」對眼前的處境不是很重要嗎？你看每天都有壞消息，全世界的金融風暴得經過幾年才會稍微趨於穩定，然後又會出現新的生態結構；以前的形式、結構不可能再回頭了。其間的蛻變過程，就是剝極而復的過程。若能掌握復卦生生的智慧，人類文明一定能夠繼續發展下去。

這就是屯卦與復卦的差別。屯卦是第三卦，復卦是第二十四卦，一個剛開始由自然創造的東西，很可能會在剝卦（䷖）這種大浩劫中被摧毀殆盡，之後就不能再期待上帝老天爺幫忙了，只能靠自己運用復卦生生的智慧重新站起來。所以新生、天生與再生、人生的差別，也是《易經》屯、復兩卦帶給我們的初步認識。

蒙卦：死亡的意象

我們已經談了生，有生必有死，這是誰也不願接觸的問題。但有生必有滅、有生必有死，一定得面對。下面看死亡之象的蒙卦。

「蒙」除了有亂草擋住視野、讓你看不清楚真相的意義之外，也有「死亡」的象。「蒙」的造字上面是「艸」字，下面的「冡」，就是「塚」。因此「蒙」就是墳頭長草。換句話說，屯是新生的小葉子，是生的象；蒙則是哀莫大於心死，善良的根性慢慢被欲望蒙蔽，讓你看不清楚真相；這其實就是一種死的象。屯、蒙是一體相綜的卦，人的生與死，事物的生與滅，幾乎是同時俱現的。隨著你長大，有些東西就一去不回頭，童稚時期的生機暢達、元氣飽滿被塞住了，死了，沒有了。所以我們要借助蒙卦啟蒙的智慧，把「元亨利貞」的「元」恢復起來。啟蒙就是恢復本來具有的創造力。這跟很多教派的講法是一致的，像禪宗就要你開發自性、找回自己的本來面目；儒家也講良知良能，天生就有，可是後來慢慢被蒙了。我們從蒙卦卦辭就可得知，蒙卦卦辭沒有「元」，只有「亨利貞」。「元」不見了，三缺一，缺什麼就得補什麼。因此，整個蒙卦的卦爻教我們修煉的法門，就是要啟我們的「蒙」，實質上就是要恢復「元」。

既然提到生與死，道家有個說法很值得提一下。道家第二號人物莊子就有「方生方死，方死方生」的概念，這和屯、蒙一體相綜的意涵應該是相通的吧！在起心動念時往往是充滿創意的，但另一面很可能就是生死並現的。這就說明不見得自然的生命才有從生到死的過程，生活中隨時隨地的起念、想法，充滿創造力或者被習氣污染，不知有多少！

既然要啟蒙，啟蒙之後則需要發展。因此蒙卦之後是需卦（䷄）。現在全球都在想辦法刺激消費，擴大內需，因為外銷太不可靠了，拿不到錢，沒有訂單，真是哀鴻遍野。所有的生命，任何一個組織體，它要發展壯大，當然要從外界攝取資源；就像生命一定有很多自然需求，那就是需卦。飲食男女、食與色，從最幼小的生命開始，都有這種自然需求，只是這些需求能否從周遭環境獲得滿足，這就是大學問。當今之世，人類依舊面臨僧多粥少的激烈競爭，從原始時代到二十一世紀的現代，整個國際世界都在搶資源；為了取得充足的資源，就免不了激烈的競爭手段，所以需卦後面就有訟卦（䷅），生命界的紛爭就由此開始了。由此可見，乾、坤、屯、蒙、需、訟、師，一路發展而下，自然而然。因此，「蒙」，並非指小孩子進入學校教育才開始啟蒙，生命從一開始就要啟蒙了，尤其現代重視胎教，胎兒在母體中就要想方設法讓胎兒得到更好的環境薰陶，譬如聽古典音樂、古典詩詞誦讀等，透過母親接觸優質的文化藝術，讓胎兒聽得見、感覺得到。可見，屯、蒙的開展，甚至在脫離母體之前就已經開始了，因為生命從一開始就有認知的問題，從佛教去想，甚至遠在生命成形受胎之前就有認知能力了。

此外，如果「蒙」的階段沒處理好，到「需」的時候就會落空；所以蒙卦在需卦（䷄）之前。不論初生的生命或一個國家、社會，雖然「需」很重要，可是首先得知道自己需要什麼，不能盲目追求。有些人真不知道自己需要什麼，忙碌一輩子，結果一事無成。由此蒙卦的意義就在於，首先要有清晰的定位，先看清楚目標，再去追尋。倘若為了取得資源壯大自己，結果求索不成，就會發展成「訟」；如果經過爭訟還無法解決問題，就會訴諸戰爭，那就是師卦（䷆）了。

屯、蒙的綜卦、錯卦

在進入屯蒙兩卦之前，我先提一下錯卦的概念。錯綜複雜，六爻全變，叫做錯卦。理論上性質完全對反，就像乾坤兩卦；但完全不同的東西往往能產生互補的作用，相反相成，反倒能配合無間，而有生生不息的創造力，所以也不見得是壞事。屯卦和蒙卦是相綜的卦（下圖），一體兩面，同時並存，如果把屯卦的

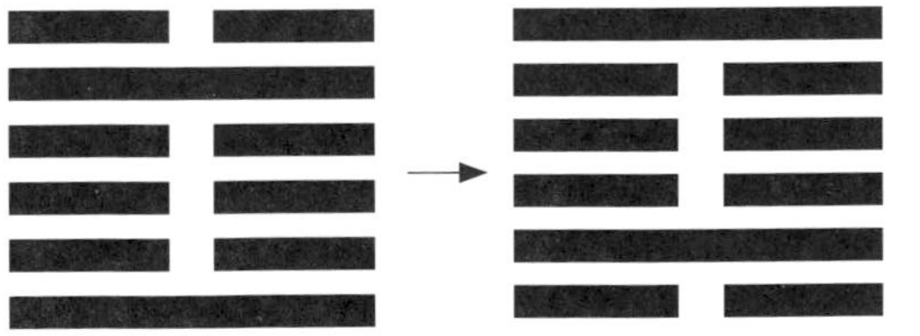

蒙卦　屯卦

象整個倒過來，就是蒙卦的象；同樣，蒙卦整個倒過來，就是屯卦的象。

也就是說，隨著觀察角度的不同，可以解讀出不同的象。屯、蒙相綜，有屯必有蒙，任何一個幼小生命一定會面臨認知、學習的問題；有蒙必有屯，小孩子生下來不具備知識、經驗，需要父母師長的教導，可是他天真的本性也將逐漸喪失。所以在中國式教育中，「蒙」至少具有兩種意義：一是知識要以加法甚至乘法級數累積；二是以減法甚至除法的概念，「懲忿窒欲」，降低欲望，回歸本性。尤其後者是屬於德行、教化上的意義，不單是知識的累積；若能由蒙返屯，知識的累積建構才有意義。

那麼屯、蒙的錯卦呢？陽爻變陰爻，陰爻變陽爻，屯卦的錯卦是第五十卦火風鼎的鼎卦（䷱），與屯卦觸類旁通又性質完全相反。蒙卦的錯卦則是第四十九卦澤火革的革卦（䷰，下圖）。在上經，屯、蒙講自然天道，其錯卦革、鼎在下經，則講人間世的革故鼎新、改朝換代。從這四個卦做整體觀察，內容很豐富，解釋的力量非常強。

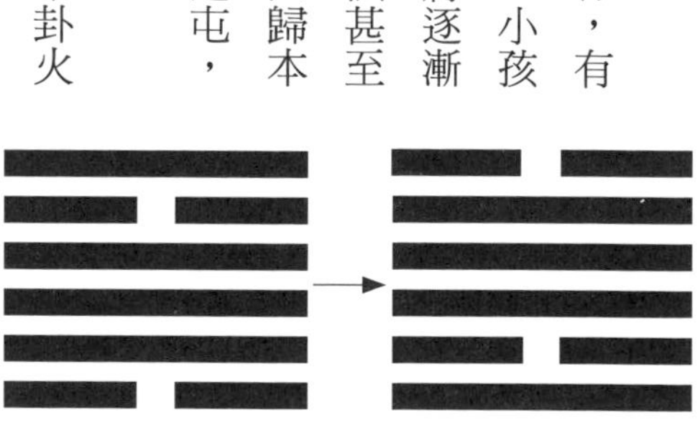

鼎卦　革卦

屯卦變鼎卦，那麼屯跟鼎的差別在哪裡？屯是草莽而清新、窮乏之境、資源不足，甚至是茹毛飲血，一切才剛開始，還不是一個很成熟的文明社會；但是窮得有志氣，形象清新而有理想。鼎卦就是掌握政權，文明已經發展得非常成熟，有很多政治資源；因此鼎卦是富麗堂皇、掌握政權的象，在朝權傾天下，鐘鳴鼎食、吃好穿好。照《易經》卦序發展，從第三卦的屯要經過四十七個卦的漫長演化才可以由屯入鼎，從草莽到廟堂，揭竿起義，掌握政權。換句話說，按照自然的趨勢，這是很不容易的，需要長時間的醞釀準備；萬一因緣際會，時間大幅縮短，透過六爻全變，屯變成鼎，一不小心執政了，怎麼辨？完全沒做好準備，往往屯卦那種在街頭衝撞的草莽習氣還在，甚至登上大位後，一下子改不過來，還帶著民眾上街頭抗議，根本沒有執政者掌握政權的經驗。同樣的，曾經執政很久的鼎卦，一不小心落選，由鼎變屯，變成在野黨，卻還官模官樣，完全沒有屯卦那種衝撞體制的江湖膽氣與力量。造成這種朝不朝、野不野的現象，就是因為錯卦的變化太快，讓人措手不及。另外，在屯卦的時候因為資源不足，加上志向清新，不會貪腐；一朝變成鼎，前所未見的各種誘惑都來到眼前，很可能馬上就變質了。由此可見，屯的貧瘠清新和鼎的富貴權達是兩個世界，如果慢慢發展演變，這個社會就適應得來；瞬息全變，就會產生很多不良的現象。

那麼蒙卦與革卦呢？蒙卦是啟蒙，如果六爻全變，就代表從基層到高層，由內而外、由下而上，民智全開，啟蒙成功，就可以革命了。「革」是洗心革面，徹底大改造，蒙卦六爻全動產生的錯卦就叫革卦，革就是已經徹底啟蒙，所以能看清楚，爭取該有的權益。

錯卦大致是如此，我只是先提個頭，跟大家講一下《易經》方法論，按卦序學完六十四卦，再從錯卦的角度做最後的整理，是有其必要的。也就是說，你對《易經》這種圓融智慧的掌握，原先可能只有四分之一，懂得錯卦之後，可以一下子擴大四倍，把中間的變化關係看得更清楚，也可以準確預測、掌握問題的核心。可見，相錯相綜的四個卦就像圍棋的大棋盤，完全了解中間的因果關係，就幾乎沒有任何事情是不能解釋的。

屯者，物之始生

有天地，然後萬物生焉。盈天地之間者唯萬物，故受之以屯。屯者，盈也，屯者，物之始生也。物生必蒙，故受之以蒙。蒙者，蒙也，物之稚也。物稚不可不養也，故受之以需。

——〈序卦傳〉

上述文字是〈序卦傳〉開頭的一部分：「有天地，然後萬物生焉。」說的是有了天地這個大舞台，萬物才能開始生長。開天闢地的宇宙大爆炸後，約四十五、六億年前才形成太陽系、形成地球；慢慢地海洋中有了最簡單的生命，而屯卦就是水中的生命開始動了。屯卦上卦是坎卦，代表汪洋大海；下卦為震卦，震就是生命的動。和宇宙演化完全吻合。現在科學可以佐證生命是來自海洋，但當時畫卦、排卦的人怎麼會知道呢？不但屯卦的象是對的，六十四卦的自然演變次序，與現代科學的佐證完全相合。我們跟古人相隔幾千年，但相較於幾十億年前的宇宙變動，這幾千年根本沒什麼差別，古人沒有精密的探測工具、科學知識，他們怎麼知道這些？有些人認為，既然找不到合理的解答，就說《易經》是外星人寫的，再不然《易經》是上一個文明留下來的東西。那是不是代表我們也會遇到再一次的文明浩劫？這些都令人百思不解。然而《易經》裡面有很多類似的問題是無法深想的，因為再怎麼想也很難找到答案。

乾是精神心靈的象徵，坤是物的象徵，心物合一之後才有生命，屯、蒙大致是這樣。「盈天地之間者唯萬物」，生命一旦開始，就會自己找出路。不管遭遇什麼挫折，生命很難遏止；由此生命就會由簡而繁，越演越多，不管淘汰滅絕多少物種，強大的生命力量總有出路，所以生態世界總是如此熱鬧。「盈天地之間者唯萬物，故受之以屯」，下面就是屯卦的象了；屯卦用最柔韌的小草代表所有生物頑強的生命力。「屯者，盈也」，小草雖然柔弱，卻生機飽滿，所以千萬別小看它。「屯者物之始生也」，「始」與「生」分別來自乾、坤兩卦。「大哉乾元，萬物資始」，那是乾卦的貢獻；「至哉坤元，萬物資生」，父精母血結合，有了具體的形質，有了承載生命的母體，叫生。乾卦叫「萬物資始」，坤卦叫「萬物資生」，所以屯卦就叫「物之始生」，一個從乾來，一個從坤來。「物生必蒙」，物生之後馬上面臨認知的問題，「故受之以蒙，蒙者，蒙也」，所知太少，必須開蒙；然而隨著生命成長，所知漸增，干擾也越多，「物之稚也」，生命還太嫩了。這是屯、蒙階段。後面就是需卦，小東西要長大，當然要找到資源來發展。

屯見而不失其居，蒙雜而著

我們知道，〈易傳〉十翼中壓軸的〈雜卦傳〉是《易經》的密碼，截至目前為止，還沒有解讀出一半。它是高度精簡的，常用一個字解釋一個卦，如乾剛、坤柔、比樂、師憂。它又重整自然演化的六十四卦卦序，以人本、人文為中心，重構整個世界，真可謂微言大義。可是我們發現，惜字如金的〈雜卦傳〉，竟然對屯、蒙做了這麼多解釋，可見對一個剛開始的生命、事業、組織必須高度重視；第一步就別走錯，要好好培養，所以蒙卦講了三個字，屯卦居然講了六個字，這是非常罕見的。「見而不失其居」，「而」就是能夠。「見」即「現」。小草在地底下的時候你看不到，那是潛龍的階段，拚命努力出頭，等到環境改好，時機對了，由潛而見，由隱微不顯到鑽出地面。在〈文言傳〉中，我們講過，「潛龍」的時候，很寂寞、很憋屈，沒有人知道你；到「見龍」時，干擾隨之而至，因為你曝光了，變成眾矢之的，很多人要跟你競爭。因此「見」很容易「失其居」。「居」即居所，也就是固守的「守」。「見」之後，生命會夭折，公司創業之後會倒閉，甚至雖然身體沒死，卻哀莫大於心死，完全不復開創之初對理念的執著、固守，那就叫「失其所居」、「失其所守」。下一卦就是自性蒙塵、理念沉淪的蒙卦。能夠「見」而不失其所守，就是屯卦的智慧所在，永遠保持少年時代清新單純的理想、開創之初的理念。「不習无不利」，坤卦第二爻在世不染，該做的事都做了，還不被社會的染缸污染。就職之時宣誓如何如何，就職之後卻反其道而行，這都叫「失其居」。「失其居」也是《易經》中的旅卦

（䷂），飄飄蕩蕩，失勢、失時、失位，沒有定位，像游魂一樣，是典型的「失其居」，該守的沒守住。能不失其居就是屯卦，〈雜卦傳〉用六個字詮釋屯卦的精神，表示高度重視「屯」，尊重生命，希望維持生命強悍的力量。

「蒙」就是「雜而著」，「而」就是「能」。人長大要承擔很多責任，要處理很多錯綜複雜的人際互動，要戴假面具、講假話，那就叫「雜」；不復單純簡易清新的屯，由簡而繁，由屯而蒙。然而這種混沌狀況，還是得學會管理，要能打爛仗、涉世不染；正因為雜，雜草叢生、荒煙蔓草，讓你狀況難辨、產生認知錯誤，蒙卦就要教你啟蒙開智慧，或者藉由老師的引導，經典的領悟，靠自己的修為，在生命必然變成「雜」的狀況下，啟發智慧、調理秩序，這就叫能「著」。「著」就是一片光明、世事洞明。

屯、蒙的互卦

卦中有卦即互卦，這是《易經》最奧妙的地方。屯、蒙之中各有五個卦（下頁圖）。

蒙卦裡面有復卦、解卦。「啟蒙」就是復原，由互卦的「蒙中有復」，也應驗「蒙中有解」的關係。所有的教育都是為了教你面對、解決人生問題。蒙卦的二、三、四爻是震卦，做為下卦；三、四、五爻（中間三、四是人位，可重疊）是坤卦，做為上卦。坤為地、震為雷，地雷復，就是復卦（䷗）的象。換句話說，蒙卦中間四個爻可以重組成一個復卦；復卦的象就藏在蒙卦之中，所以啟蒙就是復元。再者，亦可由初爻、二爻、三爻、四爻四個爻重組成一個新的卦，下卦就是初、二、三為坎險，上卦就是二、三、四，為震雷，互卦為雷水解的解卦（䷧）。所以蒙中有解脫的法門，就是說教育能幫人家解決問題，最終能自己解決問題。至於屯中有復、有蹇也是如此。屯卦的初、二、三、四，前四個爻就

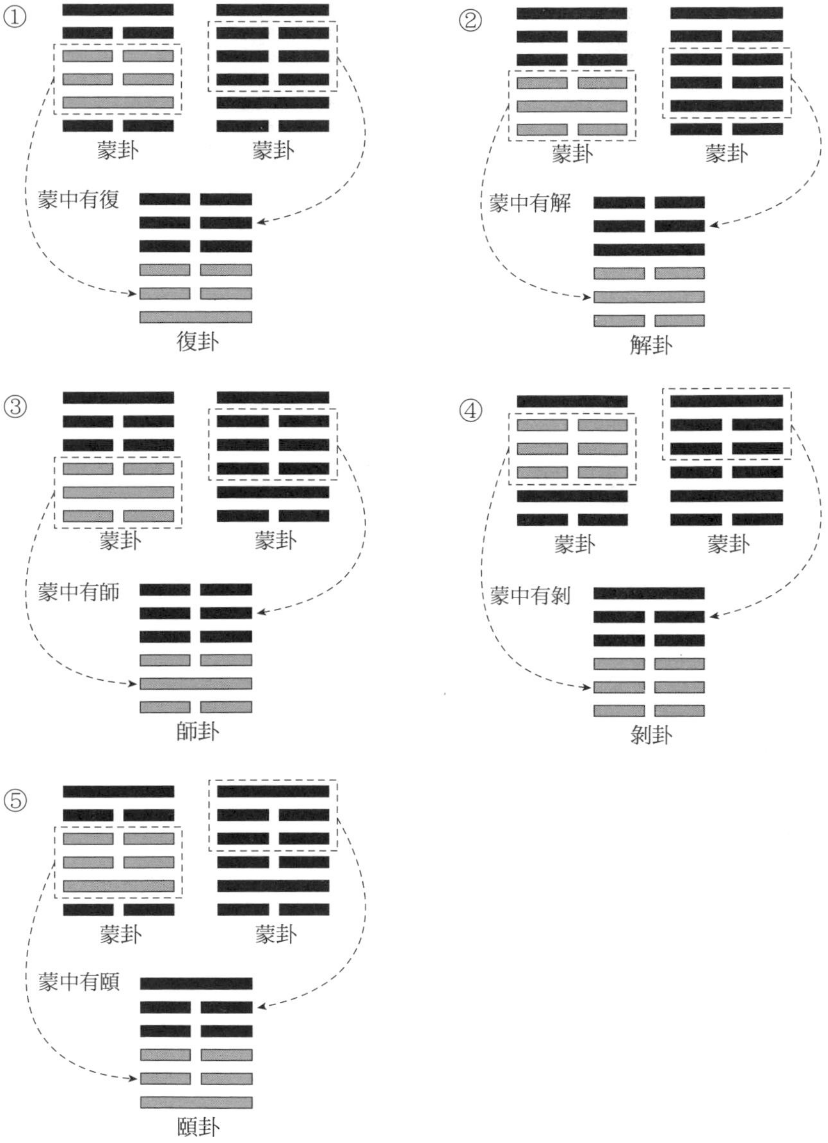
①
蒙卦
蒙卦
蒙中有復
復卦
②
蒙卦
蒙卦
蒙中有解
解卦
③
蒙卦
蒙卦
蒙中有師
師卦
④
蒙卦
蒙卦
蒙中有剝
剝卦
⑤
蒙卦
蒙卦
蒙中有頤
頤卦

蒙卦卦中卦示意圖

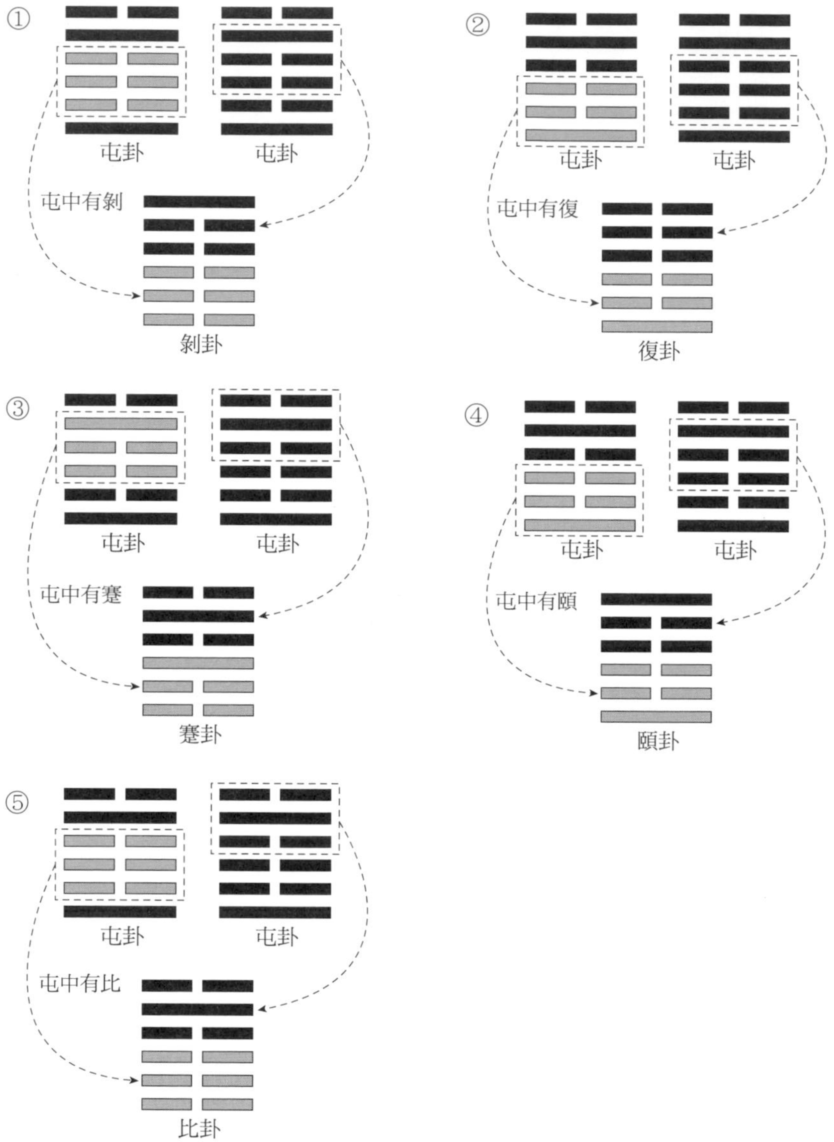
①
屯卦
屯卦
屯中有剝
剝卦
②
屯卦
屯卦
屯中有復
復卦
③
屯卦
屯卦
屯中有蹇
蹇卦
④
屯卦
屯卦
屯中有頤
頤卦
⑤
屯卦
屯卦
屯中有比
比卦

屯卦卦中卦示意圖

是地雷復。「屯中有復」很好懂，任何一個天造自然的生命，接著就會自己想辦法交合生小孩，像西方傳說中上帝造了亞當夏娃之後，人類就可以代代相傳、繼續繁衍無窮。所以「復」是指生命一旦啟動，不論遭遇多少環境的挑戰，都有自動演化、調整的機制。這就是《易經》復卦的概念。而屯卦的生命發展，特別是高層生命的發展，勢必要遭遇很多磨難的考驗；所以三、四、五、六四個爻互卦為水山蹇（䷦），所以說「屯中有難」，蹇就是難，生之難可謂大矣！

屯卦卦辭

䷂ 屯。「元亨利貞」。勿用有攸往，利建侯。

這是屯卦的卦辭。「元亨利貞」，是自然而然的變化創造、生生不息、終而復始的過程。屯卦是一個具體而微的清新生命，很完整，但畢竟太生嫩，基礎還很薄弱，因此要效法乾卦初爻「潛龍勿用」的智慧，以高瞻遠矚的眼光，要有可大可久的計畫。雖然小草冒出來、公司創業了，但要保持低調，好好打下穩固的根基。

卦辭特別強調「勿用」二字，很值得深思。因為屯卦草創時期力量不足，如果這時候開始揮霍，採取大動作，不可能發揮實際的作用。只能和「潛龍」一樣，沉潛、自修，做好長遠的佈局，只有根深柢固，才能根深葉茂、本固枝榮。所以屯卦在開創階段的腳踏實地就顯得非常重要。

「有攸往」，「攸」就是「所」，「有攸往」就是要開始往前邁步、發展；要有前瞻性，定出生命、組織或企業發展的方向，然後按照預定方向前進。「勿用」與「有攸往」是有次第差別的。「勿用」是短期策略；「有攸往」，是中長期目標。關於「短期勿用」和「中長期有所往」，歷來有些誤解。有些解法把「勿用有攸往」講成「不要有所往」，若如此，生命的意義何在？生命在剛開始階段，來日方長，只要做好縝密的規劃佈局，然後腳踏實地、按照既定方向前進；等到要開始執行、推動，有了中長期的發展方向，那就一定要有所往。這時目標、方向一定要非常明確，如你適合幹什麼？你對自己的生命、對環境、形勢的了解有多少？所以，在冷靜沉潛佈局的時候要「勿用」；等到開始起步，這就是「有攸往」。因此絕對不可以把「勿用有攸往」當成「不要有所往」。「勿用有攸往」在遯卦（䷠）初爻也出現過，意思是一樣的。在剛開始想要遯、想要逃的時候，不能慌慌張張拔腿就跑，一定要先「勿用」，看清楚情勢，再按照計畫往前走。

「利建侯」說的是什麼呢？

屯卦面臨一切剛開始佈局的階段，情報的收集要靈通，資訊的搜羅要全面，好對周遭形勢和自己的條件、潛力都有透徹的理解；正所謂知己知彼，百戰不殆。在此基礎上，再做整體規劃，就像創業之始，生產、銷售、管理等人事佈局，攸關事業的成敗；一個政權剛建立，組閣問題也至關緊要。因此企業和政府組織剛建立時，「建侯」就有利。

「建」字原意為「原創」，史無前例、過去沒有的。在生命出現之前，世界是一個無情荒地，所以才有「元」的開創性。「侯」，即諸侯，這個字是《易經》常見的關鍵字。我們知道，從夏商周三代到春秋戰國，諸侯為一國之君。「侯」在公、侯、伯、子、男五等爵位中居第二高位。分區治理的侯，就叫諸侯，等於是地方的統治者，但他還要對中央政權或天下共主負責。可見，剛開始創建一個王朝、佈建一個組織，一定得分區治理。然後地方要對中央負責，中央要到地方巡視，這叫巡狩；地方要向中央彙報，這叫述職。通過這樣的互動，才能保持總體的安穩。這種狀況在現代企業，尤其是跨國企業最為常見。現在很多跨國企業還區分為歐洲總部、亞洲總部、非洲總部、美洲總部等，然後還有一個中心的總部。這種中心與各方的關係也叫「建侯」。建侯越扎實，找到適當的人負責地區性的市場和業務，整體績效就會越來越好。生命也是一樣，假定頭腦、心臟為中樞，每一個器官、神經末梢不都是「侯」嗎？通過眼耳口鼻舌等感覺器官和神經末梢了解外部資訊，傳遞到大腦中樞負責判斷指揮，這才是完整的生命組織。

「侯」字除了是地方與中央的關係，也指各部門、區域之間各自獨立而又分工合作、相輔相成的關係。另外，「侯」與「候」在古書中常共用，即「徵候」之意，如外界的風吹草動、一年四季寒來暑往、周邊市場的資訊、整體經濟環境、景氣的盛衰。這些「候」小到身體感官、一個公司部門，大到一個國家機構，都有搜集外界資訊、傳遞到決策中樞的功能。所以「侯」與「候」是相通的，只有建立穩固的地方和局部組織，屯卦才能永續經營。

由此可見，「利建侯」攸關所有人事組織、部門規劃，由他們負責了解環境、搜集資訊，中央決策單位才能正確判斷、協調一致的行動。這是組織建立的基礎。只有這樣，才能在面臨各種變化時不致迷失。

古人觀察天象、節氣的變化，以及動植物生長狀況等自然物象，都叫「候」。古代社會將每年的氣候變化細分為七十二候，每五天為一「候」，叫「占候」。全年的農耕計畫完全按照時序行事。這些情報的搜集，當然要有非常靈敏的感官，才能把生存環境建設得更好。這就是屯卦的「利建侯」，與時俱進，隨時調整，即使在農業社會比較緩慢的發展時期，五天就有一個變化的徵兆。像現在的投資、股票市場，資訊瞬變，不要說五天看一次，有時一天就有五個變化。所以消息一定要很靈通，時刻關注外界資訊，然後修正自己，調整應對，這就是「建侯」。所以從一個新生命、新組織來講，「建侯」幾乎是第一等大事，只有先將自己的結構妥善佈局，不管外面怎麼瞬息萬變，都能在第一時間掌握，做出及時應變的決策。

「利建侯」是整個屯卦奮鬥的重點，到了第八卦比卦（䷇），則是重視外交、互助合作，國與國、組織與組織之間的來往、親善關係很重要。比卦〈大象傳〉也講到「侯」，「建萬國親諸侯」；第十六卦豫卦（䷏）就講：「利建侯，行師。」屯卦是第三卦，豫卦是第十六卦，從屯到豫，組織發展成熟了，可以好好打仗、行動了。換句話說，豫卦就已經做好準備、完成戰備了。屯卦還在準備階段，猶未能「行師」。這是上經三個卦——屯、比、豫，都跟「侯」有關，與佈局、佈建有關。下經第三十五卦晉卦（䷢），還講到「康侯」，這個「侯」也不一定是一個官，可能代表一個時代進展到富強康樂的時候，可以做什麼事情。

總的說來，「侯」在《易經》中無比重要，因為「侯」代表覺知敏銳、訊息完整，並可隨機應變、隨時調整。當然這就涉及到下一卦蒙卦指出的認知問題。可見，屯、蒙一體，屯卦中就有啟蒙的象，藉著「利建侯」了解外界的變動，了解這個行業、這個市場或這個世界。

很多學《易經》的人會對某些卦有主觀的喜好或者特別投緣，其中就有很多人特別喜歡屯卦的草莽清新。

總之，屯卦卦辭道理很簡單，短期勿用，中長期有所往。雖然很小，但有完整的「元亨利貞」，所以不要虛耗生命，在雄圖大展之前，要做好腳踏實地的準備；「屯者，盈也」，等到生機飽滿、資源蓄滿，才能破土而出。

屯卦〈彖傳〉

〈彖〉曰：屯，剛柔始交而難生。動乎險中，大亨貞。雷雨之動滿盈，天造草昧，宜建侯而不寧。

這是屯卦的〈彖傳〉。〈彖傳〉專門解釋卦辭，分析卦的結構，有時也處理到爻，如把最重要的爻點出來，即「卦主」或者「主爻」。屯卦的主爻是「初九」，這一主爻尤為重要，因為屯卦是生命的基礎，把基礎打穩，當然很重要。「初九」是處於內卦、下卦的陽爻，淋漓盡致地表現創業精神、生命力的特徵不在炫目的外在，而在冷靜打好可大可久的基礎。屯卦全卦的精神就在初爻，而它不是君位，這也說明主爻不一定在君位。

「屯，剛柔始交而難生。」屯是怎麼來的呢？就是乾剛坤柔始交、父精母血的結合，而有了一個生命的形體。但是有了生命，就得面對隨之而來的各種險難。

「動乎險中，大亨貞。」這句話和前一句連起來，頗有韻文的意味，而且很有動感；可見，《易經》的語句修辭也是節奏感人、很有生命力的。屯卦下卦是震（☳），上卦是坎（☵），震是動，坎是險，正是「動乎險中」，或者內動而外險。一般面臨危險的時候，有些人就比較膽怯，不敢動，但屯卦的處境就是要動，雖然不是馬上涉險，但必須動得很勤快，因此一開始就得鞏固基礎，以圖發展。這就是「動乎險中」的要義。生命一開始就有險，生於憂患，不但屯卦有險，其後的蒙、需、訟、師、比五個卦之中都有坎卦，都要涉險。所以乾、坤之後的六個卦都未能脫離坎險；雖如此，但這是生命組織發展必經的憂患洗禮。不但蒙卦要經歷坎險，還要經歷艮阻，有險有阻。「大亨貞」是解釋「元亨利貞」，因為「元」有大的意思，若能正確掌握動的方向與時機，一定可以克服萬難、蔚成氣候，並屹立不搖、由小漸大，從幼苗長成參天大樹。整體看來，這句話是鼓勵人們勇於進取、正確面對艱難險阻，將來終有大成就。

「雷雨之動滿盈，天造草昧，宜建侯而不寧。」由第一句讀到此處，屯卦〈彖傳〉像詩歌一樣有無窮的韻味。「雷雨之動」，這是洪荒初啟、生命剛開始的象。「雷雨之動滿盈」也應了下卦震為雷、上卦坎為雨的象。上古洪荒年代洪水橫流、雷雨不斷，把原始生命喚醒了，自然界開始出現生機。「滿盈」，就是充滿；「屯者，盈也」，生機飽滿，宇宙大霹靂之後，生命就從這裡醞釀出來了。「天造草昧」，「草昧」即草創、茹毛飲血的象；「天造」是乾坤之後的自然環境。「宜建侯而不寧」，是指在屯卦這個階段的生命或組織，應該未雨綢繆，開始「建侯」，好為即將而來的生命挑戰、事業拓展做準備，把一切發展佈局做到最完美的狀況。在此階段，沒有一天能休息，即「不寧」。有過創業經驗的人都知道，剛開始不分晝夜，整天都在想，永遠有做不完的事情；那種奮戰精神，和「君子終日乾乾，夕惕若」是一樣的感覺。「宜建侯」，「宜」字上面是女陰的象，下面是陽根的象，陰陽合為「宜」；因時因地制宜，做得恰到好處、有生機，表示這個階段要趕快做好各方面的組織發展及人才佈局。

「宜建侯而不寧」是解釋卦辭「利建侯」，也是告誡我們創業之初不能懈怠，為了未來長遠的目標，現在要做很多準備。「宜建侯而不寧」與乾卦〈彖傳〉最後的「首出庶物，萬國咸寧」，顯然不一樣；「萬國咸寧」是以世界和平為一個合乎天道、天理的終極目標。可是要實現這個目標，不知要經過多少辛苦奮鬥。就是屯、蒙、需、訟、師這麼一直下去。可見，生命過程中，不僅要奮鬥不息，還要面臨很多紛爭挑戰。所以「萬國咸寧」之後到坤卦最後一爻就發生戰爭了，「龍戰于野，其血玄黃」，當然「不寧」；而乾坤之後的屯卦整個卦都「不寧」；到第八卦講外交的比卦（䷇），要跟人家密切互動了，也講到「不寧方來，後夫凶」，因為怕沒交到該交的朋友，也怕交錯朋友。一直到下經的第五十八卦兌卦（䷹）「九四」爻的「商兌未寧，介疾有喜」，在談判、兩口相對的時候仍然不寧。所以從乾卦提出「萬國咸寧」的理想之後，實踐的過程辛苦備至、而且永無寧日，然而這也是天道自然的法則。

屯卦〈大象傳〉

〈大象〉曰：雲雷屯，君子以經綸。

這是屯卦的〈大象傳〉。「君子以經綸」，「經綸」即組織。我們平常說一個人滿腹經綸，就是誇獎這人腦筋清楚，做事之前成竹在胸，對主次、先後關係清清楚楚。只有這樣才能經營企業、經營國家，乃至縱橫天下。這裡要說明的是，「經綸」與「經緯」不一樣，「經」是強調分工，「綸」是強調合作。政府組閣分內政、外交、各部等，這叫「經」，有分工體制或分區治理的諸侯。如果這些分開的組織部門不是一個整體，就會製造諸多山頭或部門本位主義，各自為政，損及整體利益。因此既要分工，又要能夠合作，要把它箍起來連成一片，這就是「綸」。這等功夫更難，更需要高等智慧。

可見，「經」之後，還要能「綸」，既有部門分工，又能加強部門之間的合作。好比我們的五官，如果眼睛和鼻子「打架」，不肯合作，當然無法構成靈敏、完整的生命體。當代社會，「綸」的合作精神特別重要，很多組織的弊病常常是經而不綸。俗話說「一人一把號，各吹各的調」，結果組織裡山頭林立、互相牽制，這就是「綸」的功夫不夠。「君子以經綸」，正因為縱橫交織，即使區分成一個個部門、區塊，運作起來完全像一個整體。

為什麼叫「雲雷屯」，而不叫「水雷屯」呢？因為坎卦在上卦，水氣凝結成雲，還未下雨，只是下雨的前兆，所以叫「雲雷屯」。換句話說，已經看到雲了，但還沒下雨，還在準備階段，這剛好合乎屯卦的意思。創業前或者在籌備階段，就像「雲雷屯」一樣；還沒準備好，不到真正要動的時候，只是鼓起一點風雷雲動來造勢。

以上就是屯卦的〈大象傳〉，是就上卦與下卦、內卦與外卦的互動來分析，不涉及任何一爻，跟

〈彖傳〉的分析方式是不同的。我們也說過，〈易傳〉是先有〈大象傳〉，接著是〈小象傳〉，然後才有〈彖傳〉把卦與爻做整體全面的分析。當然我們現在讀已經定型的經傳結構，先讀卦辭，然後〈彖傳〉，再是〈大象傳〉；最後進入爻，再看解釋爻辭的〈小象傳〉，但實際創作順序並非如此。

屯卦爻際承乘應與的關係

在進入屯卦（䷂）的爻辭前，我們先把爻際互動關係以及每一爻是「中」還是「正」，做一個說明。了解這些，將有助於我們了解爻辭。對於《易經》初學者來講，了解屯卦並不容易，尤其爻辭的用詞艱澀。過去一些解析版本，或者有錯，或者講得不清楚，所以我們還是花點時間，先從屯卦六爻的結構入手。

從陰陽爻的對比來看，屯卦是個二比四的卦，即陽爻二、陰爻四，不像乾、坤皆為六比零。屯卦初爻最重要，下卦震的「帝出乎震，萬物出乎震」就表現在初爻，是內在生命的核心。而整個屯卦的精神正如乾卦初爻的「潛龍勿用」，要在「勿用」上面好好發揮；屯卦的「勿用」就在下卦震，也就是屯卦的「初九」爻。居於「九五」君位的第五爻反而不是全卦之主，為什麼呢？因為屯卦的大環境最重要的就是將生命力、核心競爭力的基礎打好，將來不論遇到什麼挑戰都經得起；而君位被套牢在上卦坎險之中，自身難保，行動的範圍就很有限。

由此可知，下卦是震，可以在基層佈局，發展組織；而上卦因為在險中，加上屯卦是處在草創的階段，好比一個公司的品牌剛剛登記，還不能有大的作為。所以下卦震的初爻就是主爻，君位受限於大環境，不能有什麼作為。

縱觀全卦，屯卦的「初九」和「九五」這兩個陽爻本身還是很不錯的。「九五」中正，陽居陽位，又居上卦之中，就是所謂的「當位」。「初九」也是陽居陽位，而且又是震卦生命力的核心，所以它也是「正」。「正」是陽爻居陽位，陰爻居陰位；「中」是二爻或五爻。這兩個陽爻都有實力，在一定範圍內，初九在內部做準備，要怎麼動就怎麼動；「九五」是君位，但處在不大能動的坎險之中。另外四個陰爻就代表資源不足、資金不足，可能要跟銀行借錢或缺乏某方面的專業。所以在屯卦之中，陰爻是配角，陽爻是主角；當然一般都是陽主陰從、乾主坤從。這兩個陽爻又告訴我們，初爻是最有生命力的第一男主角，屯卦正要在這個位置上好好下工夫；而五爻只是一個象徵，目前無法有太大的行動，但它畢竟是屯卦的君位。另外四個陰爻的爻辭就要考慮它們本身的條件，是不是「中」或「正」？然後再考慮爻際承乘應與的互動。

屯卦只有第三爻陰居陽位，不正又不中。做為生命初始的屯卦，大部分爻都是「正」的；第三爻不正，該爻爻辭要有好結果就很難。

我們看蒙卦（䷃）是不是大部分都不正了？蒙代表「嗜欲漸深，天機漸淺」。從全卦來看，蒙卦只有第四爻是唯一「正」的。「六四」陰居陰位，其他五爻不是陰居陽位，就是陽居陰位。而屯卦六分之五都正，都當位，都量才適性。這也暗示我們，生命越往下發展，可能離正道越遠。

這是「中」、「正」的檢討。所有的陰爻一定要發揮坤卦的智慧，跟對陽爻，藉陽爻的資源開拓其錦繡前程。屯卦自有資源不夠，陽大陰小、陽實陰虛，陰爻的吉凶禍福，全看兩個陽爻如何配合。從全卦看來，我們發現，因為承乘應與的關係，能左右逢源的只有第四爻。

那麼如何判斷屯卦相鄰兩爻之間的關係呢？上面與下面的關係就叫「乘」，陽乘陰是正；下面是承上啟下，就叫「承」，陰承陽是正，這個關係非常好。陰爻沒有資源，當然要跟隨富有資源的陽爻，而且能和諧相處。「應與」關係就是隔三個爻的內卦、外卦呼應關係；一陰一陽，而且彼此都正，陰居陰位，陽居陽位。第四爻與初爻的關係不叫相應，而是陰陽互補、水乳交融的「相與」關係。所以「六四」左右逢源，不但近距離的承、乘關係，以及呼應的關係都很好，本身也正。其他的爻就辦不到了。第二爻陰居陰位，又居下卦之中，既中且正，這是有利的，它與同樣是既中且正的「九五」君位相應與，是絕配，在屯卦中就是忠心耿耿、打不散的關係；等於是男女之間海誓山盟的關係，這叫相應與。可是承乘關係就有問題了，二爻和初爻這個屯卦第一男主角的關係是陰乘陽，這就不正常了，中間必有曖昧，關係不可能長久。陰乘陽、柔乘剛，陰爻在陽爻上面，就是欲望蒙蔽理智的象，在近距離的關係中，屬於不合理、不正常的。所以第二爻雖然本身既中且正，優於第四爻的正而不中，可是它只有單邊的外援，就會造成某種程度的干擾，很可能因為感情用事而脫離規範，甚至犯錯。這就是陰乘陽的問題。這也使得二爻在選擇追隨五爻或初爻時猶豫不決；第五爻跟它關係最好，照說應該不遠千里而去配合他，可是畢竟隔得太遠，而且五爻正困在坎險之中，不能動彈。而屯卦中最有力量、最有前途的是初爻，二爻與初爻靠得很近，照講應該緣分天成，不過這個緣分並不正常，很具悲劇性。如此一來，為了兩者擇其一，二爻處於天人交戰狀態。

再看其他爻就更糟了。初爻與二爻朝夕相處，一陰一陽，可是陰乘陽，它們的關係也有問題，因為初爻的應與關係是第四爻，雖然隔得比較遠，但第四爻才是它的理想搭配。然而身邊卻多出一個不正常的冤孽關係糾纏，對初爻來講，不也是很痛苦嗎？第四爻是你的合法夥伴，偏偏離得太遠；於是和身邊的第二爻產生了辦公室戀情，結果造成很多陰陽互動的矛盾。

上爻與五爻的關係跟二爻與初爻的關係，一樣都是陰乘陽、柔乘剛，冤孽糾纏的不正常感情。上爻是「亢龍有悔」的大老，已經不居其位了；五爻是實際掌權的老大。大老與老大、亢龍與飛龍之間的關係糾纏不清。可是第六爻還死命纏住第五爻，指指點點，要下指導棋。搞得五爻深陷坎險、窮於應付。

上爻爻辭就是一個很悲情的象，一方面屯卦象徵的生命已經發展到最後終點，不像初爻那麼雄姿英發，而且它是陰爻，必須找有實力的陽爻才有生生不息的前途。可是跟六爻最近距離的五爻是陰乘陽的不正常關係，無法長久。而它的應與關係也不好。因為三爻與六爻是應而不與，兩陰不能生，資源無法互補，你有的我都有，你沒有的我也沒有；所以六爻跟三爻沒戲唱。上爻找不到男朋友，她唯一能找到的男朋友是五爻，偏偏關係不正常，所以上爻爻辭哭得很傷心，但哭也不能解決問題。

四爻在兩個都正的爻之中也要做一個選擇。本來五爻跟二爻、四爻的承乘應與關係都是正常的，照講這個位置不錯，可是它在坎險之中，心有餘而力不足，旁邊還有一個囉囉嗦嗦的上爻在那邊糾纏不清，這就影響到第五爻的表現。

另外，屯卦唯一不正的爻，就是最要命的第三爻；陰居陽位，本身就不正，外援關係也很糟。上下的承乘關係都是陰爻；跟第六爻的應與關係也沒得搞。而屯卦中的兩個陽爻本來可以滋潤陰爻，但第三爻跟它們既不承、乘，也不應、與，完全沒有緣分。處在這樣的情勢中，第三爻怎麼可能有好的發展呢？

以上就是以屯卦為例，說明一個卦所呈現的多角關係。要理解爻辭，就要考慮所有的條件，諸如中、正，以及近距離的承乘關係、遠距離的應與關係是不是可以陰陽互補，這就是它的基本分數了。

屯卦六爻詳述

初爻：勇猛精進

初九。磐桓。利居貞。利建侯。

〈小象〉曰：雖磐桓，志行正也；以貴下賤，大得民也。

我在上文講過，屯卦，尤其是爻辭，對初學者來說是比較困難的。「磐桓。利居貞。利建侯。」一不過八個字，卻將屯卦勇猛精進的生命力及創業精神淋漓盡致地從初爻表現出來。屯卦卦辭最後以「利建侯」諄諄告誡，「初九」爻辭最後也是以「利建侯」作結，一個爻就代表全卦的精神。

「初九」講「利居貞」，「居」就是〈雜卦傳〉講的「見而不失其居」，若要捍衛、固守自己安居樂業的場所或資產，就得依正道而行。「利居貞」，就像卦辭中的「元亨利貞」一樣，「居貞」就有利，守住生命的基本盤，把生命中最重要的東西建設起來了。

「磐桓」二字值得注意。「磐」是磐石，像花崗石、大理石之類最堅硬的石材，是蓋大樓打基礎最好的建材。所以「磐」就是打地基。不管是摩天大廈或是一個龐大的組織，基層的支撐力量特別重要，因此要挑一流的建材做為大廈的基礎，當然要選「磐」——堅硬的石頭。除了「磐」之外還有「桓」，「桓」字左邊為「木」，就是用最好的木頭當做棟樑之材。引申言之，「磐桓」就是說，要建構任何組織或起造大樓，一定要挑第一流的人才或第一流的建材，千萬不要偷工減料，這樣才能可大可久、屹立不搖。既然對工對料有這麼嚴格的要求，那麼施工期一定拉得比較長，眼光要長遠，因為屯卦才剛開始，下面還有好多卦，所以嚴格要求組織結構的基礎牢固。初爻為什麼有蓋房子、打地基、造棟樑等木石結構的象呢？因為屯卦前一卦是坤卦，坤卦是土地，既然平台、土地都有了，到屯卦當然就要開始有所建構。然而「磐桓」會比較慢，因為慢是必須的，要老老實實把基礎扎穩，不能急功近利。

可見，屯卦要建構的東西，要求扎扎實實、品質俱佳，即使慢一點也沒有關係。但「磐桓」一詞後來在中文的意思就有「遲疑不前、磐桓不進」的意思；其實「不進」是因為要求高，所以工期慢，看起來好像是原地踏步。

房子建好了，根基打得深，就可以居家過日子。有了一個據點、基地，過得很不錯，而且都依循正道發展，那就守得住了。但是光這樣還不行，你還要了解周遭環境的風雨晴陰變化，要伸出觸角，藉著種種佈局觀天下之大勢。這就是「利建侯」。這樣就不是與世隔絕，還可以根據外面變化的資訊隨時調整。

〈小象傳〉進一步解釋這一爻的重要性：「雖磐桓，志行正也。」這是解釋「利居貞」。因為非常講究基礎建設，要挑第一流人才、用第一流建材，寧可慢也絕不將就；因為「志行正也」，對「志」的要求很嚴格。「志」就是心中主要的想法，「行」就是把想法做出來。想法要「正」，志向要「正」，做法、實踐、行動也要「正」。因為志行都正，所以嚴格要求，在那裡「磐桓」，就比一般人慢。這一點很值得我們思考，因為人生就是兩件事，一個是「志」，一個是「行」，在生命剛開始的階段，先要讓志向正，然後行動也要正。要有乾卦創意企劃的理念，還要有坤卦落實執行的功夫，所以才有屯將乾、坤的優點集於一身；有創意、能執行，有想法、有做法，然後才是志行合一。可見，志行都正很重要，你怎麼想、怎麼做，能不能將想法付諸實施？假定都正確，這就是「磐桓」發揮效力了。比如君臨天下的臨卦（䷒）第一爻也是「咸臨貞吉，志行正也。」臨卦是開放自由、創意無窮，而且有君臨天下的氣勢，但其基礎仍然要求想法、做法必須正確。

〈小象傳〉接著說：「以貴下賤，大得民也。」陽貴陰賤是《易經》的「力學」。陽爻有實力，很充實，可以自立自強；陰爻就要懂得借力使力。初爻是最低賤的位置，理論上是最基層，可是它是一個陽爻，有實力、也有活力。換句話說，一個沒有身段而有才學、見解的人願意到基層歷練、願意接近民眾，故能取得主宰群眾、感染群眾的力量。這就是屯卦第一爻的意思——「以貴下賤」。陽爻是尊貴的震動之主，可是卻待在社會底層接觸民眾，當然能「大得」；上面都是陰爻，一個陽爻穩穩的在下層，建構一個非常堅固的底盤，好像救世主一樣，「大得民也」。民眾一旦依附於他，願意跟他走，他就擁有民意的代表性，也擁有了活動的能量。

「以貴下賤，大得民也」，絕對不是高高在上，這是運用初爻的象徵意義，剛開始總要有基層奮鬥的經驗，該吃的苦、該有的歷練都得歷練。

注意這個爻的爻變，單爻變是比卦（下圖）。「比」是外交，跟外面發展關係、結盟。屯卦第一爻在打好內部基礎之後，也要廣結善緣，發展對外結盟的關係。「磐桓」是拚命建設自己，「利居貞」，然後還要「利建侯」，伸出觸角，了解其他組織或生命體，那就是「比」。生命是互助合作的，內部處理好了，自然就有一定的身價，你的價值很多人都看到了，希望跟你展開互動。弱國無外交，自己一無所有，卻妄想高攀一些有實力、有能量的朋友，希望能藉此獲利，但人家也要掂一掂你到底有多少斤兩呢。所以初爻看著是「潛龍勿用」的爻、「潛龍勿用」的位，可是內在充實了，自然會往外發展，這是順理成章的。我們講交朋友，基本上就是做乘法；如果你一無所有，乘上一萬還是零。如果你是一，交了一萬個好朋友，你就有一萬的力量；如果你是十，那就更不得了。所以你的自有資源這個被乘數是很重要的。

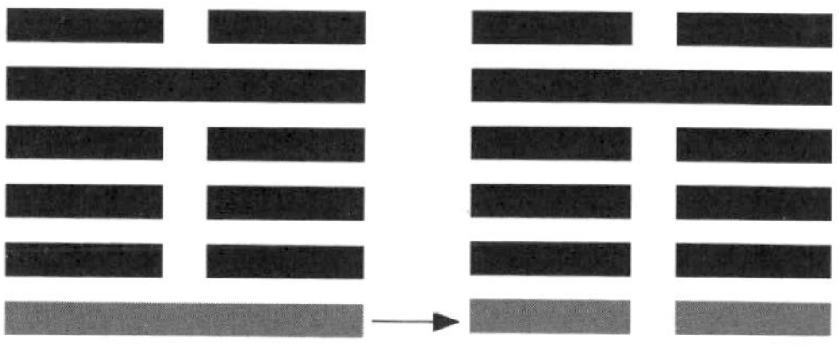

屯卦　　比卦

由此可見，內政做好，再展開外交，這時就很有身價、很有實力了，交朋友當然容易。屯、比二卦都是如此，由內而外，由下而上。比卦是建萬國、親諸侯，自身飽滿之後，朋友越多越好。

屯卦與身體《易》的運用

學習《易經》的一個好處，就是未必要想國家大事、組織發展等大問題，只要使自己身心健康就可以了。這就是「身體《易》」。我們都知道，中醫和《易經》的關係十分密切，過去甚至認為，不通

《易》就無法通醫。事實上，《易經》養生也是二十一世紀的顯學，若能通達運用，這裡面取之不盡、用之不竭，有很大的空間。我們講過，《易經》六爻的結構跟人體六大關節是完全相合的。第六十卦節卦（䷻）就是一個最抽象、也最具體的身心表現。人體的踝、膝、胯、腰、椎、頸如果都符合節卦的象，那麼身體一定是最健康的。

此外，《莊子》一書談到道家修為的最高境界就叫「真人」。《莊子・大宗師》云：「何謂真人？古之真人，不逆寡，不雄成，不謨士。若然者，過而弗悔，當而不自得也。若然者，登高不慄，入水不濡，入火不熱。是知之能登假於道者也若此。古之真人，其寢不夢，其覺無憂，其食不甘，其息深深。真人之息以踵，眾人之息以喉。屈服者，其嗌言若哇。其嗜欲深者，其天機淺。」練過功夫的人都知道，呼吸要深長、綿綿不斷；所以「真人之息」，不是一般的呼吸，而是「以踵」。真人的呼吸深長綿細可到腳底，一般人被欲望污染，所以「眾人之息以喉」，只有短促的鼻吸鼻呼。這就是屯卦初爻所云「磐桓，利居貞，利建侯」。屯卦是像嬰兒一樣柔軟的生命，初爻抓地抓得那麼穩，就如腳底湧泉穴一樣，地氣生機不斷地從湧泉穴泉湧而上；而且身體完全是鬆柔、暢通的，所以可以那麼輕鬆、自在。

這是從「身體《易》」的觀點對屯卦初爻做一點補充，如此，我們對這個爻可能會有更深的體會了。

五爻：自身難保，困苦不堪

九五。屯其膏。小貞吉，大貞凶。

〈小象〉曰：屯其膏，施未光也。

講完了最強、最值得重視、象徵基礎準備工作的第一男主角初爻，接下來要講第二男主角——第五爻。「九五」被套牢在坎險中，雖在地位顯赫的君位，可是自身難保，困苦不堪，有再高的能耐也發揮不出來。所以爻辭說：「屯其膏。小貞吉，大貞凶。」「初九」是「潛龍勿用」，在一個要求「勿用」的屯卦中，當然當令，很受到重視；但「九五」在乾卦是「飛龍在天」，在屯卦的大環境之下，怎麼可以「飛龍在天」呢？可見表現在屯卦中的第五爻，顯然不能成為「飛龍」，而是「屯其膏。小貞吉，大貞凶」；「貞者，事之幹也」，明確告訴你，小幹則吉，大幹則凶。換句話說，屯卦第五爻能做的很有限，「貞」就是要堅持做正確的事；可是大環境不允許，資源不足、自身難保，雖然君位的爻要負責照顧他人，但現在能把自己照顧好就很不容易了。

「屯其膏」，就是凝滯未開的象；短期勿用，長期有所往，一時之間即使有本事也揮灑不開，因為各種條件尚未具備，這時就得忍耐，繼續充實自己，等到時機成熟，水到渠成，才有出頭的機會。「屯」是動詞，那麼，什麼東西會受限呢？膏。「膏」就是肥肉，一個政治領導人所擁有的資源就叫做「膏」。政治原本就是分肉的事，宰相的「宰」，就是切肉切得平均不平均。所以「膏」就是政權、君位擁有的資源；然後可以「雲行雨施、品物流形」，利益均沾。一個領導人領導群眾、贏得民心，就是他可以通過很多善政而把資源施布出去，刺激生產消費，讓老百姓感恩，好比上天下雨使作物欣欣向榮。由此我們可以知道，有沒有那樣的肥肉、那樣的資源分給大家吃，這就是「膏」的本意，所以古人稱善政為膏澤下降。若沒有讓百姓享受好處，人家為什麼要服從你的領導呢？「屯其膏」的處境就很難了，只能勉強擠出一點來，「小貞吉」，讓大家暫時紓困；可是要有魄力大開大闔、大幹一場，下一場傾盆大雨，滋潤天下蒼生，那辦不到；因為現在還不具備這個能力，心有餘而力不足，只能「屯其膏」，量入為出地分配。所以會出現險象，君位的威望當然受影響，你要求下面的人配合，可是你不能給他好處，他頂多賣你面子，幫你做一點不大不小的事，畢竟你還是君位。要他拚命大幹一場，苦哈哈的，他才不甩你。由此看來，整個「九五」就是這樣，資源不足，能做的很有限。

〈小象傳〉就解釋得很清楚：「屯其膏，施未光也。」為什麼不「光」？因為不夠，這時該怎麼辦呢？既然不夠，就得老老實實慢慢來。就像五爻爻變為復卦（下圖），得慢慢復甦、慢慢調養過來。初爻爻變是比卦，裡面做好，就可以往外發展。第五爻正好相反，能做的有限，所以一定要謹守復卦的邏輯，慢慢調整、慢慢復甦，等到能力充足，這個局面才能突破。

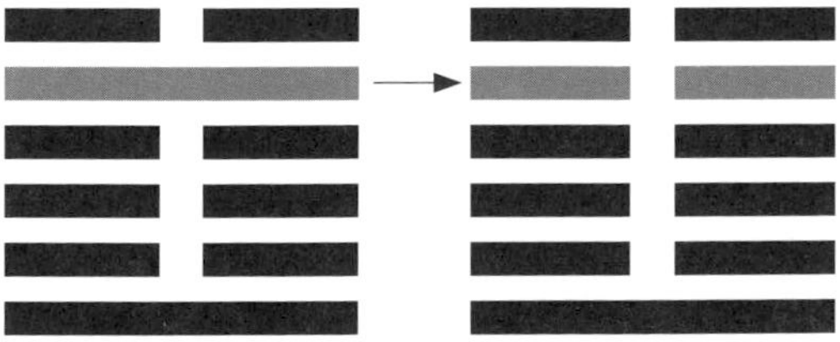

屯卦　　復卦

四爻：下體民意，仰承上意

六四。乘馬班如，求婚媾，往吉，无不利。

〈小象〉曰：求而往，明也。

第四爻是中央高官（內閣、國會）、部門主管的位置，承上啟下。「六四」左右逢源，上面是與「九五」君位的關係，陰承陽，柔承剛，可以輔政。但是把大部分力量用在協助「九五」，成效不大，因為「九五」本身「屯其膏。小貞吉，大貞凶」，而且「六四」和「九五」都在上卦的坎險之中，所以這時「六四」最聰明的辦法就是照顧「初九」所代表的民意。也就是說，你與上面關係雖然好，但還要顧及民意，不要一天到晚揣摩上意。可見屯卦的工作重點是照顧民意的需求；「六四」照應「初九」的福利，實際上是間接幫「九五」解決很多問題。所以「六四」在上承「九五」、呼應「初九」的關係中，選擇與「初九」「應與」的關係優先，否則，一天到晚鑽營、討好「九五」，根本無法解決問題，並且仍在坎險之中。

下體民意而不失仰承上意，以政治格局來講，就是屯卦四爻的處境。現在很多公司也是這個環節上遭遇危機。高層跟老闆配合想辦法裁掉中層、基層；然後，這個高層還沒坐下，老闆就說，你做顧問吧！高層也沒了；老闆還沒坐下來，公司就被人家買走，最終老闆也被裁掉了。這時第四爻最應該做的是什麼？就表現在爻辭上：「乘馬班如，求婚媾，往吉，无不利。」「乘馬班如」，「乘」，騎在馬上；「班如」，不知道方向在哪裡，不知何去何從？是往「九五」跑，還是往比較遙遠的「初九」那邊跑呢？一時迷惑了，只好「班如」，騎上馬在原地打轉。

騎在馬上，不知道該往哪裡跑？在屯卦這初生的生命，處於資源不足的困難時期，本來就有這個問題。這也是「磐桓」——進度慢，原地踏步，因為不知道方向，於是就有「乘馬班如」——猶豫不決的象。我們也講過，乾為馬，坤為牛，馬象徵你的心念，怎麼駕馭這個心呢？但屯卦第四爻是有智慧、有經驗的，稍微猶豫一下，馬上把整個形勢想通、看透了，只要把初爻照顧好，等於間接盡到輔佐五爻的責任。

想辦法解決「初九」的問題，就是「求婚媾」。這是用男女交歡、情愛遊戲的陰陽互動來講屯卦的正確對策。不但求婚，還求媾。「婚」與「媾」不同。「六四」合理的婚配對象是「初九」，不是「九五」。當前要務是解決民生問題，這是「六四」該做的事情，所以他要主動積極地去求、去討「初九」的歡心，不僅婚配，還要陰陽交媾生小孩。世間有婚而不媾的，可能是假結婚或政治婚姻，也有分居兩地，不一定要生小孩的。只是陰陽資源互補，在形式上互壯聲勢，結成聯盟，這是形式上的婚；至於說能不能水乳交融，更深入地合作，共同創造新生命，那才是媾。正常的是既婚且媾，也有反常的婚而不媾和媾而不婚。媾而不婚就是有媾的實質關係，可是沒有表面上的婚，這就是體制外的關係。第二爻「匪寇婚媾」的「寇」是敵人。除了敵人，你要廣結善緣，想辦法交朋友。朋友還可分成三種，一種是最正常的婚媾關係，終身伴侶、長遠的合作對象，是一種想辦法都要求來的關係。退而求其次，因為有「媾」的難度，至少形式上結盟，只求婚，媾不媾（生不生小孩）看天命，那就不是很深入的合作關係，但至少不是敵人。還有一種，有時候迫於形勢，實質上有合作關係，表面上不結盟，那叫媾而不婚。這是指人要處理群眾關係，廣結善緣，在名、實之間還有琢磨的空間。

不管怎麼講，「六四」要竭力爭取「初九」的呼應，就叫「求婚媾」，找到最佳合作對象，就要百分百地呼應，勇敢主動地追求。「六四」向「初九」「求婚媾」，注意這是陰求陽，「六四」的當務之急是跟「初九」求婚求媾，而不是去迎合「九五」。這一想通了，正確判斷形勢，就勇於付諸行動，結果當然是「往吉，无不利」。

「往吉，无不利」，「往」就是根據既定主張往前去接近「初九」，跟「初九」結成連理。「无不利」，沒有任何後遺症，連「九五」都不會怪罪下來，因為你做了正確的選擇。在屯卦的草創階段，真正的重點抓到了，就可以「往吉，无不利」。注意這個「吉无不利」，我們在講乾、坤二卦時提過，「自天佑之，吉无不利」。所以「吉无不利」是很高的讚美；在一片混沌之中，你看出奮鬥的方向，而且馬上見機去做，做了就有好結果，「往吉，无不利」，就有可能蒙天佑。正如「六四」〈象傳〉所云：「求而往，明也。」第五爻比四爻位置高，卻是「施未光也」；四爻如果抓到要點、做得對，卻是「明也」。「明」是乾卦的境界，「大明終始」；「光」是坤的境界，「含弘光大」。有了明的核心才會發光，四爻做對了，明智判斷，求就能往，當然是「明也」。

剛開始沒看清楚，是「乘馬班如」，等到想通了、看清楚了，立刻主動去做，這就可以讓屯卦困窘的局面，在相當程度上得以紓解。這一爻的爻變就是隨卦（下頁圖），隨卦代表環境千變萬化。就像我們現在世界所處的環境，全世界的政經情勢都要回歸基本面，因為舊有結構崩解，好像回到石器時代、茹毛飲血的屯卦；資源不足，經濟萎縮，必須採取很多措施重整殘破的經濟，要紓困，對實體經濟有幫助，而不是追逐金融泡沫；這正是第四爻的責任所在。隨卦也是「元亨利貞」的卦，隨機應變，看待問題要非常彈性，透徹了解屯卦「初九」的問題，並設法解決。以「初九」為主，「六四」為隨（不是主從），如果四爻可以完全落實，爻變就是「元亨利貞」的隨卦。隨卦卦辭有「元亨利貞」，還有「无咎」；也就是說，能做到這些，就可以立於不敗之地。屯、隨兩卦能否「元亨利貞」，完全要看屯卦第四爻能不能做出正確的判斷。因為他要「求婚媾」，往基層民生的基本面修正。在金融危機來臨時，我們也看到了有些人就不主張去救那些高官厚祿者或大公司的CEO，讓他們自身淘汰，長痛不如短痛，這些主張可能也都是這樣的思維。

屯卦四爻爻變是隨卦，這已經驗證了，就是二〇〇九年全世界的經濟形勢。也就是說，二〇〇九年的經濟是「屯」的大環境，要訂定挽救政策，就要各方面紓困，要抬出種種刺激經濟增長、刺激消費生產的措施，施政方向就是往「初九」象徵的民生經濟基本面大幅修正。

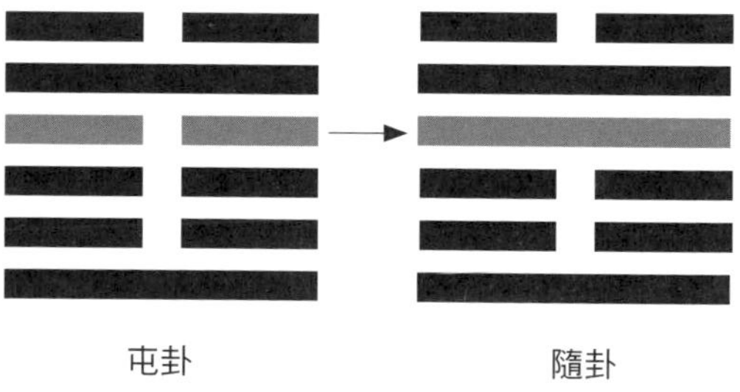

上爻：泣血悲情，無濟於事

上六。乘馬班如，泣血漣如。

〈小象〉曰：泣血漣如，何可長也？

屯卦是一個生機勃勃、草莽清新的卦，但是到了上爻，生機耗光，而且過了最後一爻就要進入蒙卦，「上六」正是由屯入蒙的介面。《易經》是一卦接一卦，一爻接一爻，始壯究、始壯究，到最後生機耗竭，離「初九」所象徵的基本面越來越遠。「上六」進入上卦坎險之極，比起「六四」、「九五」的險境又更糟，雖然它陰居陰位，但已經是由屯入蒙的象。「蒙」就是感情用事，開始自怨自艾，看事不清楚。再者，「上六」的「承乘應與」關係統統不好，跟它呼應的「六三」沒有用，同是天涯淪落人，居於虛位；唯一的機會就是賴上「九五」這個領導人。因為「上六」本身是虛的，靠自己是絕對不能在屯卦中找到一條生路，所以他要去「建侯」或找一個依托靠山，一定得去找一個陽爻，但他跟陽爻「初九」隔得太遠，搭不上關係；只能就近纏住領導人「九五」，但他們的關係是違反體制的，因為陰乘陽，柔乘剛。「九五」剛開始可能還耐心地敷衍應付這個大老，後來應付得煩了，因為「九五」本身不知道有多少事情要操心。「上六」慢慢可能也感覺到了，心裡就很不爽，隔一段時間就要出來演講放火炮，然後「乘馬班如」，在屯卦資源普遍不足的情況下，只看他也跨上了馬，也陷入迷亂之中，不知何去何從。但「上六」的條件和「六四」不一樣。「六四」是上下關係都好，還選了一個最重要的初爻去求婚媾。「上六」根本就沒有合理的對象，到處惹人嫌，這下麻煩了，「泣血漣如」，好可憐。「血」是陰陽相傷的意思，代表「上六」與「九五」是互相傷害的。「龍戰于野，其血玄黃」，陰陽大戰，不但不能互補合作，還會互相傷害。然後他一切都訴諸悲情，希望以悲情博得同情，「泣血漣如」，哭到淚裡出血。「漣如」是淚漣漣的悲情樣子，一天到晚掛著一副苦臉、哭腔、哭調；「泣血漣如」這四個字描繪得太深刻了。

〈小象傳〉更是一語道破：「泣血漣如，何可長也？」你可以這樣一直哭下去、一直訴諸悲情嗎？大家都開始重視實際問題了，剛開始哭的時候很同情你，後來看你胃口大開，哎呀，沒意思了。「何可長也」，往下怎麼成長、怎麼發展？怎麼這麼沒出息呢？拚命扒著一個東西，對社會沒有貢獻，又訴諸早已過時的悲情，大家慢慢也對你不理不睬了。所以絕食一陣子，發現沒意思了，還不如吃飯實惠；哭了一陣子，訴諸悲情，發現沒意思，算了，還是坐下來想辦法。可見，單靠泣血悲情，完全沒辦法解決屯卦的實際問題，而且可能由屯入蒙，那就更糟糕了。

我們一口氣講了四個爻，還有很多占象要等爻全部講完再談。第二爻、第三爻要花多一點時間，所以放到最後來講。

二爻：棄近利，圖遠功

六二。屯如邅如，乘馬班如。匪寇婚媾，女子貞不字，十年乃字。

〈小象〉曰：六二之難，乘剛也；十年乃字，反常也。

首先是第二爻。「六二」與「九五」中正且相應與，是最佳配對關係。理論上來講，「六二」與「九五」是一個君臣、上下、內外的對待關係，從長遠利益或是該盡的義務來看，他們應該是絕對由衷合作的，其實不然。「九五」受「上六」的干擾，疲於應付；而緊鄰著的「六四」卻選擇遠交於「初九」，所以短期內「九五」從「六四」那邊得不到什麼幫助；若是男女相交，「六四」最後也不會選「九五」；因為「九五」在坎險中，地位不保，她當然不會嫁給你，反而看好希望無窮的「初九」。幸好「九五」還有「六二」願意守著他；不過「六二」要履行與「九五」的關係，還需要苦等「九五」脫險，再跟他結合，成為婚媾關係。除此之外，「六二」還要力抗「初九」的威脅，因為「六二」和「初九」也是陰乘陽、柔乘剛的關係，近水樓台先得月，這對「九五」是很不利的；而「六二」也面臨艱難的抉擇：一個是動能十足、魅力四射的「初九」，兩人朝夕相處，只是關係不正常；另一個就是身在坎險，人在江湖身不由己的「九五」。「六二」與「九五」是正常而遙遠的關係，只是一時無法相聚。在這種情況下，對「六二」也就構成考驗了，如何能理智婉拒「初九」的求愛，專心等待「九五」？如果拒絕馬上就可以上手的好關係「初九」，那就得寂寞地等待「九五」脫險的那一天，萬一他不脫險，那你不得守著一輩子的寂寞嗎？這就是「六二」的處境。從男歡女愛那種追求的關係去想：「屯如邅如，乘馬班如。」「屯」還是動詞，就是邁不開腳，顧慮太多，進退兩難。「邅」好像腳黏在地上，很難前進，也是因為做不了決定，不知道該往哪裡走。「乘馬班如」也是如此，騎在馬上，一下子沒有了方向感；「九五」太遠，要費些時日才能實現共同的利益；「初九」很近，馬上就可以上手，可是這個關係恐怕是露水姻緣。這就是「承乘」和「應與」的拉鋸，人生在短期目標和中長期目標之間的選擇。「初九」是「六二」的短期目標，但很難天長地久；因為他是超乎體制的，而且「初九」也有他的伴侶「六四」。「六二」跟「九五」之間有「初九」的干擾，所以是「乘馬班如」不知如何才好？這個選擇是很困難的，絕非唱高調可以妥善處理，因為中長期目標遙遙無期，就算選擇正確，能否耐得住等待，還很難說。

屯卦所有爻辭的正確選擇，一定要遵守「棄近利」的原則。「初九」對「六二」來講就是近利，看著很動人，馬上可以買股票發大財。可是離你的本業太遠，那個錢不該你賺，或者賺到一定程度會爆掉，所以要以長期計畫圖謀遠功，重視基本面。遠功就是在應與關係中的陰陽互補關係，就像二爻跟五爻、初爻跟四爻的關係；近利在爻際互動就是不正常的承乘關係，像初爻對二爻就是不正常的關係，所以二爻應該設法排除「初九」的干擾，苦等「九五」脫險。

屯卦初、二、四、五爻都要看清承乘關係。四爻「輕承乘，重應與」，特別重視「應與」關係。也就是說，在人生創業或成家的選項中，要棄近利、圖遠功。三爻和上爻沒得選，哭也沒有用，就是窘困到死；只有初、二、四、五爻可以等，願意等。四爻還有一個特殊之處，就在於它的「承乘應與」都是正確的，但它還是得「輕承乘」，不管承乘關係是正常、反常，還是得高瞻遠矚，重視與「初九」的關係。既然有正常的承乘關係，「六四」尚且能將「九五」暫時擱在一邊而去呼應遠方的「初九」，何況「六二」呢？「六二」只有呼應遠處的「九五」，因為近處的「初九」承乘關係是不正常的，不能受誘惑。

所以「六四」和「六二」的選擇都要呼應「棄近利、圖遠功」這個原則，這代表屯卦的開創階段一定要想得遠，近處的不正常利益往往會帶來傷害，即使是正常利益，也會耽誤長遠的規劃。

「六二」要做選擇時，天人交戰，猶豫難決，所以用「屯如邅如，乘馬班如」八個字來描述這個狀態。這裡要特別強調「如」這個字。「如」字是《易經》常用的語尾副詞，有「像那個樣子」的意思。「屯如邅如」就是像「屯」、「邅」的樣子，無法當機立斷。「如」字描繪得很生動。

「屯如邅如，乘馬班如」，太苦了！但是再苦，在屯卦這個階段還是得熬下去，接下來就是「匪寇婚媾」這個重要的戰略思維。

匪寇婚媾

「匪寇婚媾」，要注意的是，《易經》中所有的「匪」字，都是「非」，無一例外；成語「匪夷所思」也是如此。到〈易傳〉這兩個字的意思才分開。就像前面提到的「何可長也」，意思是不能撐太久，「何」字即「負荷」的「荷」。人如果負荷過重，別人就會問說：你可以嗎？同樣，在〈易傳〉中，「何」也變成今天的疑問詞了。

「寇」就是土匪、強盜，也可以說是人生路上對你有敵意的「土匪強盜」。好不容易你有一些資源，他卻要來掠奪。屯卦從第二爻就遇到「寇」，可見生存競爭真不容易。「匪寇婚媾」的意思是說，面對敵人，你一個人對付不了，所以要結盟；由形式上的同盟到百分之百水乳交融的實質合作。這就叫婚媾。人生就這兩種關係，屯卦第一爻是做好自己，第二爻是跟廣土眾民接觸，哪些人是你可能的敵人或競爭者，哪些人是你要想辦法爭取結盟的？其中可能有婚的關係、有媾的關係、或者既婚且媾的關係。「匪寇婚媾」的語法修辭非常精簡，就是廣結善緣，不要樹敵。你在強勢時到處樹敵，甚至製造假想敵，暫時控制得了，哪天你下台不居勢了，這些人都來報仇，那你可慘了。你過去欺人太甚，現在人家落井下石，痛打落水狗。所以，人生不管是勢強、勢弱，最好廣結善緣，化敵為友，因為你不會永遠那麼強，幹嘛樹敵呢？人生短暫，交朋友都來不及，幹嘛還樹敵？將來不是給自己找死嗎？可見「匪寇」的重要性。在屯卦「六二」來說，面對「初九」的追求，你們可以不合作、不嫁給他，但千萬不能得罪他。這就是「匪寇」。

對「六二」來講，「九五」當然具備婚媾的理想條件，但那是長期的目標，可是「初九」又提出示愛的要求。這時就得分清楚，我跟「初九」不可能長久，那麼他就算是「寇」了，第一，我當然不能跟「寇」婚媾；第二我們雖然沒有婚媾的條件，難道就一定得是仇人嗎？是不是可以保持風度，善待彼此？以免埋下未來的「地雷」、「炸藥」？「匪寇婚媾」的思維在現實生活尤其重要。我們可以看到有些好勇鬥狠、愛結怨的人，一天到晚樹敵，朋友越來越少，仇人越來越多。只有「匪寇」才是正道，與人交往，最高境界就是不要變成「寇」的生死大仇，可以不要合作，不是同志，但未必是敵人。

值得充分肯定的關係當然是可以發展深入合作的「婚媾」關係，也可以不拘形式，進行不婚而媾的實質合作，在商場、職場、官場，這種關係多得很，還有就是形式上來往的婚而不媾。所以各種朋友都可能有幫助，甚至原來可能是「寇」的關係，都要設法化敵為友。這就是屯卦第二爻要經營的人際關係，看起來容易，道理說來也能懂，但要落實去做卻好難，你看現實中那些結怨者，一時的婚媾，將來很可能變成致命的「寇」，變成污點證人，是不是這樣？

由此可見，匪寇婚媾對「六二」的重要性。「六二」面臨兩個陽爻的追求，到底該如何選擇呢？在人之常情的「屯如邅如，乘馬班如」片刻猶豫之後，終於想通了，儘管「九五」目前不能脫身，仍然選擇與「九五」婚媾。雖然「初九」現在行情看漲，但不是合理的婚配對象，但也不要因為拒絕而傷及對方的自尊。「匪寇婚媾」，儘量化敵為友，這本來就是《易經》的思維。能乾、坤和合，能下雨就下雨，「西南得朋」，何必「東北喪朋」，搞得「龍戰于野，其血玄黃」呢？假定這輩子注定你要像伊莉莎白・泰勒離婚、結婚七、八次，倘若她每次離婚都樹敵，每戀愛失敗一次不就要結一個仇家嗎？熟讀《易經》卦、爻辭，即使跟人絕交，講話也會變得好聽：「你是好人，但你會有比我更好的機會。」這是拒絕別人時最應該說的一句話。

「仁者無敵」，不是因為他力量很強，而是因為他根本就沒有敵人。沒有敵人，或多或少就是一股助力，不怕明槍暗箭，這就是「匪寇婚媾」的重要的思維；希望和諧互動、化解一切仇怨。這個提醒，除了屯卦第二爻，家人卦（䷤）反目成仇的睽卦（䷥）第六爻亦然，即使鬧家變，要翻臉了，到最後還是提醒你，不要輕易撕破臉，留一個回頭的餘地。還有就是職場歷練的賁卦（䷕），已經到了最高地位，牛鬼蛇神不知遇到多少，可還是告訴你「匪寇婚媾」；公門中好修行，千萬不要仗勢欺人，或者隨便得罪什麼人。那種能跟所有人打成一片的人，並不代表同流合污，分寸的拿捏就更難了，那就是賁卦第四爻；在有清有濁的社會大染缸裡混，還居然沒有敵人，都是朋友，他們基本上都不反對你，很尊重你，你也保持清白廉潔不沾鍋，這就特別難。這是「匪寇婚媾」的至高境界了。這樣的提醒在《易經》裡出現過三次，不管敵人同志都要儘量同志化，只有笨的人會把同志打成敵人，把「婚媾」變成「寇」。這就是「六二」掙扎之後的正確思維，所以他最後婉拒「初九」，苦等「九五」，以履行承諾。

女子貞不字，十年乃字

「六二」中正，這樣的女子百家求。「貞」即固守正道，堅持大原則。也就是說，「六二」要等「九五」，雖然一時不能結合，但不能因為有好的近鄰「初九」就馬上下嫁。「不字」的「字」在古代是訂婚的意思，如成語「待字閨中」；一個大閨女待字閨中，還沒確定和誰訂親，她就一邊等待，一邊培養自己的條件。這樣看來，「字」就有許婚的意思，已經答應嫁給你，但還沒真的嫁給你。「字」的另一個專有名詞就叫「文定」。

「六二」可能給「九五」承諾了，她就不能再隨便嫁給「初九」，所以「女子貞不字」。因為要堅守自己的承諾，心有所屬，即使面對「初九」的善意，也不能改變承諾；這一婉拒若處理得宜，接下來的風險就是「十年乃字」。既然拒絕「初九」求婚，就要守貞等待「九五」。這一等說不定就是十年。對一個年輕貌美的女性來說，十年可說是一個絕大的風險，青春易逝，到時人都老了。「十年乃字」的「乃」就說明好不容易才熬到出嫁，可是已經老了十歲。當然，《易經》中的「十年」未必是真正意義上的十年，而是泛指一段很長的時間。《易經》中的時間計算常用的是「三年」，但那也不一定就是三年；最長的是「十年」，既然不答應嫁給別人，錯過這次機會，就可能要苦守十年、二十年，甚至一輩子。可見「十年乃字」雖然是風險，但我們選了一個正確的長遠目標，就得奉行到底，不能因為受到其他影響而三心二意。

其實所有的婚姻不就是為了在結合後可以生孩子、創造下一代嗎？所以「字」的另外一個實質意義就是「生」。「字」字是女陰之象，女陰之下有子，不就叫「字」嗎？「十年乃字」也可以說是「十年乃生」，那「女子貞不字」，「六二」堅持不跟「初九」生孩子，因為生之前面要有婚媾的合法體制。屯卦是要求生的，可是生還得正，所以「六二」拒絕了一個充滿誘惑、讓她意亂情迷的選項，要長久等待「九五」；而這種等待沒有保證，充滿著未知的風險，但大方向是正確的。

「字」的另一個意義就好比人在江湖上，你要是堅持大原則，慢慢累積，十年磨一劍，始終是正派經營，最後終究能闖出一個黃金品牌，這是「十年乃字」的結果。如果你一下做這個，一下做那個，什麼東西都沒有扎下深厚的基礎，給人的印象模模糊糊，無法形成品牌，就沒有「字」。古代中國人平輩以「字」尊稱，只有父母、老師或長輩可以稱「名」。所以「字」的意義有很多重，有闖出「字號」之意，又有生和許婚之意。

「六二」爻變為節卦（下圖），進退有節，懂得節制欲望，而且經過「十年乃字」的長期奮鬥，懂得拒絕短期誘惑，確實樹立典範，同時不得罪「初九」。難怪〈小象傳〉說：「六二之難，乘剛也。」陰乘陽、柔乘剛，處境真困難。因為「初九」真的很有魅力，而「六二」也不是不動心，經過「十年乃字，反常也」，最後終於做了長期而正確的決定。「反」不是「反對」，《易經》的「反」幾乎都是返回的「返」。「反常也」，回歸常道。常道是什麼呢？對二爻來講，二爻跟五爻婚配是常道，二爻跟初爻勾搭不是常道。所以「十年乃字」，花了那麼長的時間艱苦守節，最後終於回歸常道，等待圓滿的結局。

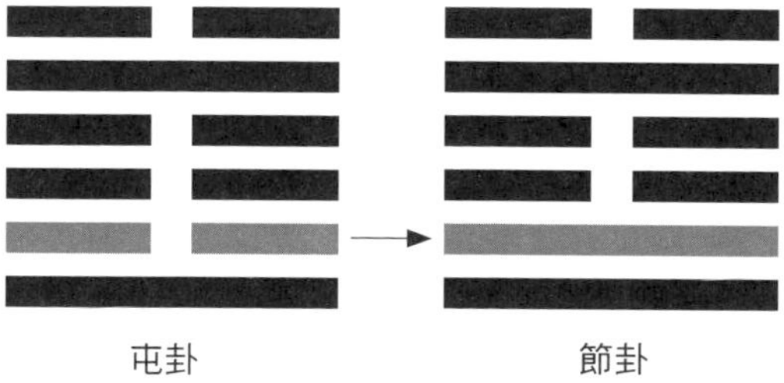

三爻：能捨才能得

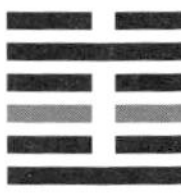

六三。即鹿无虞，惟入于林中。君子幾，不如舍。往吝。

〈小象〉曰：即鹿无虞，以從禽也。君子舍之，往吝窮也。

第三爻完全落空，跟兩個陽爻的關係既不承乘，也不應與，緣分太差了。不論近處、遠處的都沒有著落，如果四陰爻、兩陽爻都堅持自己的大原則，都不委曲求全的話，最後一定結成兩對：「六二」決定等「九五」，婉拒「初九」；「初九」只好選擇「六四」，而「六四」也願意求婚媾，最後也很圓滿。三爻和上爻就沒人可嫁了，所以上爻就擺出哭腔——泣血漣如，纏住「九五」，但是「何可長也」。「六三」連哭的機會都沒有，她怎麼辦呢？總不能跟「上六」配吧！這個爻是屯卦唯一不正的爻，陰居陽位；既然在屯卦草創的階段，不得不有所做為，卻又沒實力，處境多凶，只能靠一股蠻勇，一個人瞎闖；沒有行家引領，又沒有專業人士幫忙，盲目地輕舉妄動。就如爻辭所說：「即鹿无虞，惟入于林中。君子幾，不如舍。往吝。」一輩子瞎幹白忙，消耗寶貴的青春，最後一無所得。

「即鹿无虞」，是講一個打獵的故事。「鹿」有不同的說法，一個說法是指梅花鹿的「鹿」，若是這樣，這個「鹿」是《易經》中唯一講到「鹿」的一個爻。另一個說法是山麓的「麓」，這個說法從卦象上講是通的。屯卦三、四、五爻組成的互卦就是艮卦（☶），艮就是山，三爻剛好就在山腳下。在荒野打獵，遇到一座山擋著，山腳下還有原始森林，根本過不去。所以可以這樣理解，「鹿」不單指的是鹿，而是飛禽走獸的代稱。動物在前邊跑，「六三」拿著弓箭在後面追，可是他沒有嚮導，沒有懂得打獵的人帶路，靠僅有的一點資金、半生不熟的專業知識，想進入一個陌生的領域追逐戰利品。《易經》中的「禽」是禽獸的總稱，不一定指天上飛的。像師卦第五爻的「田有禽」、恒卦第四爻的「田无禽」

都是以禽獸泛指打獵或人生競逐的目標。屯卦「六三」也看到了目標，可能是投資的「標的」，可能是追求的對象；他拿著「弓箭」在後面追趕，想要靠近獵物，這就是「即鹿」。可是他本身條件不好，沒有專家帶，以致完全沒有獲利；而且他又闖入山腳下的原始林裡，進入一個風險難測、地形複雜的環境，那就更追不上了。

「虞」字在《易經》也是常用字。《說文解字》云：「虞，騶虞也。白虎黑文，尾長於身。仁獸，食自死之肉。」古代有「虞人」一說，即掌管山林的官，擔任打獵時的嚮導。我們可以引申為引領投資者或者精通某一個領域的專家。你不懂可以，但你一定要懂得利用「虞人」，就像打獵要帶嚮導，才不會迷路。虞人既然主管山林川澤，當然得了解飛禽走獸的特性，才能引領王公貴族們圍獵到位；所以他一定要披著老虎皮才能混入老虎群，指引別人射箭狩獵。這也是「虞」字上面一張虎皮，下面一張大口「吳」的意思，這個字描寫得非常生動。「虞」字後來引申為「周密的計畫」，就是人生任何開拓冒險，一定要通過龐大的系統掌握，才能準確預測未來，進而做好充分的準備，不至於盲人瞎馬。如果什麼計畫都沒有就開始幹，很多事情的發展會出乎你的預料之外，這就是「不虞」。屯卦初爻要打好基礎，二爻需廣結善緣，如果初爻、二爻都做對了，屯卦就一定有成了，資金充沛，就會犯第三爻的毛病，錢太多就不守本業，想進入陌生行業，想多角化、多元化經營，結果胡亂投資，最終埋下敗筆。這種想法不是不可以，但要找忠心耿耿的專家幫你蒐集情報、詳細規劃。很多企業就是敗在三爻的「即鹿無虞」。

如果沒有專家帶隊，沒有嚮導帶你爬山打獵，急著想接近獵物，沒想到鹿鑽進密林子裡，不但追不到，而且要面臨要不要往下追的難題。假如你不肯認賠殺出，接下來將更難以抉擇，因為你沒有先「建侯」——蒐集完整的資訊。「即鹿」假定「无虞」，在沒有計畫、沒有專家帶路的情況下，盲目投資、盲目經營，不懂得行業的經營規則，結果就是「惟入于林中」，迷失在原始林中。所以，既然看到目標越跑越遠，就要懸崖勒馬，不能越陷越深。「君子幾」說的就是如此。那時賠得還不大，下面可能越賠越深，好比賭徒在賭場賠到要剁手還不肯甘休，結果十個手指都剁完了還在賭。「幾」就是要你懂得及時煞車，冷靜分析。好的機會當然要把握，借錢都得幹；機會越來越黯淡時，有些人就是不肯認賠，這就是人性的矛盾。「君子幾」，要馬上冷靜下來，「不如舍」，不如捨棄；如果你還不信邪，就是下面的結果——「往吝」，路子越走越窄。在這個時候，有些人還要文過飾非，陰柔過度，連承認錯誤的勇氣都沒有，空間越來越窄，自然是「往吝」。

〈小象傳〉云：「即鹿无虞，以從禽也。君子舍之，往吝窮也。」你完全陷入被動，因為你在追禽獸，注意力完全跟著禽獸跑，苦苦追趕，結果一無所獲，反而陷入黑壓壓的森林，這時如果及時退出，也沒有什麼損失。但中間花這麼多時間，不算賬，這就是經濟學上非常重要的「機會成本」概念。當時那麼多選項，而你偏偏選了完全絕望的一項，而且硬幹到底，雖然看起來是帳面平衡，但所耗費的時間是看不到的，如果當時不做這一項，不是可以從其他方向發展得更好嗎？這就是現代企業可怕的成本損耗。男女之間不也是這樣嗎？苦追一個追不到，說難聽一點，花那個時間去追，八個「太太」都有了。

「君子幾，不如舍，往吝。」告誡我們，吃不到天鵝肉，沒關係，要懂得放棄，能捨才能得。但這一點就有些人很難做到，死不認輸，尤其在初爻、二爻獲得初期成功後，志得意滿，什麼都幹，什麼都賠，然後陷入被動；「以從禽也」，沒有專家、帶路人，完全靠自己。這時候，「君子舍之」，一個有智慧的

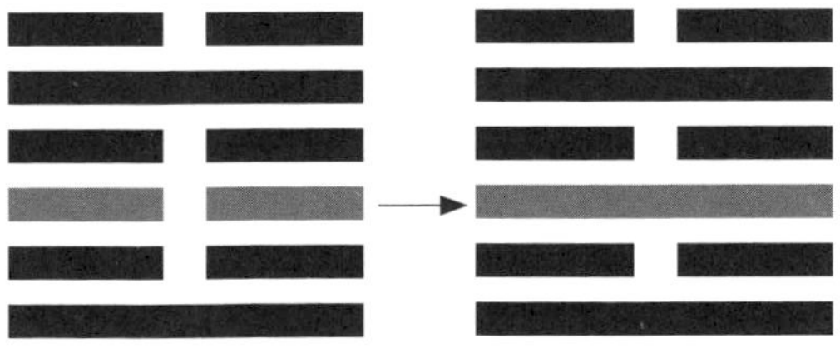

屯卦　既濟卦

人必須當機立斷，快刀斬亂麻，從頭開始，免得越陷越深。因為「往吝窮也」，如果一意孤行還要往前幹，一定「吝」，一定「窮」。為什麼？這個爻爻變是既濟卦（上頁圖）。「既濟」是人生追求成功的欲望，不容失敗，所以容易走偏路。本身條件不佳，又不肯聽取行家、專家意見，如此想追求既濟，是絕對不可能的。這就是「六三」，相當啟發人。

縱觀初、二、三、四爻

屯卦初爻、二爻、三爻、四爻完全可當做是一個創業歷程來分析。首先，初爻打下創業基礎，二爻廣結善緣，定下長期目標；第三爻好大喜功，容易犯錯，把資金和心神花到別的地方，結果拖垮本業；等到四爻想回頭往初爻的基本面修正時，先前的努力全部化為泡影。

另外還要強調一下「虞」字。在強調人文薈萃的第四十五卦萃卦（䷬）的〈大象傳〉也說：「君子以除戎器，戒不虞。」現代社會，尤其是商場競爭，特別要懂得善用「虞」，亦即周密的計畫以及領路的行家，如此才會有中孚卦（䷼）百分之百的誠信。中孚初爻說：「虞吉，有他，不燕。」要建立信用往來的關係，一定要先做「身家調查」；要確立信仰，也要經過「虞」的理性調查研究。「虞」字告誡我們，在屯卦「六三」各方不利的情況下，絕對不可盲目行動。好機會不放棄，一般人都辦得到；壞時機要緊急煞車，很多人都辦不到。這就是人生之難，我們學了《易經》，就千萬不要犯屯卦三爻的毛病。

注意三爻與四爻的比較。四爻是看準目標，所以「求」，大膽熱烈追求，非到手不可，「往吉，無不利」。而「六三」則要懂得「舍」，不能求，要放棄。一個是「舍」，一個是「求」，四爻是看對、想對就「求」；三爻是看著形勢不妙，馬上舍，猶疑一步，結果大不同。

初爻、二爻、五爻都言「貞」。比較獨特的是九五的「小貞吉，大貞凶」，分得很細，小貞則為吉，大貞則是凶。二爻要「女子貞」，才不會做出懊悔的決定。「女子貞不字，十年乃字」，長期才能看出當初的抉擇是正確的。初爻則是「利居貞」，必須樹立大方向。

此外，有三個爻都陷入猶豫徬徨的「乘馬班如」。「六二」的「乘馬班如」，後來總算做出正確的決定；「六四」的「乘馬班如」，最後以「求婚媾」劃下圓滿的句點；「上六」的「乘馬班如」卻落到「泣血漣如」的下場，找不到出路。會有這些差別，是跟「乘馬」有關。馬指陽爻，是乾卦的象徵。二爻「乘馬班如」，所以面臨「寇」跟「婚媾」的抉擇。因為「乘剛也」，二爻的柔爻在「初九」的剛爻之上，呈現典型的乘馬之象，所以受迷惑，一時無法決定。四爻也在「初九」之上，因隔得遠，雖然同樣是「乘馬班如」，卻沒有「寇」的干擾，因為「九五」不是寇，「初九」也不是寇，左右逢源，但問題是哪一個才是「求婚媾」的理想對象？二爻若處置失當，「初九」就是寇，「九五」的婚媾則是遠水救不了近火，所以同樣「乘馬班如」，二爻、四爻的處境大不同。上爻最慘，根本沒有婚媾的對象，只能「泣血漣如」。

再強調一點，「即鹿无虞」的「虞」和「求婚媾」的「婚媾」都是為了「利建侯」。要建立組織力量，必須消息靈通，判斷正確，並且還有正確的合作對象可以依靠。三爻什麼都沒有，而且「無虞」，那就違反卦辭對「利建侯」的期盼，不能打組織戰，一個人瞎搞亂闖，最後一事無成，這是很值得警戒的。

占卦實例：美國經濟危機前兆

美國會出這麼大的事，其實是有跡可循、早有徵兆的；而我們對這個問題早就有長期的觀察，心裡也比較有底。二〇〇三年春季，正是ＳＡＲＳ肆虐的時候，剛好也是發動第二次波灣戰爭的時間，美國要付出天價的戰費，這對美國經濟絕對有衝擊。我們先前曾針對三年內的美國經濟情勢占到屯卦四爻齊變的蒙卦（下圖），那是由屯入蒙，蒙卦外阻內險，裡面一大堆套牢，外面出不去。屯卦本來是清新具有創造力的，是怎麼造成四爻齊變的山水蒙？從二〇〇三年到二〇〇八年正是次級房貸這一衍生性金融商品大行其道、瘋狂擴張的時候，大概在二〇〇二年、二〇〇三年左右，整個帳面上的實際操作約有一百兆美金。那已經很嚇人了，可是到後來完全失去控制，到二〇〇八年已接近六百多兆美金，地球上根本沒有那麼多錢。這就是由屯入蒙了，由清新無染到被欲望填滿，以致原始創造力也受到影響。屯卦要動初、二、五、上共四個爻才會變成蒙卦。這是很難得的一個卦例，從伊拉克戰爭和失控的金融活動的三年之間，就造成美國整體經濟變化從屯到蒙的格局；過去象徵世界經濟引擎原創力的「元」不見了，呈現私欲污染、外阻內險的蒙卦。然而這只是那三年的象，隨後幾年，以及眼前的發展局勢，又不是當初的模式了。

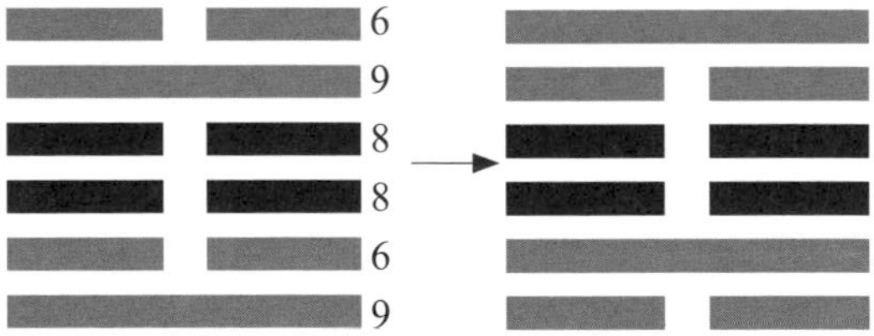

屯卦　　蒙卦

由屯卦爻變分析古詩〈陌上桑〉

《易經》爻變的原理，有時可以把一些事情分析得更清楚。像屯卦四爻齊變成為雷水解（下頁圖）的例子。解卦即一切得到解脫、解套。屯卦的初、二、四、五兩陰兩陽四個爻齊變成為解卦。兩陰兩陽可看作兩男兩女，這樣一來，不就出現多角關係了嗎？屯卦這四個爻呈現的多角承乘應與關係，就可能是極為複雜的感情遊戲，或者人生的重大抉擇。如果這四爻都像爻辭一樣做對了，最後結果就是按照解卦本義，找到最佳的圓融解法，讓大家都得到解脫。就像古詩〈陌上桑〉：

日出東南隅，照我秦氏樓。秦氏有好女，自名為羅敷。羅敷善蠶桑，采桑城南隅。青絲為籠繫，桂枝為籠鉤。頭上倭墮髻，耳中明月珠。緗綺為下裙，紫綺為上襦。行者見羅敷，下擔捋髭鬚。少年見羅敷，脫帽著帩頭。耕者忘其犁，鋤者忘其鋤。來歸相怨怒，但坐觀羅敷。使君從南來，五馬立踟躕。使君遣吏往，問是誰家姝？「秦氏有好女，自名為羅敷。」「羅敷年幾何？」「二十尚不足，十五頗有餘。」使君謝羅敷：「寧可共載不？」羅敷前置辭：「使君一何愚！使君自有婦，羅敷自有夫。東方千餘騎，夫婿居上頭。何用識夫婿？白馬從驪駒；青絲繫馬尾，黃金絡馬頭；腰中鹿盧劍，可值千萬餘。十五府小吏，二十朝大夫，三十侍中郎，四十專城居。為人潔白皙，鬑鬑頗有鬚。盈盈公府步，冉冉府中趨。坐中數千人，皆言夫婿殊。

這首詩說的是絕色佳人羅敷遵守婚姻承諾的故事。羅敷已經有丈夫了，羅敷的角色正就是既中且正的屯卦「六二」；而她的丈夫就是深陷坎險的「九五」，只是他並沒有出現在這首詩的現場。有身份、有地位，而且已經有老婆的使君，為了羅敷意亂情迷，一心想追求她。這個使君就是「初九」，「使君自有婦」，他的老婆就是「六四」。草莽英雄使君看到鄉野間的絕色美女羅敷，馬車立即停下來，看她是否願意跟他一起回去？他們不可能建立正常的關係，因為陰乘陽，是震卦。詩中女主角羅敷好像讀過《易經》屯卦，她拒絕求愛的言辭委婉得不得了，完全不傷害使君的情感。她說：「你的好意我知道，只是太晚了，我有丈夫了，而且他的地位比你高，只是暫時不能回來罷了……。」

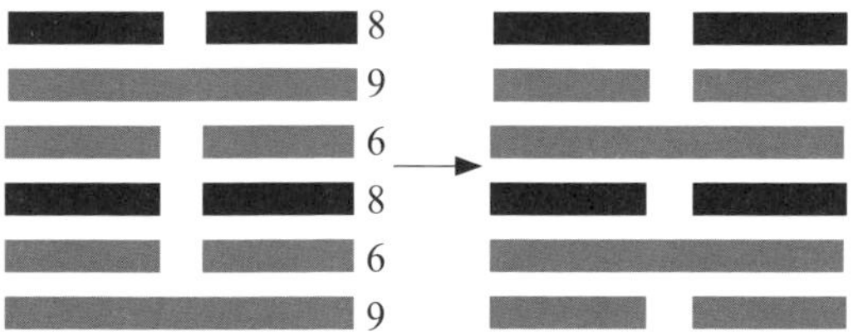

屯卦　解卦

在這個複雜的關係中，初爻、二爻的牽扯，最後得到圓滿的解脫。換句話說，這種人生的邂逅不一定要造成悲劇，端看你如何善用「匪寇婚媾」的智慧圓滿處理。如此看來，這首詩就很有意思了。可見，《易經》有一個溝通的大原則，如果你碰到人生這麼難的情境，怎麼圓融處理？像「屯如邅如」、「乘馬班如」是非常合乎人情、人性的描述；遇到誘惑，不是不心動，但最後還是放下了；而且又必須委婉而堅定的拒絕，以免無故樹敵。「女子貞不字，十年乃字」，結果四爻一動，產生了綜合效應，造成人生最佳的「解」局，全部解套、解脫，沒有留下任何遺憾。

這是《易經》卦象的應用實例。我們發現，單爻變到多爻變之後，可能會造成整個卦的變動，就像〈陌上桑〉的羅敷一樣。因此面對人生的任何變局，我們要了解其之所以然，掌握基本法門，運用《易經》屯卦的智慧，把歷史經驗和個人經驗結合在一起，應該可以發揮一定的效力。

啓蒙教育——蒙卦第四（䷃）

蒙卦：《易經》中第一個談教育的卦

䷃

蒙。亨。匪我求童蒙，童蒙求我。初筮告，再三瀆，瀆則不告。利貞。

《易經》中有關教育的卦，蒙卦是其中之一，談的是啟蒙教育的問題。啟蒙，任何生命的開始階段都離不開它。第三卦屯卦談生育，第四卦蒙卦則是講教育。蒙卦卦辭第一個字是「亨」，最後兩個字是「利貞」，顯然沒有「元」。這說明《易經》凡是情欲蒙蔽理智的卦，卦辭都沒有「元」。像咸卦是少男少女談戀愛，恒卦是老夫老妻相守，萃卦是「第二春」，其前的姤卦即為外遇，還有兌卦是純真的少女之情，都只有「亨利貞」，獨缺「元」。雖然這些卦大多感情豐富，但是很抱歉，感情豐富會斲喪「元德」的創造力。換句話說，那些專談感情的卦，都有蒙卦的色彩，看不清楚事情真相，諸如溺愛不明、驕縱、情人眼裡出西施。所以「情」會妨害原始生命最大的創造力——「元」。

蒙卦的教育原則有兩大要點。首先是蒙卦卦辭中的「亨」。蒙卦有亨通之道，不論是本身的蒙昧或教育啟蒙都需要「亨」；然而在心智蒙昧或欲望紛擾之下是無法亨通的。六爻中有扮演老師的啟蒙者，也有扮演學生角色的被啟蒙者。蒙卦兩個陽爻「九二」和「上九」代表有真才實學的老師或傳道者，另外四個陰爻就扮演學生、求道者的角色。在屯卦，一個是打好基礎的「初九」最重要，一個是主心骨「九五」必須確立（即使暫時無法大作發揮）。陽主陰從，所以在屯卦草創階段的另外四個陰爻完全要看有沒有跟對人；在蒙卦就變成師生互動的關係，如此可以幫助我們掌握教學互動、教學相長的原則。由此可知，蒙卦第一個重要的教學思想就是「匪我求童蒙，童蒙求我」。

其次是「初筮告，再三瀆」。「初」是人之初，代表第一感、第一念；「筮」涉及用蓍草占卦，人生遇到重大疑難就要用蓍草幫忙做決定。「瀆」，則一定是出問題了，因此「瀆則不告」。這是第二個大原則。這兩個大原則，在六爻之中，甚至〈彖傳〉、〈小象傳〉裡面都有發揮、印證；就像屯卦卦辭的「利建侯」散佈在六爻之中就是「婚媾」和「虞」。如此一來卦爻連成一片，關係定位清楚，見樹又見林，這樣的學習才比較到位。

在蒙昧無知的時候是不亨通的，問題想不通、遇事看不準，都是閉塞、曖昧不明的狀態。但為什麼蒙卦第一個字就講「亨」呢？這就告訴你，如果按照蒙卦的啟蒙之道正確學習，一定會亨通。所以卦辭伊始，就期許我們：啟蒙才會「亨」。所以不要因為蒙昧而挫折，因為蒙卦有亨通之道，正因為蒙，才會想到啟蒙；因為無知，才會想求知。人生有時因為智慧不足，所以憂悲煩惱一堆、罣礙無窮，只要找到啟蒙教學的平衡點，就可以達到啟蒙的效果。可見，「亨」是叫我們不要放棄，給我們打氣。

卦辭最後兩個字「利貞」，是接在「初筮告，再三瀆，瀆則不告」之後的總結，如果你心煩意亂，不是誠心求學、求道，就無法真正學到東西；「貞者，事之幹也」，必須固守正道、正心誠意才會有利，真正學到東西。換句話說，前面的「瀆」是一種不正的狀態，所以要「利貞」，先調整心態。像佛教經典也強調先要調和其心。

「亨」、「利貞」是《易經》卦辭寫作的常態，像蒙卦、困卦（䷮）、坎卦（䷜）幾個本身條件不佳的卦，卦辭偏偏都有「亨」，這就說明即使現狀不好，仍然不要放棄，要以正確的態度面對，自有亨通之道。像坎卦講「有孚。維心亨，行有尚」，說明要有信念，只要內心世界亨通，一定可以脫險。乾卦〈文言傳〉云：「亨者，嘉之會也。」「嘉會」是喜上加喜，而且是一種互動交會。教學相長是確實的，凡有教學經驗的人都知道，自己在學的時候，很多以為懂的，等到自己教學才發現根本沒有真懂。俗話說「台上十分鐘，台下十年功」，要把懂的東西深入淺出地講出來，並且互動交流，就得花長期醞養的工夫。

匪我求童蒙，童蒙求我

「童蒙」說的就是蒙昧無知的兒童，如一張白紙，啥也不懂；也就是指求道、求學時像小孩子的心態。蒙卦君位「九五」爻辭就是「童蒙吉」，位置雖然高，卻可以放空自己，禮賢下士、不恥下問，向第二爻「包蒙」的好老師學習。「童蒙」要學的就是屯卦和復卦指出的「生」，學習怎麼創造、怎麼面對生命？所以學習者叫「學生」。可見「生」是要學的。而且「學」字跟《易經》有關，「學」字上面中間就是「爻」，代表層出不窮的問題像打結一樣；下面的「子」就是剛生下來的小孩子，小孩子兩隻手一圈，生下來就要玩這個「爻」，等到實際學蓍草占卦的時候就是學。人一生下來的啟蒙學習就要開始面對人生層出不窮的問題。所以一定要「問」。學生「問」，不僅學生明白，老師也會更明白。

「爻」字的出現一般認為始自「結繩記事」，在沒有文字之前，遇到問題就用繩結記事；問題層出不窮就是「結」，結解開才能做決定。《易經》夬卦（䷪）、解卦（䷧）、蹇卦（䷦）都是如此。

童蒙的學習就是在人生中不斷面對問題，並尋求最佳的解答。學會之後還要每天練習，所以學習的

「習」字就像小鳥練飛；任何人不能代替你，師父領過門，修行在個人；然後「苟日新，日日新，又日新」。學習與蒙卦有關，《易經》中還有兩卦專門講「學」與「習」的，如一代傳承一代的中孚卦（䷼），就是講「學」；小過卦小鳥練飛的象（䷽）就是「習」。「習」的時候總是跌跌撞撞、不斷犯錯，這是必經的過程。中孚是「信受」，小過就要「奉行」所接受的理論和信仰，確實實踐。所以中孚、小過之後學習成功，就可以渡彼岸，進入既濟卦（䷾）。既濟後面是未濟（䷿），沒完沒了，因為學無止境。可見，中孚、小過的學習，跟蒙卦的義理是完全貫通的。

好，我們回到「匪我求童蒙，童蒙求我」這一句來。剛才講到，蒙卦君位代表如孩童般純真的心態，知之為知之，不知為不知，官大不見得學問也大，像「六五」雖然地位最高，但他仍然虛心求教，當然是「童蒙吉」。那「我」是指誰呢？童蒙代表一個帶著赤子之心的學生，「我」顯然就是他求道、求學的目標，諸如老師、經典、正確的資訊來源等等。「匪我求童蒙，童蒙求我」，就代表教與學、師與生之間的互動。「我」這個主體可以是指「包蒙」，即「九二」；因為「六五」跟「九二」相應與，「六五」為虛，他有不懂的，所以需要學；「九二」是實，他有真才實學，可以教導別人。

「九二」就是「我」，用「我」做為老師的代稱。對老師、施教者，或者傳道、傳法人來講，非我求童蒙，是「童蒙求我」；亦即不要好為人師，主動要求無知的學生來接受教導；應該是「童蒙求我」，必須學生自己遭遇困惑，覺得有需要，他主動來求老師，所以叫求學、求道。如果學生明明不懂，若他不主動求師、求法、求經典，誰會主動教他呢？教也沒有效果，因為他的心門沒打開，沒有感覺到自己的不足。那種填鴨式的、權威式的教學，非要你如何如何、要你乖乖就範的，那是教育的大忌，反而會滋生反抗之心。所以教學一定要機緣成熟，一個能教、一個肯學，這才能構成充滿創造性的教學活動。

「匪我求童蒙」說明教學必須等待「童蒙求我」的機緣，必須學生真正想學，而且誠意夠、因緣足，才是教育的起始點。這裡涉及教與學的主動、被動、誰發動、誰積極追求、誰恰當等角色問題。《禮記》中有八個字也強調這一點：「禮聞來學，不聞往教。」求學者也許必須不遠千里而來，但「不聞往教」，絕沒有不管學生需不需要、願不願意，老師自己跑去教學生的。這就是「匪我求童蒙，童蒙求我」。

再析「童蒙求我」——以自性為師

以「我」為老師就頗有以自性為師的微言大義。「童蒙」為什麼要求「我」？因為他迷失自我，不知道生命的本然，因此有困惑。人生所有的啟蒙都在求「我」，找到安身立命的自我定位。換句話說，每個人都有自己的「我」，有小我、大我。「師父領過門」，一些共通的經驗、道理，老師可以教你，因為他是過來人；但老師有他的自我，每一個學生也都有他的自我，不能強求一致。所以師父領過門之後，每個人還要量才適性，走出自己獨特的創造性路子，三百六十行，幹什麼都可以。

「童蒙求我」，「我」就是「道」的象徵。找到自我，才能各正性命，因為「乾道變化」，每個人都有他的「獨」。「天命之謂性，率性之謂道，修道之謂教」（《中庸》），所有的「教」都是根據「在天曰命，在人曰性，在身曰心，在己曰獨」；每一個自然的生命都不會有任何一個是完全一樣的，那是最可貴的、獨一無二的，所以要把自己的「獨」開發出來。「獨」不是理學家誤解的在沒人看到的地方管住自己，而是把特色發揮出來。這就得「求」，不求就無法知道。人長大之後，真實的自我漸漸被外在很多東西擋住了，「求」的意義就在撥雲霧見青天。撥不開雲霧，就得向有經驗的老師請教，然後自己想辦法撥開重重業障。蒙卦上卦、外卦為艮（☶），就是重重業障阻擋，走不出去；下卦、內卦是坎（☵），險象環生，被套得牢牢的。蒙卦身兼坎卦、艮卦二象，一不小心就會掉進坑裡、撞到牆；外阻內險，人生就在重重險阻、重重業障包圍下學習。當然，有人帶路最好，不然會浪費很多時間摸索。

古人云「生於憂患，死於安樂」，不吃點苦，沒經過疑惑的洗禮，哪能得到真解？所以在險阻中歷練的機緣，也是人生該學習的道場。像蒙卦、坎卦、困卦要求亨，不都要經歷艱難困苦嗎？連蒙卦前面的屯卦都說，生之難，最自然。因此，用一種新的眼光去看，這些困苦不正提供一個刺激學習的最好機會嗎？我們講「玉汝於成」，要玉成好事，就要經歷艱難困苦才能造就好玉；玉不琢不成器，沒有這樣的機緣，就沒有辦法成就大業。因此，我們要把人生所有的艱難困苦都當成學習，突破了、啟蒙了，就成形了，玉成了。「艱難困苦，玉汝於成」，人生就是如此，在重重業障險阻中學習造就。《西遊記》云「九九歸真」，唐僧師徒歷經九九八十一難，妖魔鬼怪一大堆，其實完全是求法求道的唐僧自己心中的象。孫悟空、小白馬、豬八戒都是從他的心念幻化出來的，都得一一經歷，才能取得大法。這就是「蒙」。人就在「蒙」中學習，但要等機緣成熟，並了解自己的需要。所以是學生主動求老師，不是老師主動灌輸給學生。「匪我求童蒙，童蒙求我」，「我」就是老師的象徵。對每一個人來講，他不是要去學老師，也不可能學，學了不像且不說，學了也沒有用；因為每一個生命有其獨特之處，所以學習最要緊的是找到自我、建立自我。

可見，「我」就是命、性、心、獨，人生的學習，就是以自性為師。佛教禪宗講得最清楚，每一個人都有佛性佛種，迷時師渡，悟了自渡。「我」就是老師，就是求道的對象；老師之所以能為人師，就是因為他找到自我，他也經過「童蒙求我」的階段。「苟非其人，道不虛行」，人不學，能得道嗎？道會主動降臨到你身上嗎？根本不可能。你得去求，就像屯卦第四爻，「乘馬班如」，人生徬徨的時候，就要「求婚媾」；若求到了，「往吉，无不利」。不求就要繼續「蒙」。如果求錯了，就要像屯卦第三爻的「不如舍」，懂得及時回頭。孟子講「求其本心」，也說：「求則得之，舍則失之。」完全在乎你自己。「求」很重要，無知、困惑的時候，就要求得安心正命的自我。在實際的教學方法上，一定要真心求道，才能建立教學的機緣。這樣的例子很多，像禪宗達摩祖師在少林面壁時，慧可斷臂以證誠心，終得授衣缽；像儒家「程門立雪」的典故，楊時向程頤求學的熱忱。這些人最可貴的是「求」的態度，祖師看你誠意夠了，才願意傳衣缽給你；因為有些東西不能亂傳，要看人，那人就要有「童蒙求我」的心態。

初筮告，再三瀆。瀆則不告，利貞

要表現誠意，還要看學生的資質。「筮」就用得很嚴重。卜筮的「筮」，上面是「竹」，下面是「巫」。卜是用烏龜，筮是用蓍草。都是壽命很長、閱歷很深的動、植物。「初筮告」是指初發心，尚未污染的那一念，有求道之誠的善心、四端之心。孟子講良知良能，惻隱之心，人皆有之。這些都是「初」。可見遭遇問題時，不知道該怎麼解決，「筮」可以幫我們找答案。人生要做重大抉擇的時候才用得到「筮」；「初筮告」就因為初心端正、求知的熱忱夠，算出來的卦就會明確地把所有的資訊、形勢判斷、未來的預測，包括現在的狀況、機會、風險統統告訴你。

「初」是「問」，提出問題；「筮」是經過儀式、研究調查；最後「告」，正確的情報一五一十傾囊以告。換句話說，這是一個良性的互動，因為你求道的初心非常純正，所以對你的回答也毫不保留。《易經》的占卦確實是這樣的。

「再三瀆」，又是為什麼呢？人在「蒙」的時候常常沒有勇氣面對真相，他只相信他願意相信的，只看到他願意看到的，對真實情況視若無睹，這就叫「再三瀆」。人家明明把事實真相告訴他了，但他不接受，他希望再問再占，一二再，再而三，希望能夠得出一個他願意接受的答案。這就是「蒙」。不管大人小孩都有「蒙」的狀況，不願意面對真相。面對當前的生態危機，很多科學家已經在警告世人了，可是有些人就不願意面對真相，環境已經破壞到如此程度，很多人還說「其實沒什麼」、「問題不大」。像現在的經濟危機，那些位高權重的人，在危機沒有完全爆發前，都還再三保證沒有問題。所以「蒙」哪裡只是兒童的專利？成人更多，地位越高、權力越大的人越「蒙」。「再三瀆」，這是人常犯的毛病，有時候連我們自己都難免，有時占到一個答案，感情上不願接受，一想占卦太容易了，繼續占，五分鐘之後又占得一個卦象；一看稍有改善，但還是不大好，再占；直到占到最滿意的才願意歇手。這就是「再三瀆」的心態。

「初筮告」是根據事實真相做出的標準答案，但未必符合你的心願；如果你不願接受，這時的心態就是「瀆」，不僅褻瀆神明，也讓自己心煩意亂，然後貪贓枉法，這就是「再三瀆」。《易經》已經有一套占卦程序，占卦只要五分鐘就可以得到答案，如果不接受，再三為之，每況愈下，這種心態就充滿噪音、雜訊，所得的答案不但是錯的，甚至會誤導，這就是「瀆則不告」。所以「再三」是一種「瀆」。師生、天人之間的互動學習需要真心誠意、虛心求教；假若你不夠虛心，感情用事，想要主觀控制一切，怎麼可能得到實情真相呢？「瀆則不告」，一個老師被學生糾纏久了，發現孺子不可教，最後只好將他逐出師門。

「利貞」，就是叫你回頭去真心誠意地把心調和好了再回來。有占卦經驗的人都知道，自古傳下來的戒律，就從蒙卦的「初筮告，再三瀆，瀆則不告。利貞」而來。有些決策主管也是如此，所有的幕僚只是為他的想法服務，並沒有真心想要集思廣益、找出正確解法；「初筮」的問答是暢通的，「再三」

的求教就有了私心蒙蔽，天人交通的線路就斷掉了。「瀆則不告」，你硬要求得自己想要的資料、卦象，他就關起門來，放棄再跟你溝通交流。這時候必須「利貞」，貞才有利，你要馬上調整心態。

這些道理說起來人人都懂，但等到你身臨其境，在特別在乎的事情上，一樣有可能「再三瀆」。我們大部分的學生在學習過程中都有這個現象，一看那個答案不理想，就想投機取巧，再來一下，跟「伏羲」打商量，討價還價。

我們應該知道不好的卦，不能重啟，即使不好，也要面對。這就是人生啟蒙的痛苦。從痛苦、艱難之中提高修為，首先就要勇於面對真相。這就是《易經》在蒙卦給的提醒。有些人對於《易經》的易占頗有探討的精神，我也做過實驗，針對一個問題，再三反覆的問，問到最後出來的就是不變的蒙卦。這就代表伏羲罵人了：「初筮告，再三瀆，瀆則不告」，滾！回去「利貞」吧！這就是人性、人情特別難以突破的地方。糾纏不清，失戀了，撞死他，一次沒撞死，撞三次，先把情敵撞飛，然後一看，怎麼還沒壓死？這種「再三瀆」的心態很可怕。

蒙卦〈彖傳〉

〈彖〉曰：蒙。山下有險，險而止，蒙。蒙亨，以亨行時中也。匪我求童蒙，童蒙求我，志應也。初筮告，以剛中也。再三瀆，瀆則不告，瀆蒙也。蒙以養正，聖功也。

初筮告，以剛中也

〈彖傳〉是天下第一傳，其完成比〈大象傳〉、〈小象傳〉要晚，既談卦又談爻，不僅整個卦的結構分析得清清楚楚，還點出最重要的爻，以及次要的爻和主爻之間的互動關係，最後還可能來一段贊易，發揚光大，甚至超越經文卦辭原有的格局。可見《易經》是生生不息的活的學習。

「蒙，山下有險。」山水蒙的外卦為艮、為止，內卦為坎、為險。山下有險，那就不能亂動了。「險而止」，遇險就要停下來，因為被套牢了，險象環生；而且外面也出不去，會碰壁，當然要停下來。「止」也有「止欲修行」的意思；要調整心態，節制欲望，說不定有希望止於至善。險能止，然後開始一段摸索的過程。這一段是講卦的結構。

接下來就解釋卦辭了。「蒙亨」，蒙為什麼亨呢？很簡單，「以亨行時中也」。「君子而時中」就是「君子能時中」，這是《中庸》的名言。《中庸》講中道，中道就是陰陽和合、剛柔互濟，是最恰到好處、最具有創造性的解法。「中」才能「生」，「偏」就不能「生」，因為沒有恰到好處。「中」也不是固定的，不同的卦、不同的爻，動盪起來的變化高達四千零九十六種，每一種情境都有最佳應對之道；可見，「中」不是固定的，是隨時變動的，那就是「時中」。潛龍的時候「勿用」就是「時中」；飛龍的時候「勿用」就不是「時中」了。每一卦、每一爻，甚至那種加乘的變化都是不同的時；不同的時機有不同的應對之道，所以完全是活的。懂得「時中」之道，然後要「行」，要實踐出來，才會亨通。「以」就是告訴我們所以然。蒙為什麼能亨通呢？就是因為你在無知的情況下，在心慌意亂、意亂情迷時，在欲望充滿的情況下，還能保持內心一片清明，把什麼都看得清清楚楚、明明白白，自然會亨通；因為你確實履行時中之道，隨時去找「中」，找到正確答案就確實去做，這樣就會創造亨通。

蒙有亨通之道，「匪我求童蒙，童蒙求我，志應也。」對於「匪我求童蒙，童蒙求我」只以「志應」兩個字來詮釋。佛經講心心相印，《易經》講「志應」。「童蒙」跟「我」、老師跟學生、求道的人跟傳法的人之間一定要心心相印；你的心跟佛心、天地之心、聖賢之心相印；要是不相印，就沒有通上電。所以好老師要找好學生，不能隨便傳衣缽。不夠格的人受了法，很可能就會造就魔王。「匪我求童蒙，童蒙求我」，就是求「童蒙」和「我」、師生之間心中所主的「志」必須相應；「六五」跟「九二」相應；不相應表示沒有機緣。「志應也」，「應」很重要，一陽一陰互補，你虛他實，你需要的他剛好有。「初筮告，以剛中也。」把包蒙的第二爻點出來了，這是全卦之主，是最重要的爻，代表最好的老師，是師範，懂得愛的教育。

「初筮告，以剛中也。」「以」告訴你所以然，為什麼「初筮告」呢？學生誠意求道的「初」心，老師感應到了，就有最好的回答。「剛中」就是「九二」，做為老師，陽剛居下卦、內卦坎險之中，「九二」這個好老師本身就在坎卦之中，這個意義很深，我不入地獄，誰入地獄？如果老師未曾在坎中熬磨過，怎能指導別人脫離坎險？地藏王菩薩發願說：「地獄不空，誓不成佛；眾生度盡，方證菩提。」經過坎險、了解人生憂患所在的人，在坎險之中沒有倒下，對於人性的貪嗔癡慢疑一定有深入的體察，他才能夠教人離苦之道。不到現場，怎麼渡那些深陷苦海的人呢？難道用遙控器，從天堂發電報、發E-mail到地獄？不能與百姓共患難，怎麼了解民間疾苦、怎麼解救眾生呢？觀音菩薩能夠「聞聲救苦，尋聲救苦」就是如此。「剛中」就說明「九二」本身也在坎中身體力行。

「再三瀆」，如果「求」的一方心態不對，「瀆則不告，瀆蒙也」，褻瀆了蒙卦之道，心不對了，不必強求。「蒙以養正，聖功也。」這是解釋「利貞」。「貞」就是「正」。「利貞」很重要，可以調整偏差的心態。

蒙以養正，聖功也

「蒙以養正」，「正」不是一天形成的，要慢慢養。「正」不是老師從外面帶來的，是眾生、童蒙本來就有的，而且在乾卦的時候就已經存在了，「乾道變化，各正性命」，每個人還不一樣。「止於一」為「正」；「止」就是「止於至善」的「止」；「正」就是每個人尋尋覓覓，最後賴以安身立命的歸宿；適合學醫的學醫，適合做檢察官的做檢察官，適合當兵的當兵，行行出狀元，每個人路子不一樣。但一定要找到最合適的路子，然後一門深入，修習一輩子，必有所成。

「蒙以養正」就是尋找自我，看你到底適合什麼？應該琢磨成什麼？「聖功也」，這麼審慎的態度，成聖成賢、成功立業都基於此。「聖功」二字在《易經》蒙卦〈彖傳〉中出現，是很值得注意的。一般來講，「聖」偏重內聖的功夫、指德行的修為，因此很多宗教家、慈善家、思想家受封為「聖」；「功」一般偏重事功的層次，例如政治、經濟、軍事上面的成就。莊子講儒家「內聖外王」，「內聖」就是「聖」，「外王」就是「功」。所以「聖功」是體用、內外兼修，是人生的圓滿境界。〈繫辭傳〉講進德修業，德與業圓滿俱足，是人生的終極追求。

內在的心性修為能夠發而為各種形式的事業創造，這就叫「聖功」。《大學》講「格物致知，修齊治平」，格、致、誠、正、修、齊、治、平，也是從內而外、從下而上。「大學之道，在明明德」，那是「聖」的功夫；「在親民，在止於至善」，先知覺後知，先覺覺後覺，這是「功」的境界。像印度國父甘地被譽為「聖雄」，雖然偏重他建功立業的成就，但大家尊他為「聖」，最主要還是因為他主張節制欲望，並且身體力行。不然，像他的大弟子尼赫魯，雖然在後續的「功業」上也有成就，但「聖」的成就差太遠了，所以才會種下印度、巴基斯坦的民族仇恨。

「聖功」之人難得有。有些人偏重在事業的成就，就像很多成「功」的政治家、軍事家，但在德行修為上卻往往是有瑕疵、甚至是很成問題的；唐太宗有「功」，大概不會有人把他看成是「聖」。有些人雖然是「聖」，修行講道都不錯的人，歷史上多得很，但未必能建功立業。所以能兩者合一的，就非常罕見了。勉強說來，漢代名相張良算是一個；康熙也是難得的例子，故其諡號為「聖祖」，必有服人之處。成吉思汗絕對有建功，但他殺人如麻。可見，從「蒙以養正」到「聖功」，從初學到最高成就，中間需要很多內外條件的配合，並不容易。

蒙卦的錯卦是洗心革面的革卦（䷰），六爻全變，是「元亨利貞」的卦；人智人能徹底開發，從蒙的狀況變成革的狀態。蒙是「亨利貞」，革是「元亨利貞」；革故鼎新，離「聖功」很近了。在蒙卦的時候往「養正」的方向走，到了下經的革故鼎新之後，經過整個身心的改造，蒙變革之後馬上就有聖功，鼎卦（䷱）就施展開了。鼎卦中特別強調「聖」，還強調先聖、後聖代代相傳的關係。換句話說，蒙卦的「聖功」並不是空頭支票，經過錯綜複雜的人生修煉之後，的確有可能完成。

蒙卦〈大象傳〉

〈大象〉曰：山下出泉，蒙。君子以果行育德。

「山下出泉，蒙。」蘊藏在山石底下的泉水，在恰當時機，泉脈流通，噴湧而出，如同生命中清新的力量。為什麼說「山下出泉」而不說「山下出水」呢？這就需要我們領略這個意象了。「泉」就是蒙的象。當生命中那種清泉的力量冒不出來的時候，就是一個閉塞的狀態；一旦壓在頂上的山石被打開了，泉水就會噴出來。「山下出泉」正如智慧的啟發，在適當時機，水到渠成，大徹大悟；一旦泉水冒出來，就取之不盡，用之不竭。這就是「蒙」。

「君子以果行育德」，「果行」就是堅決、確實的行動。人生之蒙不是空洞的理論，要花時間、要行動，真知從力行中得來，所以學習要身體力行，老師的經驗不是你的經驗；任何成就不可能直接通過一個理論或經典的傳述就能移植到你身上；得親自印證修行，才能得到正果。屯、蒙是小草幼苗的階段，剝卦、復卦才是開花結果的階段。幼苗將來會不會長成大樹，能不能開花、結果？而果實含有核仁、種子，還可以生生不息，一代傳一代。可見整部《易經》的卦序也吻合植物自然生長的週期。蒙卦、屯卦正是扎根、萌芽的階段，所以這個階段很重要；中間的生長期必須經過風霜雨雪的考驗，這就是「果行」；在實踐過程中還必須勇敢堅定、貫徹始終，否則也不會有結果。倘若修了半天，最後沒有結果，這個教育就是失敗的，浪費時間、浪費教育資源。

因此，教育不能光是言論思想的層次，必須知行合一。即使在蒙的階段，雖然資訊不足，也不妨自己摸索體會，同時接受前人的教導。「君子以果行育德」，除了強調「育」，也很強調「德」。

「育」是一個很美的字，《說文解字》云：「育，養子使作善也。從𠫓肉聲。《虞書》曰：『教育子。』」「育」有教育、養育、培育、化育之義，完全就是一個胎生生命的象，頭下腳上才能順產。在文字學上，「育」也稱「倒子之象」。如果在懷胎、醞釀階段胎位不正，就會導致難產，甚至生出畸形的小孩，或者夭折、胎死腹中。「育」與中孚卦的「孚」有相似之處。「孚」是模擬母鳥孵卵、照顧小鳥的動作無微不至。胎生為「育」，卵生為「孚」。因此「孚」與「育」又指對生命的信心是不用學習的。

「果行育德」，強調修德的境界，這也是六十四卦的範例之一。〈大象傳〉講修德的例子很多。蒙卦〈彖傳〉教我們人生怎麼成功，但成功未必能成德，成德也未必能有驚天動地的大事業；若兩者得兼，成功又成德，就是聖功。人生想成功，就有大的風險；克服風險，就有機會得到更大的成功。蒙卦有艮卦的阻礙，有坎卦的風險，但同時也孕育著成功，利益跟風險成正比。事業是打拚、冒險出來的，那就是「功」的境界。換句話說，想成功，就得面對艮卦與坎卦，尤其是坎卦。怎麼化解險阻？這就是

「功」。可是人生只談成功的境界是不夠的，還需捨己為人的修德工夫，所以〈大象傳〉就講到了修德。可見修德是第一要義，蒙卦講得很清楚。

另外，談到「山下出泉」的象，就要順便談一下宋代易學名家楊萬里。楊萬里，號誠齋，《四庫全書》有他研究《易經》的《誠齋易傳》。他是以歷史解經，每一卦、爻都有活生生的歷史人物活動印證《易經》的道理。坦白講，平實而已，並不特別有創意，但也算是研究《易經》的一個方向。我要提的是楊萬里的一首詩〈桂源鋪〉：「萬山不許一溪奔，攔得溪聲日夜喧；到得前頭山腳盡，堂堂溪水出前村。」這就是「山下出泉，蒙」的象。千萬條溪流堂堂正正地各暢所伸，百川匯海，各有各的方向。但人生之難就在「在山泉水清，出山泉水濁」，濁的時候如何恢復「清」？這就是德的修煉。楊萬里藉此詩指出一個理想中的教化境界，人群社會應該提供一個開放的化育環境，各自保持特色，互相競爭，不必強求一致；如山下出泉，千山競秀，萬壑爭流，不要壟斷，也不要搞一言堂。

善待問者如撞鐘

在講述蒙卦各爻之前，還要做一些補充說明，譬如教育。教育的「教」跟孝順的「孝」有關，如十三經之一的《孝經》。當然這部書的真實性至今尚有疑點，大致成書於秦漢之際，而在漢朝開始受到重視。這與當時的政治環境有關。漢朝強調「孝悌力田」，「力田」即用心於農業生產；「孝悌」則指自天子以至百姓都強調孝，即使像漢武帝這樣文治武功、雄才大略的天子，也要對祖母竇太后百依百順。竇太后是漢文帝的皇后，她在漢文帝的兒子漢景帝時就開始干政了，到漢武帝時繼續干政，直到她死了之後，漢武帝才敢開展自己的格局。可見這個女人的生命力不得了，連續三代，老太婆不死，連漢武帝都不敢有所做為。這三代皇帝的諡號分別為孝文、孝景、孝武，都強調一個「孝」字。《孝經》是借曾子與孔子的對話闡述其義，開篇就提出：「夫孝，德之本也，教之所由生也。」「孝」字與小孩、教育有關，「教之所由生」，教就是弘揚孝道，是生生的源頭；所有的教化都以此為開端。

另外，《禮記・學記》講到教學相長時提到一個撞鐘理論。原文是：

善學者，師逸而功倍，又從而庸之。不善學者，師勤而功半，又從而怨之。善問者如攻堅木，先其易者，後其節目，及其久也，相說以解。不善問者反此。善待問者如撞鐘，叩之以小者則小鳴，叩之以大者則大鳴，待其從容，然後盡其聲。不善答問者反此。此皆進學之道也。

「善待問者如撞鐘」，老師要等待學生發問，若學生沒問，就絕不主動教學生；因為學生沒有問題意識，老師主動給的答案就是沒有意義的。所以是「童蒙求我」，不是「我求童蒙」。等待學生提問「如撞鐘」，老師是鐘，學生要懂得撞鐘；不撞不響，撞大力就大響，撞小力就小響；精彩的問題就有精彩的回答，笨問題就給你有限的資訊。所以像顏回一問，孔子就說「大哉問」。深明教學互動的關係，就不必好為人師。這個道理也包括占卦，不占卦就不會有答案，能提出正確的問題，人生的疑難就解決了一半。如果問得不對，或者根本沒有問題，怎麼會有成長呢？

蒙卦爻際承乘應與的關係

蒙卦爻際關係的互動是什麼樣子呢？二爻與上爻是陽爻，是有真才實學的老師，或者正確資訊、人生智慧的提供者；其餘四個陰爻本身是虛的，必須謙虛學習。所以四個爻是學習者，兩個爻是施教者。

它們彼此之間的互動關係，像二爻講「包蒙」，代表包容、有教無類的教育。一個老師有兩種典型的教學風格，一個是「包」，包容學生的無知、不懂事，所以要有寬厚的愛心，能包容異己、接納不同背景的學生。這就是「剛而能柔」的「九二」，有真才實學，而且能將坤卦的愛心顯現出來，雖然處在坎險之中，但絲毫不受影響。上爻的「擊蒙」則代表嚴峻的教學風格。注意蒙卦的教學層次也是始壯究、始壯究，因為學生根器不同、未來的發展也不相同，所以要以包蒙愛的教育為主，循循善誘；如果實在沒辦法，蒙到極點，「包」也無效了，就得嘗試較為嚴厲的方式，例如當頭棒喝。因為蒙卦已經發展到上爻，沒時間了，所以要用「急救」療法，不然馬上要進入需卦（䷄）了，還搞不清楚自己到底要什麼？「上九」用「擊蒙」把人打醒，因為心智被蒙蔽，淤塞不通了，只有當頭棒喝，完全不考慮尊嚴問題，這往往會起到振聾發聵的作用。但「擊蒙」一定是「包蒙」無效之後不得已而為的做法。這就是兩個不同教學風格的老師。

其他學生呢？初爻是「蒙」之初，還沒踏進一個教學生態的門檻，有沒有機緣呢？有。初爻跟二爻的關係是陰承陽、柔承剛，初爻遇到二爻這麼好的老師，只要能善用這層關係，老師會慢慢帶你邁過門檻，進入學習領域；但接下來就要看學生自己的造化了。五爻在蒙卦君位，雖然是領導之位的大官，不一定有智慧、有專業知識，但是他「童蒙吉」，懂得虛心求教，〈彖傳〉也強調五爻和二爻相應與，是心心相印的，一虛一實互補，能教的地位低，想學的雖然地位高，但沒有身段，當然可以學得好。

換句話說，「九二」這個包蒙的老師，下可教基層百姓，上可教帝王、元首，有很好的承乘應與關係。可是遇到三爻他就沒辦法了。可見「包蒙」也有限制。「六三」陰居陽位，不當位，不中不正，本身稟賦、品質就有問題，而且「再三瀆」，也不是真心想學。在蒙卦一片教與學的熱潮中，三爻自己的條件、心態都不對，卻跟著一窩蜂湊熱鬧；雖然他跟二爻離得很近，可是關係不正常，陰乘陽、柔乘剛，象徵欲望蒙蔽理智；與屯卦「六二」與「初九」乘剛的關係是一樣的。這個關係就會造成教學上的干擾，所以三爻沒辦法從二爻學到任何東西。二爻面對三爻，因為關係不正常，也是徒然浪費時間。所以三爻的爻辭針對這個關係就有一個提醒——「勿用取女」。何必浪費時間！有限的教學資源應該用在其他可以發揮作用的爻，例如初爻和五爻。不然，二爻被三爻折騰半天，不僅三爻沒學到，二爻自己也無法教學相長。人生資源有限，陰乘陽、柔乘剛的關係是教學上無法跨越的障礙。所以，包蒙雖然是教學主流，但是遇到「再三瀆」的互動關係有問題時，還是施展不開。

那麼誰能教三爻呢？「擊蒙」可以。針對三爻這種頑劣之徒，愛的包容方式無法感化，只好用揍的。因為「六三」跟「上九」這種嚴格管理的「擊蒙」居然是相應與的。這就給我們很深的啟發了！看來有時候教學風格還真的要恩威並濟、寬猛兼施，像三爻這種根性，只有「擊蒙」有效，「包蒙」是無效的。而且「擊蒙」對第五爻也有效，因為五爻與六爻是陰承陽、柔承剛的關係。可見「童蒙吉」的君位領導人還真不得了，不但願意不恥下問，與民間的有道智者「九二」相應與，對他虛心求教；也願意向不在其位、資歷豐富的退休大老上爻學習。這就說明「六五」非常尊重「上九」，也願意接受老前輩直言直語的指導。你想想，如果「包蒙」去教「六五」這種地位尊貴的人，大概會客客氣氣的；可是「上九」對「六五」一點也不客氣，照樣嚴格管教，甚至直接開罵，而「六五」居然也可以謙虛接受。這樣的「六五」搞不好只出現在《易經》爻辭上，地位這麼高的人，還願意聽進老前輩聲色俱厲的「擊蒙」教導，又願意跟從地位比自己低的「九二」學習，這樣的領袖能不成功嗎？因此，「六五」之所以「童蒙吉」，代表謙虛是終生學習的主要精神。做為蒙卦的君位，不管是人家「包蒙」式的，或是倚老賣老的「擊蒙」式教學，都能坦然受之，當然「吉」。由此可見，一個嚴厲教導的「擊蒙」老師，對三爻、五爻都有效。但有一個學生就很奇怪了，那就是四爻。「包」與「擊」跟他之間等距離，但都沒有緣分，既非承乘、也非應與；什麼師資都有，但位置不對，如果不懂得調整，那麼他這輩子就完了，因為乏人指導。這就是人生的機緣問題，很難強求。其實「六四」本身不見得有問題，在蒙卦六爻中，只有「六四」陰居陰位是正的；換句話說，當位且正，是一塊璞玉，他有待開發的先天自性，只是位置不對、外緣太差，又不懂得移樽就教。「匪我求童蒙，童蒙求我」，「包蒙」、「擊蒙」不會主動照顧你或者隔空呼應你；沒有好的學習機緣、又不懂得創造機緣，只好糊里糊塗被埋沒。這個爻爻變為未濟卦（䷿），過不了河，沒辦法渡彼岸，做事也不能成功。所以我們一直強調外在機緣，孟母三遷，就因為學習環境不理想。如果占卦占到蒙卦第四爻，爻變是未濟，你就不能坐著等，要想辦法挪一挪；不管是走向「包蒙」或「擊蒙」，才有機會走出未濟的環境，不然白白浪費了潛在的美質。

蒙卦六爻詳述

二爻：無所不包

䷃

九二。包蒙，吉。納婦，吉。子克家。

〈小象〉曰：子克家，剛柔接也。

我們先看蒙卦「九二」爻。前面已經說過，真正的教育不能隨便放棄任何一個人。在中國古代社會，平民教育從孔子開始；孔子有教無類，他有像顏回那樣貧無立錐之地的學生，也有像子貢那樣富可敵國的學生；而且不限於魯國，列國英俊統統包納；「自行束脩以上，吾未嘗無誨焉。」（《論語》）這就是「包蒙」。

《易經》中凡是提到「包」的都是有實力的包容沒實力的；陽包陰，大包小，強包弱，剛包柔，實包虛。除了蒙卦這一爻的「包蒙」之外，還有三個卦。首先是泰卦（䷊）、否卦（䷋）共出現三個「包」。泰卦第二爻「包荒」，包容荒昧；否卦是很壞的環境，第二爻叫「包承」；第三爻掉到景氣谷底，叫「包羞」，藏汙納垢，也得包容。「包承」、「包羞」是否卦二爻、三爻，「包荒」是泰卦第二爻，再加上蒙卦二爻的「包蒙」，都是陽包陰的概念。由此說明人生在面對那種落伍、可恥的狀態，有時候也要忍耐。其次是姤卦講人生不期而遇的機遇。姤卦（䷫）第二爻是「包有魚」，藉活蹦亂跳的魚象徵人生難以把握的機緣，一旦碰到，就要穩穩把它包住；否則就是第四爻的「包无魚」，沒包到魚。第五爻是「以杞包瓜」。姤卦就是要想辦法包，包住了就很好，沒包住就很慘。以上三卦加上蒙卦共有七個「包」，但是說「包」容易，要做到「包」很不容易；因為大千世界，形形色色，必須有夠大的胸懷才能無所不包。所以一個「包蒙」的大教育家必能獲吉，不但助人，自己也能成長。

「納婦，吉。」「納」就是接納。我們說一個人能容受、能忍耐，不會直接反彈，把關係搞壞，像百川匯海一樣，把很多資源容納進來，管你是從哪裡流來的，清的、濁的統統消化吸收。為什麼稱「納婦」呢？因為九二就像丈夫一樣，要娶太太。這裡還可以用男歡女愛、夫妻之間的互動關係來說明。既然是包蒙，納的「婦」就不止一個，就像孔子有上千個弟子，對「九二」來講，「初六」和「六五」都是他所納的「婦」，他必須全盤接受，不嫌棄、沒有分別心。那些大慈大悲的菩薩不也是如此嗎？「包蒙，吉。納婦，吉。」有兩個「吉」，表示高度讚許。

夫婦結合，就會生小孩、創造下一代。如同一門學問，在陽剛陰柔（如師生）的完美結合之後，就有傑出的人才可以傳衣缽，並且發揚光大，讓一門舊的學問與時俱進，不斷創新。學問貴在創新，不能抱殘守缺，創新的發展就是「子」。包蒙、納婦之後，就是生小孩；生小孩就代表教學相長，在師生互動之中產生新的東西；而且這個小孩「子克家」，可以接班、光大門楣。達摩祖師傳給二祖慧可，五祖弘忍傳給六祖惠能，就是這個過程。「子克家」，說明他的能力足以應付未來的挑戰，可以接下光大門楣的責任。這也告訴我們，所有「蒙」的教學都希望「後生可畏，焉知來者之不如今也」（《論語》）。要讓一個新人出人頭地，而且青出於藍勝於藍，就必須有教無類、提供良好的化育環境。如果關上學習的大門，或者專斷狹隘，不肯包、不肯納，「子」從哪裡來？這也正如雲行雨施，剛開始先要造勢，雲氣多了，下雨的機會自然大增。

〈小象傳〉說：「子克家，剛柔接也。」「剛」就是有真才實學的「九二」；「柔」就是「初六」或「六五」。剛柔產生接觸，乾柴烈火，一拍即合，機緣成功了。「子克家，剛柔接。」剛柔若不接觸，夫婦各在一方，當然就沒有「子克家」；一個像「六四」，璞玉永遠無法開發；一個是「九二」，有大法卻傳不出去。

「九二」爻變是剝卦。有時候你絕想不到，「九二」爻這麼好，可是占到這個爻，爻變卻成為山地剝（下圖）。剝卦是很糟糕的，「不利有攸往」。這個卦是好還是不好？可是從二、三、四、五爻組成的卦中卦來看，蒙卦「九二」又是復卦（䷗）第一爻；而且，沒有剝，哪來的復？因此這個剝代表修成正果，那是蒙卦栽種下去的，到了第二十三卦剝卦終於長成碩果。所有的果實裡面都有一個核心的種子，復卦就是利用這個種子，才可以生生不息、代代相傳。上一代已經過去了，果皮、果肉是一個完美的表象，但是它日漸腐朽，種子落在泥土裡，陽光、空氣、水使它重生。剝極而復，這種重生再造的能力，一定得經過剝的過程，要是不把果皮、果肉一層層剝光，怎麼能發現藏在裡面的核心真理呢？剝卦

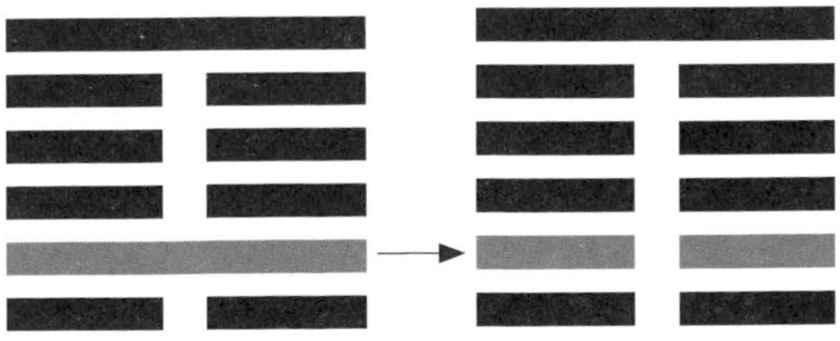

蒙卦　　剝卦

跟復卦也是相綜的卦，沒有剝就沒辦法復，剝的時候很痛苦，就像嬰兒要經過母親的陣痛從產道出來。「包蒙」也是一樣，老師要先幫助你識破虛假的人生表象，才能慢慢引領你進入大道之門。換句話說，人生的學習沒有經過剝，就沒有辦法掌握真理的核心。佛家、道家基本上是循著先剝而復的方式，不從正面跟你講，因為從正面講，你也沒辦法想像，一定要經過重重險難、重重追尋，最後才發現真理。佛教《心經》云：「觀自在菩薩，行深般若波羅蜜多時，照見五蘊皆空，渡一切苦厄。」五蘊即五種聚合，包括「色受想行識」。空「五蘊」就是剝。五蘊全部空掉，最後剩下的才是真如。空五蘊多麼痛苦！然而，不經一番寒徹骨，哪得梅花撲鼻香？老莊也是一樣，你以為是真的東西未必是真，摧毀表象的過程是很痛苦的，超凡的境界都要等表象統統剝除之後，真理的核心才會顯現。所以包蒙爻變為剝，你要接受這個過程，裡面內含的就是復卦的核心種子。這叫「包蒙，吉。納婦，吉。子克家」。

上爻：正當防衛

上九。擊蒙。不利為寇，利禦寇。

〈小象〉曰：利用禦寇，上下順也。

「擊蒙。不利為寇，利禦寇。」「蒙」到極點之後，不得不用剛烈的手段打開局面，如同休克療法，為了長遠的利益忍一時之痛；就像有時候必須動用戰爭才能解決問題一樣。蒙卦上爻爻變就是師卦（下圖）。師卦也是不利侵略，利於正當防衛，勞師動眾的出兵也是不得已的手段。上爻走到那一步，只剩唯一的方法可以解決問題、打破僵局。「包蒙」不能使對方就範，只好逼著出手「擊

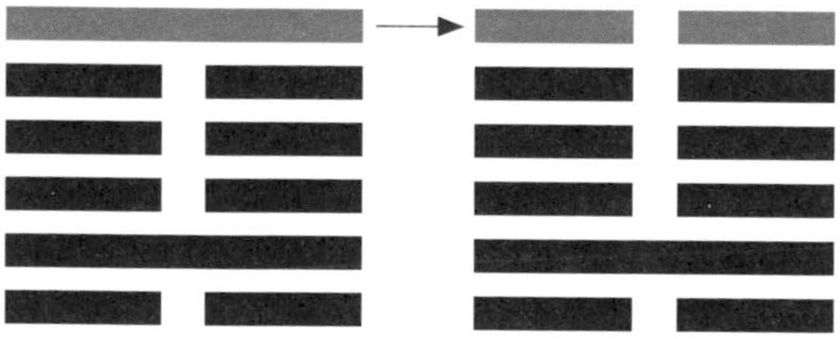

蒙卦　　師卦

蒙」。國家受到侵略，我們起來保家衛國，從國際輿論等各方面講都是正確的，而且比較容易同仇敵愾，得到認可，就像抗日戰爭。「為寇」本身就是侵略者，像美國打伊拉克，即使「擊蒙」成功，可是這麼多年來消耗無數人力物力，仍然無法獲得國際輿論支持，這肯定是不利的。

「利禦寇，不利為寇」，這就是「擊蒙」的準則。換句話說，一旦逼著要出手時，一定要注意是迫不得已的防衛手段；在教學中，也是因為你要幫助學生防禦欲望誘惑的「外寇」。學生自己無法抵抗誘惑，講好講歹他也聽不入耳，你只能用嚴格控管的手段，幫他抵禦外在的誘惑。但是話又說回來，「利禦寇」的分寸把握很重要，否則，你的介入和嚴厲管教就是「為寇」，侵犯學生的自主權，教學效果往往適得其反。可見，「擊蒙」這種非常手段有嚴格的但書，不可以、也沒有任何理由主動採取強勢行為，一定要對方主動要求協助才可以。

這一爻的〈小象傳〉更進一步闡述這個道理。〈小象傳〉云：「利用禦寇，上下順也。」何謂「上下順也」？「上九」就是「上」，「下」就是頑劣的「六三」，因為「包蒙」無效，只好交給「擊蒙」，說不定可以一棒打醒。果真！不但「上九」順了，「六三」也順了。「六三」的〈小象傳〉云：「勿用取女，行不順也。」二爻對「六三」不論如何「包蒙」，「六三」就是不順，行為矯正不過來；結果經上爻這麼猛然一打，上下都順了，一個個乖乖的。可見，「上下順」的「順」也要看對象，審慎評估有效的方法。「利用禦寇」，說明必須謹守「不利為寇」的原則。在屯卦還在草莽開創的階段，就出現外敵或競爭對手。可見人生的爭鬥從一出生就要開始面對。到蒙卦時「寇」就更多了，好不容易有了些資源，就有人虎視眈眈想掠奪。所以一定要聚集力量，讓對方不敢輕易入侵；同時也不要侵犯人家，因為「不利為寇，利禦寇」。

四爻：困蒙之吝

六四。困蒙，吝。

〈小象〉曰：困蒙之吝，獨遠實也。

在蒙卦中，上爻、三爻、二爻是一個冤孽糾纏的男女三角情愛關係。就像屯卦二爻、五爻、初爻和四爻的多角關係，搞得天下大亂。每一個陽爻、陰爻都面臨抉擇的痛苦。蒙卦第三爻是陰爻，二爻與上爻是陽爻，可是三爻跟二爻不會有結果，而且關係不正常。上爻看到三爻跟二爻糾纏在一起，三爻不回頭，說不定就會下狠手。這樣的事不是經常看到嗎？這是人生難解的問題。二爻的「包蒙」對你客客氣氣、百依百順，但三爻卻「劈腿出牆」，攀上上爻的「擊蒙」，但等到「擊蒙」一發作就完蛋了。太多這樣的例子，其實都是自尋煩惱。擊蒙、包蒙跟三爻之間的冤孽輪迴，逼出很多悲劇。關於第三爻我們下文再講，我講這些，是為了引出第四爻，因為蒙卦四個陰爻中，第四爻最特殊。

四爻本身有待開發，但是沒開發成，所以形成「困蒙，吝」的格局。格局很小，小家碧玉般，發展的路子特別窄。「吝」者，陰居陰位，陰柔過度也。陽剛過度、過強，則是乾卦的「亢龍有悔」。所以凡事過度，人生的路子必然越走越狹窄；尤其在蒙卦四爻，因為缺乏明師指引，人生的緣分太差，受困在狹小空間內，很難走出來。而且它處在「六四」高位，官大學問小。本來可以有更大的發展空間，苦於沒有良師指引，所以注定要困於蒙昧無知，只好「吝」。

〈小象傳〉云：「困蒙之吝，獨遠實也。」「困」字的象讓人好傷心，裡面一棵生長的樹，本該生機無窮，可四面的銅牆鐵壁堵住了生機，完全伸展不得。裡面明明有生機，卻因為沒有打開門窗，枝椏無法伸展出去，只好受困一生。為什麼會「困蒙之吝」呢？「獨遠實也」。因為四爻爻位不當，遠離真才實學的「上九」與「九二」兩個陽爻，既沒有「承乘」關係，也沒有「應與」關係。另外三個陰爻跟「包蒙」、「擊蒙」多多少少有些接觸，只有四爻「獨遠實」，人家不會主動教導你，如果不及時調整，就得糊里糊塗過一生。

四爻爻變是未濟卦（下圖），力量不夠，需人提攜、啟發。這是「六四」。

在這裡要特別提一下「獨」字。「獨」是名詞，就是《大學》、《中庸》裡面講的慎獨。這個名詞很重要。《易經》講「各正性命」，每個人都有獨特的生命特色；如果只是把人人共通的東西開發出來，還是不免庸庸碌碌、人云亦云；因此要確立、開發自己獨一無二的生命特色，才會有精彩的表現，這就是「獨」。所謂的特立獨行，就是擁有跟別人不一樣的獨門絕活。「遠實」是指「六四」其實有「獨」的寶貝，但是沒人欣賞、開導，他自己也不知道，就像叫花子捧著金飯碗到處討飯，暴殄天物，空有一個大礦藏。

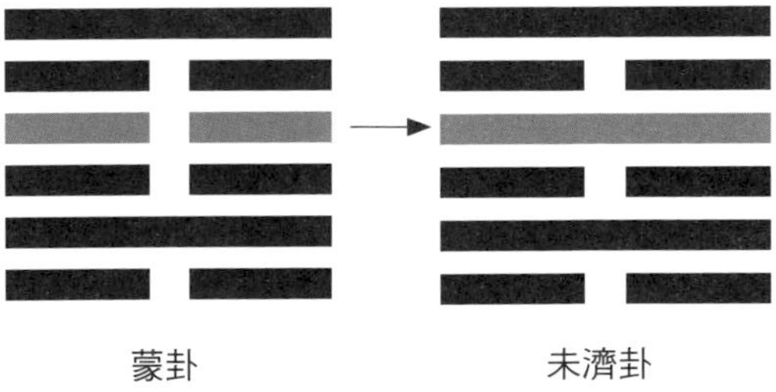

五爻：移樽就教

六五。童蒙。吉。

〈小象〉曰：童蒙之吉，順以巽也。

「童蒙，吉。」這是蒙卦君位「六五」的爻辭。一個領導人懂得謙虛、放空自己，回歸到小孩子一樣的心態，充滿好奇心，對任何意見坦然受之，上則願意接受前輩「擊蒙」的嚴厲指導，只要對我有好處，給我定出好的政策，就可以好好掌握國家發展的方向；下則虛心請教二爻，劉備三顧臥龍崗諸葛亮的草廬，就是典型的榜樣，放下身段、不恥下問。童蒙對誰都願意移樽就教，如此承乘應與，多方謙虛學習，當然「吉」。

「童蒙之吉，順以巽也。」「順」即「利用禦寇，上下順」。教育也要順勢而為，絕對不可傲慢、自以為是。「順以巽」，除了「順」的功夫，還要「巽」的功夫。「巽」為風，風是無孔不入的，要想深入了解狀況，一個領導人必須放低身段、深入民間，肯接受各方面的批評、指導，才能定出國家大政方針。

我曾針對二〇〇八年的國際金融形勢占過一卦，卦象顯示就是澤水困（䷮），「九四」、「上六」爻動，兩爻齊變有渙卦（䷺）之象。池子乾了，錢不流動，很難脫困；即便能藉著採取救市政策設法脫困，也要很長的時間，撒下去的錢不見得發揮效應，說不定還糊里糊塗蒸發掉了。二〇〇九年的國際金融情勢則占出蒙卦「六五」爻動，爻變也是渙卦之象。說明不是強權撒錢救市的舉動就可以紓困。蒙卦外阻內險，錢的問題並沒有完全解決，解鈴仍須繫鈴人，但有一線生機，就是懂得屈尊學習的第五爻。

蒙中藏有啟蒙的生機，知道問題嚴重，想盡辦法對症下藥，所以「童蒙吉，順以巽」，由「困」中有「渙」象，變成「蒙」中有「渙」象。雖然沒有太大的改善，但至少核心領導人可以「順以巽」找出解決方法。

三爻：情欲蒙蔽理智

六三。勿用取女，見金夫，不有躬。无攸利。

〈小象〉曰：勿用取女，行不順也。

「六三」爻辭沒一句好話。「勿用取女」，「取」即「娶」。「六三」為陰、為女。為什麼講「勿用取女」呢？因為這一爻的爻辭是針對「九二」。「九二」為陽，與「六三」關係不正常，不可能得善終。就像屯卦「初九」與「六二」那陰乘陽、柔乘剛，讓人左右為難的情境。雖然是近水樓台、互相吸引，但從長遠來看，結局是很悲觀的。同樣，蒙卦「六三」與「九二」也是如此。「九二」的「包蒙」極具魅力，所以會出現「納婦吉、子克家」，連五爻「童蒙」離得那麼遠，都願意接受二爻的「包蒙」之教。三爻也需要接受指導，但她本身資質有問題，爻位不正，陰居陽位，不會認真學習，連自己的根本問題都不知道，只是看大家都去跟「九二」學，她也一窩蜂瞎起鬨跟著去學。「九二」要不要收「六三」這個學生呢？或者說，在男女感情遊戲中，「九二」非常有魅力，「包蒙吉、納婦吉」，「六三」近水樓台，當然也是春心蕩漾，但很明顯這是陰乘陽、柔乘剛、情欲蒙蔽理智的象；所以「六三」與「九二」雖然不合適，但很容易擦出火花。「九二」心花怒放，可不可以娶「六三」呢？爻辭當頭一棒：「勿用取女」！明確提醒「九二」千萬別動，萬萬不可把「六三」娶進門。談外遇的姤卦（䷫）在不期而遇的男女邂逅之後，也提出「勿用取女」的警告。姤卦蠢蠢欲動的欲望是充滿風險的，要是沒控制住，就如星星之火，可以燎原。所以姤卦說「女壯」（一陰爻），只要一突破了，其餘五個陽爻的防線會全面瓦解。在這種處境下，千萬不要提供欲望燃燒的「燃料」，否則欲望如乾柴烈火，很快就會燒垮全部。所以要很理性，要懸崖勒馬，「勿用取女」，就像羅敷拒絕使君的短期誘惑。可是在咸卦（䷞），那就是正常的少男少女談戀愛，所以是「取女吉」，因為正當關係的戀愛成熟，不是體制外的非法關係。

蒙卦「六三」與「九二」的關係就是「姤」的不正常關係；所以「九二」要很冷靜，這個對象不是你能渡化的，也不是你能娶進門、深入發展關係的。「九二」一碰到「六三」，馬上要想到「六三」

的爻辭「勿用取女」，好像貼上標籤一樣。為什麼「九二」不能對「六三」縱情呢？理由是下面九個字：「見金夫，不有躬。无攸利。」因為「六三」水性楊花、見異思遷，這個女人見到「金夫」就心性不定。「金夫」是指「九二」這種有才華、有智慧、有資源、有權有勢的男人。「六三」一看「九二」那麼有魅力，好多人都去追，她也想參一腳，並沒有真感情，所以她一見金夫就投懷送抱、「不有躬」了。「躬」就是自身，女人失身叫「不有躬」，身體淪陷了。「无攸利」，一定不會有善終。所以這一場感情不為社會體制接受，破壞人家家庭關係不說，到最後一定悲劇收場。如此辛苦的投入不能久長，沒有任何正面利益，還讓自己失去立身處世的基本條件。而且不光看到「九二」這個金夫就失身，只要看到合乎金夫條件的，她就轉向。這就是所謂的見異思遷、水性楊花。所以「九二」一定要有理智，看到她來主動示好，千萬不要昏了頭。

那麼「六三」爻辭應用在學習上又是什麼意思呢？就是今天聽老師說二十一世紀《易經》是顯學，馬上來聽聽，聽半天，老師說什麼聽不懂，學不下去了；一看有個地方在教太極拳，又跑去學太極拳；學了太極拳又沒有定性，看看瑜伽好像不錯，又跑去練瑜伽。這不是在浪費教育資源？學生沒學成，老師也白花了時間，如果這些資源挪到誠心學習的「初六」、「六五」身上，不是有更大的收穫嗎？

另外，還有一個更嚴重的問題——「不有躬」。「躬」是自我，所有的教育不就是要建立自我、找到自我嗎？「六三」搞了半天，始終沒辦法建立「自我」。這就是浪費資源的無效學習。屯卦第三爻在原始林中打獵徒勞，蒙卦第三爻在感情學習中徒勞，完全都在浪費生命。第四爻則因外緣太差，與學習無緣，必須主動調整。三爻雖有緣分，但沒有學習的定力，學了半天也不知道自己到底要什麼，那就完蛋了。

〈小象傳〉云：「勿用取女，行不順也。」沒有常性、沒有定力，就沒辦法長久學習。既糟蹋了

「六三」，也浪費了「九二」的時間。「六三」爻變是蠱卦，有迷亂之象；成住壞空，就是蠱卦（下圖）落山風的象，傷害很大。我們從卦的結構來看，對三爻、二爻來講，二爻絕不止一個，三爻也不止一個。所以在他們不正常接觸時，也只是一時的意亂情迷：過不了多久，另一個「金夫」出現，她又轉移目標了。人生類似的情境不知凡幾，而且，讀書的時候都覺得很容易判斷，身臨其境時，一沒看清楚就迷失了，這就是「不有躬」。這種判斷包括投資機會，很多人生重要的抉擇，自己的主體性出不來，迷途失道是常有的事。

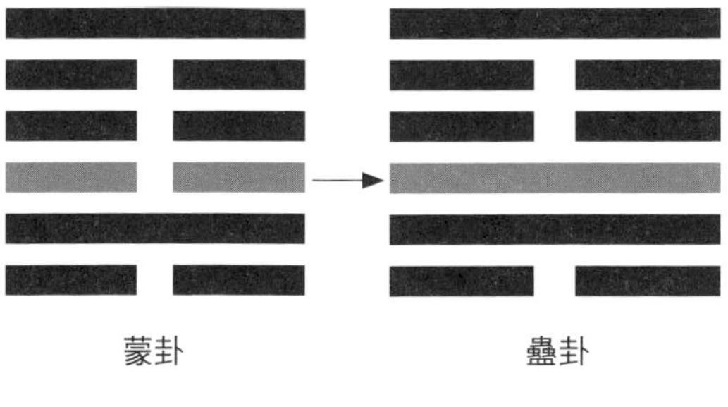

初爻：利用典範

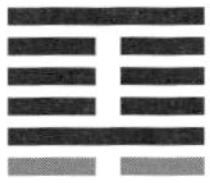

初六。發蒙。利用刑人，用說桎梏。以往吝。

〈小象〉曰：利用刑人，以正法也。

我們最後講初爻，「初六」這個爻值得一再提醒，因為很多解釋有誤解。初爻講「發蒙」，「發」是開發自性，是啟發式的教育，不是灌輸式的。可別小看了蒙卦初爻，因為眾生皆有佛性，對蒙昧的初爻來講，若遇到好的老師引導啟發，就可以茅塞頓開、大徹大悟。

我們現在常說「開發」一詞，就代表有潛力，只是暫時還沒顯現。蒙卦之中，四爻最可憐，是「困蒙，吝」，開發不出來，不像「初六」有開發的機會，為什麼？因為上有「九二」這位循循善誘的「包蒙」老師，「初六」跟他的關係是陰承陽，柔承剛；「初六」的無知愚昧種種毛病，他都能包容，並且他也了解「初六」的問題所在，從而進行正確的開導。所以「初六」就有「發蒙」的象。關於「發蒙」

的解釋，歷來註家的意見都還是一致的，出現誤解的是下面的爻辭「利用刑人」。

「利用刑人，用說桎梏。以往，吝。」「說」即「脫」。「以往，吝」就和屯卦第三爻迷失在原始林中一樣，「不如舍」，如果不及時回頭，還一意孤行、盲目追逐，不肯認賠殺出，那就沒有多少發展空間。甚至事情辦砸了，一無所成，還要粉飾太平，不敢承認錯誤。「往吝」就代表「發蒙」的方式不正確。正確的「發蒙」，就是啟發式的教育，亦即「利用刑人，用說桎梏」。「桎梏」，是木製刑具，用來限制犯人的行動自由。「蒙」怎麼會跟「刑具」有關呢？因為一個人不能擺脫與生俱來的種種欲望，終生受它束縛，遂使心靈不得自由、創造力不得發揮，那就是無形的桎梏。由屯入蒙，就有桎梏了，因為習染漸深，嗜欲深則天機淺。這時自私自利的心態出現，看不清事情的真相；而教育的作用也就在此，為人生的尋求解脫，提供正確的方法。我們前面講過，蒙卦初、二、三、四爻合組成的卦中卦為解卦（䷧）。蒙卦初爻也包含解脫之意，要去除罣礙、遠離顛倒夢想，通往究竟涅槃的境界。蒙中有解象，啟蒙就是尋求解脫，甩掉身體乃至心靈的桎梏，自由自在。由此可見，蒙卦初爻的用意就告訴我們，人一長大就像受刑人一樣，自然而然被很多東西綑綁。教育的目的就是要幫助人們鬆綁，拋掉習氣、欲望的束縛。所以一定要找到好老師、好經典，幫助我們擺脫桎梏，獲得心靈的自由。

要擺脫習氣、欲望的無形桎梏，關鍵在「利用刑人」。後代對於「刑人」有很多誤解，看來也頗有道理，例如認為「刑人」是指受刑人。「刑人」身上當然有桎梏，也都希望能夠擺脫桎梏，可是怎麼擺脫？完全沒講，這是講不通的。另外，把「刑人」解做刑罰或嚴厲的教導，好幫助人向善，讓他擺脫錯誤的行為，這種講法很不合理。若把「刑」當成處罰，那不就是「擊蒙」了嗎？初爻怎麼可以「擊蒙」呢？初爻需要「包蒙」，循循善誘，愛都來不及，況且人都會犯錯，尤其在由屯入蒙的蒙之初，它又不是蒙卦第三爻，怎麼可以「擊蒙」呢？「擊蒙」打不到也管不到「初六」，因為「初六」的無知不是罪惡，其桎梏是生命自然形成的。這種解釋完全是錯的，而且爻際關係也不對，只有到了蒙之極的「上六」，以及面對「六三」這種迷途忘返的現象才會用到「擊蒙」。如果在初爻不用包蒙而用擊蒙，一定會出現反效果，讓很多人在各種學習領域造成嚴重的學習障礙。因此，教學一定要以「包蒙」為主，萬不得已才「擊蒙」。否則老師就是「為寇」，而不是幫他「禦寇」，排除學習障礙。如此解釋「利用刑人」，若有人占到此卦此爻，豈不是讓他對人生或預定目標畏懼不前？那我們教《易經》的也是造孽。

那麼，該如何解釋「刑人」？「刑」就是「典型」的意思。對初爻來講，第二爻就是以身作則的典型。我們平常學習做事，往往需要一個樣板，好比我們學太極拳，光是看有關太極拳的書，讀拳經，你會打太極拳嗎？幾乎不可能。一定要有老師示範指導。可見，「刑人」就是「包蒙」的老師，就近指導，而且充滿愛心，他是你學習的典範。何謂師範？以身作則，身教重於言教，一舉一動、行走坐臥，都是學生的學習對象。初爻跟二爻學，把二爻當成學習的典範，這就是「刑」。文天祥在〈正氣歌〉中說道：「哲人日已遠，典刑在夙昔。」這裡的「刑」就是典型的「型」。典型的樹立很重要，因為在你跨過門檻之前，需要師父領過門。如果引導對了，他帶你邁過門檻，後面才好「修行在個人」。在啟蒙之初，一個正確的學習典範非常重要。

「刑」字同樣的用法，在古典經文中不乏此例，如《詩經・大雅・思齊》云：「刑於寡妻，至於兄弟，以御於家邦。」這句話講的就是齊家治國平天下。一個人要能夠擔負國家重任，領導統御天下，第一個就要「刑於寡妻」。若把「刑」解作「擊蒙」式的刑罰，豈不成了成就大人物的第一步要先打妻子？當然不是。「刑」就是做妻子的表率。這一點說來容易，做起來天難地難。你在外面成功，有權有勢，在外面怎麼裝都可以，是眾人的偶像，是所有人見賢思齊的標準；問題是回到家中，妻子最了解你，你的虛實、弱點，你的生活細節，還有不可告人的內在，儘管你在外面掩飾得天衣無縫，但妻子清清楚楚、明明白白。所以一個人能夠裡外如一，在外是像「包蒙」這種有清望的社會中流砥柱，在內室，妻子對你的一舉一動也無可挑剔，這可不容易。談戀愛的時候，在她熱情蒙蔽理智時，她可能以你為表率，等到結婚之後，發現落差那麼大，表率已成無可奈何，她只有隱忍不發。如果妻子可以始終如一、對丈夫佩服到底，這個人就經得起考驗，去齊家治國平天下，絕對不會有問題。古代的大政治家就有這樣的智慧，堯為什麼要把兩個女兒都嫁給舜呢？就因為他處在惡劣的家庭環境中，還能一如既往地保持孝順。可見，只有「利用刑人」，才能幫助「初六」擺脫學習的桎梏。如果你不循此道，沒找到好的模範、好老師去學習，靠自己瞎摸亂闖，放牛吃草，那對不起，你還沒進門。

利用刑人，以正法也

這是初爻的〈小象傳〉。「利用刑人」，為什麼要這麼嚴格要求呢？要「以正法也」。乍看嚇一跳，難道要就地正法，馬上拖出去殺了？這個作者大概不小心，引起天大的誤會，一看「刑人」不是打人，就是罰人，所以有桎梏的象，又有正法的象，有理沒理先打一陣再說。這種說法又錯了。「以正」與「蒙以養正」的「正」是一樣的，每一個人都有正。「法」是效法學習，人法地，地法天，天法道，道法自然。一個跟一個學，什麼叫老師？什麼叫先覺？什麼叫後知後覺？學習能夠成立，可以心心相印、先知覺後知，因為大家都有「正」。只是老師的「正」是已經開發出來、屹立不搖的；學生的「正」還沒找到，但他有潛在的「正」。正因為你是潛在的，他是已開發的；而他也懂得現在的「正」在以前也是未開發的，他了解你的狀況，他就會想辦法誘導出你的「正」。你能學，也是因為有這個呼應關係。學生以未開發的「正」去效法學習老師已開發的「正」，這就叫「以正法也」。「以」就是

「因」，眾生皆有。之所以可能「正」，就是因為你的內在本來就有，自然就會引起共鳴。可見，所謂的「正法」是指效法學習老師的「正」。

蒙卦初爻爻變為損卦（下圖），損卦為「懲忿窒欲」，倘若不懂得降低欲望，身上彷彿帶著手銬腳鐐，無法自由揮灑生命。既然爻變是「損」，學習之初，總要接受規範、指導，這時還談不上創造，連章法都沒有，還沒入門，怎麼創造呢？所以要有樣學樣，循序漸進，藉著「刑人」的引導，擺脫桎梏；不能完全靠自己摸索，不靠老師或經典指引，那樣就會「以往，吝」，走不出來。

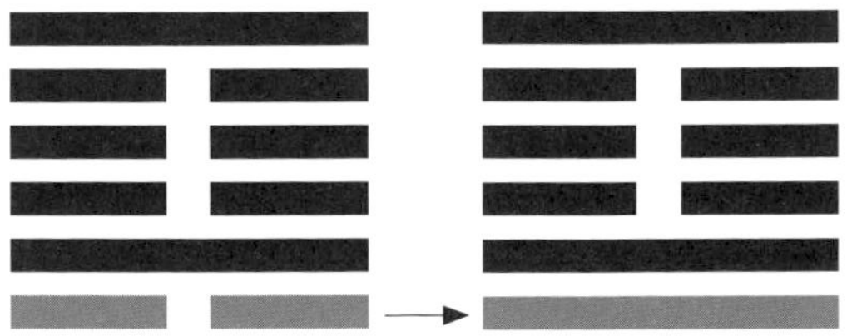

二〇〇八年全球金融風暴，很多人無辜受禍，就是欲望太多，貪嗔癡膨脹。金融遊戲剛開始時，如脫韁野馬，自由奔放，一下子狂飆到五、六百兆美金，超過全球實際生產總值，一旦泡沫破碎，哀鴻遍野。資本主義不受任何管束的自由經濟、自由市場，幾乎到了匪夷所思的地步，所以後來會釀成巨災。看著是自由，其實是真正的桎梏；那個桎梏就是與生俱來的欲望，若毫無節制，那個自由就是不可靠的，是為所欲為的自由，不是為所應為的自由。道家也講自由，逍遙、齊物，擺脫人為規範，可是他同時強調節欲；而資本主義世界卻強調什麼都可以，狂放不羈的想法氾濫，又沒有制度的規範，到最後一定出問題。所以強調自由，又強調節制欲望，這是道家的優點。只有把欲望控制得法，才能享有真正的自由，不然，到哪裡都是欲壑難填，怎麼會有自由，不都是桎梏嗎？

占卦實例：二〇〇一年、二〇〇七年臺灣的經濟形勢

二〇〇七年臺灣的經濟形勢我們預測的是蒙卦，動第二爻、第四爻，第四爻的影響是最大的，是主要的變數，第二爻則是次要的變數。既然第四爻是最主要的變數，所以單爻變是未濟卦（☲☵），其影響對臺灣經濟來講，就是出不去，沒有辦法渡彼岸，近乎閉鎖。雖然有第二爻，但是影響力受制於第四爻。

二〇〇一年也是一樣，唯一全年經濟是負增長的就是二〇〇一年，之後在谷底持續的年份增長速度都比它高。二〇〇一年以前臺灣的經濟每一年都是增長，但是二〇〇一年開始就負增長，其經濟形勢就是蒙卦二、三、四爻三個爻動，且二爻影響比較大，我們看，反而是正面的「包蒙」的年頭就開始負增長，因為三爻、四爻兩個負面的因素對它造成很嚴格的限制，所以二爻爻變就有剝卦（☶☷）的象，資源開始流失。然後三個爻都變，卦象很不好，是旅卦（☲☶），資源統統外流，失位、失時、失勢，由「蒙」而「剝」而「旅」，形勢不妙得很。

時隔六年，到二〇〇七年還是蒙卦。而二〇〇九年國際金融的局勢也是蒙卦，不過是動第五爻，爻變為渙卦（☴☵），也就是說，二〇〇八年整個金融的泡沫傷到了實體經濟，失業率大增，公司大批倒閉，其中不乏百年老店。這就是占卦，一些卦象會不斷重複出現，不同的問題有共同的一個答案。二〇〇七年臺灣的經濟形勢是蒙卦第二爻、第四爻，它比起二〇〇一年臺灣的經濟形勢來說，只是第三爻沒有動，可是二爻跟四爻完全一樣。

第二爻是在下卦，指的是臺灣民間，整個經濟就臺灣民間或者遍佈兩岸的台商的智慧來講，應變的韌性比較大，雖然面對蒙卦的外阻內險這一不利的經營形勢，不知何去何從，但臺灣的企業主在內卦的

坎險中，他還是可以偷偷摸摸繞彎走出去，這種情況下他還是有「包蒙」應變、承受逆境的能耐，還可以「納婦，吉。」還可以「子克家」，這就是所謂的臺灣民間的經濟活力，即台商的韌性。二〇〇一年的時候第二爻的台商還比較強，即使被三、四爻壓制，他還能走出去，發展自己。二〇〇七年的時候，民間雖然也有活力，但是受制於強大的官方，因為第四爻近乎鎖閉的策略，又是在選舉前夕，根本就不會放行的。第四爻不管是二〇〇一年，還是二〇〇七年，臺灣官方的財經政策各方面都是「困蒙吝，獨遠實」，即使民間有「包蒙」這樣應變的力量，可是民不與官鬥是天經地義的，要是得罪了官方，即二爻得罪了四爻，違反了政策，官方隨便一個動作，二爻受得了嗎？尤其是二〇〇七年的第四爻，是主變數，力量很強，是籠罩全局的「困蒙，吝」，「吝」就是明明錯了，文過飾非，口頭上還講得很漂亮，就是不讓你出去。其實這樣的做法，它本身也受困，所以「獨遠實」，使得臺灣遠遠脫離現實的世界大形勢，這種情況下就是高度不利，外阻內險使得格局很侷促。而且第四爻位高權重，制定政策、執行政策，限制住了民間「包蒙」的往外發展，這是典型的無知，但是他們還不知道自己是無知的，這才是最要命的。然後「獨遠實」，根本就是活在一個虛擬的世界中，對世界經濟完全昧於形勢，只為了收割短期的政治利益。所以第四爻因為太強，第二爻「包蒙」也沒有用，受制於此。

二〇〇一年臺灣經濟的負增長還有一個不利的第三爻的影響，同樣是屬於下卦，屬於民間的部分勢力，不中不正，欲望蒙蔽理智，對「包蒙」也是陰乘陽、柔乘剛的傷害。所以二〇〇一年的臺灣經濟發展中「包蒙」雖然很強，但是上面壓著「六三」這一民間的短視行為，加上屬於四爻的高層政策限制，兩個負面的因素壓倒了二爻的正面，第二爻爻變就有剝的象，所有的資源開始外流，結果三個爻全變便造成了「旅」，資源統統外流。

大衍之術

藉占習易、藉易修行

俗話說，演卦容易斷卦難。因為斷占的過程一定會涉及到占卦的原理，如果對《易經》六十四卦、三百八十四爻的背景知識不很熟悉，也缺乏深刻的體悟，斷占當然很困難。儘管難，但只要掌握幾個基本原則，並切記「不可為典要，唯變所適」，同樣可以斷占。自古以來，但凡研究《易經》者，大都會注意現場斷占的情勢、自身的精神狀態，以及自身的修為能力，甚至還包括你的靈感。所謂「藉占習易、藉易修行」，說到底還是要歸於人生的基本實踐。藉著易占的問答，結合自己的生活經驗，將更容易進入《易經》豐富而深刻的義理世界。換句話說，如果學習態度是健康的，在習占、習易的過程中，藉著一個問題、一個答案這種占卦的訓練，一定會提升形勢判斷跟決策思維，甚至是實踐的能力。如果養成依賴心，學了易占之後，不占就不能決策、不敢做事，那就本末倒置了。過去我也提過，一般要在碰到比較過不去的困局跟險境時才會想到問占；學會占法後，當局者迷，旁觀者清，明明靠基本判斷就可以解決的事，還要啟占，這樣的情形也是有的。所以斷卦之難，有時候也難在你容易感情用事；因為你深陷在自己的情境中，不敢面對真相。我們講蒙卦的時候也說過，「初筮告，再三瀆」；當「瀆」的情形出現，一定會影響判斷，你會一廂情願，把明明已經呈現的客觀真相，硬是曲解成對自己有利的狀況。所以占卦時必須跳脫個人好惡，站在比較客觀、比較中道的角度做冷靜的判斷；否則，自己占過之後，再請朋友、老師代占，因為對方的判斷比較可以就事論事、就易論易。這也是一種方式。但最好的方式還是面對自己的問題，然後練習面對人生很多的難關。累積久了，肯定會增加處理人生困境的能力。所以學占卦是為了增強你的決策判斷能力，不是讓你養成依賴心，這是大前提。

大衍之術

大衍之數五十，其用四十有九。分而為二以象兩，掛一以象三，揲之以四以象四時，歸奇於扐以象閏；五歲再閏，故再扐而後掛。乾之策二百一十有六，坤之策百四十有四，凡三百六十，當期之日。二篇之策，萬有一千五百二十，當萬物之數也。是故四營而成易，十有八變而成卦。

——《易經・繫辭傳上》

在大衍之術的講解過程中，會用很多占例來做示範。當然，不見得每一種斷卦的變化類型都有代表的卦，我們只舉出過去一些非常有啟發意義、已經是靈驗如神，或者在未來發展中我們最關切的幾個中長期問題為例。

學斷占不可心急，斷占之難，難在它需要長時間的經驗累積，不只需要對《易經》卦爻義理的深刻理解，甚至需要以畢生的修為，以及豐富的社會實踐經驗。當然也不是每個都那麼難，不然我們都沒信心學了。易卦四千零九十六種變化類型，有的很簡單，一目了然，卦辭、爻辭寫得清清楚楚、明明白白；有的非常繁複，明明看老師講起來好像很容易，等自己下手判斷時卻茫無頭緒，遇到這種情況也不必心急。我還沒碰過有教占、學占、看占例馬上就懂的學生，所以有挫折感或不懂是正常的。

相較於其他占法，《易經‧繫辭傳》中提到的「大衍之術」是最繁複的。「衍」即「水之行」，就是環繞高山曲折而流的河流，最後歸於大海。這就是「衍」的基本意思。透過占卦也可以理解，人生的奮鬥並不是一步到位的，必須經過一些曲曲折折，然後依形勢而成。「大」代表無所不衍，在宇宙時空中，沒有不可以通過這種方法計算的；只要一個問題有一定的合理性，就一定可以得出相應的答案。

初學易占的人，實際體驗還不很豐富，也許會覺得「大衍之術」的占法，其理論根據和曆法有關，亦即跟星辰運轉的規律性有點關係。這套占法也不知道是誰發明的，它像電腦模擬一樣，不僅模擬天地人三才、星辰日月，還有春夏秋冬四時；這就跟太陽、地球的互動有關。然後它還考慮了置閏的設計，閏年、閏月，五年二閏、十九年七閏；陽曆有陽曆的方式，陰曆有陰曆的方式。發明這套「大衍之術」的人，把這些都設計在整個操作程式之中，看似簡單，其實不知花了多少心血。如果沒有這套占法，以現代人的聰明才智，還未必能創造出這樣的占法。

我們看〈繫辭傳〉關於「大衍之術」那一章的說明。整個操作程式、曆法的概念，與第四十九卦、第五十卦、第五十五卦都是有關聯的，雖然這些卦我們都還沒有講到，但這幾個卦的〈大象傳〉，幾乎就已經把大衍之術的教占、衍占、斷占的規律都說明了。如第四十九卦革卦（䷰）的〈大象傳〉說：「澤中有火，革。君子以治曆明時。」這就講到了曆法的概念，要了解時機，就要訂立曆法。第五十卦鼎卦（䷱）〈大象傳〉云：「木上有火，鼎。君子以正位凝命。」「明時」、「正位」就是革故鼎新；也就是《易經》講的「時」與「位」。革故鼎新就是人的一種原創力的大突破、大發揮，占法也好、曆法也好，都是人掌握自然天時的規律而發明的，並不是先天就有的。

「大衍之術」的數目就是「五十」，我們先準備五十根籌策（蓍草或圍棋等皆可）。我們講過《易經》的卦序都有深刻的意義，並非巧合。「五十」是鼎卦的卦序，第五十就要「正位」，把人生的定位、空間的佈局、資源的狀況告訴我們。「其用四十有九」，開始占卦時，先要把一根籌策拿出來，在往下的演算中，那一根是不能動的，但也不可或缺。其他四十九根蓍草做分分合合的演算，好像就是針對那一根來做演算；像天空的星辰繞著北極星，北極星不動，其他動。那一根不動的蓍草，也是《易經》講的「不易」；其他的四十九根天翻地覆的變化，這就像「變易」。

另外，還有一個純自然的天地之數，即「五十五」。在《易經》中就反映在對應的第五十五卦豐卦（䷶）。豐卦〈大象傳〉云：「雷電皆至，豐。君子以折獄致刑。」正如乾卦〈文言傳〉對「大人」的定義，天人合一，與天地、日月、四時、鬼神合其吉凶。宇宙、天地之間太豐富了，包含天地、人、鬼神，不是只有人。所有這些看得見的、看不見的力量，都可能會主導一些形勢的發展。如果你能全方位的掌握，則有助於搞清楚時位的關係，並做出精確的預測。一個卦占出來，一般是用四十九、五十這個數操作，如果涉及較複雜的爻變，甚至可能引發整個卦產生變化的判斷時，一定要用豐卦卦序的數目「五十五」。「五十五」稱為「天地之數」，革故鼎新之「四十九」或者「大衍之數」的「五十」，是人創造模擬發揮出來的，天人之間還是有差距的，所以「五十五」是一個滿數，不管怎麼演算，都不可能超過五十五。等到實際操作時就會明白。豐卦〈大象傳〉說：「君子以折獄致刑」，因為需要審慎的判斷，所以涉及到斷卦，亦即爻變、卦變到一個比較穩定的狀況，以便我們做形勢的判斷。會跟豐卦有關，是因為豐卦〈大象傳〉講的就是天地人鬼神的綜合判斷，決定善惡、吉凶、是非、輸贏、成敗、禍福。

以上就是教占之前在理論上的說明，閒言少敘，以下開始進入具體的占卦。

占具介紹

占具一般用蓍草，我一般在教占時所用的籌策——蓍草，是我在河南安陽殷墟（作者身後就是蓍草）羑里文王廟那裡買的。也可以用黑色的圍棋子或者小木棍代替；任何東西，只要數目是五十就可以了。長條狀如蓍草，或是顆粒狀（最好不要是扁平的）如圍棋子，都適合做分分合合的演算。其他如吸管，甚至是牙籤，只要長形或顆粒狀的都可以，因為「大衍之術」跟數有關，跟形無關。就像數學的幾何與代數一樣，幾何是講形的，代數是講數的。如果用龜卜，那就跟形有關了。將龜殼放在火上烤，看它會呈現什麼樣的裂紋，那就是「卜」。這就跟數沒有關係。當然卜術已經失傳了，我們現在教的都是「筮」，但兩者都需要用專注的心念來操作。筮法是一直流傳到現在的。一個用動物的殼，一個用植物的莖。為什麼要用龜殼和蓍草卜筮呢？據說是因為烏龜和蓍草都活得很長，看盡天下興亡，所以適合做占卦預測的載具。

如何衍卦

在操作開始之前，先要選定問什麼問題，還有時限的問題。我們且以「二〇〇九年臺灣經濟能否振作」為問題進行占卦。首先要集中心念，冷靜專注，理論上這樣出來的答案會更接近真相。如果心思雜亂，

心神不定，有可能得出次佳的答案，而不是最佳。

如果你覺得心亂，就先打坐、念經，或者點根香讓自己靜下來。像朱熹還專門有一套繁複的筮儀，當然現在都不用了，只要能專注就可以了。開始操作時，先放一根籌策在外面，固定不動，用其餘四十九根操作（圖①），這是第一道程序。一卦六爻，每一個爻有三次變化，要經過十八次周而復始的變化，才能把六個爻從初爻、二爻……上爻排出來。每個爻都一樣，都是通過這樣的操作程序。有些人認為，既然那一根從頭到尾都不動，那我們就用四十九根算好了，不行！因為這單獨的一根與其餘四十九根有對應關係；除了我們剛才講的變易和不易，還有不管怎麼變化，藏在變化裡面的東西，就是一切變化的本體（有點像太極），一定有一個根源，即不動的那一根，就像乾卦的「元」。由「體」到「用」，開始變化，變化就是讓你在想這個問題的時候，像撲克牌切牌一般，一生二，變成陰陽（兩儀）兩邊（圖②），這種分成兩堆的方式，完全根據你的心念，是隨機的，至於左邊是多少、右邊是多少都是不知道的，反正左半邊跟右半邊加起來的數目一定是四十九，既隨機又偶然。因為實際上很多形勢的變化，開始啟動的時候就是純偶然的，不是按照預期的。分開之後等於是開天闢地、分陰分陽了，這就是「大衍之數五十，其用四十有九，分而為二以象兩」。什麼東西都有兩端，像太極圖就有陰陽，每一個問題也都有兩端，像執政黨和在野黨。

①

②

分開了，就代表會活動了，象徵從太極、從「元」然後生出天地。下面就有一個原則叫「右手定則」，它是有方向性的，左半邊為天，右半邊為地。那麼地中會生出什麼？生出人。地上生人，乾、坤下面有生命，這是天地人三才的概念。一生二，二生三，人在天地之間，是舞台上的主角，是從地上長出來的，所以接著就要從右半邊再拿一根出來，這叫「掛一以象三」（圖③）。下面就容易了，一、二、三之後就是「四」了，「揲之以四以象四時」，按照「四」的數目把籌策分開，從一、二、三、四來決定六、七、八、九。「四」就是象徵四時——春夏秋冬、元亨利貞那個周而復始的循環。換句話說，從右邊拿了一根象徵人這個天地舞台上的主角之後，然後就有「時」的循環，即四個四個一數分堆，像做除法一樣有餘數，餘數不管多少，就把它拿在手裡（注意：因為餘數不能是零，所以餘數不管多少，即使是「四」，都要拿在手裡），這叫「歸奇於扐以象閏」（圖④）。若是用蓍草則把它夾在指頭間。「歸奇於扐以象閏」，是歲差的呈現。累積歲差就有閏年、閏月的考量，所以這完全跟曆法有關。任何東西都有一個創造的本體，沒有天地就沒有人、時的循環。曆法是整個宇宙、時空環境中，天、地、人、時的循環，息息相關且互相影響，所以用它來模擬人生所有的事態發展。

右半邊處理完了，不要把它混進來，我們還有左半邊，注意不要再拿一根出來了，還是四個一數，將餘數拿在手裡，和右半邊的集中在一起，

③

④

放在一邊。桌面兩堆蓍草都是四的倍數，這就叫做完成了一次變化（圖⑤）。總共有十八次變化，要三次變化才決定一個爻是陰爻還是陽爻，是老陰、少陰還是老陽、少陽。陽氣如果到了極點，就叫老陽，數字為「九」，可能要陽極轉陰；如果是少陽就叫「七」，表示還未發育成熟，還很穩定。如果是老陰就叫「六」，陰極要轉陽，非常不穩定，就要產生變動了；「八」就是比較穩定的少陰。萬物分陰分陽，然後陰極轉陽、陽極轉陰，這些都跟四季的變化有關。

完成一次變化之後，拿出來的那一堆也不要動，下面的兩堆分而復合，又合而復分，開始進行第二次變化。第一次變化剛開始時，籌策的數目一定是四十九，現在不是四十九了，但一定還是四的倍數；就用這新的組合做基礎，再來一次。仍要專注在當初設下的問題上，一樣把這堆籌策分成兩半，然後右邊再拿一根出來，四個一數，餘數夾在手指間；然後處理左邊，直接四個一數，餘數和右邊的餘數合在一起，放在另一堆，與第一次變化的餘數堆區別開來。

下面還是兩堆四的倍數，完成兩次變化了。接下來進行第三次變化，還是一樣，先將兩堆四的倍數的籌策合在一起，再分為二，再從右邊拿一根出來，然後四個一數，餘數夾在手指間，左邊直接四個一數，餘數和右邊的一起放做一堆。這就完成三次變化了，就可以得出第一個爻了。算一算最後留下的「四」有幾堆（圖⑥）？這裡有八堆，所以數字為「八」，

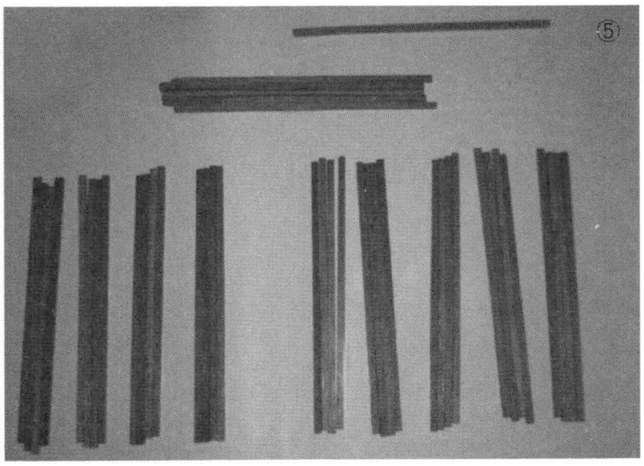
⑤

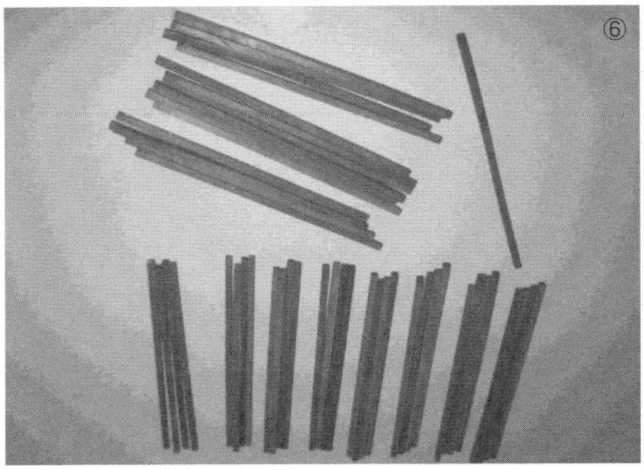
⑥

是陰爻，叫少陰，寫在紙上，這是第一爻。如此如上重複演練，另外五個爻就會相繼出來。

演算過程中需儘量放鬆，經過十八次的分分合合，那是非常偶然、非常隨機的，人力根本不能控制。因為問題是自然呈現的，而在每一次的一分為二時，結果其實就確定了，所以它是隨機開展的偶然；分的時候是偶然，把它排出來則是必然。人生就是偶然和必然的結合，開創的時候沒什麼章法，到一段時間不行了，就得打散重新創造。偶然與必然經過十八次的反覆進行，把所有人為誤差、人力干預的可能性統統排除。

我們得出的第一個爻是陰爻。再開始推演第二個爻。還是一樣，「分而為二以象兩」，「掛一以象三」，經過三次變化後，這次出來的數字是「七」，是陽爻，少陽。少陰、少陽是不會變的，非常穩定，因為它還沒有發育成熟。我們在紙上畫個陽爻做記錄。然後進行第三爻。還是照第一爻的方法，經過三次變化，出來的數字是「八」，是一個陰爻，少陰，再記錄下來，下卦就完成了，這是一個坎卦（☵），而且是不變的。現在，要把希望寄託在上卦，看看可否脫險？

我們再繼續看第四爻的衍算，還是將四十九個籌策一分為二，再如上經過三次變化，出來的數字是「九」，是陽爻，而且是老陽，終於有變化了，總算有一點生機。「九」是老陽，要動，當然後面兩個爻還不知道，所以有四種可能。下面再算第五爻，就是君位，全卦最重要的位置。還是得照規矩四個四個來，最後一次變化，結果是「七」，是不動的陽爻。算最後一個爻，結果是「八」。上卦也出來了，是兌卦（☱）。

現在全部算完了，要強調的一點是，每經歷三次變化後，出來的堆數都是四的倍數；四的倍數只有四種可能，不是六堆，就是七堆、八堆或九堆，絕不會有別的。如果發現不是六堆、七堆、八堆、九堆，一定是在衍算時操作錯誤。

上卦為兌，下卦為坎，組成的是澤水困的困卦（䷮）。這就是二〇〇九年年底臺灣經濟的形勢。後來驗證，確實是如此的。如果第四爻不是動爻，那就是完全不變的困卦，「困」就是資源根本動不了，都消耗光了，卦象是澤中的水統統乾涸，但這裡還有一線生機，就是第四爻是變的，爻變為坎卦（䷜）。如果爻變為困中的坎象，就知道這個爻的處境是非常辛苦的。

斷占解卦

假定算出來的六個爻都是「七」和「八」，表示六個爻不會有任何變化；一旦有變化，就像春夏秋冬，就是陰陽老少的變化。「九」跟「七」是陽，「六」跟「八」是陰，一年溫度最高的時候是「九」，一年溫度最低的時候是「六」。「八」就是秋天，「七」就是春天。由秋天到冬天，基本上都屬於陰；比如由少陰到陰寒之氣越來越重；從「履霜」到「堅冰至」，由「八」降到「六」，溫度節節下降。

春暖花開的春天屬於少陽，溫度慢慢升高到夏天，七、八月份非常熱，就到老陽「九」了。從「八」到「六」，氣溫下降；從「七」到「九」，氣溫上升。基本上還是陰與陽在各自的「量」上面產生變化，這叫做「量變」。可是夏天變秋天，老陽轉少陰，或者冬盡春來，老陰轉少陽，這叫「質變」。可見，「六、七、八、九」跟四時的循環完全對得上。而「天地之數」也並不神秘，是很基本的算術問題，一到十加起來就是「五十五」。「天地之數」是做為一個控制。因為不管算出什麼卦，最多算出六個「九」，即五十四，那是一個六爻全變的乾卦；最少是三十六，那就是一個純陰的坤卦，全部是「六」。這裡面當然都是有道理的。

接下來就要看如何斷卦。通常我們算出一個卦，如果全部是不變的少陰、少陽，不是「七」就是

「八」，只要根據這個卦的卦辭、卦象去判斷，就可以找到我們要的答案。因為不變，所以爻沒有動，那就沒有任何的變數。這是最容易判斷的。但是，不變的狀況一般較少，通常變的可能性較大；像我們前面算的那個卦，唯一變化的可能就是第四爻，第四爻的爻辭就要列為重要參考。爻辭就是一個變化的概念，牽涉到可能會怎麼變，如何才能趨吉避凶？第四爻的變動，使原來的困卦變為坎卦；也就是說，一個政策還需執政的高層通過，除非最高領導人可以用行政命令解決。換句話說，臺灣當局的政策能不能紓解民困，就是第四爻和第一爻的關係。第一爻顯然都空了，民不聊生，是坎卦；能不能解決問題？困卦第四爻的爻辭就可以做為參考。一般來講，遇到不變的卦，就直接看卦辭，算也沒有意義，因為所有的爻都不會動。通常只要出現一個「九」或者「六」，就代表有變的可能。

還有，爻變也有能量大小的差異。我們剛才算的六個爻的數字——八、七、八、九、七、八加起來，結果是四十七。這就要用極限數（天地之數）「五十五」去減四十七，結果差距是「八」，所以要由「八」來決定爻變的能量。亦即這個爻雖有變化的可能，但能量到底有多大，還要掂量掂量。這是很重要的決定因素，因為爻變不必然等於卦變；主觀上有變化的意願和能力，還要看客觀環境是否允許你變化。或者，即使你有變化的能力，但其他人沒有，能不能變，就要看機緣。所以接下來要決定宜變的爻位。像剛才的相差數值是「八」，表示第八個位置是宜變的爻，從初爻開始往上數到第六爻，再從第六爻往下數，第八的落點是在第五爻，如果第五爻本身剛好有變的意願與能力，它就得到「宜變」的加持了。也就是說，如果這個爻剛好是「九」或「六」，表示它本身有變化的能力和意願，然後這個差數又剛好點到這個位置（機率有六分之一），就代表客觀環境也允許它變，所以它就得到加持了。而那個爻辭的份量就更為重要了。否則，只是擦肩而過，雖然還有一定的能量，但客觀環境還有阻礙。

所以「九」跟「六」只能說是可變的爻，通過用總量五十五減掉六爻數字總和的能量差，就可以知道環境給不給它機會？前面占出來的困卦六爻數字總和是四十七，與五十五相差八，我們從下往上數，再從上往下數，減數「八」落在君位第五爻，但君位是不變的爻，沒反應，下面第四爻是想變的，卻沒有得到強大的能量加持。

前面提到單爻變要列為重要參考，因為它是唯一最有變的能量，所以除了困卦的卦辭、卦象要做整體思考，爻辭也要列為重要參考。困、坎二卦雖然還沒學過，但大家也約略知道一些，後來也證實二〇〇九年臺灣的民眾確實過得不輕鬆。當時大家也不敢奢望過高，只希望當年年底景氣可以稍微振作一下，因為爻辭「來徐徐，困于金車，吝，有終。」讓大家有了一線希望。後來確是如此。「來徐徐」表示很慢很慢。爻往上發展叫「往」，往下發展叫「來」，官方政策希望能振興經濟、紓解民困，就是針對初爻。第四爻是陽爻，代表政府有實力實權；困卦初爻是老百姓，是陰爻，有跌到谷底的象。居高位的第四爻，有責任紓困，所以它從年頭拚到年尾，設法啟動民間經濟的活力，效果來得很慢，也不明顯；爻辭下面有「困于金車」，表示只有百分之十到二十的效力。「金車」跟在地方上處在坎險中心的第二爻有關。第二爻跟初爻是近距離的承乘關係，跟關係較遠的第四爻之間，就有些爭奪。像四爻針對初爻的政策，要經過第二爻才能將資源送到第一爻，過這一手的中間，很有可能就被攔截掉了。換句話說，不管居高位的怎麼設法振興經濟，但效力很有限；有些錢可能流失掉了，或者卡住不動了，或者去填了更貪婪的坎險深處的口。這就叫做「困于金車」；這也可能是「來徐徐」的原因。現實社會的例子也很多，中央發放到地方的資金，很有可能被中間截取，或者被「金車」藏到保險箱裡去了，最後到百姓手上的就只剩下一點點，所以是「吝」，不是一個大開大闔的局面。困卦第四爻拚了老命，儘管少、儘管來得慢，到底還是給老百姓留下一點點資源，辛苦到年底，終於熬出了頭，得到一個「有終」的結局。當年全球的局勢大概都像困卦第四爻〈小象傳〉所說的「志在下也」，一心想為老百姓紓困，但礙於「金車」作祟，所以吃力不討好。困卦「九四」陽居陰位不當位，也是被罵得要死。

「大衍之術」的深度

《易經》的理氣象數包括時間在內，現在來看卦氣圖（下頁圖）。剛才占到困卦第四爻爻變為坎卦，坎卦就是冬天。春天是震卦，夏天是離卦，秋天是兌卦，冬天就是坎卦。冬天正好是年終。如果一定要對應，坎卦大致在復卦的冬至之後，復卦走到一半，約陽曆年底，陰曆十一月中的位置。不管是從陽曆、陰曆年看，剛好是年終，也是寒冬之象。而困卦就是在十二消息卦中的剝卦那個月份，是陰曆九月、陽曆十月，而且是比較接近月底的時候。換句話說，也是在一年的最後一季，看看有沒有機會拚得「有終」？所以，從卦氣圖標示的時間上來看，跟我們的判斷也是呼應的。

我們算二〇〇九年臺灣經濟情勢是困卦第四爻，爻變為坎卦。記得二〇〇八年在全球DRAM產業以先進製程技術與優異的生產效率著稱的臺灣茂德科技，在當年最後一季全世界出現景氣倒退的狀況時，它就非常危險；當時在茂德科技工作的學生，占卦問茂德的未來，就是完全不變的坎卦。這很清楚就是險象環生的象，面臨生死存亡的關頭，而且也是在坎卦冬天陰寒之氣最盛時出的事。

剛才介紹的「大衍之術」看起來簡單，裡面卻包含無比複雜、精密的道理，我們今日即使有高科技的工具輔助，要創造出這樣的演卦程式也是很困難的。從實用來講，比起唐宋以後發展出來的金錢卦、梅花心易等只需十幾秒就能算出來的程式，當然要複雜得多。「大衍之術」是最古老的占卦方法，先秦時期就出現了，孔子等人也是用「大衍之術」算卦。這種方法最快也要三四分鐘；如果心平氣和，慢慢把十八次變化算出來，大概要八、九分鐘或十分鐘。時間較長，但剛好可以訓練心的專注和穩定，這是

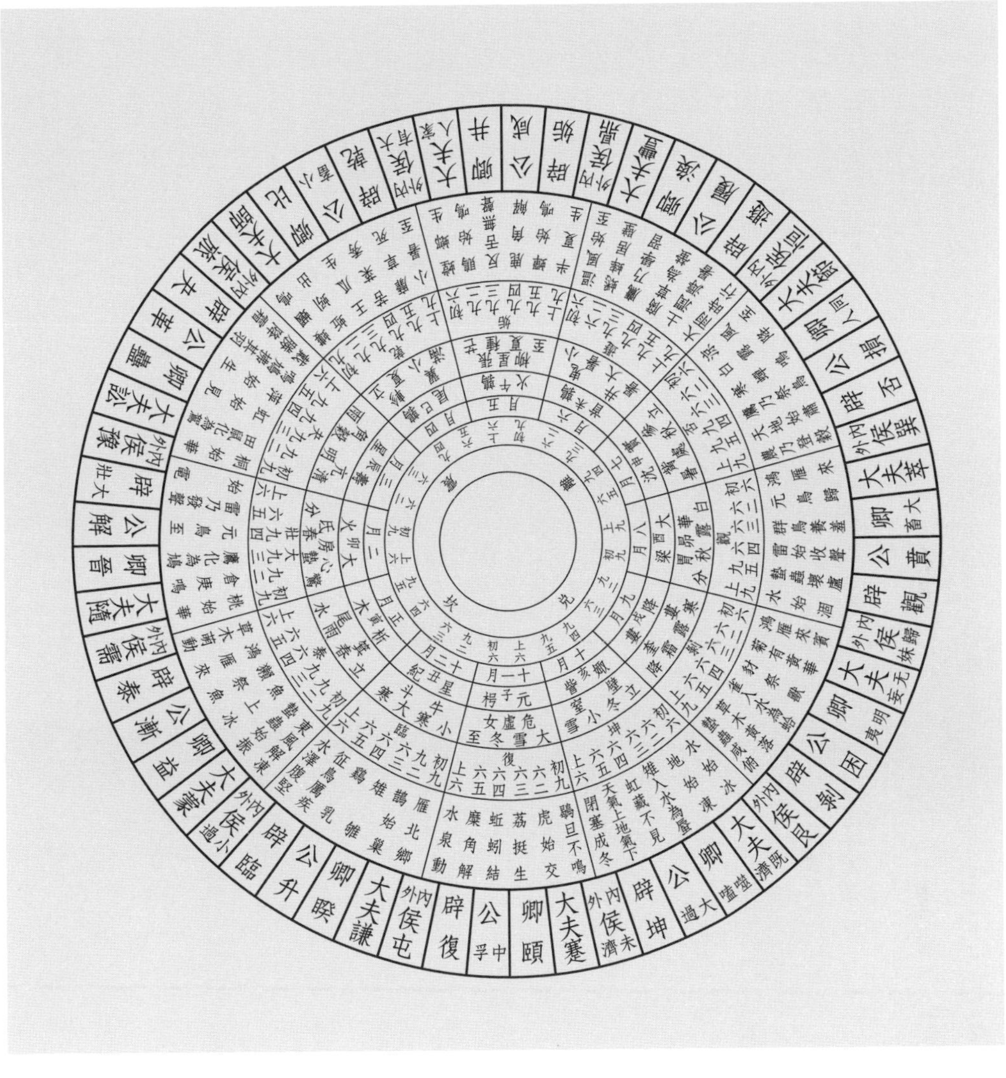

卦氣圖

占卦最重要的修為。

我個人認為，除非特殊狀況，還是用這種比較繁複的占法為好。金錢卦或其他方式也不見得不準，但相較而言，「大衍之術」有義理的深度，而且是最正宗的。所以，何必在乎多花幾分鐘？如果多花的這幾分鐘時間，對你的人生困惑可以起到正面的指引作用，這是非常划算的，而且還可以幫助你切入卦、爻辭，了解《易經》的義理世界。其他占法雖然也可以結合卦爻辭，但是像「文王卦」之類就另外引入五行生剋等其他系統，根本就與卦、爻辭分離，純粹走術數的路子，機械式宿命論的色彩也比較濃。若想藉《易》修行，提高修為，自己就切斷了提升實踐能力的機會。還有就是機率的問題。這個問題我們會專門詳細說明。這裡先簡單提一下。也就是說，「六七八九」、「陰陽老少」出現的機率是有規律的，完全符合自然原理。嚴格來講，金錢卦靠擲三枚銅板，跟「大衍之術」的機率，在有些狀況下不會完全一樣。試想銅板的正、反面為陰、陽，機率絕對是百分之五十，就像自然界的雌雄、男女比例相近，不會差太多。將這種方法用之於解決難題，相較於大衍之術，我們會覺得，越是錯綜複雜的問題，通過「大衍之術」的盤算而顯現的卦、爻辭，資訊必定更豐富。如果你會解占、斷占，這種方法遠遠超過其他簡易的占法，尤其是跟卦、爻辭偏離的占法。像邵雍發明的「梅花心易」（也稱「梅花易數」）就因為十分簡易，受到後世許多占卦者的採用，但是以我的實踐接觸，用「梅花心易」短短幾秒鐘算出來的東西，有高度的不穩定性，如果學的人至少像邵康節那麼聰明，準的時候神準，但不準的時候也非常不準。不穩定度超過百分之五十，這不是開玩笑嗎？如果精確度、準確率低於百分之五十，還不如金錢卦丟銅板呢！

這套大衍之術的占法，各位學會之後，將來是「如人飲水，冷暖自知」。據我了解，大部分人在教占時，按傳統占法的還真不多，大部分都是用比較簡易的方式；從心態等各方面來講，簡易的方式犧牲不少東西，反而不能弄清真相。

「大衍之術」左右操作分析

我們在演占時會特意區分左右手，於是就有人問了一個很有趣的問題：我們都是從右邊拿一根籌策出去，可不可以從左邊拿呢？因為《易經》傳下來的規定就是從右邊拿出去的，大家也按這麼算。就研究《易經》來講，為什麼不可以從左邊呢？這是一個值得研究的題目。從實際占卦試試看，會發現把右邊變成左邊，結果有可能不一樣。首先，告訴各位，不論選右選左，一定要有選擇；分堆之後，從右邊或左邊拿一根出來，也要重複十八次。假定左邊可以，就得每一次都從左邊拿，不能忽左忽右，那就會完全亂掉了。而且我們發現，女性占卦，從左邊拿，可能比從右邊拿更好。現在會思考這個問題，一方面是因為古典資料無從查考，另方面則是我們確實有實踐經驗可證明，從右邊拿跟左邊拿的結果極可能不一樣；一爻之差就可能產生不一樣的結果，別說六個爻相乘的效果了。

找不到左邊的依據，怎麼辦呢？不過，這個問題也可以用實驗來解決。第一，就是拿左邊的籌策來看這個卦到底準不準？這當然是比較笨的方法。還有一種比較偷懶，就是用占卦來問：「可不可以用左邊進行『大衍之術』？會不會準確？」有問題就有答案，我們實際占卦的結果，就是完全不變的風火家人卦（䷤）。根據卦辭來判斷，家人卦為「利女貞」，「貞者，事之幹也」，適合女人這麼做。這個回答看起來跟我們一般講的男左女右、左陰右陽有點關聯，這就很有趣了。之前我教占也教了十幾年了，心裡就很擔心女同學占的卦準不準呢？現在從易占給的答案看來，女性占卦用右邊也可以，但左邊會更好。其實過去女同學用右手占卦好像也沒出過什麼岔子，後來有些女同學全部改用左手占，我聽來的結果都是比右手好。所以用右手當然可以，全部用左手，尤其適合女性，這大概跟坤卦很細密、很豐富的特性是相符的。照這樣看，男性不建議用左手，女性則可左可右，但不能忽左忽右。為什麼傳統文獻上一定要從右邊呢？很簡單，自古有女人算卦的嗎？沒有。自古不管是實際負責占的專業人士或一般人，用「大衍之術」占卦的都是男人，所以規定用右邊。現在舊社會結束，女生也可以學占卦了，用左手「利女貞」，這就是一個回答。

「大衍之術」電腦化？

有些人在占卦時會急著想要有答案，尤其是遇到生死存亡一線之間的問題，哪能等十分鐘之後再決定？結果商機都過去了。那麼，現在資訊這麼發達，大衍之術可不可以電腦化呢？只要保持某一段時間的心誠，十分鐘、幾分鐘，甚至在霎那之間的差別在哪裡？可不可以一秒鐘就把結果算出來？整個算卦的操作程式中，有偶然、有必然，有分分合合的演算規律，是不是可以寫成可操作的程式，到時只要將自己的心念按程式輸入，一按鍵盤，答案立刻分曉？這樣的想法很早就有人提過。剛開始我們會覺得，利用「大衍之術」或其他占法，在三五分鐘或十分鐘內就可以算出來的答案，人生大概沒有比這更迫切的問題吧？而且衍占也是一種訓練，可以使自己在那個過程中靜下心來，想想自己的處境，多揣摩一下問題。當然，既然有人提出這個疑問，就得解決。把占卦程式化，理論上絕對可以辦到。比較難的是「隨機」的分開，因為它很偶然，經過十八次分分合合，把所有人為的誤差、操縱的意願都排除了；也把人生的始壯究、始壯究，由下而上、由內而外的繁複歷程統統整合了。既然理論上是可行的，就看程式寫得好不好？好不好用？還要結合大量的實際問答，才會知道程式設計是否成功？有個學生把一個法國人發明的電腦占法拿給我看，問我到底行不行？當時我也無法證實，沒辦法，只好占卦一問：「這套電腦演卦程式可不可行？」這樣問確實有一點邏輯上的問題，但也沒有別的辦法了。一占下去，結果就很抱歉，老外發明的東西占出來是不變的睽卦（䷥），剛好是與家人卦相綜的卦，反目成仇，各方面格格不入。可見老外這個程式設計不是太高明，自己打自己耳光。

二〇〇八年初，我們有個精通程式設計的同學，也是財務金融方面的長才，他自己就試著寫，第二個禮拜就來找我說，他設計好了一個程式，不知道準不準。我們還是占卦問一問，結果有突破了，占的是觀卦（䷓）。占卦不就是要深入觀察、要有穿透力嗎？此外，觀卦裡面還有爻變，而且是四爻齊變（下圖），動的是第五爻、第六爻，兩個「九」；還有第四爻為「六」，其實是上卦全變了；然後第二爻是「六」，也變，唯一不變的兩個陰爻就是初爻與三爻。二爻動，四爻、五爻、上爻全部都變動。這也是一個很好的占例，在這種情況下，觀卦出現過半數的變動，一旦出現變爻，就得用天地之數五十五做為控制數，減掉六爻的總和是「八、六、八、六、九、九」，相加得四十六，與五十五相減，結果是「九」，由下而上數到第六爻，再從第六爻往下數，剛好落在原本就可變的第四爻，所以第四爻的爻辭在四個變數之中，應該是最強勢的。四爻變已經是過半數了，就像六個人投票，有四個人投反對票，結果一定是要變的；而第四爻剛好是宜變的爻位，好像得到加持一樣，它的力量在四個變爻中變數最強，這個爻就叫「主變數」。但另外三個爻的意見也不能不重視。人生會面臨很多問題，有時候會有很多變數，九、六代表有變數，有改變的可能；「七」、「八」代表不會變，很穩定，安於現狀，屬於保守派，它既不會變，也沒有主

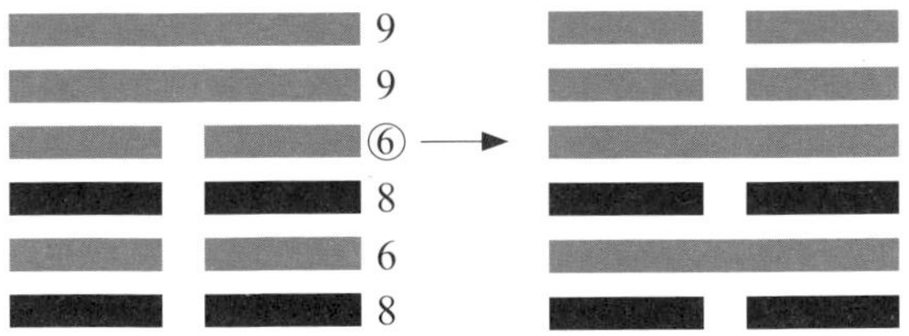

觀卦　　解卦

觀意願和能量變。所以宜變的爻位，要用天地之數減六爻的總數，看它落在哪一個爻上，就是客觀環境提供的一個機會。假定剛好是蠢蠢欲動的六與九，乾柴烈火，變得更快。如果這個爻位點到的是「七」跟「八」，這個機會就浪費掉了，徒留一個殘局。

話說回來，我們上面占的觀卦四個爻都是可能變的，第四爻的變化可能特別強，也是主要變數，其他要變的三爻是次要變數。我們做事、思考問題常常要抓重點，如果時間不夠，能抓到重點，大概就已經有五六成的勝算；如果時間夠長，可以參考其他次要變數，再做更完整的考量，勝算就更高了。觀卦四個爻齊變為解卦（䷧），第四十卦解卦不就是解開難題嗎？它前面的第三十九卦蹇卦（䷦）就是難題，解卦要解的就是難題，用最佳解法給出答案。所以，他的設計比老外更接近了，加上我們用一些實際的東西去算，只需六秒鐘，卦象就跑出來了，準確度非常高。後來很多人把一堆問題用這個程式去操作，答案出來，好像也沒有不準的。當然程式可能並不是唯一的，但這個設計應該是成功的；先是深入觀想，冷靜設計，然後得其正解。尤其是觀卦第四爻，我們先不詳細講，諸位將來會學到，就是客觀的意思。「觀」本來就要很冷靜，觀卦第四爻說要更深入，保持客觀，那就不會有蒙卦講的「初筮告，再三瀆，瀆則不告」的問題。

「大衍之術」的概率問題

接下來，講關於六、七、八、九出現的機率問題。我們上面也講了，六、七、八、九包含春夏秋冬、陰陽老少的轉換，也就是由量變到質變的觀念。那麼出現六、七、八、九的機率又是多少呢？只要以前學過概率的數學，就可以直接算出答案來了——出現機率最高的是不變的少陰「八」。就像擲骰子一樣，擲十六次，有近半的爻是不會變的陰爻「八」，機率約有十六分之七。第二個出現頻率較高的就是不變的陽爻「七」——少陽，我們算任何一個爻，出現「七」的機率是十六分之五，四分之一強一點。而有變動可能的老陽「九」，十六次大概只有三次，出現的機率大幅降低，因為安靜、保守容易，想打破格局創新，那要有很大的能量，機率當然少。老陰「六」是最物以稀為貴的，十六次的機率大概只會出現一次變動的陰爻，這是必然的結果；因為陰極轉陽的力量，會比陽極轉陰的力量要大，機率是老陽的三分之一，它的能量則是「九」的三倍。我們在講乾卦和坤卦時曾說，至柔克至剛，「九」陽到極點，那是至剛，「六」陰到極點則是至柔；可是「至柔」的能量恐怕有「至剛」的三倍，從機率反推，越稀罕的越不容易出現。但是它一反彈起來，陰極轉陽的力量無堅不摧，故說「坤至柔而動也剛」。我們從這裡就能看出，一般陰性的力量是安於穩定、保守的；而陽性的力量一般比較浮躁，想衝想撞，所以陽爻要變比較容易，機率有十六分之三；陰爻要變的機率只有十六分之一，除非被壓迫到忍無可忍，最後反彈出來的能量一旦爆發出來，力量之大，非比尋常。

我們也可以發現，陰陽出現的機率剛好各半，十六分之七的少陰加上十六分之一的老陰剛好是二分之一；十六分之三的老陽加十六分之五的少陽，也是二分之一。整體來講，不管可變不可變，陽爻、陰爻出現的機率都是二分之一，永遠不會變。但是，在陰爻中，不想變的少陰「八」和可能變的老陰「六」比率是七比一。也就是說，大部分的陰爻、陰性的東西不想變，只有八分之一的機率才會出現強烈想變的「六」。陽爻就不是這樣了，少陽和老陽是五比三的比率。陽爻也有安定的時候，畢竟穩定還是第一選擇，可是到了老陽要爆發的時候，出現的機率還是佔了十六分之三。

從另外一個角度來看，十六分之一的老陰加十六分之三的老陽，不管是陰還是陽，就占了十六分之四，剛好是四分之一，不變的十六分之七加上十六分之五，剛好是四分之三。看來，社會上永遠是沉默的大多數——「七」和「八」，永遠是習於安定，能忍耐就忍耐；走極端、會打破現狀的「九」跟「六」，永遠是社會的少數。這不是很合乎社會的規律嗎？四分之三的人，接近百分之八十是沉默的多數，習慣穩定，很難帶頭造成社會的改變，創意不夠，膽識不夠，就是「七」跟「八」；少數幾個不滿現狀、帶頭改朝換代、創造發明的佔四分之一；這四分之一中，男人佔三個，女人佔一個。女強人最特殊，可以一個抵三個，所以千萬不要小看陰爻，它一旦發揮作用，誰都攔不了。所以陽性的東西要達到最高點很容易，陰性要到一個最高點則很難，出現的機率十分罕見，但是能量更強。社會上很多這種例子，而且這個規律絕對說得通。陽爻要由「七」達到「九」是又快又多；陰爻要從「八」到「六」很不容易，變化的可能性截然不同。我們也可以這樣看，男人要熱情高漲、要變心、花心，八個男人中至少有三個，只有五個能面對誘惑不變心，可見，陽爻是不穩定的，八個有三個一衝動就到了「九」，所以不可靠；看起來女人還是比較可靠的，八個女人只有一個可能會變心，其他七個都是忍耐。俗話說，「癡情女子負心漢」，看來得到了驗證。有人說女人多變，其實男人才是多變的。

這就是我們所說的六七八九、陰陽老少的機率問題，以及至陰、至陽、至柔、至剛的轉換關係。可見《易經》的占法「大衍之術」還有很深刻的人生道理在其中。

「大衍之術」斷占分析

下面就是這一章的核心了。我們將針對演示時所占的困卦進行斷占的分析（左圖），這是「九四」爻一爻變的例子，而且經天地之數五十五減去六爻總數之後的數目，由下往上，再由上往下數，也沒有落在宜變的第四爻上，可見，第四爻變的能量不是很強，所以除了要參考困卦的卦辭，還是要參考那個變爻的爻辭。如果占出來的六個爻，是全不變的卦，就根本不用算，五十五一減，不管落在哪個位置，它都不會變；你給它機會，六個爻也統統不想變，這個卦就很穩定，沒有變動的可能。問題的答案就是卦辭，一個穩定的卦所象徵的整體環境，它提供你形勢分析、趨勢預測，然後建議你怎麼做。換句話說，占到六個爻都是七跟八，就是不變的卦，只要直接看卦象、卦辭就可以了，當然還有傳，像〈彖傳〉和〈大象傳〉都值得參考。其實〈彖傳〉已牽涉到爻；〈大象傳〉是分析上卦、下卦的互動，對一個卦的整體掌握很有幫助。占到不變的卦，在做判斷時只要不考慮爻辭就好了。這種斷占很簡單。

還有一種極端的例子，就是六個爻都是「九」或「六」。占到的卦叫「本卦」，爻變後的卦叫「變卦」或「之卦」。「本卦」也叫「貞卦」，這是專有名詞，「貞」是固守本分的意思。我們算出一個卦，如果它有變化的爻，就有可能爻變造成卦變；尤其有過半數三個爻以上，「本卦」就非常不穩定，多半是要變到「之卦」去了。

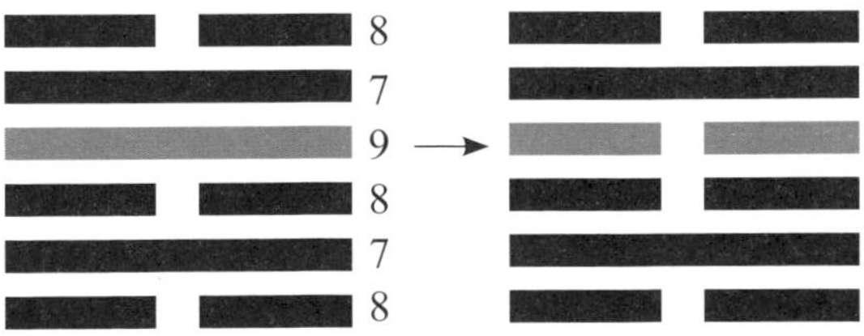

困卦　坎卦

就像剛才講到發明電腦占卦的觀卦，四爻齊變，變成雷水解的解卦。至於五爻變、六爻變就更不用講了。六爻全變，就是錯卦的變化，這個極端的可能就是陽爻都是九、陰爻都是六，遇到這種情形也不用算了，因為怎麼算這六個爻都想變，哪個爻的聲音更大一點，影響有限，因為它要重視團體，六個爻都想變，當然少數服從多數。要決定一個重大問題，全票通過，哪一票是董事長或員工的票，都沒差別，所以也不必考慮哪個爻剛好是五十五減下來的落點，直接根據它的錯卦卦辭、卦象做判斷就可以了。如果占到一個坎卦（䷜），六爻全變成為離卦（䷝），表示坎卦出現的霎那間就變成離卦；從一個掉到地獄裡面被死死套牢的坎卦，一下變成重見光明的離卦；那就要用離卦的卦辭、卦象做判斷。離卦從坎卦六爻全變而來，說明坎卦的狀態不會長久，很快就可以脫險，離卦就會是主要的判斷依據。這種情形跟直接占到離卦不大一樣。直接占到不變的離卦，根據離卦的卦辭、卦象判斷即可；可是這種六爻全變的卦變，表示剛開始有一個險象環生的坎卦，結果瞬間六爻全變，變成離卦。這也不必考慮爻，因為那是一個瞬間發生的整體劇烈變動，只是多了「離是從坎變來的」這個資訊。這也不必用天地之數去減。很多人學占，不管它是什麼，還在那邊算五十五；要記住，不變的六爻和全變的六爻這兩個極端就不必算了，直接用卦辭判斷就好了。

只要三個爻以上，變的爻越多，變卦的能量越大，時間、速度也越快，因為大部分都傾斜過去了，不可能維持在本卦。如果是三比三，本卦中有三個爻是想變的「九」跟「六」，另外三個爻是不想變的「七」跟「八」，這就很難說了。如果過半數，四比二、五比一，甚至六比零，全票通過，那個卦一定會變過去。若是三比三就會形成「貞悔相爭」的局面，因為本卦又叫「貞卦」，固守原狀不變；變過去的卦除了叫「之卦」，也叫「悔卦」，是提醒你別以為打破現狀一定好，變過去可能就會後悔了。「貞卦」與「悔卦」是雙箭頭，稱做「貞悔相爭」，這也是一個專有名詞，是很有趣的變化類型。因為正反意見各佔一半，兩邊爭執不下，雙方互相較量，鬧得社會不穩定。三爻以上多半是要根據變過來的卦判斷，三爻以下本卦多半不容易變過來，所以本卦的卦辭、卦象，都要做為重要的參考。

我們前面講過，若有一到五個爻出現「九」跟「六」，就要把六個爻的總數加起來，用天地之數五十五去減，好決定哪一個爻是更強的宜變之爻，哪一個爻是次要的；並將宜變之爻的爻辭列為重要參考。尤其在一爻變或兩爻變的情形，因為還沒有過半數，找出宜變之爻的做法，可以幫助我們在思考問題的時候分出主、次，這是很細膩的。如果沒有碰到宜變之爻，那就多半維持在本卦。這一、兩個想變動的爻雖然沒有取得客觀環境允許它變動的許可證，但它的能量跟意見不會輕易放棄。所以整個卦雖然不變，還留在本卦，卻留下了一個殘局，這就像那些失意政客，或者一時無法讓整個卦變過去的人，仍然會持續發揮作用，一旦時機成熟，它就會繼續在枱面上竄，造成一個或兩個爻變。在斷卦時，這些未來的隱憂都要考慮到，才不會疏忽卦象中隱含著另一個目前還不成為事實的卦。

斷占的原則大致是這樣，不是用本卦的卦辭，就是用變卦的卦辭做判斷的依據，卦辭當然是從卦象來的；再不然就是根據本卦那個最重點的爻辭，能參考其他次要的爻辭更好，萬一沒參考，也不用太緊張，因為最重要的爻辭已經掌握到了。絕對不會用到變卦的變爻爻辭來做判斷，因為爻辭就是變動的概念，既然A卦已經變到B卦，若還依據B卦相應的爻辭判斷，那不是又要變回來了嗎？假定在三個爻以內，或者是三爻齊變的「貞悔相爭」，參考的依據可能是本卦的卦辭，可能是變卦的卦辭，也可能是兩者的交集。那就是「and」和「or」的關係，可能A、可能B，可能兩者都有。大致如此。

六種斷卦的類型

斷卦的類型大致有六種。第一種是「六爻不變」，占出來的爻全是「七」跟「八」，用所占本卦的卦辭解占。就拿我們以前占的一個卦來說吧。在二十一世紀即將來臨時，我們問：《易經》在二十一世紀的發展會是怎麼樣？占出來的結果是「八八八七七八」，為澤地萃卦（䷬），這是六爻都不變的卦，所以答案就是萃卦的卦辭。也就是說，在二十一世紀的一百年間，《易經》學術的發展就是萃卦。萃是人文薈萃、出類拔萃，說明《易經》極有可能成為顯學。首先，《易經》是中華文化的思想源頭，是中國諸子百家思想最精華的部分，所以是「萃」。其次，萃卦還有精英相聚的象。自古以來，許多學術的發展都有盛衰起伏，而《易經》在二十一世紀的發展形勢就非常看好。這就是答案。這也是時代的機緣所致，因為萃卦前面是姤卦（䷫），機緣到了；下面就是升卦，上去了。姤、萃、升，有了這樣一個難得的機緣，發展相當可觀，絕對看好。所以，占到不變的萃卦，只要根據萃卦的卦辭、卦象就可以做出判斷，形勢非常篤定。

第二種是「六爻全變」，這種例子比較罕見。我們前面也說過，單爻出現「九」的機率是十六分之三，出現「六」是十六分之一，如果一個卦六爻全部都是九跟六，你就做乘法算算機率如何。六爻不變的機率比較大，六爻全變的機率則偏低。如果占到一個六爻都是「九」的乾卦，這種機率就更低了。出現一個九的機率是十六分之三，六個則是十六分之三的六次方，機率當然更低了。這還不算，機率最低的是六個爻都是「六」的坤卦，它是十六分之一的六次方，差不多是一千六百七十多萬分之一的機率。就我看過的歷史文獻，歷史上有名的占例從來沒有出現過；但是我還真遇過這種事，就是我在講坤卦的時候，有個女學生占了她的人生第一卦，結果她就占到一個六爻變的坤卦，六個爻都是六，那麼，坤卦不就變乾卦嗎？由無生有，本來坤卦什麼資源都沒有，變成乾卦就什麼都有了。這個機率是一千六百七十多萬分之一，所以當時我們都覺得難以置信。尤其是她剛開始學占卦，是不是搞錯了？我的一個助手當時在一旁盯著她做，也懷疑她是不是弄錯了。結果她很篤定，事實上她問的事到後來看起來也真是對的。我原來一直不信，這個例子我等一輩子、甚至等十輩子都等不到，由坤變乾不就是沒本買賣嗎？從完全沒有到擁有一切，怪異之極。當然，如果她占的是事實，這種最少的機率也有可能出現，說不定需要很多奇怪的力量在後面促成。後來，我對這個結果始終耿耿在懷，沒辦法，再占一卦吧！因此，我就以「她當時有沒有騙我」為問題，占了一卦，答案是正面的、肯定的，她確實占到六個六。遇到六爻全變時，就用變過去的錯卦做為判斷，不必考慮爻辭。我自己唯一占過的六爻全變，是兌卦（䷹）六爻全變，變艮卦（䷳）。艮卦是止欲修行，兌卦是想表現自己的情緒。本卦是兌卦，六爻全變成艮卦，那就要用艮卦論占。結果還真對，這是我十幾年前在一個公司負責督促銷售業績，那時經營總部每個月的業績太少了，月會時，總經理要教訓人家，當然有很多話想說，兌卦不就是拚命想說嗎？結果我占到兌卦，就是說罵得太凶，搞不好有反效果，那我該怎麼表達呢？策略就是兌卦六爻全變，變艮卦，每逢月會總結銷售業績時，一句話都不講，無聲勝有聲，威力更大。從完全想說的兌卦，變成閉口不言的艮卦。很有意思！這是我經歷過的六爻全變的例子，由兌變艮，最後要按照艮卦來行事。

第三種是「一爻變」。一爻變的例子就是我們教占算出來的困卦第四爻為「九」。一爻變就有兩個可能，一個是根據天地之數相減之數剛好點到第四爻，第四爻就更強，斷占就得根據第四爻的爻辭判斷，而不是卦辭；另一個可能則是相減之數點到第五爻，第四爻還是要參考，但那個爻辭就不見得會發揮效應，也就是說，如果點到它，主客觀結合，效力就會增強；如果點不到，它只是有可能發揮效應，但不是百分之百，這時卦辭與沒有被點到的爻辭在斷占時要共同參考。這是宜變的爻位沒有被點到的例子。若被點到的呢？我們隨便舉一個例子。像剝卦（䷖），如果上爻動，即為「九」，下面是五個「八」，五個陰爻都不動，加起來是四十九，用天地之數五十五一減結果是六，剛好點到上爻，是剝卦唯一的陽爻。那麼，剝卦上爻爻辭就是最重要的答案。這個爻辭才好玩呢，它是說「君子得輿，小人剝廬」，小人剝到最後只剩一張皮，如果再剝就完蛋了。這時就要看你的修為，是君子或小人，結果完全不一樣，因為「易為君子謀，不為小人謀」。這個卦象若只有上爻動，是吉是凶，就要看處在那個環境中的人，他的精神、能耐、智慧、修為如何，如果是《易經》認可的君子，就沒有問題；若是小人，就會徹底被衝垮，死無葬身之地。這就是人生的一個極端考驗：如果結果是吉，就證明你是君子；如果結果是凶，原來你是小人。像馬英九特別費案，當時占的就是這個爻，民進黨以此為籌碼，把他剝到岌岌可危，到最後還是無罪，為什麼？君子也。《易經》中有很多這樣的微妙之處，有時候還分男女而有不同的結果。

第四種就是「兩爻變」。我們先談一個占例。這是我們為「二〇〇九年臺灣的政局形勢為何」所占的，結果是「９８８９８」，就是屯卦（䷂），初爻與五爻動。以臺灣來說，第五爻是臺灣最高領導人馬英九的位置，初爻則是臺灣的老百姓。初爻與五爻是屯卦的兩個陽爻，六個數加起來就是五十，再用天地之數五十五減五十，結果是五，剛好點到馬英九那個位置。也就是說，二〇〇九年臺灣的政局，馬英九的舉措還是很重要，可是屯卦第五爻爻辭「屯其膏，小貞吉，大貞凶」，說明形勢窘困，資源有限，沒有多少政治資源可利用。在那種情況下，屯卦第五爻就是最主要的變數，初爻則是次要的變數，也要參考。屯卦如果第五爻爻變就是復卦（䷗），如果兩爻都變，屯卦中又有一個坤卦（䷁）的象藏在裡面。坤卦是陰曆十月，復卦是陰曆十一月，也就是說影響在年底，而年底剛好有縣市長選舉。所以，有主變數與次變數時，以「九五」的爻辭為主，「初九」的爻辭為輔。多方參考可能引動的變化，將有更多應變的成算。

如果兩個變爻都沒有被點到呢？我們舉一個升卦（䷭）的例子。如果動的是第三爻、第五爻，那麼占算出來的結果一定是「８７９８６８」，加起來是四十六。五十五減四十六減數是「九」，由下往上，再由上往下，點在第四爻。第四爻爻辭不管有什麼主張，都輪不到它變化，根本就不需要參考它，因為必須參考的爻辭一定是老陽「九」跟老陰「六」。這裡想變的結果沒有變，不想變的反而給他機會，造化弄人，人生很多時候就是這樣。可是第三爻和第五爻會善罷甘休嗎？何況五爻還是老闆的位置呢！但因為兩個爻也沒有過半數，所以斷占時就要以升卦卦辭為主，兩個爻的爻辭也要注意，它們兩個很可能因為沒有按它們的爻辭去變，就會組織失意政客聯盟，希望未來能促成兩爻齊變。如果兩爻齊變，上卦變坎，下卦也是坎，這就是升卦中有坎卦的象，明升暗坎，大局雖然是根據升卦的卦辭去掌握，可是兩個爻聯合作用，裡面就隱伏著坎卦的風險。這個卦是一九九六年李登輝參選總統時所占的卦，看卦辭是一帆風順，「南征吉」，南部的選票特別多，而且升卦的五爻動，那一定選上，可是第三爻就有無限玄機，第三爻說最後是一場空——「升虛邑」。換句話說，當選那一天，就進入坎險的深淵。這就很有意思了！明升暗坎。兩爻變造成升中有坎象，第三爻有更大的啟發意義。這就是說，即使這兩爻沒有被點到，它們的爻辭也要注意，除了有升卦卦辭顯現的結果，還要看內在可能的諸多狀況，要考慮那兩個想變而沒有變成的爻，會造成什麼樣的整體效應。

另一個例子就是恒卦（䷟），也是第三爻與第五爻可能動，算出來的是「八七九七六八」。這樣算的話，加數就是四十五，五十五減四十五減數是十，由下往上數，再由上往下，點到第三爻。同樣是恒卦，三爻、五爻都是變數，第三爻是主變數，所以恒卦第三爻的爻辭就要高度重視了，同時也要參考第五爻。這個象就是一九九六年我們為連戰占的，問「二〇〇〇年連戰競選的勝算如何」？結果是恒卦第三爻。第三爻是非常糟糕的：「不恒其德，或承之羞，貞吝。」未來並不樂觀，後來是民進黨上台。這是一個長達四年的預測，在當時的卦象中資訊就已經非常明顯，而且是兩難，不容易找到對策。好，以上是「兩爻變」。

第五種是「三爻變」。三個爻為九或六則是「貞悔相爭」。如果是剛好三爻，那是最微妙的，哪個地方加把力，就可能偏向哪一邊。第六種則是「四爻、五爻變」，超過半數，多半是要衍到之卦來了，那就根據之卦判斷。

這六種斷占差不多是如此，並沒有什麼特別難的。教占畢竟是一個程式，我想更重要的還是健康的心態，對大家有增益的效果，而不是迷信。因為《易經》最高明的不是占卦，而是「善易者不占」，這絕對是事實，修為提升、智慧提升之後，任何問題都不是問題，自己就可以判斷了，何必占卦呢？

「大衍之術」的問題與答案

接下來就是有關占例的問題了，本書會舉出很多占例來說明。這些占例有些是過去已經被應驗的事，前面我也略舉了一些；有些還在發展中，甚至有的是十年、二十年以後還待長期觀察的事。總之，都是大家共同關心的，有關大環境可能發生的變動。

但在講解占例之前，我們先釐清幾個問題。其一是，針對同一個問題，不同的人去占，很有可能出現不同的卦象。到底誰準呢？誰都準。你知道多人占問同一個問題，出現同樣的卦、同樣的爻，機率為四千零九十六分之一。可是不同的卦象，並不代表不準；因為很多卦、爻是有共通性的，只是通過不同的面向，指向統一的結論。除非某個占卦的人身心有狀況，算出來的卦有問題。所以，如果針對同一個問題，尤其是跟個人私密無關的公眾議題，若占出不同的卦象，也可以驗證一下，不同的答案是不是指向一個共同性？

其二，占問時最好一個問題一個答案，問題越明確，焦點越集中越好。如果問題問得「太貪心」，想把這一輩子都問進去，想一卦定終身，將來不再問了，那你問的問題包羅萬象、鋪天蓋地，出來的答案也是鋪天蓋地的，焦距不明顯，含混朦朧。所以最好是問題明確、焦點集中，甚至最後要將答案落實為決策時，可以簡化成「yes」或者「no」那樣明確。

其三，問問題時，如果希望有明確的時間指示，或者想在問題中加上一些但書，來限制問題可能的最後範圍，這也是可以的。因為加上不同的但書就會出現不同的結果。例如這件事情你如果問前半年，有可能是不變的坤卦；如果問後半年，或者問往後三年、四年，時間條件放寬，出現的卦象也會改變。所以有時候還要看會不會問問題，問題是不是抓到要點？可見，設計問題也是一個學問。我們講過，爻辭本身常常還有但書，有君子、小人和男人、女人之別；也有旋乾轉坤、趨吉避凶的可能；有時則形勢比人強，不管怎麼做都很難翻轉。總體而言，它都會指引你一個方向，這也是《易經》人文性質比較強的地方。它不像算八字、紫微斗數那樣，你的生辰不是你能選擇的，未來的開展也是不能改變的。《易經》不是百分之百的宿命論，問題變了，答案就變了。類似的例子相當多，大家不必急，慢慢就會明白是怎麼回事。

占卦的基本要素就是只要你專注、真心誠意，不要犯可能的一些毛病，大概就很簡易，也沒什麼忌諱。雖然說占卦因為可以打通天地人鬼神的很多領域，可以穿透生前死後的狀況，但大致來講並沒有什麼忌諱，心誠就好，哪個時段能算不能算，也沒有忌諱。只是說在忙碌的生活中，占問的時候儘量不要被打斷，如果一下電話響了，老婆、小孩吵了，有時候算到一半中斷了，是接續還是重來呢？理論上都是可以的。越安靜的環境精神越專注，如果能夠不受影響，再吵的環境，酒樓、茶館等地照樣可以算，基本上也不會影響準確度。當然如果剛開始定力不夠，還是選擇比較清靜的時間和地點比較好。

占卦實例1：「換了人間」——二〇一二年占象分析

有關二〇一二年地球毀滅的各種傳聞沸沸揚揚，說什麼天翻地覆，人類面臨文明浩劫等等，大有唯恐天下不亂之勢。二〇一二年年底接近冬至，也正是「地雷復」復卦的陰曆十一月、陽曆十二月那個節氣。不管傳聞怎麼說，我們且從《易經》的角度做一探測。

從二〇〇七年開始，我們就累計一些用《易經》的理氣象數，結合義理、占卜所做的探測紀錄，假定在未來四、五年內，全球是不是真的會發生那樣的大災難？我用了一個名詞叫「換了人間」，意思是換了一個新的時代，可見是非常大的變動。如果人類經歷文明浩劫，浩劫前與浩劫後一定是完全不一樣的世界。如果你所熟悉的舊社會、舊地球、舊的產業金融，甚至自然生態都有了重大變化，那麼你該怎麼應變？因為不可能退到變化之前的世界。就算未來景氣再復甦，那也一定是嶄新的遊戲規則和資源型態。所以這段時間是最好的學習機會，不要荒廢，不要自怨自艾。否則，在驚天動地、天翻地覆的變化之後，彷彿換了人間的新世界應該要如何面對呢？

我們先看題目：二〇一二年真有浩劫？占出來的卦象是四爻齊變的巽卦（䷸），超過一半，一定會有變動。巽為風，下卦全變（下圖）。因為是「六九九」，巽卦君位第五爻也是變動的「九」，然後第四爻、上爻當然是「八」和「七」。純粹就卦象來看，答案是肯定的，尤其是二〇〇八年九月十五日美國連動債引爆的連鎖反應，剛好發生在陰曆八月，也是《易經》臨卦、觀卦的概念；「至于八月有凶」。那是典型的自由過度、管束失控引發的大災難。那一波金融風暴在二〇〇八年的陰曆八月整個啟動，災難的幅度可說是百年難遇。由於這個卦是在二〇〇七年所做的探測，金融風暴引發的災難，是不是可以抵銷或減輕二〇一二的災難？我們接著從各個角度切入，會看得比較清楚。

巽卦，巽為風，風是無形無象，看不見的。時代風尚、社會風潮的風行速度也是快得不得了，比坎卦的水流速度還要快，隨時可以轉向，千變萬化，防不勝防；而且最主要的是它是無形的，坎卦的水再怎麼危險，還有形跡可見，只是沒有固定形狀。無形的風就可怕了，一旦爆發了，無孔不入，速度快得不得了。既

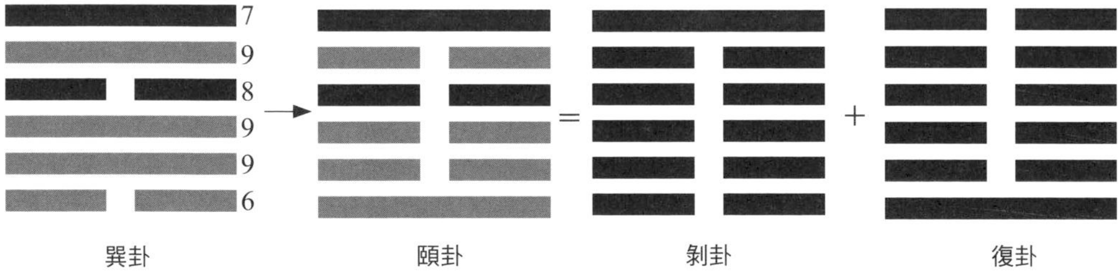

然是問二〇一二年的浩劫，本卦是巽卦，然後四爻變。我們先看巽卦君位九五之變，就代表一個長期潛伏的、看不見的東西在慢慢進行；從下卦開始，初爻變了、二爻變了、三爻變了，可是你還是看不見，除非很敏銳，不然你感覺不到有很多東西已經在形成中。到外卦第五爻君位瞬間產生的劇烈變化，整個世界都翻轉過來了。這就是巽卦第五爻變的意思，在下卦、內卦的時候，你可能完全沒有感知；等到你感知到的時候已經晚了，因為第五爻這個爻一動，天地為之變色。所以它是累積了很久的變化，是一個發展過程的結果。巽也有天命的象徵，是很難抗拒、不容易觀測的。一旦生變，從一二三到五，就已經是變的結果了，然後因為它是君位，這個大的變化，會讓全世界都在風暴的籠罩範圍內，金融風暴就是如此。

怎麼理解第五爻？巽卦君位第五爻單爻變，就是山風蠱的蠱卦（䷑）。蠱就是敗壞，整個爛掉、亂套了，然後完全是另外一個哀鴻遍野的世界。下卦三爻的廣土眾民都跟著變；三爻都變，對民生的影響就很大。而且第五爻是君位，一旦災難發生，就會考驗各國領袖的智慧。像美國總統的責任可就大了，稍微處理不當，全世界都會跟著倒楣。從這個象看來，二〇一二年蠻有可能是這個象，因為長期累積了很多問題。另外，我們把那六個數加起來是四十八，用天地之數五十五減四十八是七，七是上爻的位置，而第六爻是不變的，所以並沒有點到哪一個變爻。這是最典型的四爻齊變的例子，四爻齊變就變成山雷頤的頤卦。下卦變成震，上卦變成艮，這就很明顯了。頤卦是一個生態的概念，代表浩劫之後的世界出現一個新的生態；產業有產業的生態，金融有金融的生態，政治生態、國會生態，我們自己的身心調養也是一個生態，這個生態之中就有上下內外的互動關係。換句話說，經過巽的爆發、累積、衝擊之後，出現一個嶄新的人間、嶄新的生態。殘存下來的人，在這個生態中可能有一席之地；在變動中被衝垮的人，就沒有辦法進入這個新的生態。可見，那個衝擊是很大的，而且是很難防備的，隨後一定會慢慢恢復穩定，然後就出現一個新的世界。怎麼理解頤卦呢？頤卦可理解為一個新的生態，代表有的人被衝垮了，有的人不但熬過來了，而且在新的生態中站穩腳跟，繼續發展。所以這就代表一個剝極而復的概念。頤卦可以拆解成剝卦加復卦，剝就是被徹底擊垮的；能夠重生再造、慢慢恢復元氣的就是復卦。所以，不管多大的災難，人類絕對不可能滅絕，還是有人能存活下來，在一個新的遊戲規則下再出發。

事實上，頤卦不管是哪種生態，都是由剝卦加上復卦的新陳代謝構成的；上一代剝了，下一代再復，生生不息。這很自然，沒什麼好感傷。頤卦為什麼可以拆解成剝卦跟復卦呢？陽爻代表「1」，陰爻代表「0」，這是一個數位觀象法，非常實用。頤卦的陽爻可以拆解成剝卦最上面的陽爻加上復卦最上面的陰爻，這叫「1=1+0」。即頤卦的「初九」是「1」，就等於剝卦「初六」的「0」，加上復卦「初九」的1，頤卦中間四個是陰爻，「0=0+0」，就這麼簡單。這個方法適用於一切。換句話說，頤卦，代表一個生態，有人剝有人復，代代相傳；新陳代謝，有人毀滅、有人繼續生存，唯一不能處理的就是「1」，如果是「1+1」就不行，「1+0=0+1」，陽爻、陰爻的換算，構成的卦象完全合理。但是陽爻加陽爻沒辦法運算，你得想辦法避開，然後陰爻加陰爻就是零加零。這就叫數位觀象法，按這個原理，這個卦象還可以拆解成很多卦，只要它最後滿足這個簡單的加法就可以。然後方程式左邊的卦象幾乎就等於方程式右邊卦象的總和（前頁圖），大致是這樣。

沒有逃過浩劫的人就剝，逃過浩劫的人，重新再繁衍新的物種，就叫復。所以這個卦象已經很明確地透露訊息，這個傳聞未必是空穴來風，必須謹慎，尤其人類文明長期的發展，累積了很多看不見的問題。這個資訊就告訴你這樣一個情景：「歲暮花落，陽入陰室；萬物伏藏，利不可得。」「歲暮花落」，是一個悲慘的象；「陽入陰室」，陽剛的、原先有實力的東西都沒有了，進入一個像地獄一樣被陰寒之氣籠罩的世界；「萬物伏藏」，「巽」不就是「伏」嗎？都躲起來了，不消費了，萎縮了；「利不可得」，強烈的萎縮，能活過來就不錯了，當然就是不得利的狀況。這是一個四爻齊變的例子。

當然如果對《易經》掌握得很熟練，對於這些卦的分析和對於卦的確切意義的掌握夠，像這樣的卦象出來，第一秒就知道它在講什麼了，所有的資訊都能進來。

占卦實例2：金融浩劫——二〇一二年占象分析

再看第二個占例。第一個卦象出來後，我們難免會想，假定二〇一二浩劫確實是有的，那它可能是哪一種浩劫呢？是隕石撞地球嗎？如果是，那就不必問了，你就是每天念佛也躲不過。如果是核武戰爭可能性也小。如果是生物戰造成病毒流禍人間，以現在全世界非常重視控管這樣的東西，機會也不大。如果是全球暖化也沒有那麼快，我們知道全球暖化是在惡化中，但是要在短短幾年造成大浩劫，違反常識，不大可能。所以那時候推測了種種可能，猜多半是錢的問題。猜對了！至少金融風暴先爆發了，如果未來幾年還解決不了，到時候還會有新的狀況出來，整個世界都會受到波及。所以我們的第二個問題是：「浩劫可不可能是金融風暴呢？」占出來的答案也告訴我們：浩劫最可能就是錢的問題。出現的是比卦（下頁圖），只動第三爻。比卦就是外交結盟，拉關係做朋友。全球經貿已經全球化，所以全球息息相關，可能上午那邊出問題，下午這邊就要倒楣，像巽卦一樣，無形而迅速。現在的錢也是無形的，只要通過電腦操作就可以進行金錢往來的交易，不一定要現鈔。這就完全合乎巽卦的象。因為全世界脫離黃金本位已經那麼多年了，美國人一直在印鈔票，稍微冷靜一點都可以看得出來。所以要出問題最快、最可能的就是跟錢有關的。比卦就是通過全球理財、經貿、各國匯率的換算，把全世界連成一體，好比赤壁之戰火燒連環船，他出問題我也會有問題，而且沒有辦法、也來不及切割。

從二〇〇八年年底開始，壞消息一個接一個，一個比一個嚴重，那些平常鎮靜、老成的金融家、理財家，看到當時的狀況都會脫口而出說：「英國完了。」英國確實比美國嚴重。我們不能只看它的國債，還包括公司債、個人債。像美國的所有債務，包括個人債、公司債和美國人欠這個世界的錢，是美國ＧＤＰ總產值的三・五倍。美國的ＧＤＰ一年大概是十四兆美金吧，債務就接近五十兆美金了。全世界有多少兆美金？英國更嚴重，英國的所有債務是ＧＤＰ的五倍，非常嚴重。看到英鎊跌成這樣，我就發現我的《易經》也白學了，我的女兒二〇〇八年去英國留學，你看我花了多少冤枉錢？可能也不是不知道，女兒要去，你還能拒絕嗎？英國這麼老牌的一個霸權，會想到它有今天嗎？從鴉片戰爭到現在那麼多年了，那時不可一世的霸權，居然會淪落，讓我多多少少也有一點幸災樂禍，這是民族主義，對不對？所以我覺得是我們的閩南先賢林則徐顯靈了，鴉片戰爭他受了老英一肚子火，憋了一百多年，這下報應不爽。玩笑歸玩笑，這次風暴的嚴重性，正是因為大家利害相關，經貿活動統統綁到了一起，這就叫「比」。

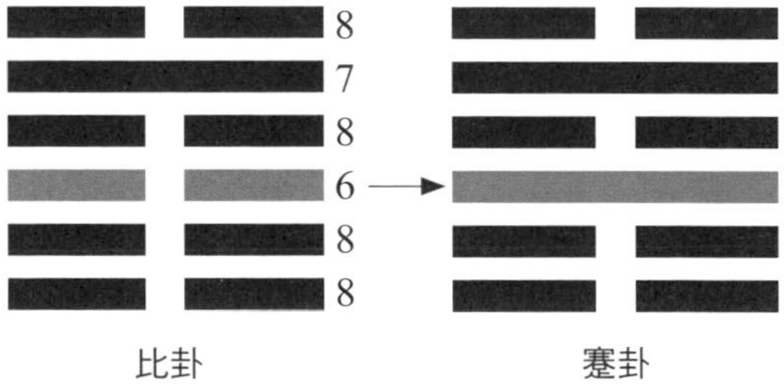

比卦第三爻的爻辭叫「比之匪人」，要是你的理財活動碰到有問題的人，跟他有連動關係，那你就慘了，正如〈小象傳〉說的「不亦傷乎」，是不是這樣？第三爻剛好是比卦的人位，是「三多凶」的位置。比卦〈大象傳〉講「地上有水，先王以建萬國親諸侯」，現在世界不是這樣嗎？他的禍福會影響你的禍福，如果你的目標有問題，你就會受傷。而且比卦第三爻單爻變，就是水山蹇的蹇卦，寸步難行，外面是坎，裡面是艮，外險內阻，動彈不得。照這樣看，這個浩劫極大的可能就是錢的問題。如果要從比卦第三爻爻變變成蹇卦的概念來看，這就是你交錯了朋友、找錯了合作對象，結果造成蹇卦這麼痛苦的環境。怎麼解決呢？「蹇難先謀避，行舟風雨多；片帆撐巨浪，去計苦蹉跎。」「蹇難先謀避」，越早閃越好，趨吉避凶；「行舟風雨多」，蹇卦本身就是風雨同舟的概念，現在大家在一條船上了，必須合作，不能搞對抗。「片帆撐巨浪」，巨浪滔天中，一艘帆船在那邊苦撐；「去計苦蹉跎」，這是傷害很重的象，短期內很難恢復。

占卦實例3：二〇一二年前兩岸三通的卦象分析

我們再看第三個例子。這也是多爻變的，這是在二〇〇七年年底臺灣選舉時算的卦。那時看兩岸三通的形勢，不管誰當選，三通都是非走不可的趨勢。當時的問題就是：兩岸完全三通有沒有可能？現在幾乎已經全部落實了，而且越開越廣。這個卦象是百分之三百，在二〇一二年前。它是一個升卦（下圖），升卦是風起雲湧之勢，不可抵擋。可能變的是一、二、五三爻，初爻廣大的基層，「允升，大吉」，大家都同意；第二爻是民間「見龍在田」的位置，尤其產業界都希望能節省成本，他們是升卦中一個關鍵的地位，而且和初爻是陰承陽、柔承剛的關係；也就是說民意支持、允許由二爻向第五爻代表的臺灣最高領導人施壓。二爻承下應上，可謂是一個樞紐位置，其爻辭曰：「孚乃利用禴，无咎。」它相信非要三通不可，打開這個局面不需要花太大的成本。第五爻在初爻跟二爻的龐大民意形勢下，也不會全面開放，而是一個階段、一個階段慢慢進行，但必然會越來越開放，因為形勢不可逆轉，所以說：「貞吉，升階。」而且開放是好的。升卦這三個爻，我們根據

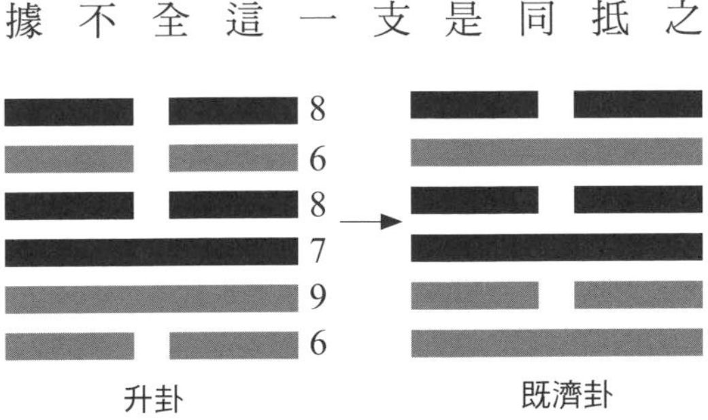

天地之數五十五計算，最後點到的是第二爻，主變數就是第二爻，所以這個爻是促成兩岸三通最大的因素。兩岸經貿往來，禍福相關，當然希望有一個新的形勢，然後民意也支持，新選上的領導人也不反對，「承乘應與」都是最好的關係。第二爻單爻變為謙卦（䷎），本來是地風升的升卦，如果第二爻發揮效力，就是「地山謙」。謙卦一定得善終，天地人鬼神都贊成三通；謙也是和平、兼顧雙方利益的象。所以非常明顯的三通沒有問題。另外，三個爻都動了，雖然第二爻屬於發動點，是最重要的，但三爻齊變就有「貞悔相爭」的可能。但三爻齊變是「水火既濟」（上頁圖），就是過河了，搞定了，成功了。所以升卦不管是通過第二爻爻變的謙卦，還是三爻齊變功德圓滿的既濟卦，至少在二〇一二年之前兩岸一定是百分之百三通。當時占卦就已經得到這樣的結論，現在的形勢已經提前發展了。那時也還不知道誰會當選，但卦象已經出來了，而且三通一旦展開，就不可能再走回頭路。可是好不容易三通了，結果又碰到了金融大風暴，這就是人生！原先的執念好不容易得到解脫，結果另一個卻把局面給打亂了，如果是早十年，或者早五年、三年三通，那該多好！結果選了一個最糟糕的時候，力量當然打折扣。

占卦實例４：臺灣高鐵的卦象分析

接著我們開始從過去的一些案例來檢討。這些案例都是千錘百煉的，而且已經實現，靈驗度幾乎是百分百的重大案例。當然，再重大都沒有全世界面臨的金融風暴重大。高鐵涉及幾千億新臺幣的投資，在臺灣是第一個ＢＯＴ案（政府特許的私人投資經營，收益最終歸屬政府）。這是一九九九年臺灣高鐵聯盟得標後，我的學生富邦蔡明忠是原始股東之一，他自己在課堂上占的一個卦。他問：臺灣高鐵興建順利否？可不可能成呢？這個卦非常準，臺灣高鐵興建十年，雖然中間波折不斷，最後還是通車了。興建期間痛罵者有之，批判者有之，我既不痛罵也不批判，因為人換了位置就換了腦袋，我現在常坐高鐵，怎麼可以再批高鐵呢？只能祈禱高鐵不要出任何問題。這個卦象當時雖然完全是生手問占，但《易經》占卦，其準確性生手、老手都不影響，只是斷占是否應驗。蔡明忠當時顯然是生手，他占到的是一個三爻變的例子，如果會解讀，答案是惟妙惟肖；十年興工過程所遭遇的所有問題，全部顯現出來，百分之百準確。他占到的是風山漸的漸卦，漸卦卦辭是：「女歸吉，利貞。」所以殷琪這個角色就顯現出來了。這個卦辭是說女孩子出嫁，千辛百苦，最後還是有了美滿的姻緣，但時間一定會拖長，因為它上卦全變（下圖）。漸卦的四、五、六三個爻全變，「貞悔相爭」就是雷山小過卦，所以中間十年「大過不犯，小過不斷」。然後漸卦也提到，若要按原先計畫的時程完工是絕對做不到的；工期會不斷地延長，然後是借錢，把利息壓低，再有數不清的談判……等等。種種狀況都會出來，但不至於讓高鐵夭折，小過而已。還有，漸卦代表循序漸進，時間當然拉長，最後確實是比原先的工期拉長一倍不止。所以由漸卦三個爻「貞悔相爭」有可能是小過卦，已經指出往後十年的發展狀況。要注意的是，上卦全變是什麼意思？就是指高鐵的領導階層在完工前的十年中間，可說是全都變了。後來證實高鐵聯盟的原始股東就剩下孤零零的幾個。

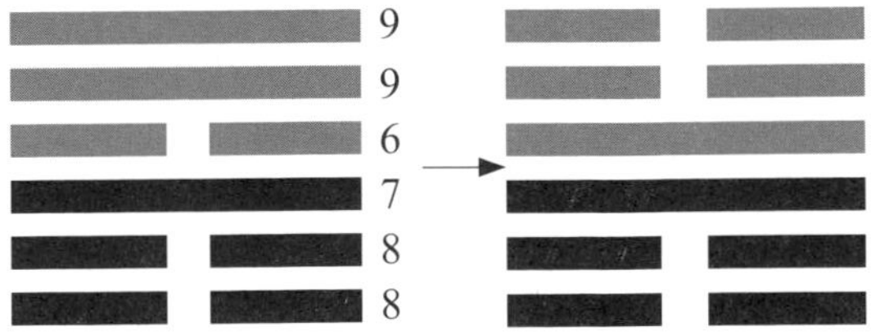

漸卦　　小過卦

另外值得一提的是，不光高鐵聯盟原始股東變化，政府和銀行都牽扯進去了。先簡單提一下漸卦，它是鴻雁的象，如同雁形團隊。BOT不是只有興建的一方，銀行、企業、政府這個大三角都屬於編隊飛翔的鴻雁團隊，必須配合無間，不然就會有問題。而且BOT的意思也很有趣，就是說由企業興建、經營一段時間，最後還是要還給政府。鴻雁也是一樣，四五六三爻就是這個過程。第五爻表示突破萬難，一定會完成；到第六爻就是要還給政府的時候。鴻雁集體飛翔遷徙，飛到目標之後牠還要回來，就像BOT的興建操作又回到原地，跟漸卦是相符的。然後我們發現，你拿天地之數去算，剛好點到宜變的爻位第五爻，第五爻就是鴻雁最後達到的目標，突破萬難飛到了山頂——「鴻漸于陵」，中間可能經歷長期的種種障礙，最後還是突破萬難，得以完成。然後是「女歸吉，利貞」。這個單爻變是艮卦（䷳），飛到山頂了。然後上卦三爻全變為小過卦，代表工期拉長，期間會遭遇種種狀況，但不會影響最後的完工。第五爻變，也代表君位。高鐵興建十年期間，臺灣從國民黨的李登輝到民進黨的陳水扁，至少有一點是共通的，即百分之百的挺殷琪，遭遇任何狀況都用政府的權力意志支持高鐵的興建完工。剛才講到上卦全變，這不光是高鐵聯盟的高層變了，連總統都換人了，從國民黨時期開始興建，真正完工則是在民進黨時期。雖然這個卦當時沒有問二〇〇〇年到二〇〇八年到底是誰主政，可是從這個卦透露的資訊，說明整個團隊、政府、銀行高層都產生劇烈的變化。高鐵在興建過程中經歷這麼大的變化，後來發現情況完全吻合。這也是一個三爻全變、「貞悔相爭」，但其中有一個爻是主變數的例子。

占卦實例5：BenQ的品牌之路

這是二〇〇三年所占的一個例子。我的大學同班同學李焜耀，一畢業就跟著宏碁集團創始人施振榮，他是明碁友達集團的董事長。二〇〇三年大概是五月的樣子，當時SARS疫情流行，但正是BenQ意氣風發的時候。那時剛好有個機緣和老同學見面，聽他談談未來的抱負，他想自創品牌，不想像其他電子業只賺一點微薄的代工。如果能夠自創品牌，光是BenQ的品牌就價值連城，而且可以像那些世界大品牌一樣，自己做主。他在業績很不錯的時候有這個企圖心，的確很值得期待。當天因為時間有限，我都在聽他談，沒有回應。其實我是很擔心的，因為在算這個卦之前，曾算過臺灣經濟自二〇〇三年起到二〇一二年的十年內，整個臺灣經濟的發展前景裡，並沒有自創品牌的可能。所以回家之後，我就暗算了一卦：BenQ未來三至五年自創品牌之路前景如何？能不能走得出來？結果是離卦。後來併購西門子公司時，警訊就已出現。

占出來的離卦是初爻和四爻動（下圖），兩個變爻。而且根據天地之數，也沒有點到第一爻和第四爻。但如果兩爻變，裡面就有一個艮卦的象。艮卦即阻礙，內部、外部都有阻礙，於是停滯不前。這時候就要趕快調整，充實教育訓練。離卦第四爻就像世界浩劫，是最凶的一個爻：「突如其來如，焚如，死如，棄如。」外卦出現這麼慘烈的局面，因為他對外跟德國西門子合作，企圖用併購手段快速達到創造品牌的目的。後來得知併購一年後慘賠，最後只好叫停，虧損達三百億到五百億台幣，還有官司的問題要面對。離卦原本是在光明的基礎上，由內而外、由下而上，希望能發揚光大。所以說「大人以繼明照于四方」，有持續光明的企圖心；可是離卦也是人類文明的象，德國跟臺灣的文化就有很大的差異，就像美國迪士尼到巴黎就沒賺過錢。有文化差距，就不宜輕敵。把臺灣那套成功的方法直接移植到國外，未必可以成功；「橘生淮南則為橘，生淮北則為枳」，這是很簡單的道理。所以離卦中有艮卦的象。離卦第四爻看爻辭就知道堪稱《易經》最慘烈的爻，一把火毀於一旦，而且是像風暴一樣突如其來的襲擊，無法防範。其實它的遠因就在相應的第一爻——「履錯然，敬之，无咎。」在決定走自創品牌之路時未經審慎評估，結果在三個爻之後——剛好在三年半以後就受到大災難

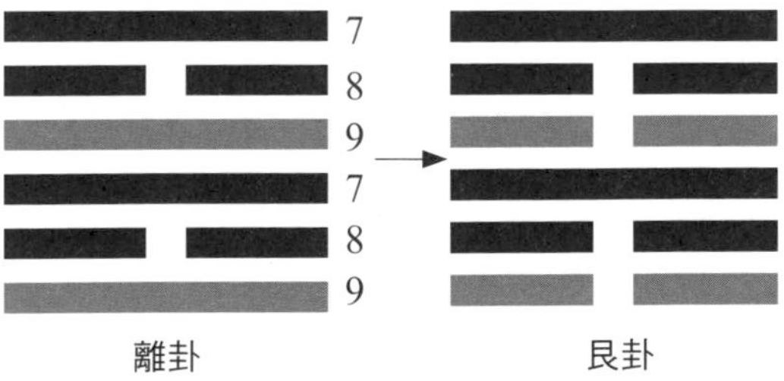

的重創，在當年底召開記者會承認併購失敗，結束西門子。其實預警的訊息，在他剛開始有這個念頭的時候就已經出現了；結果踏錯了第一步，在三個爻之後，由內而外、由下而上，在德國這個外卦的文化圈吃足了苦頭。當時出現艮卦之象，也是提醒最好能停下來，因為阻礙超乎想像。針對三、五百億台幣的重大折損，《易經》把寶貴的預警資訊都顯示出來了。

當時這個卦象一出來，我心裡就有底，但後來沒再見面，直到三年後得知他的西門子之難，才想起當時算的卦，翻箱倒櫃的把檔案調出來，變成我們今日的教材。當然這也是我對老同學不負責任，純粹是馬後炮。後來想當時如果能找機會碰面，當面提醒他，能不能讓他不賠這三、五百億？

若從人性的角度來講，大概也辦不到，因為人在成功的巔峰，對自己充滿信心，聽不進任何反對的意見，這常常也是人的失敗之處。但《易經》的提醒很明顯，可見《易經》的確可以穿透每個專業領域，提供寶貴的啟示。

占卦實例6：臺灣經濟十年的卦象分析

這是二〇〇三年的一個占例。問題是：臺灣經濟十年走勢？算出來的數字是「七九九九八七」，卦象是火天大有卦（䷍），二、三、四連著三個爻都是動爻，六個數字加起來是四十九，天地之數五十五減四十九為六，六是上爻的位置，上爻是不會變的，結果就是典型的雙箭頭——可能從大有卦變過來，也可能變不過來。三爻齊變，除了要參考這三個爻的爻辭，也要參考可能三個爻變後變成的頤卦（䷚，左圖）。頤卦代表生態形式，這裡就是指臺灣經濟產業的生態。這個生態在頤卦來說是自食其力、自給自足，自己吃飽沒有問題。在臺灣的產業佈局來說，資訊業、電子業和半導體產業之類的核心產業，在那段時間是受創最嚴重的，而且這些母體產業在二〇一二之前很難轉型。所以大家最擔心的是內需市場，因為過去都是外銷，即便台商到大陸投資建廠生產，終極市場還是在歐美，一旦歐美市場受到重大衝擊，嚴重萎縮，一定會受到影響。金融風暴使得全球自由貿易都有可能往保護主義這一方向轉變，那時候每個國家或地區要想振興經濟，就得靠內需。臺灣不像大陸，大陸內需開發的潛能很大，臺灣的內需在哪裡？在外銷不振的時候，內需能否刺激消費、生產，並形成完整的產業佈局？這是讓人最擔心的。而且這肯定也不是發消費券就能解決的，必須在產業結構上改善。因此未來十年的經濟主體就看內需能不能自給自足？能不能養成？如果還要依靠外銷，這就很糟糕了。在全世界的走勢中，臺灣明顯無法遺世而獨立。可見，一直到二〇一二年之前，臺灣必須在全球化的格局中找到自己的定位，利用自己的優勢找到生存之道；像大有卦第二爻所說的「大車以載，有攸往，无咎」，大車子裝滿產品，「有攸往」，才可立於不敗之地。大有卦這一爻就是講臺灣的經濟主體ＩＣ、ＩＴ產業，占相當大的比例是要賺運輸的錢，以代工產品銷售全球，即使有些東西自己不生產，也可以調貨，就賺運輸的錢，使得貨暢其流，方能立於不敗之地。

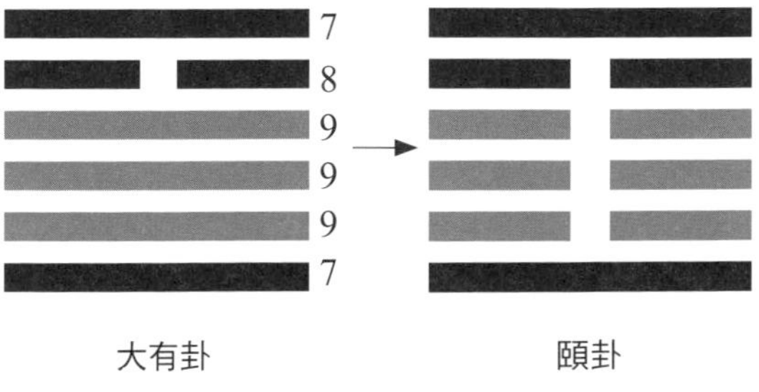

大有卦　頤卦

然而，這既是臺灣的優勢，也是弱點。下面再一步一步從二爻、三爻、四爻由內而外、由下而上往上提升。我們看第四爻：「匪其彭，无咎。」臺灣因為過度依賴全球的經貿往來，要在和平、沒有戰爭動亂的情況下，這樣的經濟才有可能維持一定的穩定度，所以它還是有但書的。另外，大有卦第五爻如果君位動了，表示能創立一個價值連城的國際品牌。可是臺灣再怎麼奮鬥，第五爻是「八」，它不能動，換句話說，它還是得從代工、運輸這條路繼續走下去，所以必須寄望於整個國際大環境的和平穩定，才勉強可以自給自足；當全球經貿嚴重受挫時，就沒有辦法進一步發展。這就是第五爻不變而沒有帶來品牌效應的意思。

占卦實例7：中信金集團未來三至五年之前景

這是占問臺灣中信金集團未來三至五年的經濟情勢。這也是在金融風暴之前所占的卦。我們看到臺灣這些大企業集團，像臺灣高鐵、BenQ都先後出現重大的狀況，就代表現實的挑戰很嚴酷，要特別小心。事實上，這些卦象事先都是有預警的。中信金集團辜家大少爺辜仲諒二〇〇四年因「紅火案」引發一系列中信金案之後，流亡日本，二〇〇八年又跑回來認罪協商。當時占的這個卦就說明他未來三、五年是非常辛苦的。因為結果是睽卦（䷥）。「睽」就是翻臉，也就是他跟當時的民進黨翻臉，原先還是「蜜月期」，後來翻臉了。睽卦是典型的民不與官鬥。睽卦初、四、上爻三個爻變，初爻爻辭是：「悔亡，喪馬勿逐，自復。見惡人，无咎。」四爻爻辭是：「睽孤，遇元夫。交孚，厲无咎。」有那種翻臉之後，試圖通過其他管道修補關係的象。可是發展到睽卦最後一爻：「睽孤，見豕負塗，載鬼一車。先張之弧，後說之弧。匪寇婚媾，往遇雨則吉。」就知道翻臉翻定了。三爻齊變就是師卦（下圖），完全像打仗一樣的生存競爭。因為睽，所以以前到處擴張、到處插旗的積極態勢一去不復返；它就是只想守住，只求繼續生存，但也還是有問題的。所以我們看到八十歲的掌門人辜濂松就得勉為其難，不能退休；年輕人闖的禍，老人家來收拾善後。所以在師卦裡頭，打仗一定要經驗豐富

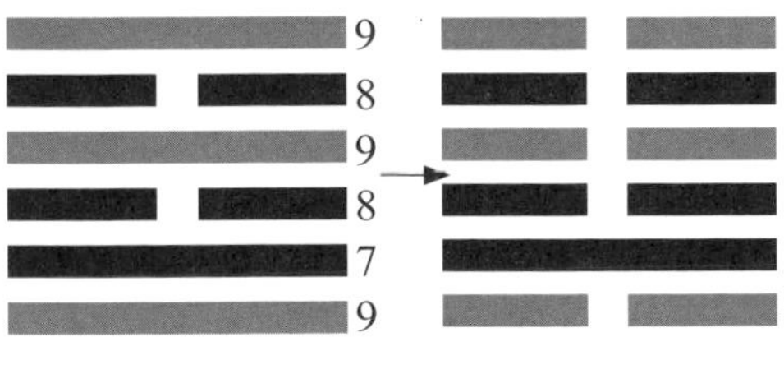

睽卦　　師卦

的老將，而且是採取守勢的生存戰爭。經過此一衝擊政商關係破裂，中信集團之前、之後就完全是兩個景觀了。

占卦實例8：二〇〇一～二〇一一上海未來十年之發展

上海是中國大陸的一個櫥窗。二〇〇一年上海申辦世博會時，我就上海未來十年的發展占問一卦。卦象為小畜卦（䷈），三爻、五爻、上爻都動，而且點到上爻。這三爻的爻辭分別為：九三：「輿說輻。夫妻反目。」九五：「有孚攣如，富以其鄰。」上九：「既雨既處，尚德載。婦貞厲。月幾望，君子征凶。」小畜卦這三個爻變，「貞悔相爭」是君臨天下的臨卦（䷒），自由開放，海闊天空，所以上海越來越國際化（下圖）。臨卦的卦象為澤上有地，正是上海的地域特徵，這就很妙了。有時候《易經》的卦象會跟地名、人名、國名有奇妙的巧合。臨卦是「元亨利貞」四德俱全的卦，其〈大象傳〉云：「君子以教思无窮，容保民无疆。」「无疆」就是沒有國界，越來越國際化；「教思无窮」則代表創意無限，越來越自由化。這是發展到臨卦的象徵意義。可是這臨卦的象，必須經過未來十年的發展，在二〇〇一年它還是在一個密雲不雨、以小博大的小畜卦。相對於全世界的財富，上海當然是小，可是它能博大，因為它把局面做得非常好，結果就產生了聚寶盆效應，全世界的資源都往那邊跑，就取得了君臨天下的優勢。當然，最主要的是上海市政府的決心和政策，能夠給投資者提供一個信用的保障——「有孚攣如，富以其鄰」。大家能富利共用。這是「小畜」變成「臨」的意思。換

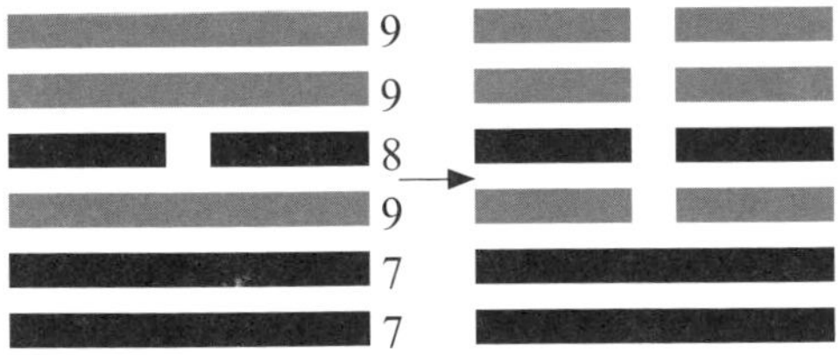

小畜卦　臨卦

句話說，在二〇〇一年時就可以預期上海的成長幅度跟空間，在未來十年間還會更開放、更自由；而且我們可以從中得知，政策的正確，對人家才會有吸引力。比如從二〇〇八年開始全球都不景氣，只有大陸一枝獨秀，所以上海就有吸金、吸收資源、吸收人才、吸收創意的效果。另外，按照卦序，小畜卦是第九卦，臨卦是第十九卦，上海可以從第九卦一下跨越十個卦，直接變到臨卦，發展的勢頭十分可觀。這是非常看好的十年發展，當時算出來就是這樣。

占卦實例9：美國經濟十年走勢

我們再看美國經濟十年的走勢，這是在二〇〇三年算的。這個卦象現在已經實現了，卦象是天山遯（䷠），四陽在上，二陰在下，下面都空了，整個影響力消退，在全球所佔的比重開始往下滑。那時雖然還沒有金融風暴，但趨勢已經很明顯了。然後這個遯卦也是三爻齊變——初爻、三爻、四爻，而且第四爻是決定性的變數，第四爻爻變是漸卦（䷴）。如果三個爻都發揮效應，也不要低估，美國經濟還有可能又是一條活龍。因為它消退是必然的，可是消退不一定是壞事，主要看第四爻怎麼做。第四爻就是美國的財經政府部門——美聯儲。第四爻爻辭為：「好遯。君子吉，小人否。」所以還得看它是君子政府還是小人政府。「遯」不一定是壞事，在於君子和小人應變的方式。這十年美國不管遭遇什麼衝擊，就看第四爻財經主政的決策，能不能讓「遯」變成一個好事，借著「遯」拋掉一些過時的包袱，經過盤整，反而又變成一個極佳的獲益體——益卦（下圖），所以叫「利有攸往，利涉

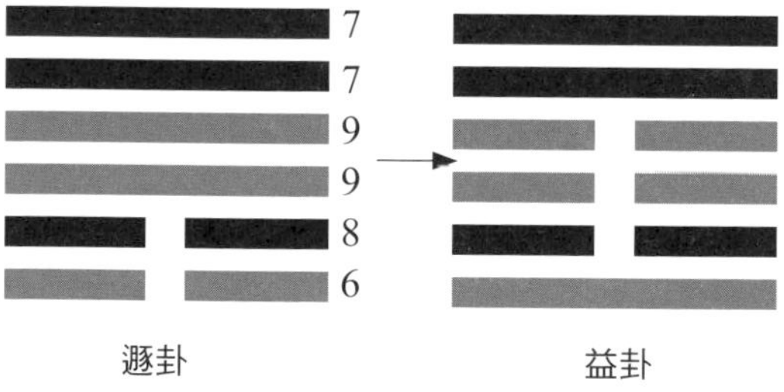

大川」。可見，在遯卦第四爻，面臨經濟大幅消退，幾乎沒有立足之地的時候，能夠有智慧、有膽識，然後所有的動作都做對了，君子就吉。這樣的「遯」反而是件好事，藉著調整體制，漸漸又變成獲益的個體。可是如果財政部門策略錯誤，小人就「否」，結果正好相反。「易為君子謀，不為小人謀」，若是這樣「遯」就不會變成「益」，繼續「遯」的趨勢非常明顯。總的來說，這個卦象揭示兩種結果：可以過得去和過不去。如果過不去就還是遯卦，繼續消退。這是從二〇〇三年開始算的，直到二〇〇九年，六年過去了，第四爻所代表的美國財經決策單位不知犯了多少錯誤。不過事在人為，這裡面還有變數，接下來就看歐巴馬怎麼做，做對了還有可能又是一條龍，否則就繼續消退下去。這是美國經濟十年走勢，是好是壞全看第四爻怎麼做，君子、小人決定吉凶。但是出現「遯」的象，不管是吉是凶，要像以前幾乎佔三分之一的壓倒性影響力，那辦不到，當然最明顯的就是美鈔，還能不能在以後成為強勢的國際貨幣工具，就很值得觀察。

占卦實例10：大陸經濟十年走勢

我們再看也是二〇〇三年算的大陸十年經濟走勢。結果好得很，是一個「元亨利貞」四德俱全、而且不變的隨卦（䷐）。看卦辭「元亨利貞，无咎」就知道，從二〇〇三年到二〇一二年，可以隨時勢變化而靈活變化，不管環境怎麼變動，都可以做到「元亨利貞，无咎」。而且內卦是震卦，自己絕對有主宰能力，外卦是與全世界親善、和顏悅色的兌卦；換句話說，中國也希望和平，不希望發生戰爭衝突，當然就能達到「元亨利貞，无咎」。因為這一卦是不變的，分析起來就比較簡單。從二〇〇三年到二〇一二年，大陸地區的經濟走勢比美國好多了。

占卦實例11：陳水扁的歷史定位

這一占可謂蓋棺定論，將來也可以進入占卜教科書的。這是我自己算的，問題是：陳水扁未來的歷史定位？這是二〇〇〇年算的，那時他剛當選總統。那麼歷史最後會怎麼評價他呢？結果《易經》太厲害了，早就算出來了。我為什麼算這個？因為從孫中山到老蔣、小蔣我都算過，他們已經成為歷史人物，蓋棺定論，每個人都有一個卦象，而且是非常公正的，哪裡做得好，哪裡有缺失，卦象都可以看出來。所以陳水扁當選的時候，卦象一出來，我當時就傻了，完全看不懂。那時《易經》已學了三十年，二〇〇〇年的時候這個卦象卻不會斷了，因為他是家人卦（䷤）第四爻：「富家，大吉。」然後卦辭是「利女貞」。一個領導人的歷史定位，跟他家裡發財有什麼關係？又跟女主人有什麼關係呢？女主人不就是吳淑珍嗎？是指吳淑珍善於理財嗎？這個卦象當時真把我考住了。結果二〇〇四年陳水扁與連戰、宋楚瑜二人相爭，參加連任競選，那時算陳水扁的勝算如何，這個卦象又出現一遍，我還是不懂。後來二〇〇六年「紅衫軍」的反貪倒扁，我才恍然大悟，原來是這麼回事。陳水扁因貪腐罪被羈押，吳淑珍也面臨刑期，這就是陳水扁的歷史定位。將來後人會在歷史記載上看到，他對臺灣沒有任何貢獻，就是家裡發財了，因為有一個善於理財的賢內助吳淑珍。這就有趣了，《易經》一眼看到底，還沒開始做，就曉得最後的結果，難怪當時我怎麼也想不到這方面。有了這個占例，以後占到這個卦，就會很容易理解了，因為「富家，大吉」，「利女貞」，正是如此。

更妙的是，他們還是全球化的理財。我們看家人卦第四爻爻變，結果是天火同人卦（䷌），只要有人的地方都有他們家的錢。「家人」變「同人」，不是全球經貿、世界大同嗎？哪裡都有。《易經》怎麼能看得那麼透呢？我們就看不到，當時大家都被陳水扁騙了，不管是有「台獨」理想的，還是有各方面想法的，都沒法看到這一點，唯獨騙不過《易經》。所以他的歷史定論就是這樣，現在很多人明白為什麼二〇〇四年選舉時也會出現這個卦了。

占卦實例12：陳水扁運勢

這是二〇〇八年陳水扁的運勢，糟透了。占出來的卦是晉卦（䷢），表面上看是不錯，可是第四爻動：「晉如鼫鼠，貞厲。」是一個竊據高位的貪婪大老鼠。「貞厲」則是位不當，這個爻爻變就是剝卦（䷖），「不利有攸往」，資源喪失殆盡，岌岌可危。晉卦變剝卦，就因為它是大老鼠。大老鼠貪婪，而且繁殖力特強，帶動一窩小老鼠一起貪腐，形成共犯結構。搞了八年，二〇〇八年就是一個清算年，所以他開始入監。晉中有剝象，尤其到接近剝卦的月份，是他更危險的時間，所以二〇〇八年年底他就慢慢出狀況了。他自己可能也有感應，所以自我解嘲說：「我現在還有什麼影響力！現在是過街老鼠，人人喊打。」他絕沒想到《易經》就說他是個大老鼠。

《河洛理數》對晉卦第四爻的解釋寫得多好：「念念多憂失，謀營又害身。持孤一女子，鼠叫庸方貞。見才不是才，見喜不是喜。去處在他人，自身不由己。」注意最後一句，就是剝的處境：去處在他人，自身不由己。當時二〇〇八年初還不知道是民進黨選上，還是國民黨選上，但陳水扁的運勢就已經確定了。更為神奇的是，二〇〇九年元旦再占問陳水扁的運勢，居然是同卦同爻，這可是四千零九十六分之一的機率。換句話說，他繼續「晉如鼫鼠，貞厲」，還是晉中有剝象，當然越來越不利。

占卦實例13：二〇〇八年國際金融情勢（流動性）

二〇〇七年底，全球五大央行要救市，動用一千五百億美金，全球開始撒錢，因為那時已經有危機的先兆，錢有點不流動了。看到這個動作，當時富邦集團的蔡明忠就占了一問：二〇〇八年全球國際金融情勢（流動性）如何？在貨幣的流動性上，錢一定要動才有用，不動就沒用了。結果占出來是困卦（䷮），第四爻和第六爻動。第四爻爻辭我們前面也講過：「來徐徐，困于金車，吝，有終。」被捆綁，動彈不得；一定要做對，才能勉強掙脫。如果問國際金融情勢、貨幣的流動性，困卦就是沒有流動性，澤中無水，乾掉了。以後是不是完全沒有機會呢？也不一定，要看主導國際金融的第四爻，政策對不對？能不能紓解民困？能不能在谷底產生動能？還有一點就是困到極點的第六爻：「困于葛藟，於臲卼。曰動悔，有悔，征吉。」簡直是重重捆綁。那麼困卦這兩個爻動，就有一個渙卦（䷺）的象。渙就是風吹過水面，從一個中心點往外做世界性的擴散；而華爾街就是那個中心點，困局會瞬間影響全球。換句話說，二〇〇七年拚命砸錢，對整個困卦的格局效力有限，即使有效，也很勉強。所以二〇〇八年就是困中有渙象，由一個地方的困，從華爾街、美國的困，散播到全球都困，錢都不動了。這個象也是百分之百準確。如果事先占到這個卦，又是屬於金融業的，當然就要小心、保守。教《易經》這麼多年，報紙上常常看到我的學生出事，不過近來又有點安慰，發現學《易經》多多少少有點好處，大部分的金融機構都出問題了，就是富邦沒出問題。因為我在富邦教了十年以上，他們是不是因為《易經》的功力很高了？也不是，很多人還是不求甚解，不知所云，但是沒有關係，只要出席率不是太低，依然有神功護體，不然怎麼能獨不「受災」呢？這是《易經》給我們的強烈暗示，學不懂沒關係，有聽就有用，像念大悲咒一樣。好，這是玩笑話。我們看下一個占卦。

占卦實例14：二〇〇九年全世界、中國大陸、臺灣的經濟分析

關於二〇〇九年世界經濟形勢的分析，占問的結果是屯卦（䷂），動第四爻。屯卦是草莽開創，一切從頭開始，真的是「換了人間」。過去那種虛浮擴張的泡沫都要過去了。屯卦第一爻是民生經濟，第四爻代表世界各國和地區的政府施政，都必須回到初爻象徵的基本面，鞏固基盤，「乘馬班如，求婚媾」。如果完全做對了，才會「往吉，无不利」。換言之，全世界的經濟決策都要回歸屯卦初爻「磐桓，利居貞，利建侯」的基本面，不能再搞金錢遊戲。第四爻爻變就是隨卦，隨就是千變萬化，〈雜卦傳〉云：「隨，无故也。」「故」即「過去」。也就是說，過去的做法要一去不復返了，如果不隨機應變，重新調整，回歸基本面，鐵定很慘。

二〇〇九年大陸的經濟形勢是火天大有卦（䷍），動的是初爻和上爻。在同人、大有的全球經貿格局中，大陸也很難獨善其身，況且手上還有一大堆美國債券；但是很幸運，不但沒事，還有經濟發展的表現。大有卦第一爻說：「無交害，匪咎，艱則无咎。」雖然有一定的艱苦，像沿海一帶有很多企業倒閉，但只要咬緊牙根，就不會有事。前面的「无交害」也很重要，在全球都受災的時候，中、美兩國要和衷共濟，一起解決問題；如果交相害，就會有咎。第一爻大致還好，雖有艱困的象，但可以無咎。只要不衝突，不互相扯後腿，到年底可能就是上爻的「自天佑之，吉无不利」。天助自助，只要做對了，就可以得天之佑，吉无不利。這就是年頭艱困，到年尾完全沒有問題的象。然後是在同人、大有的全球格局中，初爻、上爻兩個爻變為長久而穩定的恒卦（䷟）。一個大國就要有一個長期的觀點，不看短期上下。照《焦氏易林》的說法：「雖遭亂潰，獨不遇災。」說明大陸經得起衝擊，只要大方向掌握正確，就可維持長久穩定。

二〇〇九年臺灣的經濟形勢是艮卦（䷳），初爻動。艮卦是內部有阻力，外面更跨不出去。內阻、外阻，所以非停下來不可，停下來又面臨初爻廣大的基層民生：「艮其趾，无咎，利永貞。」「艮其趾」是站穩腳跟，不被風暴吹倒，這樣才能「无咎」。「利永貞」就是我們學過的坤卦的結論──「用六。利永貞」。所以在金融風暴襲捲下，國際間不管哪個地區，基本上都要像坤卦一樣包容忍耐，要順勢而為。而且「坤」象徵廣土眾民，是挨打的象，形勢比人強，要尊重形勢，不可能像乾卦那樣為所欲為。二〇〇九年臺灣整體的經濟在艮卦，內外都不動，這時就要立定腳跟，在基本面的民生經濟上，先求「无咎」。這個時間不會很短，至少在一年內都是如此。初爻爻變為山火賁卦（䷕），賁卦除了有文過飾非的負面意思，正面的意思就是人文化成，因為未來一定有劇烈的變動，所以在動彈不得的時候，反而要好好充電學習，趁機提升自己各方面的能力，不然，未來即使時機好轉，你也不見得能夠東山再起。

占卦實例15：二〇一〇年全世界、中國大陸、臺灣的經濟分析

二〇一〇年世界經濟在經過二〇〇九年屯卦第四爻普遍想往基本面修正的格局後，會呈現怎樣的面貌呢？結果是水火既濟卦（䷾），一、三、五爻動。三爻齊變，「貞悔相爭」，變成坤卦。既濟卦初爻、三爻、五爻爻辭分別為：「初九。曳其輪，濡其尾，无咎。」「九三。高宗伐鬼方，三年克之，小人勿用。」「九五。東鄰殺牛，不如西鄰之禴祭，實受其福。」三個爻都疲憊不堪，至少要苦戰三年。這也有發動戰爭的象，亦即面對金融風暴，要打三年苦戰；就算勉強贏了，也是元氣大傷，累個半死，而且「小人勿用」，還不能用錯人。總之，至少是苦戰三年、疲憊不堪的象，重點還非常可能犯錯；不

管採取什麼措施來積極整頓世界經濟，都會累得個半死。初爻是小狐狸下河，把尾巴搞濕了，卻根本過不了河，只得趕快退回岸邊，保住「无咎」；若還悶頭往前衝，一定是滅頂之災。這是初爻，越保守越安全，什麼都要踩剎車，減少傷害。三爻就是苦戰三年的象，疲憊得要命；第五爻就是拚命想辦法省錢的象，拮据困難的時候，省錢比什麼都重要，儘量節省不必要的開銷。所以既濟卦第五爻，君位代表的全球領導人，在這個時候都得要精打細算，不敢亂花錢。

既濟卦是渡彼岸、安定的象，代表金融風暴慢慢會趨於穩定，但安定歸安定，你看從領導到基層都是這麼一個疲憊不堪、小心翼翼、保守省錢的象，而且從既濟三個爻變是坤卦來看，還是處在挨打、包容忍耐的象。這是二〇一〇年的狀況。

我們看二〇一〇年中國大陸的經濟形勢。這一年是蠱卦（䷑），第三爻和第六爻動。這個卦是說，中國要因應全世界的金融風暴，勢必要扮演更重要的角色，在政治體制、甚至經濟體制上一定要有配套的改革，雖然還談不上救全球，但至少可以自保。改革會不會成功呢？會。因為蠱卦第三爻就是要改革：「幹父之蠱，小有悔，无大咎。」〈小象傳〉說「終无咎也」。「終」就是第六爻，第六爻就是改革成功的象：「不事王侯，高尚其事。」第六爻爻變是升卦，升卦就是成長。另外蠱卦改革成功後就進入臨卦改革開放的世界。換句話說，二〇一〇年大陸經濟的關鍵就是必須要有配套的改革方案；而且從三爻跟六爻看，它是改革成功的象。如果配套體制不做改革，就沒法因應這樣一個困難重重的大環境。

我們再看臺灣二〇一〇年的經濟。看了嚇一跳，占問的結果是否卦（䷋），除了初爻外，二、三、四、五、上五爻齊動，有谷底翻身的象。如果耐不住性子，看了這個卦馬上就去投資了。否卦不是谷底嗎？否卦第三爻就是最苦的時候，然後從上卦開始由陰入陽，由虛轉實，由柔轉剛，由弱轉強。否卦的上卦脫離下卦的坤，進入上卦的乾，由地入天，越來越好。五爻齊變是一個比較罕見的例子，前半段還在往下掉，掉到第三爻谷底，第四爻開始翻身，然後到第五爻、第六爻。如果五爻一起變，就是地風升的升卦（䷭），從一個否卦的極度不景氣，中間經歷五個爻的逐漸成長，最後從谷底翻身。根據天地之數剛好點到第五爻，第五爻的爻辭是：「休否，大人吉。」這就要看馬英九是不是「大人」了？第五爻爻變為晉卦，是日出的象。如果沒有「大人」，就還是「否」。所以二〇一〇年還是有幾個關鍵，如果這五爻統統都對了，二〇一〇年臺灣整體經濟就有可能從谷底翻身。升一般是高成長的意思，但有時候也有過分擴張造成泡沫化的現象，「升而不已，必困」。從否變升，也不是整個抬高，而是相對於否卦的谷底來講，至少有生機，而且是連續的。也就是說前半年還在探底的過程中，從陰曆七月之後有可能連環上升。

我們看二〇一〇年的世界經濟只是趨於穩定的「既濟」，還沒有明顯復甦的象，可是臺灣卻有可能從谷底翻身。但是得看第五爻怎麼做？至於此爻關鍵是否一定是指馬英九？也不一定。這個位置也可能是指中國政府的領導人，因為從兩岸關係來說，臺灣是內卦，需要外卦象徵的大陸這個引擎來拉動。如此說來，有可能是兩岸關係產生了一定的拉抬力，讓臺灣升上來。不管是誰在拉動，反正這個象不是偶然的。

占卦實例16：二〇一一年全世界、中國大陸、臺灣的經濟分析

二〇一一年世界經濟形勢，占問出來的是升卦（䷭），第二爻和第三爻動。終於有復甦的象了！從二〇〇八年到二〇一一年，果真是苦戰三年。可是，儘管世界經濟「升」了，也未必能起得來，要小心有新的泡沫出現，因為第三爻是「升虛邑」。第二爻沒有問題，是「孚乃利用禴，无咎」，只要有

「孚」，然後「利用綸」，就「无咎」。現在全球主要的問題就是信用系統崩盤，誰都不相信誰；但這時「孚」又恢復了，可見全球經貿往來一定要有誠信的基礎。我們看從二〇〇九年開始修正基本面，勉強安定下來，但大家都苦得要死；然後到二〇一一年好不容易出現升卦的象，發動點就是「孚」字。可見只要有信用，一切好辦。假如經過前陣子的慘痛教訓還不學乖，難免又落入「虛邑」的象，升到最後，再度化為泡沫；就像那時候全世界有五、六百兆美金的泡沫。在「升」的時候，要特別小心這種現象可能又會冒出來。升卦的「二」、「三」兩爻變就是坤卦，廣土眾民，順勢用柔；坤卦也代表完全空了，根本沒有東西。這是特別讓人擔心的。

我們看二〇一一年中國大陸的經濟形勢，占問的結果是腳踏實地的履卦（䷉），初爻和上爻動。從年頭到年尾，從基層到高層都沒有問題。初爻「素履，往無咎」，很樸素地腳踏實地去幹，無咎。原意就是「獨行願也」，獨不遇災。履卦雖然有踩著老虎尾巴的風險，但是腳踏實地應對，可以達成願望；而且，若是一直這樣老老實實的幹，幹到最後是「視履考祥，其旋元吉」，「大有慶也」，皆大歡喜。上爻爻變是兌卦（䷹），履卦之後為泰卦（䷊）。這是大陸二〇一一年的經濟情勢，可見二〇一〇年配套體制的改革確實成功了，所積累的基礎是很結實的，堅不可摧，對全球還會產生連帶的好處。

我們再看二〇一一年臺灣的經濟，二〇一〇年是谷底翻身，否卦變升卦；二〇一一年則是升卦，表示繼續在升，這很合理。升卦第二、三、六爻動，和二〇一一年世界經濟形勢的卦一樣，第二爻信用恢復，可是第三爻「升虛邑」，都有泡沫的象，而且這個泡沫到第六爻就破碎了：「冥升，利於不息之貞。」如果沒有體會到這個爻潛藏的危險，二〇一一年那個「升」的假象就會破碎掉，因為升卦上爻爻變是蠱卦（䷑），泡沫破掉之後還往前衝，結果就是「消不富」，緊接著就馬上進入困卦。另外，升卦二爻、三爻與上爻，三爻齊變則是剝卦（䷖）「不利有所往」，剝卦就是只剩一個空殼子。所以這個警訊至少讓我們小心一點，不要讓二〇一〇年那個谷底翻身的象給騙了，免得到二〇一一年就要承受苦果。

占卦實例17：二〇一二～二〇一三年全世界、中國大陸、臺灣的經濟分析

二〇一二年的世界經濟形勢是同人卦（䷌），動最後一爻。這是說，全球化經貿可能走到盡頭了；自由貿易的問題假定不能改善，時間一久，肯定會出大問題。同人卦走到最後一爻是「同人于郊，無悔」，全世界都希望世界經濟不要退縮到自掃門前雪的保護主義和關稅壁壘政策，但是「志未得也」。想要「同人于野」，維持百分之百自由貿易的志向遭遇瓶頸，在艱困的現實處境中受挫、吃虧，所以可能會啟動一個天翻地覆的改革，即同人卦上爻爻變為革卦（䷰）。「同人」走到最後可能變成「革」。在某一個區域內的貿易往來還沒有風險，可是跟全世界跨區域的往來就會出問題，這就代表金融風暴的後遺症——信用系統的衝擊，導致跟外界往來沒有信用保護機制，所以大家都要更為謹慎保守。會出現這樣的危機，差不多是二〇一二年底的時候。

再看中國大陸二〇一二年的經濟形勢，還是沒問題，是不變的萃卦（䷬），依然是出類拔萃、人文薈萃。等於是說這次全世界的金融風暴反而讓中美之間的差距縮短了好多年。資源匯聚，對中國而言是一個好機會，所以大陸的經濟在二〇一二年將有相當亮眼的表現。

臺灣二〇一二年的經濟形勢則是不變的蒙卦（䷃），我們在講蒙卦時也提過。前面經過否卦的谷底翻身，然後出現泡沫，又從升卦變剝卦，然後到二〇一二年就遇到不變的蒙卦，內險外阻，不知該何去何從。二〇一二年剛好是臺灣的競選年，也不知怎麼回事，經濟情勢會變「蒙」。

我們再看二〇一三年全世界的經濟形勢是家人卦（䷤），一、三、五爻動。明顯退回到保護主義，各國自掃門前雪了。二〇一二年的同人卦是出門，「家人」則是退回來，設門檻把家門關上，保護自己不受外面的風暴衝擊。也就是說，世界經濟形勢在二〇一二年的同人卦沒辦法持續下去，二〇一三年就變成家人卦了，這時候就看每個國家的內需能不能養活自己。如果需要仰賴外面的幫助，可能就很慘。家人卦初爻就是設門檻的象：「閑有家，悔亡。」「閑」就是「門中有木」，設門檻保護，當然違反自由貿易的精神；若不如此，就會被外面衝垮，所以「閑」才能維持自家人生存，才不會「有悔」。三爻是嚴格執行家法以保護內部的象：「家人嗃嗃，悔厲吉。」五爻是君位，那時世界上任何一個國家和地區的領導人，為了要保護他的家，就必須：「王假有家，勿恤，吉。」畢竟還是自己家比較重要。這麼一弄，家人卦初爻、三爻、五爻三個爻齊變，變成了剝卦。可見全球自由貿易還是比較合理的，但因為金融風暴後信用系統崩盤的問題無法解決，導致全面退到保護主義，嚴格來講對大家都是不利的，所以卦象還是「剝」；可是為了自保，這也是不得不然的措施。那麼這個時間到底要持續多久呢？因為我們只算到二〇一三年，從二〇一二年年底到二〇一三年就是這個象，後面就不得而知了。我們現在看，保護主義的跡象不是很明顯嗎？雖然二〇〇八年全球都在商議說，至少要維持一年不退回保護主義，但那些決策者到二〇一三年還在位嗎？你看美國現在就想開溜了，結果被各國痛批，溫家寶說美國是「豬八戒倒打一耙」。可想到時候如果大國、小國都不願暴露在世界貿易的風險中，二〇一二年底到二〇一三年大家各掃門前雪的狀態就很有可能發生，那時候能不能撐下去，就看家裡的內需產業夠不夠養活自己了。

那麼，中國大陸的經濟形勢呢？在二〇一三年是個大轉彎，出現一個未濟卦（䷿），二爻和上爻動。從卦來看似乎有點出乎意料，但從爻來看就沒什麼問題。第二爻是「曳其輪，貞吉」，提醒要踩住剎車，別讓車輪一直往前飆，雖然下卦是坎險，但在坎險深處若能控制住，就不會有問題。上爻「有孚于飲酒，无咎」。離開了下卦的坎險，進入上卦的文明，有一個慶功宴的象，表示問題解決了，可以放鬆一下。未濟卦的主要變數在上爻，表示雖然整個是一個「未濟」的象，但是它會度過，還有一個慶功宴。上爻爻變是解卦（䷧），說明問題解決了，這是主要變數。然後兩爻變又是一個豫卦（䷏）的象，「豫，樂也」，「利建侯行師」，有充分的準備可以打組織戰。所以，就像我們原先算大陸未來十年的經濟形勢是「元亨利貞，无咎」的隨卦一樣，從整體來講，至少到二〇一三年都沒有大問題。

我們再看臺灣二〇一三年的經濟形勢，這就很妙了，又是一個生態的頤卦，初爻和上爻動，就看能不能養活自己？從初爻看是養不活的；若從上爻講，因為有靠山，所以養得活。初爻「舍爾靈龜，觀我朵頤，凶。」看人家大塊朵頤，吃得很歡，自己非但吃不到，而且人家就在吃你。所以頤卦初爻爻變是剝卦（䷖），你是被剝削的對象。可是它要是有了外卦的艮卦當靠山，而且這靠山還是夠強的，就可以幫你「由頤」，讓你活得不錯；雖然「厲」，壓力大一點，但還是「吉」，而且還「利涉大川」。這個靠山很可能就是大陸。頤卦兩爻動又是一個坤卦的象，頤中有坤象，看你有沒有坤卦順勢用柔的本事。所以，初爻和上爻動，可能是指年初到年終，也可能是指內卦很糟糕，可是因為外卦這個因素的存在，若能巧妙運用，最後便能從凶轉吉，「利涉大川」。從整體看來，極有可能還是取決於跟大陸的互動關係是否能更入佳境。

資源發展——需卦第五（䷄）

需、訟的前因後果關係

需卦是《易經》第五卦，訟卦（䷅）是第六卦。我們之前講了「大衍之術」的占法，這種用蓍草占卦的方法是最傳統的，我個人認為它也是最精緻的。關於「斷占」，我想再強調一下，斷占無速成之道，我們在面臨判斷的時候，面對的是六十四卦、三百八十四爻，還有多達四千零九十六種變化；對於這些變化的軌跡，都要有一定程度的掌握。這就涉及到卦的自然演變順序，亦即卦序的關係，還有錯卦、綜卦——也就是我一再強調的「有A必有B」，有B就一定可以推出是A造成的結果——都必須綜合起來看。這種相綜一體、一體兩面的關係，就像有「需」（需要）就有「訟」（爭訟），有「訟」是因為「需」；大家都需要某些資源壯大自己，這就涉及到自然環境或社會環境的資源供應問題。飲食男女，自然的生命，就有自然的生理、心理需求，乃至社會需求，所有的需求得到供應滿足，供需平衡，才不會出亂子。可是，供應不一定充足，譬如糧食危機、社會分配不均，少數人佔據多數社會資源，導致多數人食不果腹、衣不蔽體，如此當然就會有「訟」。

當僧多粥少，供需不平衡時，就會引發爭端，那就是「訟」；爭不過，可能就會訴諸暴力。所以訟卦（䷅）的下一卦是師卦（䷆），因「訟」而發展為暴力衝突，甚至發生戰爭。我們從「訟」字的組合——「言之於公」——即可看出，當資源被掠奪、權益受侵犯，而你爭也爭不過時，就需要「言公」，借助法庭或社會公正勢力，在「公說公有理，婆說婆有理」的兩造之間以言語調解仲裁，這就是「訟」。如果通過「訟」能擺平紛爭，當然最好；如果擺不平、談不攏，沒法按文明社會的這一套處理，就有可能造成流血衝突，甚至擴大為戰爭——這就是師卦。口頭吵架不能解決需求問題，往往就會以武力解決，這也是自然發展的趨勢。

在斷占時，卦象所透露的資訊其實是非常豐富的，易學相關知識越豐富、修為越深厚，就越能解讀其細膩、有用的深層資訊。就像若占到需卦，就要想到它與訟卦的關係；占到訟卦，一定要想到前面肯定有「需」的問題。政治上也是如此。我們常在電視上看到有些國家活生生將「訟」與「師」在國會議場上搬演，本來都是講道理的，最後卻鬧到大打出手，這種由「訟」而「師」的現象，一看即知是「需」產生了問題。所以斷卦時必須弄清前因後果以及綜卦一體兩面的關係，如此有了通盤的認識，斷卦才能因機觸發、左右逢源。此外，個人的社會實踐經驗也很重要，這是別人無法取代的，不然，對理論再熟悉（例如《易經》都會背了），如果缺乏實際歷練，那麼對卦象、爻象的體會往往只是隔靴搔癢，沒法深刻；假定你多多少少有些類似經驗，在斷卦的時候，你最後的決策行動，也會與一般人不同。

占卦、斷卦離不開個人修為

占卦容易斷卦難，惟有經過占卦、斷卦的訓練，才可以更精確地掌握。我們前面講過的所有卦象，不管哪一種類型，從不變到全變，從一爻變到五爻變，都只是一個概括。在《易經》文辭之外層次豐富的弦外之音，遠超過文字表面的部分，還得靠我們自己慢慢挖掘體會。伏羲畫卦，卦象看似簡單，並且輔有文字，可是我們在占卦、斷卦時切不能拘泥於文字，正如〈繫辭下傳〉云：「不可為典要，唯變所適。」因為卦象的內涵更為幽深玄妙，越能觸類旁通、融會貫通，斷卦就越圓融、完整。

雖然從占卦這個介面切入《易經》的學習，確實有它的好處，因為可以和我們切身的問題結合，但是占卦、斷卦仍離不開個人修為；也就是說，健康的態度很重要。我們說「藉占習《易》」，但最後的目的還是「藉《易》修行」，提高你的判斷、決策與行動的能力；幾番歷練之後，藉占學《易》的正面學習效果，應該是更能靠自己做準確判斷，而不是剝奪你原來的思維與行動能力，變成事事都要靠占卦，不占則不敢做任何事，那樣就糟糕了。荀子云「善《易》者不占」，學《易》確實是比較高的境界，占卦只是方便法門，千萬不要本末倒置。至於坊間一些把卦、爻辭切斷，用五行生剋取代的占法，我們不予置評，但是從易學的傳統來講，那是把根刨掉了，會有很多流弊，例如陷入機械式的宿命輪迴，完全非大《易》之道。

學過占卦之後，會遇到哪些問題呢？首先，假定同樣一個大問題，像我們上次問臺灣經濟，結果出來的是困卦（䷮）第四爻，困中有坎，大家一看涼了半截。如果這個問題，在不同的教室，甚至在同一時間，由不同的群體來占，它是不是還會出現困卦第四爻呢？如果不同，是不是代表《易經》不準？這就是學《易》占之後通常第一個會浮現的問題，也是《易》占必須要回答的問題。其實這個問題很簡單，稍微深入就可明白。《易經》做為象徵系統是非常靈活的，一個問題可以從不同的角度、不同的層次回答你，但都有共通性。就像同樣的問題，別人在別處占出來的結果可能是坎卦（䷜），坎卦與困中有坎象是不是有共通性？所以，它會把兩者共通的重要資訊透露出來，而不必是同一卦、同一爻。甚至我們換一個人再占一次，多半也不會是困卦第四爻，但結論絕對不會是完全悖反的。所以這個問題基本上不必存疑。以概率來看，同一個問題由不同的人發問，或者上禮拜問過，這禮拜再問一次，出現同卦、同爻的概率是四千零九十六分之一；也就是說，要占四千多次才會有一次完全重合，所以同一個問題出現不同的卦象才是正常的，但是你的解讀通常會指向共同的結論，不可能互相矛盾。同一個問題，出現完全一樣的卦和爻，這種情形我們也碰過，只是極為少見。可見斷卦要活用，不同的卦爻有時指向的結果是一樣的。

其次要注意的是問對問題、懂得設計問題。有些人連問題都搞不清楚，或者提問的方式不恰當，答案就不見得有幫助。所以問題的焦點越集中、越明確越好，如果有太多問題想問，不要急，一個一個來，因為問題的設計是平行的。假如我們問臺灣的政治、經濟、兩岸關係，這三個問題都很重要，各有不同的卦象，但三個卦象絕對相互關聯，因為臺灣的政治一定是跟經濟互動的，而兩岸關係也會影響到政治、經濟，就像一組平行方程式一樣。如此一來，臺灣的整個形勢就清楚了。如果你只問一個問題，例如說，臺灣可能會怎麼樣？得出的卦象就會比較籠統難解，可能把政治、經濟、兩岸因素都牽扯在裡頭。如果把它細分開來，先把單項問題看清楚，然後再融合起來，就可以呈現出整體形勢。

平常生活中解決問題的方法也是這樣，一定是先解決第一個問題，才處理第二個問題。就像學生考試，尤其是數學考試，一個大題分好幾個子題，一定要答對問題一，才可以進行問題二，然後是問題三，如果第一關沒通過，下面的問題就不用說了。所以要解決一個龐大的問題，一定得一步一步來，先問其中一個小問題，再繼續進行第二、第三個，弄清楚全部因果關係，才可以依階段進行決策與行動。大致來講，道理很簡單，就是把大問題分割，把並聯式、串聯式、或者平行的、先後的問題，逐次逐層追問。還有要像顯微鏡、放大鏡一樣，不同的放大倍率，可以把問題看得更深；例如問一個問題，出現一個卦象，這個卦象有的部分非常清楚，有的部分曖昧不明，如雲霧環繞；清楚的部分自然不用再問，不確定的、比較含混的區塊，有時偏偏又是很重要的，怎麼辦呢？那就把不清楚的部分放大，聚焦在那一點上，再和前面已經很清楚的部分結合，就會像心靈的X光一樣，經過顯微放大，就可以進入深層結構，把問題看得更清楚。同樣的，經過不斷放大之後，可能還有不清楚的部分，可以繼續再放大追問，如此反覆練習，相信你對《易經》的認識將會越來越深刻。

「乾坤屯蒙需訟師」的卦序發展

前面以需、訟兩卦為例，將有助於《易經》斷卦的卦序關係與相綜關係做了簡單介紹，現在再拉回本題，繼續來看需卦。

需卦之後有訟、師二卦，那前面呢？「需」又是怎麼來的呢？我們在講屯卦、蒙卦時就提過「乾坤屯蒙需訟師」——〈卦序歌〉裡面的第一句。天地生萬物是乾坤兩卦；各種生命開始萌芽是屯卦，然後所有的生命都面臨認知的問題，需要啟蒙，以了解自己、認識環境，那就是蒙卦；等到認知、定位清楚之後，才能方向感鮮明地往前走，所以會由蒙卦進入需卦；因為任何一個幼小的生命在剛剛開創的時候，當然要從外面獲取龐大的資源，才能壯大發展。如果資源供應不足，勢必要面臨激烈的競爭，所以會有「訟」，甚至有「師」。好比現代人要評估風險、競爭因素，當資源有限，全世界都要爭；就以石油為例，沒有一個現代國家的發展不需要石油，石油一斷，後果不堪設想，可是石油越來越稀少，所以出產石油的中東地區永遠不得安寧。

以上是「乾坤屯蒙需訟師」大致卦序的定位。這就是為什麼一開始學《易經》就要求背熟六十四卦

〈卦序歌〉的原因。

需之所在，也是險之所在

需卦和訟卦，一個講資源的需求，包括資源在哪裡、哪些人需要哪些資源？一個講能不能爭取到資源？可見有「需」必有「訟」，兩者是分不開的。

需卦的卦象是上坎下乾，坎既代表風險，也代表資源，可見資源的獲取具有危險性，這是上卦（外卦）坎所透露的資訊。下卦（內卦）乾說明自身已呈飽和，沒有發展空間，必須冒險犯難、對外開拓，否則得不到資源。從乾、坤之後的屯、蒙、需、訟、師、比，一直到第八卦當中都有坎，表示沒有脫離風險，可見人生之艱難，在整個宇宙天地間的生存競爭，處處是風險。

首先是「水雷屯」（䷂），一生下來就有「坎險」在外，「動乎險中，大亨，貞」。接下來是「山水蒙」（䷃），要學習、啟蒙，內卦是「坎險」，外卦是「艮阻」，外阻內險。然後是「水天需」（䷄），需要進一步擴充，就得吸收資源再壯大，否則就會夭折、倒閉；可是需之所在，也是險之所在，資源一定伴隨風險而來，需要有「生於憂患」的意識做審慎評估，不能盲目莽撞。為了求取生存資源，勢必要經過一番爭鬥，這就是「天水訟」（䷅）。所幸訟卦的坎險在內卦，雖然沒有脫離風險，但只是內部爭訟，處在天人交戰的關頭，一邊是魔鬼的聲音，一邊是上帝的聲音，難以抉擇；一旦鬧到不可開交，就不再是內部的口頭爭訟，一定會升級為劇烈競爭，這就是「地水師」（䷆）的流血衝突；為了爭取生存資源，不惜兵戎相見。然後到了「水地比」（䷇），因為打仗也不能解決紛爭，只好談和，訂定互助合作的條約；但因為雙方都得為自己的需求打算，所以既要跟人家交朋友，又要外交談判，以免倒楣交到壞朋友，所以還是充滿風險。

可見，到了第八卦比卦的外卦還是「坎」，故「比之所在」，也是「險之所在」。你想攀附人家、抱人家的大腿，那不是險之所在嗎？以為得到強大的資源挹注就可以確保安全，就像臺灣當局曾以為美國是最穩固的靠山，殊不知他隨時可能出賣你，以鄰為壑，光是華爾街輸出的金融浪潮就把全世界衝翻了。所以要提防「比之匪人」，交友審慎；一旦交錯朋友，動都動不了，不亦傷乎？所以比卦提醒我們不要只看到交朋友的好處，還要看到它裡面也有極大的風險，就像火燒連環船，船勾連在一起固然平穩，萬一燒起火來，切割不及，就會跟它一起葬身火窟。像英國就是被美國金融危機拖下水的「朋友」之一。所以，「比之所在」正如「需之所在」，也是風險之所在。

由此可見，乾、坤之後整個自然生態的演變，其後六個卦都沒有脫離坎險，這就告訴我們人生多艱，生存發展都不容易，不是外險就是內險，沒有一天可以順順利利過日子。即使第九卦小畜（䷈）和第十卦履卦（䷉），看似沒有「坎險」，但卻面對比「坎險」還要險的處境。因為小畜卦是「密雲不雨」，必須以小博大，在夾縫中求生存，壓力極大，流血的可能性很高；履卦則是「履虎尾」，踩到老虎尾巴，老虎一回頭就能咬死你，能不能履險如夷還未可知。所以小畜卦和履卦的卦象中雖然沒有「坎」象，實際上卻是很危險的，因為人生之險，不一定以坎卦和艮卦表述。換句話說，在第十一卦泰卦（䷊）之前，即乾、坤之後的八個卦，沒有一個卦好受。經歷千重艱萬重險，才可能三陽開泰，天下太平，國泰民安，到第十一卦的泰卦。可是持盈保泰很困難，一不小心就泰極否來，從泰卦摔到否卦（䷋），瞬間從天堂到地獄。如果從六十四卦卦序逐一檢視，看到前面十二個卦的發展趨勢，有時真會覺得人生好沒意思，歷盡千艱萬險，好不容易到了「泰」，椅子還沒坐熱就掉下來，變成無比悽慘的「否」。可是，事實真相就是如此，所以，學《易經》的目的，就是要學會面對人生的各種險境。

需卦是我們很需要的，《說文解字》解釋「需」字云：「需，須也。遇雨不進，止須也。從雨而聲。《易》曰：『雲上於天，需。』」「需」字上面是雨，雨是和平的象徵。如乾卦〈彖傳〉云：「雲行雨施，品物流形。」男女交合，陰陽和合、剛柔互濟，故能生生不息，這都是「雨」，也就是「需」。所以「雲雷屯」，就是希望老天下雨，尤其從前得靠天吃飯的農業社會，水的需求最為迫切；現在則需要石油、貨幣和各種資源。天降甘霖，則人人都得到滋潤；倘若不下雨，該怎麼辦？是祈雨還是人造雨？這就是「需」的象。人人都需要，但是上卦坎險，坎為雨、為水，雖然有風險，沒有它卻不行。

飲食男女——〈序卦傳〉說「需」、「訟」

〈序卦傳〉云：「物稚不可不養也，故受之以需。需者，飲食之道也。」「物稚不可不養也」。就是說在蒙卦的童稚階段，小孩要長大，當然需要養育；「故受之以需」，他一定有很多自然需求。「需者，飲食之道也」，就這麼直接進入主題，民以食為天，國計民生這個基本需求一定要滿足，不然什麼政權都會垮台，什麼朝代都會被推翻。所謂「食色性也」、「飲食男女」通常只強調飲食的重要性，進一步推擴，其實需卦既講飲食之道，也講男女之道。「雨」不只是糧食等生存資源，也是陰陽交合的象。當然，《易經》當中，文字表達的內容非常有限，因此，說需卦為飲食之道，只是最表層的涵義，當然也是第一重要的事，但進一步深化，就是男女自然的生理需求，也有傳宗接代這種生命的自然欲望驅迫力。所以，從男歡女愛的觀點去看整個需卦，也是通的；從一個階段到另一個階段，同樣有無上的風險，可是那個需求絕對存在，故需考量如何滿足、如何才能既不太過，又無不及的問題。

從一個幼小生命呱呱墜地開始，張嘴就要吃，父母親就要負責餵他，他才能生存長大。這是

「需」，是與生俱來、不學而能的自然反應和需求。換句話說，這與生俱來的本能無關罪惡，問題是後天的發展很可能造成「訟」和「師」的風險。所以要藉助文化教養，以及公平的社會生產和分配體制，使各種需求得到滿足。古語云「衣食足而後知榮辱」，如果社會上太多曠男怨女，一樣會出問題。鰥寡孤獨廢疾者皆有所養，這就是「需」。那麼怎麼解決飲食男女的問題？佛教經典《楞嚴經》一開始就提到飲食男女這些最基本的人生問題要如何解決，這些問題沒解決之前就不必談佛法。《楞嚴經》提到佛陀的大弟子阿難遭遇色欲的誘惑：

> 爾時阿難，因乞食次，經歷淫室，遭大幻術。摩登伽女，以娑毗迦羅、先梵天咒，攝入淫席。淫躬撫摩，將毀戒體。如來知彼，淫術所加，齋畢旋歸。

我們看到，佛陀帶著大家去化緣，先吃飽肚子，才能坐下來講經。換句話說，飲食問題解決了，正要開始講經，就出現阿難遭遇天魔女，面臨男女問題的誘惑跟挑戰。這些問題都大致擺平，佛陀才能開講佛經。這就透露出最重要的問題：食色性也，飲食男女，人之大欲存焉。這都是「需」。

再看，「飲食必有訟，故受之以訟。」如果吵架都談不成，大家都想找人幫忙，操起棍棒開打，那就是「訟必有眾起，故受之以師。師者，眾也。」勞師動眾，打仗不就是這樣嗎？兩次世界大戰都是從兩大陣營演變成世界大戰。「訟必有眾起」，為了避免自己形單勢孤，就得依靠群眾力量互相對抗，所以「訟」極可能引發成「師」，因此「訟」的卦序之後「故受之以師」。這個道理講起來非常簡單，但只有深徹了解其間的因果關係，才可能在每一個卦的變化環節中掌握正確的對應之道。

需，不進也；訟，不親也

我們且看〈雜卦傳〉如何說需、訟二卦的：「需，不進也；訟，不親也。」先看「需，不進也。」前面有風險，就像乾卦想往前衝，前面卻有一條大河，你能直接跳下水衝過去嗎？淹死了怎麼辦？所以你得摸著石頭過河，一步一步試探水的深淺。如果不行，就不要急進，耐心等待時機，待到準備充足了才過河登陸。就像屯卦的「磐桓，利居貞，利建侯」一樣，看似原地踏步，實則審慎以待，沒有十足把握，不輕易涉險；雖然需要，但不能急。這就是「需，不進也」告訴我們的。

「訟，不親也」，兩邊都罵開了，罵人絕對沒有好口，不僅互相傷害，甚至可能激發暴力衝突的師卦，所以叫「不親」。雙方關係如寇仇般，不再親愛精誠，和〈雜卦傳〉描述同人卦（䷌）的「同人，親也」完全不同。「同人」是天下大同，大家相親相愛；「訟」是對立衝突。還有旅卦（䷷）的「親寡旅也」，出門在外，親的關係一定很少。

需、晉二卦相錯關係

「需，不進也。」我們上面講過了，要審慎持重，要有風險控管的意識；即使有需要，也要有中、長期發展的策略，急不得。這是《易經》上經第五卦需卦。在《易經》下經第五卦，即第三十五卦晉卦（䷢），就有前進的意思，像旭日東昇，向著光明的遠景前進，越來越高，越來越亮。晉卦跟需卦（䷄）是六爻全變的錯卦關係。六爻全變就代表這兩個相錯的卦，性質完全相反，所以「需」是「不進」，「晉」是「進」。晉卦的卦象是旭日東昇、蒸蒸日上；需卦則是在大河之前徘徊，不敢輕舉妄動。

「水天需」、「火地晉」是典型的相錯，而且它不是偶然的。需卦是上經第五卦，晉卦是下經第五卦。上經講天道自然的演化，下經講人間世的開展，諸如恩怨情仇、是非成敗等等。上經第五卦和下經第五卦看似性質相反，可是相反相成，就像乾坤、坎離一樣，也有觸類旁通的意思。可見《易經》對天道人事錯綜複雜的形勢都有深刻的分析，若懂得運用，這裡面的資源取之不盡、用之不竭。需、晉相錯並不偶然。我們前面講過了，需卦談飲食之道，民以食為天，衣食足才能談別的。可是吃飽喝足，基本的生理需求滿足了，還有心理的需求。這就到了晉卦的層面了。「衣食足而後知榮辱，倉廩實而後知禮義」，這不就是大政治家管仲講的嗎？若只是滿足於飲食，不過是禽獸而已，是人，就得追求人性的核心價值，滿足精神上的需求。而晉卦得靠自己提升，像旭日東昇一樣，「自昭明德」。

在自然層面上，需卦是滿足基本的食色物質需求；到了人間世，吃飽喝足之後，還有精神上的渴望，希望提升，希望有信仰，那就是晉卦。所以這兩個卦是說滿足了民生問題，再進一步談人性的提升。這就是相錯的意義。

需卦卦辭

䷄

需。有孚，光亨，貞吉。利涉大川。

人生經驗越豐富，遭遇的考驗越多，對需卦卦辭這十個字，就越發覺得溫暖踏實。不管遭遇什麼重大風險，都可以利涉大川、渡彼岸。靠什麼？就靠「有孚」——信望愛。上一代照顧下一代，母鳥照顧小鳥，有信仰、有誠信。雖然現在很糟，半天都過不了河，可是我對渡過險難充滿信心，內心絲毫不動搖；而且不光是我自己要過河，還設法讓眾生跟我一起渡彼岸。這就是「信望愛」——「有孚」的精神能量。

「光亨，貞吉。利涉大川。」這說的是下卦的乾卦（☰）可以渡過上卦坎卦（☵）的險難，如佛教的渡彼岸、慈航普渡。但前提是「有孚」，這是最重要的但書——只要「有孚」，就一定能光明亨通，滿足所需。「貞吉」，只要固守正道就吉。「貞者，事之幹也」，一步一腳印，沒把握就不輕舉妄動，如此自然獲吉。光明亨通，固守正道，保證「利涉大川」，面對再大的險難都有信心，這是靠「有孚」渡過的。在宗教的需求而言，「利涉大川」就是安渡彼岸、得到終極解脫。那要靠什麼渡大川呢？按照佛教的講法，得靠佛法，靠佛的般若智慧，這就是「有孚」。需卦的「光亨」是從有信念、有愛心、對未來有盼望而來的。不管是物質需求或精神、信仰的需求，最強大的利器就是「有孚」。這從卦象上就可以解釋清楚了。

上卦坎就是「大川」之險，要涉險過大川的就是下卦乾。乾代表天道，也象徵自強不息的心靈能量。險難在前，但精神健旺，自強不息，那就叫「有孚」。〈繫辭下傳〉末章第一句講的幾乎就是需卦的象：「夫乾，天下之至健也。」「天行健，君子以自強不息」，它的本事就是「德行恒易以知險」；簡易、變易、不易的「易」、一日心為恒的「恒」。需卦第一爻就有「利用恒，無咎」的說法。德行的積累非一朝一夕之功，必須天長地久、日積月累，有恆為成功之本。乾卦這種自強不息的心靈能量，就會知險。用「至健」去「知險」、「渡險」，這就是需卦的象——健行遇險。換句話說，外卦坎的風險難不倒內卦乾，他總有一天會過河。所以需卦最後一爻的「入于穴」，不就安然渡河了嗎？

總的來說，不能急躁，只要辨識風險，知道哪裡有地雷，哪些股票不能買，哪個地方不能投資。若內卦不是這麼有智慧的乾，不知險在何處，瞎闖亂闖，終究會淹死在外卦坎險中。好在乾是「天下之至健」，「德行恒易以知險」。健行遇險就是典型的需卦，人生一切需求，就看你是不是乾，是乾就不怕外面的坎；否則，內卦被欲望遮蔽、習氣污染，非但不能知險，更不必講利涉大川了。可見需卦首先標榜「有孚」，如此才能保證「光亨，貞吉。利涉大川」。

下一卦訟卦，卦辭前兩個字還是「有孚」，但關係已經破裂了，雙方為了各有所需而爭。爭了之後，要解決問題，互信還是很重要，否則信用破產，「訟」沒擺平，下面就是兵戎相見的「師」。在那生死相爭之時，跟敵人講誠信，就是對自己殘忍，必須兵不厭詐，以勝利為第一要義，所以在師卦的卦、爻辭之中絕對找不到「孚」字；換句話說，到了師卦，就如人間地獄一樣，沒有「孚」、沒有「信望愛」。因此，在發展成那種慘烈的狀態之前，要想辦法用「孚」化解訟卦的紛爭。不管是需——我們互相需要，還是訟——我們互相爭執，都要「有孚」，那是最重要的。

從需卦上、下卦的關係來看，需卦上卦為坎水，水一定往下流；下卦乾一定是往上衝、往外頂的，所以需卦上卦往下、下卦往上，越來越靠近。男女也是一樣，因為互相需要，有一定程度的互補，就會越走越近。訟卦就相反了，下卦坎險往下流，可是上卦乾繼續往上往外發展，越走越遠、越吵越兇。訟最後有可能發展成「師」，因為漸行漸遠，不像需卦越走越近，就像當前的兩岸關係，因為互相需要，所以越走越近。如果演變成訟，那就不理智了；甚至發展到師卦，就更不理智了。

需卦〈彖傳〉

〈彖〉曰：需，須也，險在前也。剛健而不陷，其義不困窮矣。需有孚，光亨，貞吉。位乎天位，以正中也。利涉大川，往有功也。

由需卦〈彖傳〉可知，君位「九五」是主爻，是需卦的坎險中心，也是資源最豐厚的所在。這意味著要取得「九五」坎中的豐富資源，就得潛入風高浪大的危險深淵，並且返舟登岸、全身而退。當今之世，能源的需求越來越重要，能掌握石油、能源、糧食、礦藏，就能掌握主動權。為了滿足國家發展之需，必須爭取能源，這就可能引發戰爭。然而，一個廣土眾民的國家勢必要在能源的供應上做出長遠佈局，著眼未來。生活能源的生產夠不夠？在哪裡？如果在別的國家，如何取得？若主權不在手上，如何跟對方發展長遠交流、以有易無的關係？短期、中長期需求各是什麼？是不是得提早規劃？那麼又該如何規劃呢？……針對以上問題，需卦卦辭早就指出，「有孚」是主要的關鍵，和所有人建立互信關係，互信互愛，對未來永遠樂觀盼望，才能利涉大川，得到充分的資源供應。需卦卦主「九五」象徵資源的中心，他擁有的資源是各種發展都需要的，故可以睥睨一切、予取予求。若能掌握它，就掌握了主要的需求供應，大家都對你客客氣氣；否則就得設法和那些掌握資源的人發展親善關係。

「需，須也」，「須」即必須，因為需要，不管花多長時間，都必須得到這個資源。所以，「須」也有耐心等待的意思。有時候你需要的資源已經在那裡了，但是你錢不夠，或者你和資源的擁有者關係不好，所以要稍安勿躁，耐心等待適當時機，同時運用心思智慧，那麼即使現在得不到，將來也一定可以得到。因此，「須」和需卦的「需」是有關聯的。此外，在耐心等待的同時，還需要「有孚」；對未來有信心、有盼望，即使現狀不好，但是不急躁，一步一步，該做的照做，最後還是可以達到目的。

「險在前也」，為什麼要「須」、要等待呢？因為前面有坎險。「剛健而不陷」，說的是內卦乾。「乾」的本性就是「剛健」，精神飽滿；「而」是「能夠」；「不陷」是相對於坎卦的本意為「陷」而言，一不小心就就掉到陷阱裡。如果我有剛健充沛的生命力，有審慎評估形勢的智慧與耐心等待的修為，不管外面有什麼陷阱、坎險，我都不會陷進去，總有一天可以安全過河。「剛健而不陷」也有無欲乃剛、寡欲乃剛的意思，欲望太多，衝鋒陷陣時就看不到風險。剛健能不陷，所以才「有孚。光亨，貞吉。利涉大川」。

「其義不困窮矣」，「義」就是人之所當為。需卦內卦剛健，外卦雖然是坎陷，但遲早可以克服險難渡彼岸。所以這句話是告訴我們處在需卦時怎麼做才不會困窮。我們要終極的成功，不要急著送死，所以要有一種等待的智慧。

到此為止，〈彖傳〉這幾句話還是從卦本身的結構來解釋的。下面就直接解釋卦辭了。它先把卦辭複述一遍：「需，有孚，光亨，貞吉。位乎天位，以正中也。」這是專講「九五」。我們前面也談了半天，「九五」是天位，是需卦最重要的位置，一切資源薈萃的地方，而且藏在深深的海底，藏在高高的君位。「位乎天位，以正中也」：「以」就是因為，「正」即居上卦之中，因為「九五」中正，最好的資源都在那裡。

「利涉大川」告訴我們最後極可能的結果，如果前面統統做到了，一定「利涉大川」。「往有功也」：行動有主張，有主要的發展方向與實力，勇往直前，一定成功，這就是「利涉大川」，就是「既濟」（䷾）。要成功，但不能偏離「往」的主要方向，不要去爭奪一些吃不飽、餓不死的次要資源，因為這是「九五」，心中有主宰，才會「往有功也」。人人都希望成功，但是成功往往很難，有很多卦的〈彖傳〉都告訴你「往有功也」，可是「往有功」的這些卦，成功一段時間後又垮了，獲得終極成功的很少。所以《易經》中真正成功的卦象，在〈彖傳〉中提到「往有功」的並不多，而且那個卦都充滿艱險，因為成功一定伴隨著必要的艱險。所以「往有功」是「立德、立功、立言」三不朽中「立功」的境界。而那些卦裡面，絕大部分不是有「坎」，就是有「艮」；但是冒的風險越高，克服風險之後的獲利更豐盛。所以成功沒有不冒險的。

可見，需卦如果善用內在的「乾」，就可以渡過外在的坎險難關，最後「往有功也」。就像蒙卦（䷃），內卦坎險、外卦艮阻，最後是「蒙以養正，聖功也」，那就更不得了了。不管是內卦的坎險或外卦的艮山阻礙，如果啟蒙成功，千山萬水都不怕，統統可以突破。但是蒙卦上下卦對調，就變成了水山蹇（䷦），寸步難行，動彈不得。不過蹇卦〈彖傳〉也講「往有功」，這麼困難的局面，怎麼還有成功的希望？蹇卦後面是解卦（䷧），表示還是有可能獲致成功，而且越蹇越成功；解卦下卦是坎險，也講到了成功；所以蹇解兩卦都有成功之道。諸如這些上下內外不是有坎就是有艮的卦，卻都「往有功」，這就很值得深思了。人生要成功確實不容易，只有克服風險阻礙，才能成功。

需卦〈大象傳〉

〈大象〉曰：雲上於天，需。君子以飲食宴樂。

「飲食」兩字又在這裡出現了，前面談過〈序卦傳〉云：「需者，飲食之道也。」焦點很明顯，沒有比先解決吃飯問題更重要的。

「雲上於天，需。」明明是「水天需」，為什麼不說「水上於天」呢？其實很簡單，水氣上來不就是雲氣嗎？屯卦的「雲雷屯」也是如此。在屯卦，雲還沒到形成雨的時候，甚至到小畜卦還是「密雲不雨」，可是我們非要等雨下來，不然生存發展的問題無法解決。那麼儘管「雲上於天」吊人胃口，看到雲，就天天想它快下雨，一時等不到，還是得要「有孚」。所以「雲上於天」，就是一個焦急等待資源紓困的象。大家都在翹首等待資源時，你在做什麼呢？人生有所待，正因為有食衣住行育樂種種基本需求；不單需要飲食，還需要宴樂，朋友相聚，喝喝春酒、吃吃尾牙、年節喜慶等等，這都是宴樂。吃不窮、穿不窮，只要不奢侈浮華，都是合理的。「君子以飲食宴樂」，需卦一方面有這個象，其次，在「雲上於天」的時候，我明明好想要，都掉口水了，可是一時無法滿足，必須沉得住氣、耐心等待；而在漫長難熬的等待時間裡，你要如何自處？假定我們人生有一些長遠的目標——就像《笑傲江湖》電影的主題曲「滔滔兩岸潮」（透過兩岸問題去了解需卦，絲絲入扣。每一個不同的階段，有不同的對策，由敵對、對抗到互相往來，慢慢放鬆敵意，慢慢接近，希望發展出一個資源互補的親善關係）——在漫長的等待中，也要藉「飲食宴樂」來維持平常心。

「宴樂」是在等待的過程中訓練自己的沉穩度。不管長期目標是什麼，日子還得照樣過；目標一時無法達成，難道你就不活、不過日子了？茶不思，飯不想，天天咬牙切齒，就像越王勾踐臥薪嚐膽、花三十年等待復仇那樣，多辛苦！人生何必這樣長期折騰自己呢？我們常講，犧牲一代人的幸福，換得下一代的好日子。如果下一代還不好呢？所以《易經》總會指點我們處世的智慧，既然一時等不到，就要想開，日子照樣過，至少要滿足正常的基本需求，該吃就吃，該喝就喝，該宴樂就宴樂，為了一個長久的目標，天天咬牙切齒，活得痛苦不堪，人家看了都胃痛，何必呢？咬牙切齒做不好事，坦白講，為了一個長久的目標執著放不開，像勾踐那樣臥薪嚐膽是最不健康的，也絕不可能「利涉大川」。就算哪一天大仇得報，第一個跟著倒楣的，就是一起奮鬥的人，像越國人的幸福在那三十年間就完全被毀了；而勾踐復國之後，立刻殺功臣。文種貪戀富貴，終究難逃一死；范蠡就很聰明，在大業成功後，帶著西施去國還鄉，做陶朱公，終得善終。越國雖然大仇得報，但三十年內完全沒有國家建設，無怪乎滅吳後從此衰落。可見，飲食宴樂就是提醒我們在「需」的時候仍要維持平常心，天天吃飽喝足，精神正常。說不定這樣還更容易達到目標，獲得成功。

「君子以飲食宴樂」，這是等待時的智慧，也是一種兵法策略。當我們對一個目標有所需求時，很想幹，可是又怕痕跡太露，使對方有所防範。在這種情況下，通常就會請對方吃飯遊玩，緩和對立的氣氛。這就是飲食宴樂。生意人常有公關飯局，因為在會議桌上直接談，很容易翻臉；在飲食宴樂的友好氣氛中，雙方越走越近，談判自然變得輕鬆容易。你看這飯局多重要！吃飯使人放鬆，飲食宴樂當中有平常心的智慧。

需卦除了包含生存資源，也包括信仰等終極關懷。人們希望「利涉大川」渡彼岸，到達極樂世界，終究還是要「有孚」。信仰彼世完美，相信天國、極樂世界那麼好，自然反襯出現實環境的諸般不好。比較極端的人就會說，天國又不是那麼容易就能去到的啊，所以要在現世咬牙苦修，天天在佛前參拜，完全放棄此世的飲食宴樂，甚至不沾葷腥，希望哪一天上帝垂憐、我佛慈悲，看在我信仰堅貞的份上，讓我「利涉大川」。可是這種做法對嗎？先不管彼世到底存不存在，為了不確定存在的彼世而放棄此世，沒吃好，沒喝好，萬一彼世不存在，或者彼世不如想像那般美好，豈不是兩頭都落空了？其實平常的飲食宴樂何礙於修行？修行當下即是，這也是《易經》隨卦（䷐）的智慧。所謂的前世來生都不如今生重要，把握當下的飲食宴樂，安安穩穩過日子，這就是需卦要告訴我們的。何必犧牲眼前，寄望於難以確定的未來？政治的、宗教的追求，都要從這裡去思考平常心的要義。

再者，需卦既然強調「有孚」，必須以心渡險，心能量的發揮很重要；用心處理需卦，才有圓融的結果，故需卦中有五個心值得注意。首先是「孚」字至少有兩個心：一是「愛心」，一是「信心」。然後「飲食宴樂」教我們的是「平常心」。而需卦初爻的「需于郊，利用恒，无咎」，就告訴我們要有「恒心」。一日心為恒，因為「需要」一定是長久而穩定的，但必須落實到每一天的生活行為裡，所以不能老是只看未來，必須先把眼前當下妥善處理好，不然就是捨近求遠了。此外，長久的等待一定要有「耐心」。故而信心、愛心、恒心、平常心，加上耐心，這就是「需卦」需要修煉的五心；在卦辭、爻辭，或者在它的引申意義上都不離這五心。平常心是「道」，砍柴燒水、一飲一食都是「道」，不要偏離現實生活面去想一些虛無縹渺的事情，更不要犧牲飲食宴樂的正常需求，這是需卦的要點。

需卦六爻的圖解說明

在講需卦六爻爻辭前，先從需卦的卦象、爻變、卦中卦，並結合幾個具體案例一起來看。我們看下圖，卦象還是源於自然的觀察，整個需卦是一步一步過河的象，入情入理地把它顯現出來，非常實際。我們先看上卦、外卦坎，坎險的中心就是「九五」，是水最深的地方，其爻辭曰「需于酒食」，可見也是資源薈萃之所在。坎險的上邊就是「上六」，已經「入于穴」，渡彼岸了。而坎卦的下邊就是「六四」，剛剛下水，深不可測，是最危險、也可能是需求競爭最激烈的時候，所以是「需于血」，有流血的象。這就是坎卦的四、五、上爻。

需卦

再看下卦、內卦乾，尚未下水，還在陸地上。第三爻接近坎險邊緣，所以是「需于泥」，已經踩到水了；第二爻是「需于沙」，靠近水了。還有一個遠處內陸的初爻，「需于郊」，離坎險之水遙不可及，所以不必急，可以慢慢做好長期打算。

由下往上看，需卦六爻是一個階段一個階段往風險靠近，也一步一步趨近所需的資源。風險同時也是壯大的機會，你要做的是找出應對的方法，因為不同的爻揭示了不同的階段，每個階段都各有因應之道。例如二、三、四、五爻都有水的象，「需于沙」的時候，已經很靠近水邊了，地表上雖然沒有水，也沒有風險，可是別忘了地底下還有潛在的風險和機會，雖然不多，但只要往下挖就一定會冒出來。到

「需于泥」的時候，已經到達岸邊的泥灘，說不定一腳踩下去就拔不出來，「泥足深陷」，失去行動自由。從「需于郊」的零風險、零機會，到「需于泥」的風險與機會大增，此時，橫在前面的是滾滾大河，而你深陷在泥沼之中，腳下也不是站得很穩，那麼，你要不要繼續往下走呢？下一步很可能會演變成「需于血」的局面，如果處理得不好，引發衝突，就會遭到滅頂之災。這個「泥」的取象非常自然，從內而外、從下而上，始壯究、始壯究。人生的過程也是如此，由下而上漸漸取得資源、權位與名利，雖然得冒險，但還是得大膽前進。

需卦六爻，前五爻都有「需」，初爻「需于郊」，二爻「需于沙」，三爻「需于泥」，四爻「需于血」，五爻「需于酒食」。但最後一爻沒有「需」，為什麼？因為需求滿足，渡彼岸，不但過了第五爻最深的水，還上岸了。也不需要再等待，供需已經達到某一種階段的平衡，經過長期奮鬥，終於修成正果。這就是《易經》的「不言之象」。老子云：「道，可道，非常道。」正是如此。《易經》僅僅四千字的經文，寥寥可數，可是為什麼能主導中華民族六、七千年，做為後世立身處世的最佳參考呢？因為它的文字後面隱含很多可以引申的意義，這就叫「不言之象」。需卦卦名「需」，前面五爻都在等待的狀態，因為需求還沒解決。第六爻需求已經滿足，成功到彼岸，所以「需」字就不見了。

若能參透卦象、爻象和卦辭、爻辭之中的「不言之象」，就可以由冰山一角想到冰山的整體，由透露出來的一點訊息推展到全貌。

需、訟、晉、明夷的錯綜應用

接著我們再來看看錯卦的關係。需卦與晉卦相錯。需卦如果是國計民生，尤其是經濟議題，晉卦就是文化教育或精神層面的事情。在考慮需卦與晉卦的錯卦運用時，還要考慮需卦若往不好的方向發展，它的另一面就是訟卦（䷅）；而晉卦往下發展則是最痛苦的明夷卦（䷣）。晉卦代表日出，但日出總有日落，日落之後就是漫長的黑暗、痛苦。將這四個相錯相綜的卦擺在一起看，對於看清人生錯綜複雜的變化，做好各種可能性的評估，並掌穩人生的舵，都將大有裨益。

到二〇〇八年，中國大陸的改革開放剛好三十年，這一階段最主要的就是經濟改革，滿足民生之所需。三十年改革確實大有突破，整個經濟增長七十倍，這也是文明史上的奇蹟，中國歷代所未有。需的經濟改革成功，政治改革也隨之提上日程。經濟改革會不會推動政治改革？有可能，可是得有耐心。假定經濟改革是「需」，政治改革就是「晉」，有趣的是，需與晉剛好是相錯的卦。溫飽解決了，也大部分是小康之家了，下面就是精神性的嚮往。因為人不能只是吃飽，還要有其他更高層次的想法；而精神層面的需求，要到晉卦的時候才會實現，如果按照卦序的自然發展，就還要等好久。可是，衣食足而知榮辱，經改一定要先於政改，政治改革若操之太急，不但不能成功，反而日出變日落，要付出更大的代價。所以先要衣食足，先讓社會富到一定程度，才會發展精神層面的嚮往。否則，需卦都還沒做好，還不能脫貧，就想先做晉卦的事，往往會適得其反；因為吃飯問題沒解決之前，很多事情就會採取極端的手段。前蘇聯就是明顯的失敗例子。在戈巴契夫的時候，受西方社會的誘惑，採取經改、政改一次搞定的休克療法，結果真的休克了。從大陸的改革開放，我們不得不佩服我們中國人的「老謀深算」，鄧小平不走前蘇聯的路子，先解決需卦問題，讓大多數人的基本需求都獲得滿足。這是很有智慧的！人生在世，起碼要先吃飽，空著肚子，能講什麼大道理呢？

需卦六爻的單爻變

易經的每一個卦都不是孤零零的，它在全局中有一個相關的位置，同時也會產生很多變化。為了讓大家有一個總體的掌握，在進入每一個爻的時候，我們會同時把六個爻的爻變提一下。當然，我們也只能提一下單爻的變化，因為卦爻是千變萬化的，不一定只有單爻變。單爻變可以方便我們更深入地了解整個卦，以及爻辭精確的意義。爻辭是變動的概念，爻辭一旦發揮作用了，本卦就可能通過那個爻的變化，變成另外一個卦。爻變不外乎是陽變陰、陰變陽。一個卦六爻，每一爻的爻變可能會變成哪個卦，或者具有哪一個卦的潛在性質，這就是學習《易經》的基本功了。

爻變比較簡單，尤其是單爻變。我們首先看需卦的第一爻爻變，下卦乾變為巽卦，需卦變為井卦（下圖）。

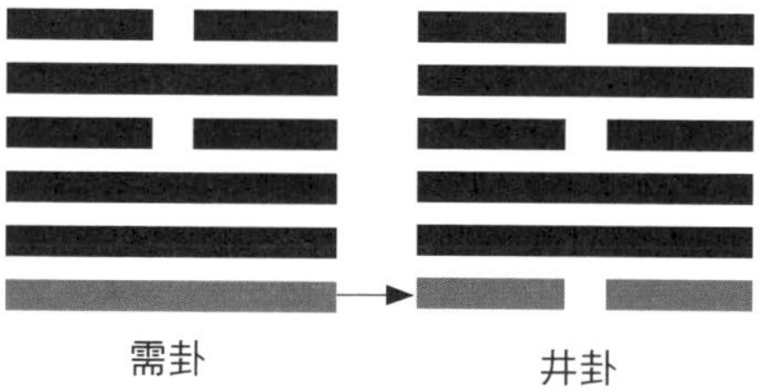

需卦第二爻爻變就有意思了，下卦乾變成離卦，需卦變成既濟卦（下頁右上），渡過彼岸了。需卦最後的希望就是「利涉大川」，長久等待的熬煎，到最後「既濟」渡彼岸了。可見，需卦第二爻很值得重視，在渡彼岸前，只要能維持飲食宴樂的平常心，不論遲早，總會「既濟」渡彼岸的。

再看需卦第三爻，三爻多凶，處人位，人一般是缺乏耐心的，等了那麼久，想要的東西還是沒得到，「九三」陽居陽位，很剛強，很會衝，但因為冒險衝動，反而喪失了資源。三爻爻變陽變陰之後下卦變成兌卦，需卦變成水澤節卦（下頁右下），必須有所節制，過與不及都不行，否則就會陷入「需于泥」的危險局面。

第四爻則更危險，為了搶奪資源，有流血衝突的可能。它本來還是可控制的，偏偏大家想不開，為了意氣之爭，讓「需于血」成為事實，陰爻變陽爻，爻變為陰陽大對決的夬卦（左上圖），要攤牌、要決戰，一觸即發，就會擦搶走火，退無可退，惟有訴諸一戰。爻辭「需于血」就有陰陽對決的象，比「需于泥」更嚴重。

需卦第五爻則不同了，掌握資源的優勢，是所有重要資源薈萃的地方，也是國力的籌碼；別人要想辦法跟它換取資源，甚至可以決定整個資源的市場價格，所以第五爻爻變，就可以過舒服日子了！爻變為泰卦（左下圖）。「泰卦」是自由貿易往來的象，大家都得跟你交通往來，不然得不到資源。於是國泰民安、天下太平。

到了最後一爻，就是渡彼岸了，但這也並不代表所有問題都解決了。最後一爻只是階段性的需求得到滿足，還有很多基本的問題留著，切不可輕率以為過河之後就萬世太平，還要注意渡過彼岸之後，怎麼跟人家相處？你雖然已經過河，也暫時站穩腳跟了，但能站穩多久呢？所以還得保持審慎。第六爻爻變為小畜卦（下頁圖），是「密雲不雨」、以小博大的形勢。彼岸是一個大的環境，小大之間要怎麼生

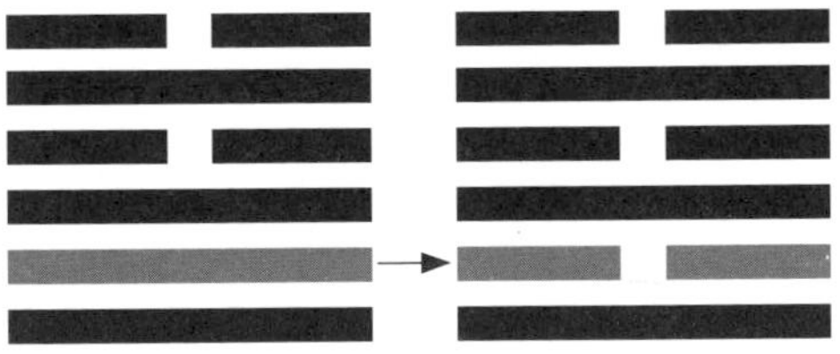

需卦　既濟卦

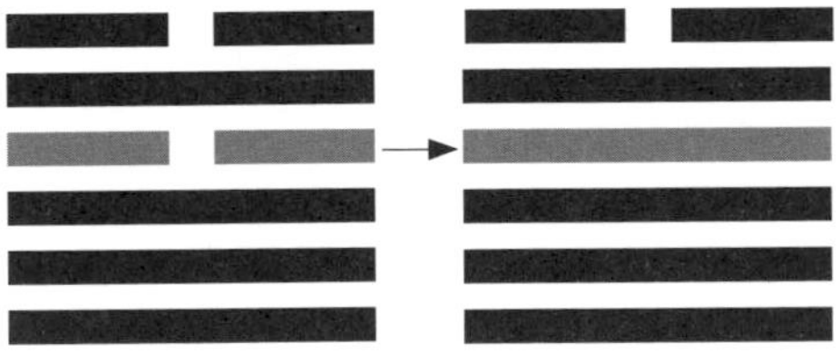

需卦　夬卦

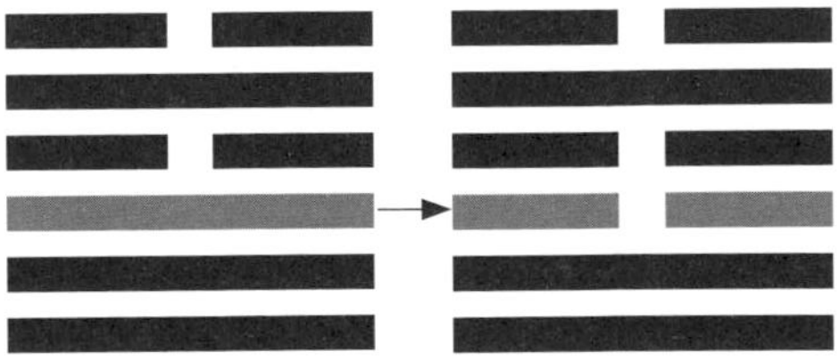

需卦　節卦

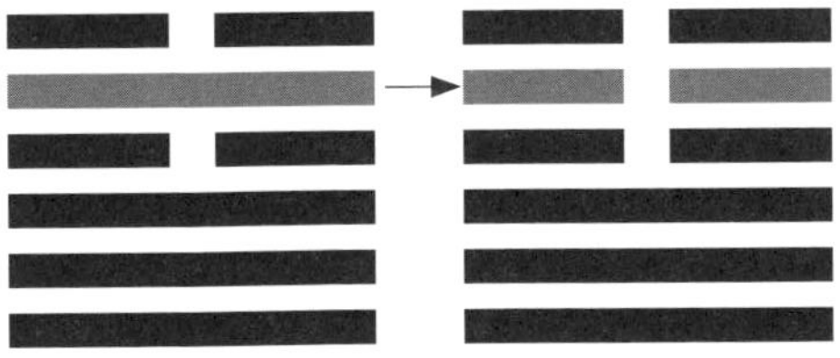

需卦　泰卦

存？絕對不能硬碰硬，需要鬥智，發展親善關係，這樣才能可大可久，以小博大。「密雲不雨」說明眼前的局面還未雲開霧散，只是需求滿足而已。所以需卦上爻爻變為小畜卦，提醒我們這還不是happy ending（完滿的結局），只是階段性過關，未來還有另一個階段在等著呢。

需卦的卦中卦：潛藏本卦的深層情境

卦中有卦，其實就是一個卦中的幾個爻重新排列組合，讓你看到情境中的情境，幫助你更深刻地了解這個卦還有哪些潛在的可能性。除了二、三、四、五爻所謂的中爻構成的卦象之外，另外還有把初爻和上爻牽進去，這樣還有四個卦中卦，會有新的卦象藏在原來的母體的卦裡頭。這樣的話，你就能針對一個卦所有的可能性，所有可能的資源、缺憾，都有一個宏觀的掌握。

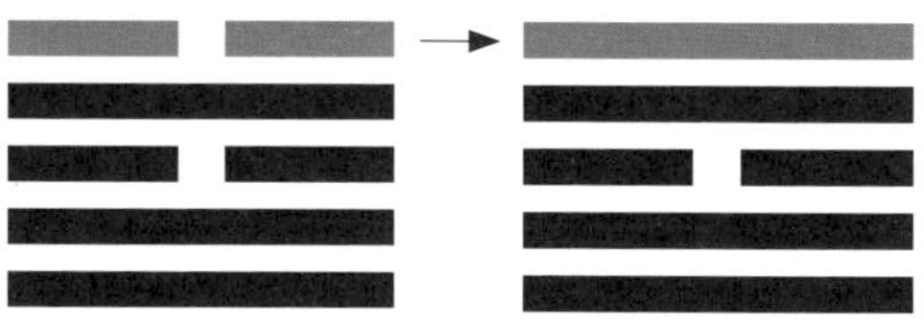

關於爻變和卦中卦，明朝易學名家來知德（一五二六～一六〇四）所著之《周易集注》有深入發揮。那是作者獨自一人在深山花了二十九年的工夫研讀《易經》，摸透了每一個卦可能產生的變化，也將一個簡單的六劃卦所含藏的所有可能性都設想到了。

首先，需卦最重要的卦中卦是第二爻、第三爻、第四爻、第五爻，它是一個卦裡面最典型的互卦。需卦之中隱藏著由二、三、四、五爻組成的互卦，給我們很大的啟發。如三、四、五爻組成的上卦為離（下頁左圖），二、三、四爻組成的下卦為兌（下頁右圖）。那麼上下互卦就是火澤睽卦（䷥）。睽卦與家人卦（䷤）剛好相反，是反目成仇、互相猜忌、互相提防的象。需卦中藏著一個睽卦，意味著不僅翻臉，還涉及到戰爭傷亡。這對需卦要一步一步地過關，當然有重大影響。由於「睽」的強烈互不信任，導致雙方都不敢掉以輕心；不論「需于郊」、「需于沙」、「需于泥」、「需于血」、「需于酒食」，一步一步都得小心謹慎，才能順利渡彼岸。這就是「需」中有「睽」的意思；而這也直接影響到這四個爻，因為這四個爻在睽卦中也有相當的位置，所以非重視它的影響力不可，如此才不會輕舉妄動，要有耐心慢慢等。

其次我們看，初、二、三、四爻所組成的卦中卦，上卦是兌，下卦是乾，組合為澤天夬（䷪）。夬卦剛決柔，陰陽對決，而且第四爻更有意思，它本身爻變就是夬卦，然後它剛好又是夬卦中唯一的陰爻，這就非常危險，要特別小心；因為到決戰的最後關頭了，隨時可能「需于血」。但是，這種陰陽對決的緊繃情勢，正可以考驗一個人的耐心和韌性；亦唯有從中激發解決問題的智慧和決心，才可以克服彼此的不信任、克服甚至可能的血戰衝突，最後安然過關，得到想要的資源。從這個角度去理解初、二、三、四爻組成的夬卦，我們會發現，在需卦亟需資源的條件之下，願不願意下決心長時間採取和平手段爭取到它，而這個決心又不會輕易動搖，這也是能否安然渡彼岸的關鍵。

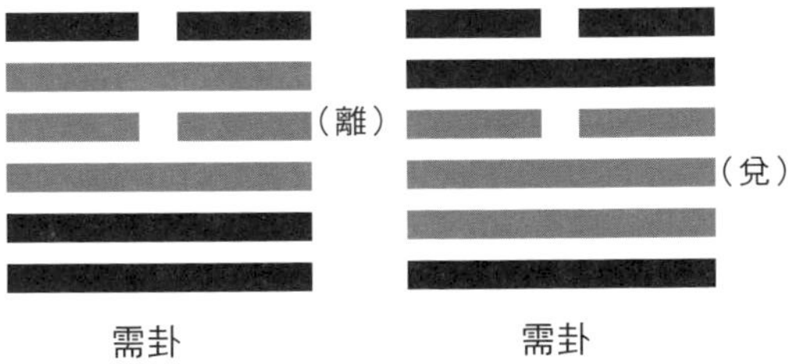

再次看三、四、五、上爻組成的卦中卦，上卦為坎，下卦為離，是水火既濟（䷾）。既濟卦讓人豁然開朗，越來越接近問題的最後解決。既濟卦涉大川的象藏在需卦的母體卦裡頭，而且是在最後，這就提醒我們，要有決心在需卦中渡過「睽」的危險。想要渡彼岸，就從需卦的卦中卦由夬卦、睽卦到既濟卦，就將需卦內在推展的步驟具體呈現出來。當然這是四個爻。最後還有兩個由五個爻組成的卦中卦，其一是初、二、三、四、五爻形成的火天大有卦（䷍）。「大有」就是大家都有，同樣是人，理應大家都有；而且是在和平的條件下，找出資源平均分配的機制。然而，現實世界充滿「朱門酒肉臭，路有凍死骨」的不平現象，為什麼不能讓所有的人都滿足基本的飲食宴樂之需呢？自從遭遇金融風暴的衝擊之後，更顯示出需卦的重要性，全人類的公共財，絕不允許被哪一個國家、哪一個地區壟斷。這個「大有」的思維，是從初、二、三、四、五爻一步一步演化、一步一步推進的。

其二，是由二、三、四、五、六爻形成的水澤節卦（䷻），大家都有這個需求，都有這個欲望，可是資源有限，非但不能揮霍浪費，還得善加節制，並且建立體制，好解決供需平衡的問題。否則，總有一天資源耗盡，大家就是死路一條。這就是需卦中有節卦的意義。

從需卦的卦中卦看來，需卦中含藏著「夬」的「決心」，還有下定決心後就可以「既濟」涉大川，然後再朝著「大有」的目標前進，並經歷一步步的演化、改進，學習和平共處，最後建立合理的社會體制，那就是「節」。

《易經》中的食（飲食）、色（男女）問題

需卦講飲食，也兼談男女，這是最基本而重要的人生需求，稍微處理不好，就會搞得人痛苦不堪。《易經》不僅在需卦談飲食男女，還有很多卦也從不同的層次談到這個問題。飲食男女，人之大欲存焉，這是再自然不過的事，大概有人會認為這個問題很簡單，其實不然。所以在上經天道演變的自然趨勢就有了深刻的剖析；從第五卦需卦開始，一直到第二十一卦噬嗑卦（䷔）和第二十二卦賁卦（䷕）一層一層逐漸深入。若能對全卦有所認識，每隔一段時間再仔細琢磨，嚴肅面對，對這個問題就會有更全面的認識。〈雜卦傳〉云：「噬嗑，食也。」大家都要搶肉吃，怎麼辦？「食也」，這是生存的競爭；

賁卦是談「色」的問題：「賁，無色也。」這個「色」還不一定是指男女情色，佛教講的色相都包含在內。噬嗑和賁二卦相綜一體，所以食色還是一體。但是「賁」明明是色相，可是它告訴你必須用無色的心態面對世間種種色相，才可以超脫執著，不犯錯誤。佛教《心經》說：「色不異空，空不異色；色即是空，空即是色。」也就是賁卦的「無色」。如果只看到色相而無法跳脫，大家為了爭肉吃廝殺不斷，問題就嚴重了。將來我們學到噬嗑卦和賁卦的時候，對食與色的問題會探討得更細膩，不像需卦只是隱含食與色的問題，而且只談一個方向，並沒有更深入的分析。

噬嗑卦和賁卦後面的第二十七卦頤卦（䷚）和大過卦（䷛）則又比噬嗑卦和賁卦更全面，並且由飲食男女問題，擴大為生死問題。頤卦是「養生」，要想辦法活；大過卦談「送死」，教人面對死亡。要活就一定要吃，頤卦談的就是生與食的問題，為了生存，為了獲取飲食，種種情狀都在頤卦中體現了。有生必有死，到了大過卦，再怎麼講究的飲食都無法讓人免除死亡。像秦始皇、漢武帝縱然生前赫赫威武，臨了也都怕死，而且迷信長生不老藥，最後都被騙死了。可見，人人都要面臨「大過」，當「食」也不能超克死亡的恐懼，故只有愛與死的問題。大過卦的主題就是愛與死，是十足的情色卦；一卦六個爻全部是李安《色戒》版的限制版。不過，大過卦絕不只是「情色片」，它是藉著癡男怨女、男歡女愛的卦象、爻象，告訴我們如何面對生死。男女歡愛或可以讓你超越死亡的恐懼，所以古今以來有很多殉情故事；但是，男歡女愛畢竟太褊狹，癲狂與癡迷之中還有太多我執的糾結，唯有把愛擴大了，成為親子之愛，同類、同性、同胞之愛，國家民族的愛，或者是文化之愛，才可以真正的超越死亡的恐懼；可以犧牲小我，成全大我，追求永恆無我的生命，這才是大過卦的真正用意。

所以生與食、愛與死的議題，在「頤」與「大過」是從最基本的食色問題出發，到最後的終極解脫之道。人生的飲食男女問題能否功德圓滿，最後的清算決定你是下地獄還是上天堂。所以頤卦與大過卦的考驗之後，就是坎卦（䷜）和離卦（䷝）。坎卦、離卦即是生前死後，談文明的永續或沉淪，這與佛教《楞嚴經》從食色問題談到最後成佛，所探討的差不多是一樣的。可見《易經》真如佛說的「三千大千世界」一樣無所不包。

需卦六爻詳述

初爻：長遠佈局

䷄

初九。需于郊，利用恒，无咎。

〈小象〉曰：需于郊，不犯難行也；利用恒，无咎，未失常也。

這是需卦第一爻。「需于郊」，「郊」的意義很深刻。我們知道，古代稱城市為「邑」，「邑」之外為「郊」，「郊」之外為「野」。坤卦最後一爻「龍戰于野，其血玄黃」，乾坤陰陽大戰不可開交，那是最遺憾的結果。「龍戰于野」的「野」，就是比「郊」更遠的人跡罕至之地。但是在同人卦的「同人于郊」，最多是一個點和另一個點的和平往來，就好像亞洲、歐洲各為一個「郊」；但「同人于野」則是指地球上連最遙遠荒漠之所的每一個地方都可以和睦相處，這也是同人卦的最終願望。所以「郊」是指介乎「邑」與「野」之間的地帶。

初爻「需于郊」，地處內陸，離海洋很遠，像中國的大西北就是。我們看中國大陸是先發展沿海經濟，隨後是西部大開發。政府決策階層早就注意到，要開發大西部強大的內需，必須先讓他們富起來，然後自然會有消費的需求。所以全世界都看好中國的內需有巨大潛力，因為中國人喜歡儲蓄，有時候甚至儲蓄好幾代，到下一代都花不完，所以，要刺激民眾把儲蓄拿出來消費，還有很大的空間；不像印度人賺一塊花五毛，美國人是賺一塊花一塊，開發的空間都很有限。其實經濟學講得那麼玄乎，基本道理就是像華人這樣懂得儲蓄，積穀防老，天經地義。可是這幾年美國那些精英所宣導的經濟學，我們卻看不懂了。他們反對儲蓄，大肆鼓吹舉債去擴充投資。這些博士中的博士提出來的新理論，還讓很多老想著存錢的中國人感到自慚形穢呢！可是這個理論根本就是違反常情。還好經濟危機提前在二〇〇八年爆發，還來得及拯救，倘若再過四年爆發，全世界都會受不了，一棒就倒趴了，所以老天爺還是心存慈悲，提前來個小警告。想想，螞蟻都知道儲蓄防饑，人如果不儲蓄，後續力量從哪裡來？所以，不管世界怎麼變，常理永遠是常理，不必懷疑。需卦初爻下面講的就跟常理有關。

「利用恒，无咎。」恒者，恒常之道，可大可久之道。過日子是長期的事，要想下一代溫飽，就要想得遠，一日心為恒，落實到每一天，做長期穩定的打算，不慌不忙，從現在開始儲蓄，這樣才能避免急功近利，或者緊急時被逼著做過火的事。只要遵守「利用恒」的原理，就能立於不敗之地。這是需卦第一爻。

人生不就是「利用恒」，還有「需于郊」嗎？不能老是往繁榮的地方跟人家擠，地廣人稀的地方，說不定有很好的發展潛力。另外，需卦初爻也象徵民生經濟的基本面，要做好長期的資源發展戰略，要想得長遠，不能只解決眼前問題；同時要維持穩定，根據常道去做資源的儲備與佈局。

〈小象傳〉更指出：「需于郊，不犯難行也。」要做長遠的佈局，就要儘量避免涉險或引起戰爭衝突；何況上卦坎險還遠得很呢，何必沒事找事，自己跑去找風險？倒不是怕事，但承平時期就要「不犯難行也」；倘若孤注一擲、向銀行借一大筆錢，萬一出事，日子都過不下去了。所以「利用恒」，才能「无咎」，這才是「未失常也」。「恒」就是常道，永遠要重視基本面，這就是第一爻。

第一爻爻變為井卦（䷯），現在就要多挖幾口井擺在那裡，以備不時之需；所以要運用「井」的智慧，默默準備好。這是第一爻。人生一定有這種從容的階段，這也是福氣，趁機會多到郊外走走。「利用恒」，是保持冷靜，往長遠去想。就像一個政權建立之初，就要開始重視民生基本建設，要養民，要想得長遠。什麼東西是長遠？民生福利就是，這不是在任何政治口號下可以犧牲的，是過日子的常道，所以無比重要。

二爻：沉著鎮定

九二。需于沙，小有言，終吉。

〈小象〉曰：需于沙，衍在中也；雖小有言，以吉終也。

隨著時移勢轉，進入第二爻了。第二爻是「需于沙」，「需于郊」的時候距離坎險的攤牌階段還早，但是到第二爻就越靠越近了；表面上是踩在沙灘上，可是沙子底下有浮動的暗流。此時要意識到「需于沙」的危險，但也不能慌，要一步步踩實。「小有言」，所以要鎮定，把舵掌穩，不能躁進。「小有言」，有人罵你，要沉得住氣，裝作沒聽到，該怎麼著就怎麼著。所以能經得起各種言語刺激，不為所動，「終吉」，故二爻爻變為「既濟」（䷾）。注意，需卦最後一爻的最末兩字也是「終吉」，一切努力就是要求得最後的吉。古今成功立業的人第一要學忍耐，面對流言蜚語，不為所動。要知道，這種「小有言」，除了不同立場的兩邊對罵，也有內部的意見分歧；但就像政治場上，在野人士對主政者絕對是「小有言」，難道執政者就會像「父子騎驢」一樣被搞得心煩意亂、全無主見了？所以，即使「小有言」，都要統統包容，才能顧全大局。

〈小象傳〉說：「需于沙，衍在中也。」衍者，水之行也，水流衍伸，不管多長，遲早會回到大海，所以凡事不必急於一步到位，世間也沒有一步到位的事；要順勢用柔，自然展開，這就是「衍」的藝術。「中」是指「九二」居下卦內卦之中，陽居陰位，所以要剛而能柔，心中有一個大藍圖，但行事合乎中道，更懂得忍耐；就像高山流水要奔向大海，一定有水位差，必須按照自然的形勢，只要水源不斷，黃河九曲終向東流；所以遇到問題不要硬碰，先繞一繞。古往今來，凡做大事，有時要幾代人、甚至超過幾百年的時間，順著形勢不斷調整、修改，最後才能「利涉大川」。「雖小有言，以吉終也。」雖然受到一些批評中傷，但不動於心，最後終於獲吉。爻變為「既濟」，清楚說明「需于沙，衍在中也」，必須掌握中道，訂定長遠計畫，「雖小有言」，即使過程中有些小瑕疵，但大體正確，就可以終吉。

三爻：敬慎不敗

九三。需于泥，致寇至。

〈小象〉曰：需于泥，災在外也。自我致寇，敬慎不敗也。

「需于泥，致寇至」，這六個字出現一個很大的警訊：強盜來了，土匪來了！而這土匪其實是你自己找來的！因為你的言行、反應都出了差錯，而且刺激對方，又自暴弱點，給人可乘之機；如果能記取爻變為節卦（䷻）的提示，言行節制得宜，敵人自然會打消趁機掠奪你的主意。「九三」陽居陽位，過剛不中，是拚命三郎，所以會「致寇至」；不像「九二」陽居陰位，居中道，處內卦之中，剛而能柔，舵掌得很穩，又能忍受「小有言」的譏嘲。三爻就辦不到，面臨外卦的坎險，心中恐懼不安，加上個性如烈火，跟四爻的關係又是不正常、不和諧的陰乘陽、柔乘剛，有可能因欲望衝動蒙蔽理智，導致研判錯誤或情緒失控而敗壞大事。

可見「需于泥」是說明「九三」處在外有災難坎險的第一線，在需卦一步步推進的情勢下，危機感益增，如果修為不夠，極有可能深陷泥沼之中，難以自拔；自己腳步沒站穩，敵人要打你，你也毫無還擊的能力。這個處境比起前面在郊野等待、在沙上等待，當然危險得多。

〈小象傳〉就說得更明白了：「需于泥，災在外也。」因為眼前就是外卦的坎險，大河天險在前，怎麼不緊張？「自我致寇，敬慎不敗也」，這講得多好！初爻、二爻沒有敵人，三爻則因個性上的缺陷，「自我致寇」，這是無可卸責的。人生有各種欲望，都可能讓自己陷入「需于泥」的窘境，無法自拔，於是內邪引外鬼，自招自惹，當然「致寇至」。這個爻爻變就是節卦，所以要避免越陷越深，就要節制欲望，把「九三」的剛猛之氣，通過爻變，將百煉鋼化成繞指柔；否則，欲壑難填，最後把自己也葬送在欲海之中。人生的「泥濘」可能是搞壞了身體或人際關係，因為做了不該做的事，貪嗔癡慢疑全都犯了；如果能體會自己之所以陷在被動挨打的環境，是因為陷入欲望的深淵，那你唯一能做的，就是「敬慎不敗」，從自身做起，戒慎恐懼，懂得反省面對，才能挽回敗局，重新面對未來。

「敬慎不敗」這個詞不只出現在需卦這個爻，整部《易經》六十四卦三百八十四爻都充滿了「敬慎不敗」的精神；也就是不急著求勝，先站穩腳跟，以免陷入泥坑裡。當外在形勢難以應對，若內在的欲望又過於張狂，那一定是最危險的時候；此時不論善後或預防，都要下「節」的工夫，這也是「九三」唯一的活路。當今世界「節」的工夫尤為重點，老莊之道也強調必須節制欲望。莊子說「嗜欲淺者天機深」，反過來，嗜欲深當然天機淺。惹這麼多麻煩，那都是自找的，因為欲望無限擴張。現在那些理財推銷員，無所不用其極的勸說你花錢買這個買那個，這就是典型的「需于泥，致寇至」。《老子》五千言也提出類似於「需于泥，致寇至」的人生警訊，希望你能敬慎不敗，降服內心最大的貪念。所以老子說「自勝者強」，自己戰勝自己才是真正的強者。「勝人者有力」，你有國力，拳頭比人大，可以勝過人家，可這不算強者，真正的強者必須能戰勝自己無窮的欲望；而你下的工夫，就是節制嗜欲。當然，人生必有所需，只要不太超過，就不至於自陷於「需于泥」的困境。

總之，稍一不慎而「需于泥，致寇至」的時候，要脫出泥沼的不二法門就是「節」；亦唯有如此，才有可能求得人生的「敬慎不敗」。

「需于泥」的實際體驗

了解「需于泥」的象徵意義之後，回到實際人生，我們或多或少都有這種在泥濘上站不穩的經驗；畢竟，爻辭這樣寫，一定是作者在幾千年前身臨其境的描繪。記得一九九八年我第一次帶二十幾個學生做《易經》文化的參訪之旅，從孔子的故鄉山東曲阜開始，沿著黃河從下游往上走，再到安陽的文王廟（羑里），最後到據說是伏羲的故鄉甘肅天水，把《易經》幾個重要的創作者或相關景點大概都走了一遍。「需于泥」的經驗，就是在河南鄭州的花園口。對日抗戰時，為了抵擋日軍，蔣介石下令炸開花園口這段黃河河堤，雖然暫時擋住日軍裝甲部隊，但老百姓死傷無數，流離失所。我們在那裡坐船到了河中心，那裡有一大片由淤泥積成的沙洲，大家光腳下去，雖然站不太穩，可是很好玩；底下明明是河水，卻不會陷下去。抗日時期，強勁的日軍在幅員遼闊的中國大陸橫行無忌，卻對下鄉或行軍不便的地區很有顧忌，最後還是被出沒無常的游擊隊拖到泥沼裡，不能動彈；原想三個月結束戰爭，結果灰頭土臉的搞了八年，最後慘敗收場。這就是「需于泥，致寇至」。這和當年美軍打越戰、現在在伊拉克和阿富汗，以及前蘇聯侵略阿富汗，一樣也是「需于泥，致寇至」。

「九三」爻辭簡單明瞭，就是警告我們，千萬別讓自己陷入那種危機，否則一定會「致寇至」。

「寇」的反思

從屯卦、蒙卦到需卦，連續三個卦裡面都有「寇」要來強行掠奪你的資源。這種對你的生存產生強烈競爭，甚至有殺傷力的外敵，如何才能應付得宜？在草莽開創階段，屯卦第二爻的「匪寇婚媾」告訴我們要廣結善緣、認清敵我，千萬不要輕易樹敵，而且還要有「十年乃字」的長期規劃。到了蒙卦最後一爻的「擊蒙，不利為寇，利禦寇」，就告訴我們不要主動侵略攻擊人家，但一定要有積極的自我防衛力。像中國大陸目前的國防思維就叫「積極防禦」；不侵略他國，但他國絕不敢隨便打我。從《易經》卦象講，「擊蒙」就是保持威懾的反擊力量，所以蒙卦上爻爻變是師卦，有積極備戰的象。

所以，不管是屯卦第二爻、蒙卦最後一爻，還是需卦第三爻，都不能忽略敵情警戒。可見，人生多艱，從剛開始生長、發育，創造一點點資源，就要面臨「寇」的爭奪。在屯、蒙階段大致有驚無險，但是到了需卦，一不留心就「需于泥」，把對手引到自己眼前來。然後到後面的訟卦，仍然沒有脫離「寇」的威脅。但訟卦最值得學習的智慧，就在訟卦落入委屈挨打的坎險深淵第二爻，就警告你在這種逆境中很可能被強大的力量摧毀，你必須忍耐，保留東山再起的機會，避免跟人家正面衝突，但可以打游擊戰，像越共的游擊隊就收拾了老美，阿富汗的游擊隊收拾了前蘇聯，到現在，美國也還擺不平伊拉克、阿富汗的游擊戰。用中國的觀念講，訟卦第二爻就教你怎麼練習做「流寇」，行蹤飄忽，你打不到我，等到我有機會就捅你一下又跑。人生自始至終都無法脫離生存的競爭，因此有時候就會被迫採取這種策略，所以到最後會發展成師卦，也是勢所必至的。

當然，最好能化敵為友，化戾氣為祥和，這也是需卦要修煉的項目，不然遲早會流血，不如設法爭取陰陽調和的「下雨」機會。此外「需于泥」、「自我致寇」，也是再一次提醒我們，事先預防、事後小心謹慎處理，才有可能不出大問題。若不幸出了問題，只好自己造業自己擔，不推卸責任，這才能爭取最後的「敬慎不敗也」。

「敬慎不敗也」，兵法追求的是立於不敗之地，不急於求勝，因為求勝有風險。先立於不敗之地，再等待出手求勝的機會，這都是常識。需卦第三爻就教我們「敬慎不敗」，要敬、要慎，才可能立於不敗之地；「知己知彼，百戰不殆」，「不殆」是不會被打垮，絕對不是「知己知彼，百戰百勝」。「百戰百勝」的迷思會害死很多人，「知己知彼」是為了立於不敗之地而已；百戰百勝的風險太高、而且殺人太多，並不是兵法的目標。所以兵法要求的是「不戰而屈人之兵」，希望和平化解，那才是兵法的極致。「百戰百勝」的仇恨則往往禍延子孫，不能真正解決問題；只有先求立於不敗之地，才是正道，所以「敬慎不敗」的思維貫穿整個中國思想，譬如《易經》。

總的來說，遇到風險不必過度反應，否則非但無法紓解危機，反而會拉高危機；因此我們平常就要節制言行，尤其在自身不利的情況下，行事低調，才能大事化小，小事化無。人生很多處理這種「需」的局面都得這樣，尤其在立足不穩、進退兩難的「需于泥」之時，人家打你你也無力還手，那就不能逞意氣，只有「敬慎不敗」，才能防範「災在外也」。

四爻：順應民意

六四。需于血，出自穴。

〈小象〉曰：需于血，順以聽也。

需卦第四爻「需于血」是「龍戰于野」、陰陽大戰、兩敗俱傷的象，情勢繃得很緊。「出自穴」

與第六爻的「入于穴」恰好相反。「需于血」和「出自穴」之間的關係，說明已經很危險了，大戰一觸即發，大家都在屏息等待陰陽大戰、夫妻翻臉。這一爻爻變是夬卦（下圖）。夬為決，陰陽對決，馬上要攤牌了。因此〈小象傳〉說：「順以聽也。」「順」就是坤卦的功夫，包容、忍耐，忍辱負重，絕對不要逞一時意氣，留下無窮後患；可見，到了「六四」的危急時刻，更要懂得順勢用柔。「六四」是陰爻，陰居陰位，剛進入坎險之中，水實在太深了，稍一不慎就有滅頂之災。如果這時還硬碰硬，對著幹，絕對沒有生存的可能。為了求全，只能委曲忍耐，因為動手對雙方都沒有好處，就像夫妻吵架，如果不節制，大概就只能等著離婚了。

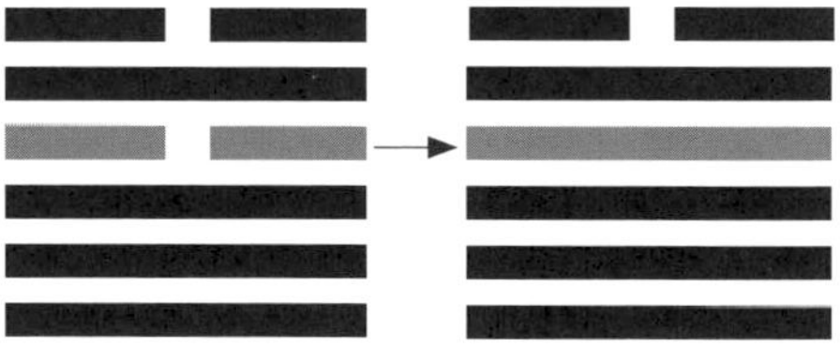
需卦　夬卦

「需于血」的時候要「順以聽」，想辦法平息怒氣，才能眼觀四面、耳聽八方，看清後續的反應步驟。那麼「順以聽」的「聽」指的是什麼呢？首先，「六四」碰到「九五」泰山壓頂、以大欺小，如果對抗，就有流血的可能，只能心平氣和、極盡低調的「順以聽」，觀察對方進一步的反應，避免不利的局面惡化下去。「六四」跟「九五」一定要翻臉嗎？不然。「六四」陰居陰位，實力較弱；「九五」陽居陽位，既中且正，實力強大。「六四」和「九五」是小跟大、弱跟強的關係，正是陰承陽、柔承剛，可以雙贏兩勝，他們之間本質上不見得會發生對立衝突，只是一旦關係惡化，馬上就要回歸基本關係，尤其「六四」對「九五」要「聽」要「順」，冷靜下來，憤怒或猜忌都會破壞整個局面。

其次，「六四」還要回頭去聽「初九」所代表的基層民意，基層挺不挺「六四」是重要關鍵，因為「六四」和「初九」相應與。所以「六四」的位置其實是承上啟下，承「五」應「初」，前有強鄰威脅，倘若無民意或堅強的綜合國力做後盾（「初九」是「需于郊，利用恒，无咎」，故基礎扎實），「六四」敢跟「九五」硬碰硬嗎？所以民意是一個籌碼，經濟實力也是一個籌碼，這個民意是一定要

「聽」的。這就需要修為了，必須學會控制在喜怒哀樂愛惡欲時爆發的非理性作為。「需于血，順以聽也。」這就是〈小象傳〉開出的一帖藥方、清涼劑。

再回頭來看，「出自穴」是從你的藏身之地鑽出來。「穴」為藏陰之所，因為小動物實力弱，當然要藏在安全的洞穴裡。獅子、老虎這類猛獸可以在外面橫行，就不一定要藏在山洞裡。你看過去幾年，美國愛怎麼幹就怎麼幹，也不甩聯合國，到處在山洞外「找人吃」，所以「穴」不是藏陽之所。洞穴的好處就是讓柔弱的小動物有藏身之處，這就是游擊戰的策略；要正面跟你拚，我的實力不夠，當然要採取這種機動的方式，藏在地底最深處，外面再強大的天敵也莫奈我何。

「六四」為什麼深陷坎陷之中，招來這麼大的麻煩呢？因為它「出自穴」——從自家洞穴鑽出來了，硬要離開安全的基地去挑釁強敵，讓自己暴露在強弱大小無法轉換的危險之中。

大家最擔憂「需于血」的狀態，畢竟還是發生了，要善後，就得「順以聽」。要知道，狡兔尚且三窟，即使眼前可以打遍天下無敵手，但強中更有強中手，一旦有更強的對手出現，如果沒有先準備幾個退藏之所，那就糟了！所以「出自穴」是很危險的，很可能造成爻變為夬卦（䷪）的緊張形勢。

總之，置身在需卦「九三」、「六四」時，就要懂得應用節卦的智慧，謹記夬卦的警告，才能全身保命，繼續往前，抵達資源最豐厚的中心地帶。

五爻：共享資源

䷄

九五。需于酒食，貞吉。

〈小象〉曰：酒食貞吉，以中正也。

只有像第五爻這樣，才能真正處理大事——「需于酒食，貞吉。」從全卦來看，因為五爻的資源太雄厚，才會造成中間這麼多的「需于泥、需于血」。如果大家都能「順以聽」、「敬慎不敗」，安然度過資源爭奪可能引起的衝突，最後大家一起「需于酒食」，那該有多好！「貞吉」，固守正道就吉，你要吃，我也要吃。「酒食貞吉，以中正也」，「以」就是「因」，「因中正也」。「九五」爻變為泰卦，有天下太平、國泰民安之象，所有資源都可以和平取得；這也是需卦第五爻發揮作用時所展開的格局氣象，置辦酒食，邀請天下人共享。這是需卦君位的氣度，也是天下強國大邦的氣度；我的資源這麼豐厚，小國窮得要死，為什麼還要欺負他或掠奪他的資源呢？「九五」強大，「六四」弱小，陰承陽、柔承剛，應該濟弱扶傾，成為兄弟之邦。「需于酒食，貞吉」，這才是合乎正道的做法。因為「貞者，事之幹」，也才能從處處爭奪的需卦變成祥和的泰卦。以「貞吉」的態度，與大家分享酒食，此乃待客之道。所以最後一爻會從「不速之客」講到主客關係。

「位乎天位，以中正也」，這是〈彖傳〉解釋卦辭「有孚」，有互信、互愛，不製造糾紛。你既然強大，就要有氣度，要包容、照顧弱小。「有孚，光亨，貞吉」，有了這個好果子，最後就能「利涉大川」；這一切都是因為位乎天位的「九五」懂得「需于酒食，貞吉」。「九三」、「六四」要節制那種悲壯但無意義的犧牲衝突，可是同時也得要求世界上所有位乎天位的「九五」之尊，要有爻變為泰的思維，「需于酒食，貞吉」，資源共享，或者訂定和平互動的規則；絕對不要落入殖民、帝國主義的霸權壟斷。

「九五」居於上卦坎險的最深處，卻要悟出這樣的智慧，不拿資源當戰略武器敲詐鄰國。但眼下中東那些產油國家就不見得有這個智慧，拿石油當武器，以量制價、以價制量，所以中東烽火不熄。上帝讓那個地方出產石油，運用不當，資產變成負債，這是「匹夫無罪，懷璧其罪」，有了這種戰略物資的

「需」，更要敦親睦鄰，不然下場很慘。人家賴以活命的東西得看你的臉色，而且最貴的價錢只能買你一點點東西，這個關係一定不會好；一定要雍容大度，才能創造雙贏的局面。

上爻：賓主盡歡

上六。入于穴，有不速之客三人來，敬之終吉。

〈小象〉曰：不速之客，敬之終吉；雖不當位，未大失也。

「入于穴，有不速之客三人來，敬之終吉。」爻辭講得非常到位。「上六」在「需于血」的緊張情況下沒有出事；在「需于酒食」和平共存、資源共享的共識下度過危險，抵達彼岸，至少階段性的供需已經達到平衡，所以「需」的狀況解除，不再等待。「入于穴」是針對六爻而言，既然已經過河，就要到對方的巢穴去。俗話說「不入虎穴，焉得虎子」，虎穴中當然有風險，為了取得資源，非去不可。可是這裡的「入于穴」，並不是入虎穴，因為紛爭已經和解。「有不速之客三人來」，人家是主，你是客，主客關係不錯，賓主盡歡，大家都客客氣氣，各守其分、互不干預。「不速之客三人」是指下卦乾那蓄勢待發、準備過河開拓新市場的三個陽爻。這是一個冒險犯難的「三人」小組，預備橫渡資源豐富卻危機重重的坎卦。這就告訴我們，如果你是乾卦，要過坎卦，絕不能單打獨鬥，一定要集體作戰，集體照應，不然一盤散沙，一下子就給人吃光光；而且要「不速」，慢一點去沒關係，先做好風險評估，從「需于郊、需于沙、需于泥、需于血、需于酒食」一路摸著石頭過河，然後是去做客。

可見，「有不速之客三人來」，就是指「乾」入「坎」中，最後和平解決，繼續維持主客關係。「敬之終吉」，客要敬主，主要敬客，才能「終吉」。需卦到最後是終吉的局面，雖然爻變是小畜卦

（䷄），表示不是所有問題都解決了，但一個「敬」字，畢竟將眼前的危機都化解了。像第三爻最容易出問題的時候，就提醒你「敬慎不敗」，可見，「敬」字訣的重要性。第三爻是敵我矛盾，所以有「寇」；第六爻從敵我矛盾轉成主客關係，這是經過一爻一爻的歷練才辦到的。當今世界取得資源、分配資源的關係還是敵我關係，敵我關係不能解決問題，從需卦看，要化解成賓主關係，重點是互相尊重。做人也是如此，能化敵為友，就能雙贏。就像屯卦第二爻的「匪寇婚媾」，廣結善緣、多交朋友。需卦的努力我們都看到了，從內卦的「九三」到跟它相應與的外卦「上六」，化敵為友的關鍵就是「敬之終吉」，而且「入于穴」、「出自穴」，還能夠賓主盡歡。

所以〈小象傳〉說：「不速之客，敬之終吉；雖不當位，未大失也。」「小失」是有的，至少喪失寶貴的時機，但是「未大失也」，亡羊補牢，猶為未晚，至少沒到血戰衝突的地步。我們再看初爻、三爻跟它相應的上爻。「初九」〈小象傳〉強調「利用恒，无咎，未失常也。」不要失去常道，不要失去平常心，要有長遠的想法；三爻「敬慎不敗」，面對「自我致寇」的時候，也要懂得反省，及時善後，「敬」才能立於不敗之地。上爻說「雖不當位」，雖不盡如人意，但是「未大失也」，這就夠了，沒有釀成需卦可能產生的重大錯誤。《易經》最重視的是「無咎」，就是這個道理。

「出自穴」、「入于穴」之差別

「出自穴」與「入于穴」，這個「穴」是同一個穴嗎？假定說「出自穴」，惹翻了外面的猛獸，結果造成血戰衝突，最後大徹大悟，再「入于穴」，回到我自己那個山洞中就沒事了。聽起來好像很合理，其實不然。打個比方說，「出自穴」是下海，「入于穴」是登陸。「出自穴」，是給自己惹麻煩；「入于穴」，是到那個穴中就得低頭找出生存方式，最好還有一堆人陪著去，免得孤軍奮戰，最重要的是要「敬」，才能解決問題；就像需卦卦辭說的，只要「有孚」、有信望愛，就可以「光亨，貞吉，利涉大川」。

消訟弭爭——訟卦第六（䷅）

訟，不親也

「訟」是「言之於公」，互相爭論的兩造之間一定是公說公有理、婆說婆有理，偏聽一方就無法論斷是非。當供需失衡，你也需要，他也需要，到底要判給誰呢？為求公正審理，所以就有了司法審判的仲裁系統。誰有罪、誰沒罪、誰理屈、誰占理，一定要言之於公，雙方找人仲裁，最後仲裁者的判決（「言」）必須出於「公」意，這就是「訟」的意思。在訟卦就表現在君位——第五爻，客觀公正的大人之位，排難解紛，然後做出公正的裁斷。公正的裁斷就能創造正面的效應，所以訟卦第五爻的爻辭出現「元吉」。在互相爭鬥的訟卦若能言之於公，就可以解決紛爭，恢復社會和諧；還能脫胎換骨，讓整個社會往上提升。所以訟卦君位很重要，但訟卦真正值得學習的智慧還不是君位爻，而是「九二」。「九二」是卦主，是全卦六爻最重要的一個爻。

卦主，即主爻的概念，源出於「義理易」的開山祖師王弼（二二六～二四九），活了二十三歲就早夭的少年天才。王弼是魏晉南北朝時期的人物，注《老子》和《易經》都很深刻、很成熟，實在不像他那麼年輕的生命情調。王弼在《周易略例》闡述每一卦最重要的爻，以及這一爻與其他爻的互動關係。

這就是主爻或卦主的概念。主爻往往代表整個卦的精神，就像屯卦第一爻象徵草莽開創的精神，所以它是屯卦主爻。雖然大部分的卦都以君位為主爻，但有些卦如屯卦、訟卦都不是。訟卦主爻是「九二」，它反而是落入下風，很可能敗訴的象。人生常常是這樣的，在激烈的競爭中落敗下來，怎麼辦，硬碰硬幹到底嗎？或者做無謂的犧牲？顯然不是，必須把戰線拉長，求取最後的勝利，這才是最重要的。所以有時候要學習坤卦忍氣吞聲的「含章括囊」，在凶中求得最後的吉。訟卦第二爻就是如此，只要不至於一敗塗地，即使輸了這一場戰役，不見得全盤都輸。留得青山在，不怕沒柴燒，這就是訟卦第二爻要教給我們的智慧。第二爻在很多卦中都很重要，如蒙卦最重要的「包蒙」，是第二爻；坤卦的「直方大，不習無不利」也是第二爻。

從卦象上講，需卦是越走越近，上卦坎往下走，下卦乾往上走，因為互相需要，勢必會越走越近。現實生活中飲食男女的基本需求也是如此，越走越近才可以互相滿足。訟卦就不是了，人的憤怒、委屈一經引發，就是訟的象，罵人無好口，然後互相攻擊，置辦武器，準備下一卦「師」。從卦象上看，上卦乾還是往上走，下卦坎還是往下走，但越行越遠。所以〈雜卦傳〉說「訟，不親也」，就是這個意思。訟卦這種吵法絕非好事。要化解紛爭，還得按照自然趨勢，落地為安。按照「京房八宮卦序」（下頁圖），訟卦是離卦的離宮，離就是人類文明、永續光明的象，離宮的遊魂卦就是訟卦。也就是說，不管爭訟多久、勝否敗否，都必須深刻反省為什麼要「訟」？人生種種紛爭的來由到底是什麼？有道理，就得面對問題、解決問題；有的全無道理，而是意氣、習染所致，結果消耗大量資源。所以「遊魂」要往「歸魂」走，「歸魂」就是天火同人卦（䷌），同人者，世界大同也，既然同是人類，為什麼要「訟」呢？所以離宮的遊魂卦「訟」不會長久，更不是文明的究竟涅槃，必須天水訟下卦全變成為天火同人，才是「歸魂」，離卦所象徵的人類文明歸於究竟。

	不變	一變	二變	三變	四變	五變	遊魂	歸魂
乾宮	乾	姤	遯	否	觀	剝	晉	大有
震宮	震	豫	解	恒	升	井	大過	隨
坎宮	坎	節	屯	既濟	革	豐	明夷	師
艮宮	艮	賁	大畜	損	睽	履	中孚	漸
坤宮	坤	復	臨	泰	大壯	夬	需	比
巽宮	巽	小畜	家人	益	无妄	噬嗑	頤	蠱
離宮	離	旅	鼎	未濟	蒙	渙	訟	同人
兌宮	兌	困	萃	咸	蹇	謙	小過	歸妹

京房八宮卦序

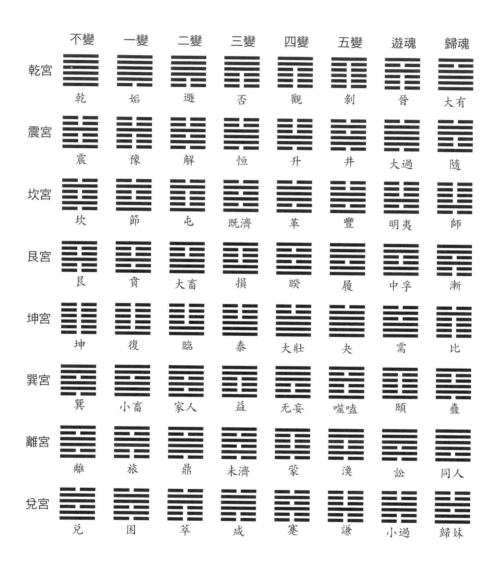

主敬立人極

我們前面提到需卦，需卦前五個爻皆有「需」，第六爻因為供需達到一定程度的平衡，所以第六爻爻辭沒有「需」字，這是無比重要的不言之象。「入于穴，有不速之客三人來，敬之，終吉。」只要維持「敬」的態度，儘管雙方曾經對立，甚至差點流血，這種互相敬重的態度都不會改變。所以理學家講「主敬立人極」，人生主要就是一個「敬」的態度，敬事敬業、敬慎不敗，就可以建立「人極」。這是很難達到的。但是一個「敬」字讓需卦第三爻得到從泥沼脫身的智慧，也讓需卦第六爻將敵對關係變成主客之間賓主盡歡的關係，雖然來得很慢，但是到最後卻不請自來，而且讓局面整個翻轉過來。

訟卦同樣也要遵守「敬」的原則，所以需、訟兩卦相綜，關係太密切了。人生這種基本態度非常重要，需也好、訟也好，你都要敬，才可能有好結果；要是不敬，不管你中間贏了多少，到最後可能還是輸了。因此不要看到短期利益頭就暈，忘了長期利益需要耐心等待。需卦如此，訟卦亦如此。現在的宗教戰爭可謂是訟了一千多年，所以要一步步、摸著石頭過河，靠著「孚」才能慢慢化解。正如《論語》中孔子所云：「無欲速，無見小利。欲速則不達；見小利則大事不成。」初讀《易經》者，看到「有不速之客三人來」，茫然不知所以，其實《論語》中就有這個觀念。中國文化各家各派皆以《易經》為思想淵源，所以是群經之首，確實如此。

訟卦六爻單爻變

接下來我們先把訟卦六爻單爻變提一下。

我們先看訟卦初爻爻變。「初六」爻變為第十卦的天澤履卦（上圖）。訟卦是耍嘴皮的口水戰爭，但初爻爻變之後從吵吵鬧鬧變成腳踏實地做事，這是訟卦初爻爻變的概念。由「訟」的講空話吵架，搞得大家不爽，變成實際做事。這是面對紛爭時的重要態度，也是爻變給我們的啟示。

從第二爻爻變可以了解訟卦第二爻何以那麼辛苦，而且，越是苦難的環境，越能磨練大智慧。訟卦「九二」爻變為天地否（下圖），否卦是天地不交，完全不透氣的象。換句話說，在訟到極點時，雙方充滿仇恨與猜忌，沒有任何溝通的可能。這種處境遠遠超出一般人的身心負荷。這種狀態就是「否」。

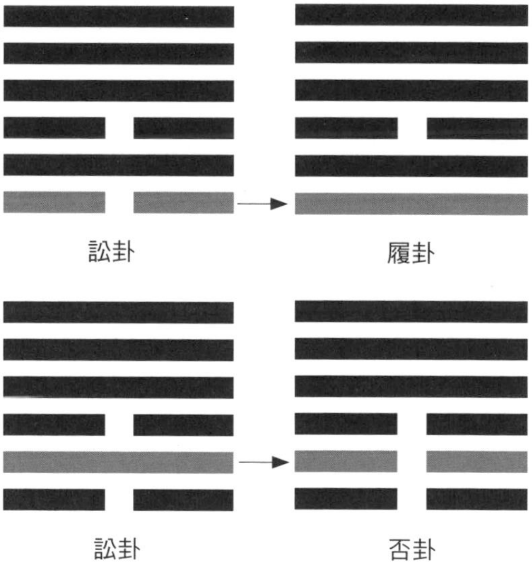

再看第三爻爻變。「六三」爻變後，全卦變為天風姤卦（下頁右上）。姤卦包含不測的危機，可能有顛覆性的破壞，但也蘊含著轉機。有智慧的人把大破壞挺過去了，接著就是面臨嶄新的建設。這是姤卦的概念，非常微妙，也可以幫助了解「六三」是怎麼回事。這個爻是訟卦的人位，「三多凶」，而且是陰居陽位、不中不正的「六三」，很可憐，又在坎險之極，怎麼也爭不過人家，怎麼辦？爻變為姤卦，這就指出了它還是有轉機的。

第四爻也是「四多懼」的人位，而且又是陽居陰位、不中不正，雖然居於高位，有實力、也有一些資源，可是處在這種敗訴的位置上，太委屈、太吃虧了，所以要忍耐。「九四」爻變是風水渙（下頁右下）。我們講到美國的金融困境就是渙卦。（參看「大衍之術」一章）歐巴馬一上任，爻變也是

「渙」，從一個中心點擴散到全球，沒有一個地方不是「災區」。然後是困卦，從一個點的「困」變成全世界的「困」，全世界的貨幣都無法流通。「九四」爻變為「渙」，「渙」是渙散的「渙」，從一個點化成一個面。這也是幫助了解「九四」爻辭的一個側面。

第五爻「訟，元吉」，這一爻的意思首先是排難解紛，將兩造之間的糾紛統統排解。還有就是雖然有訴訟、爭端，但一定贏，而且又因此而爭取到更多資源，你會變得越來越強。所以占到訟卦也不一定是壞事，如果占到第五爻動，很可能勝訴之後還有得賺，或者是化解兩造的糾紛。當然，這個判斷還得仔細拿捏，因為它是上卦、外卦，代表對方。萬一「訟，元吉」是指對方勝訴，那你就糟了。「九五」爻變為火水未濟（左上圖）卦。「未濟」的意思有很多，第一是訴訟不成立，被化解掉了；第二是任何一方都不想聽從調解，想要興訟；第三是暫時的排難解紛，但恩怨並未徹底解決，一波未平、一波又起，沒完沒了。畢竟吵過架就很難和好如初，就算最後和解了，還有很多深層的傷痕難以抹平。

最後看第六爻。「上九」爻變為澤水困（左下圖）。

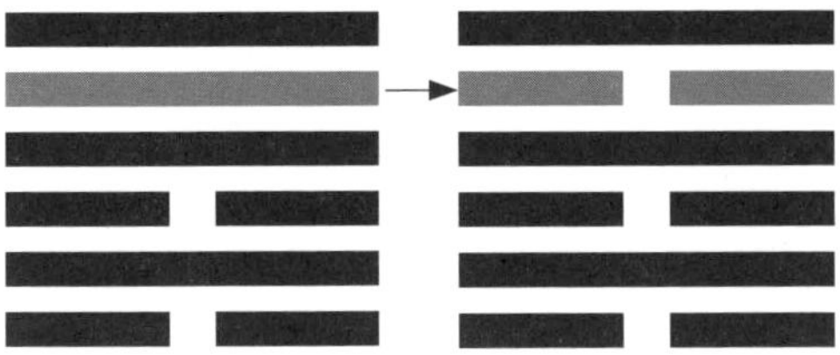

訟卦　未濟卦

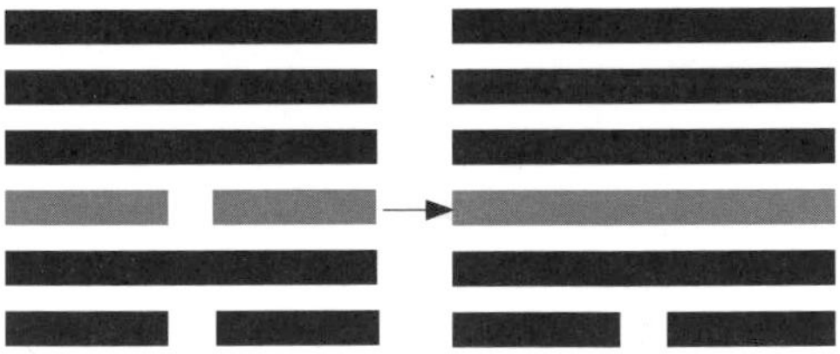

訟卦　姤卦

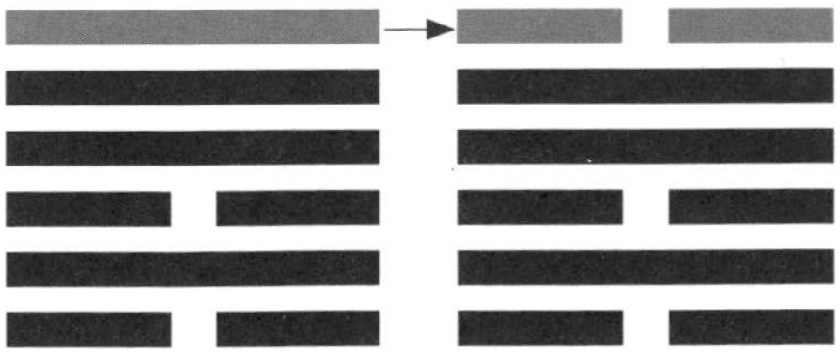

訟卦　困卦

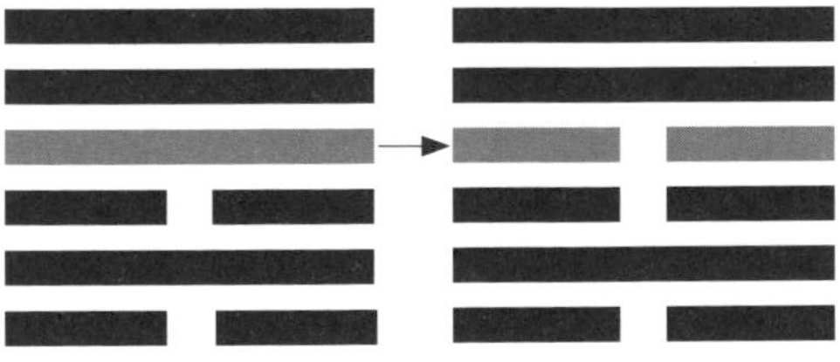

訟卦　渙卦

這個爻變很具有借鑑的意義，困在一天到晚跟人家爭鬥的局面，根本出不來，即使勝訴也是輸的。這就是爻變的大致意思。

和大怨，必有餘怨，安可以為善？

剛剛講訟卦上爻爻變，就算勝訴也是凶的，而且乍得乍失，十分難堪；就像「訟棍」以纏訟為習，為了爭取勝算，常不擇手段，最後就會落到這種下場。另外，「訟」會破壞人際和諧，怎麼算都不是好事。訟卦上爻爻變為困，即使贏了也是困在裡面出不來。這在老子《道德經》裡有深刻的分析：「和大怨，必有餘怨；安可以為善？」這是說樑子結得太深，最後搞得大家都動彈不得，只好去找和事佬尋求和解；但是「和大怨，必有餘怨」，就算眼前已是恩仇俱泯，可是那個怨太大、太深了，內心一定有餘怨無法完全消除；所以「安可以為善」。這終究不能算是一件好事。看透了這一層，人生就要像屯卦的「匪寇婚媾」，少積怨、廣結善緣。像中東地區要跟美國和解，太難了，過去各種調解中東紛爭的和約，後來不都統統失效了嗎？因為那是累積好幾個世代的深仇大恨，餘怨難消啊！所以美國千萬不能再繼續造業。這是訟卦上爻爻變給世人的警示。

那麼再看「積善之家必有餘慶，積不善之家必有餘殃」這句話，這是坤卦第一爻的概念。我們面對坤卦所象徵的廣土眾民，要順勢用柔，一定得記得「積不善之家，必有餘殃」這句話；因為「和大怨，必有餘怨」，除霜容易解凍難。俗話說「良言一句三冬暖，冷語傷人六月霜。」還是孔子有智慧，畢竟是做過大司寇的，「聽訟，吾猶人也，必也，使無訟乎。」誰有理誰沒理，都要做出正確的判斷。訟卦體現了《易經》「法」的思想。人生到處有訟，如何在兩造之間做出公正的是非判斷？像孔門弟子子路就有這等功夫，難怪孔子稱讚他：「片言可以折獄者，其由也與？」「折獄」即司法判斷，「片言」就是片面之言。經驗老到後，即使只聽片面之言，也可以從片面推到全面，知道整體的是非曲直。就好像綜卦、錯卦的道理，只看其中一個卦，就能知道整體。換句話說，孔子和子路都是審判高手，「聽訟，吾猶人也」，他們絕對有扮演好法官的專業水準，不會誤判。

但是話說回來，「訟」非好事，一個行政長官有好的政績，就要讓社會上沒有「訟」。孔子曰：「聽訟，吾猶人也。必也，使無訟乎。」因為不管勝訴、敗訴都將必有所「傷」，就如戰爭一般。「必也，使無訟乎」，光靠法律沒有用，要從教育文化下手，法律只是最後的防線。

訟卦卦辭

䷅

訟。有孚，窒惕，中吉，終凶。利見大人，不利涉大川。

訟卦卦辭和需卦一樣，最重要的都是「有孚」。在「訟」的階段，即使雙方起了爭執，還是要有解決問題的誠意和信心，畢竟人生之「訟」難以避免。所以不論需卦、訟卦，始終不能把「孚」的善意丟掉。有了「信望愛」，即使現狀不好，只要對未來還有盼望，就有解決爭端、把「訟」化解的誠意。如果訟卦的「有孚」還不能化解，言論和談判都無法解決問題，到最後只能進入生死相爭、兵不厭詐的師卦，求勝是唯一目的，再也不能講誠信。所以師卦的卦、爻辭裡絕對找不到一個「孚」字，訟卦則還有機會用「孚」讓關係解凍。

所以，「有孚」是「訟」最重要的第一步，然後要忍耐。「訟」的時候心裡不爽，難免口不擇言，你一言我一語，火上澆油，導致傷害更深。很多夫妻吵架也是這樣，吵到最後鬧離婚；離婚後才發現，為了雞毛蒜皮的小事，吵到失去理智，愛侶成怨偶，實在得不償失。因此，忍耐為第一要義，在「雞毛蒜皮」的時候，不管對方罵得多狠毒，一定要有一方冷靜下來，千萬不要搧火加溫，逞一時牙尖嘴利，落得個雙輸之局。所以忍耐很重要，而且要忍到「窒」——快要窒息的程度。我們看「窒」這個字，就是鑽到洞穴裡。需卦講「入于穴」、「出自穴」，弱小動物要是膽敢逞強鑽出山洞跟獅子老虎對著幹，那是找死。最好是找個地方躲起來療傷止痛，至少別人不知道。因為「訟」不是好事，欲望、怒氣、無名之火，在訟的時候很容易讓人浮躁不安，所以要懂得「窒」。這時候就要懂得鑽到地洞裡，即使那裡空氣不夠，站都站不起來，可是就像需卦的「入于穴」一樣，不搞直接對抗，可以避掉很多紛爭；尤其是比較弱勢的一方，那就更重要了。歷史上諸如句踐、張良、韓信、德川家康等都有「窒」的功夫。其次是「惕」的功夫。因為「訟」有可能演變成「師」，儘管鑽到地洞裡去，仍要戒慎恐懼，尤其在「訟」的惡劣環境下，隨時都可能擦槍走火，所以日夜都得「惕」，就像損卦（䷨）的「懲忿窒欲」，得把怒火和欲望整個壓下去。除了「窒」和「惕」，還有時中之道的「中」，也是功夫；只有「中」，才不會走極端，不會「過」，也不會「不及」，也就是不會講太超過的話，也不會太軟弱，而是合乎中道，恰到好處。

「窒、惕、中」三個工夫都下了，加上前面的「有孚」，最後就是「吉」。也就是說，雖然是「訟」，甚至極有可能會敗訴，但是你反而可以凶中求吉，這是靠恰到好處的自我調節，然後雍容大度的依循中道，找出最佳對策。這個卦辭講了半天，指的就是訟卦第二爻那種低調的智慧——「窒、惕、中」的功夫，這也就是訟卦最值得學習的地方；能做到，就吉；如果做不到，受不了憋屈，堅持要訟，那就「終凶」，光打官司就不知道得花多少錢。這就是訟卦上爻的結局，「訟」到底，結果就是

「困」。

「利見大人」是指「九五」那個法官、和事佬或公正客觀的仲裁。乾卦〈文言〉講「大人」是《易經》中德位最高、已到達天人合一的修為。有「大人」出現，兩造的紛爭就可以得到公正的化解、裁斷，所以「訟，元吉」。大家都接受調解，就吵不下去了，更不會讓訟卦惡化到要打仗流血的師卦，當然有利，這就是「利見大人」。

「不利涉大川」，指的是安內才能攘外，在雙方吵得正凶，糾紛還未化解之前，千萬別再冒險；先得把訟解決，才有可能「利涉大川」。所以需卦是越走越靠近目標，故可以「利涉大川」；訟卦雙方可能漸行漸遠，變成生死仇敵，所以「不利涉大川」。

什麼有利，什麼沒有利？「利見大人，不利涉大川」，卦辭一目了然。整體來說，訟卦卦辭很好懂，但需要注意的是「惕」字。《易經》六十四卦中爻辭講到「惕」的有一些，但卦辭講到「惕」的則只有訟卦。所以要像「君子終日乾乾，夕惕若，厲」那樣隨時提高警覺，因為誰也不願意「訟」發展成「師」。所以整個卦充滿「惕」的精神，最主要的表現則在第二爻。

訟卦〈彖傳〉

〈彖〉曰：訟。上剛下險，險而健，訟。訟有孚，窒惕，中吉，剛來而得中也。終凶，訟不可成也。利見大人，尚中正也；不利涉大川，入于淵也。

「上剛下險」是分析卦的結構，上卦乾為天為「剛」，領導階層很強硬；下卦坎為「險」，下面想跟上面硬槓，可是表面順從，心中卻在計畫著各種險招，正如坎卦的流動與機變不定。所以「上剛下險」是不和諧的象，上面一步不肯讓，下面心懷鬼胎；高層擺不平基層，朝野、內外不和諧。

「險而健」指下險而上健，內險而外健，就是訟的象。「訟，有孚，窒惕，中吉。」這講的是「九二」；「剛來而得中也」，「九二」是陽剛的爻，「剛來」，爻往上發展是「往」，往下發展是「來」。一個陽剛的爻往下而居於坎險之中，叫「剛來而得中」。所以「九二」合乎「窒、惕、中」的原則，懂得按照中道而行。

「終凶，訟不可成也。」或說是「訟不可長也」。這是說不宜纏訟，雙方都得冷靜、節制，尋求和解，最好不要鬧上法庭。這是華人社會的共識，所以夫妻兩人一旦鬧上法庭，多半會覺得丟臉，悔不當初。「終凶」，說明「訟」不是好事；上爻是「終」，千萬別讓「訟」一路發展到上爻，從頭到尾都陷在訟的爭奪之中，把朋友都得罪了，樹敵無數，那是最不明智的。

「利見大人」，突出了第五爻的重要性。「尚中正也」，「尚」是崇尚，心嚮往之。人生的「訟」無法避免，但我們希望有人可以主持正義，這就是「尚中正也」；「九五」就被大家寄予厚望，希望這個負責斡旋的角色可以保持中正，讓「訟」的環境中還有正義的存在。

訟卦〈彖傳〉講到這裡，一共講了三個爻，最重要的是第二爻，也就是說，如果能先忍一口氣，就不會有百年之憂；萬一忍不了，就會變成第六爻，一輩子為「訟」所困。如果不幸落到這個地步，就只能寄望於第五爻的公正裁斷系統。可見訟卦是很特殊的，它在〈彖傳〉中不只講到第二爻，還用第六爻作對比；然後，萬一不幸發生，希望第五爻能出面仲裁。

「不利涉大川，入于淵也」，在訟的時候，局勢非常不利，這時候如果還沒頭沒腦的往前衝，那就是「入于淵」——沉淪在萬劫不復的萬丈深淵。第二次世界大戰時，珍珠港事變之後，在美國的日本人馬上被看管起來，這就是「入于淵」的具體事例。可見，在「訟」的時候，雙方的危險關係尚未解除之前，千萬不能隨便冒險，「不利涉大川」，因為上卦持續往外發展，下卦坎日趨下流；天與水相悖而行，不論行動、做法、發展方向都越離越遠，沒有發生交集的機會。

訟卦〈大象傳〉

〈大象〉曰：天與水違行，訟。君子以作事謀始。

「天與水違行」就是訟卦的象。「違行」是無法合作、互相消耗，偏偏這互鬥的雙方又是互相需要的，因為訟卦的另一面是需卦；所以〈大象傳〉提醒我們「君子以作事謀始」，有智慧的人一看到「訟」的象就要設法化解。做任何事，尤其做大事，「謀始」很重要，因為「謀終」很難；「履霜堅冰至」，化霜容易解凍難，所以做事要謀始，不要謀終，尤其是「訟」這種事情，稍有苗頭不對，馬上就得化解。雙方往來，不論人際關係、國際關係，都很不容易，尤其國際關係更是千變萬化。邱吉爾說：沒有永遠的朋友，也沒有永遠的敵人，只有永遠的利益。即使在如膠似漆的蜜月期，也不保證將來不會翻臉。那麼為了防止關係惡化時翻臉不認人，就要用合同保障雙方權益；而且在簽訂合約時，字斟句酌很重要，將來一旦有糾紛，誰是誰非，都有根據。所以一開始要先小人後君子，這就是「作事謀始」。

作事謀始的智慧

在《孫子兵法》裡面，「作事謀始」就在《兵法》前三篇〈始計〉、〈作戰〉、〈謀攻〉中出現。第一篇名曰「始計」，意思是作戰前開始做沙盤推演。第二篇取名「作戰」，其實還沒有真正打仗，只是在為戰爭作預算，因為打仗最消耗錢，國不富焉有強兵，所以得把所有東西都算進去，沒錢別打仗。

第三篇叫「謀攻」，就是算完錢之後，不論勝算、敗算，最好不要真的開打，能不戰而屈人之兵、和平解決，用最低成本取得實質勝利。可見兵法首重「始計」、「作戰」、「謀攻」，說到底，就是「作事謀始」。爭訟不是好事，出師更不是好事，因此在事情發端之前，越早做完善的處理和周密的計畫越好；而且不能老想著眼前的狀況沒問題，要練習從方方面面都去想，也要做最壞的打算，如此才能立於不敗之地。人際關係也要「作事謀始」，不要以為真有海枯石爛、永遠不變的情誼，先想好萬一將來分手、拆夥，怎樣才能好聚好散？所謂「人無千日好，花無百日紅」，中國這句古話若成立，人生交友能滿三年就很不容易了。三年之後一旦鬧翻，對方對你瞭若指掌，愛人變敵人，沒有比這更可怕的。像胡蘭成，即使他現在在天堂，也肯定不得安生，他是張愛玲心目中的大無賴，活著時一輩子不願見，連聲音都不想聽；等他死後，還把他寫在《小團圓》裡面，繼續跟他「訟」。這本書暢銷海內外，這個「訟」就沒完沒了。胡、張兩位都是大家，他們的才氣文章我們是無論如何也比不上的。胡當然很有爭議性，可是最後搞得連靈魂都不安！所以，站在男人立場一想，談戀愛也好，鬧緋聞也罷，千萬不要找那有才情、文章寫得好的，太可怕了！死了都不放過你，而且還沒辦法答辯。所以這也是智慧，你如果把第一名模娶在家裡頭，天天都要戰戰兢兢，因為她一定是眾矢之的，掉口水的人一堆。歷史上有兩個人就有大智慧，一個是曾國藩，一個是諸葛亮。諸葛亮的太太是有名的醜，曾國藩的太太還長痲子。兩個智者都是娶一個醜太太擺在家裡，沒有後顧之憂，而且又很賢德，所以他們幹起事業有聲有色。

我在需卦一章中講過，訟卦的錯卦六爻全變為地火明夷（䷣），其卦辭「利艱貞」，是《易經》中最痛苦的一個卦，跟訟卦是有關的，可見不可以隨便興訟，不然痛苦不堪。此外，現代人際關係錯綜複雜，婚姻關係也沒有保障，所以很多人就主張婚姻也要合約化，不能只有結婚證書。按照《易經》「作事謀始」的教訓，剛結婚的時候就要先講好，將來假如離婚，雙方權益該怎麼分？像美國社會基本上是保障女方，離婚時男方要付出嚇死人的天價贍養費。現代婚姻比較實際，大家都要懂得自我保護，不能老想著花好月圓。任何事情練習往最壞處打算，最壞的風險都能承擔，那就無事不可為；如果淨往好處想，世事常與願違，反而一生都是痛苦的。

訟卦六爻詳述

訟卦的爻際互動

前面看的是訟卦的整體，接下來要從實際操作的層面，進入訟卦六爻的內在世界。既然是訟，一定就有原告和被告兩造，雙方都為了捍衛私人資源而爭。從整個訟卦來看，站在「九五」中正君位的高度上，訟在本質上就不好，所以希望能把它化解；從爻的觀點看，就要注意〈大象傳〉講的「天與水違行」，上卦跟下卦「訟」，天與水「訟」，朝野、內外都「訟」，大家各行其是。把爭訟的兩造抓出來，落實在爻上，就是第五爻跟第二爻。

「九五」君位是上卦乾的中心，位高權重，理跟勢都很強，占盡便宜，所以一定是勝訴的。「九二」是下卦坎險之中，處在艱苦備嘗的民間，如在奇險的深淵之中，偏偏他還要炮打中央、民與官鬥。儘管如此，他其實也代表一定程度的民意，因為象徵基層民意的「初六」是陰承陽，柔承剛，所以「初六」是挺「九二」的。「九二」扮演民意代表的角色，為了替「初六」爭取權益，就會跟「九五」發生衝突。這從承乘應與的關係上就看得出來。「九二」陽居陰位，雖然居中，但是不正、不當位，必須忍耐，倘若跟既中且正的「九五」直接對著幹，多半是輸的；所以它的爻辭是「不克訟」，即不能訟，屬於敗訴的一方，不管比理還是比勢，都沒得玩，因為「九五」隨時可以用行政命令的緊急操作，撤銷「九二」的權力。這就是「九二」的宿命。對「九二」而言，理跟勢都站不住腳。從理上來講，企業有企業倫理，家庭有家庭倫理，政治有政治倫理。五爻是領袖，二爻是部屬，二爻以下抗上，又不是迫不得已要革命，而現在也不是鬧革命的時候，所以二爻再怎麼講，在理在勢都是說不過去的；若要硬拚，五爻是「訟，元吉」，一定勝訴；二爻是「不克訟」，一定敗訴。得罪老闆，後果當然不堪設想。

除了二爻和五爻成為「訟」的兩造，三爻與上爻也在捉對廝殺，而且同樣是天與水「訟」，上卦跟下卦、乾跟坎「訟」。但「九二」與「九五」的「訟」都是很陽剛的，都有一定的資源、實力，只是「九二」為了反映民意，不惜炮打中央，向中央要求資源和權益；而「九五」態度強硬，衝突勢所難免。「六三」與「上九」的關係則稍有不同。「六三」屬下卦坎險邊緣，落入敗部，迫居於容易吃虧的下風。「上九」強硬到底，即使「亢龍有悔」、「終凶」也絕不退讓，是訟卦當中走極端的爻。既然「天與水違行」，上爻跟三爻分屬不同的團隊，一在朝、一在野，一在乾、一在坎；「六三」跟「上九」爭訟，也一定是吃虧、受氣的角色，而且心裡特別覺得委屈。因為「六三」跟「上九」相應與，陰陽互補，有私人感情，彼此淵源深厚，現在因為做官、做民立場各不相同，利益也不相同，搞得對簿公堂，而且「上九」還強爭到底，死硬不肯撤回告訴。「六三」沒料到「上九」翻臉不念舊情，當然夠難過的了，而他本身的條件也很糟，陰居陽位，實力很弱，可是身居陽位，就得拿出積極的表現，所以要緊盯下去，非爭個是非曲直不可。正因為陰居陽位、不中不正，「六三」從同屬下卦的「九二」那邊也得不到任何奧援，即使「九二」在下卦中有一定的實力，可是陰乘陽、柔乘剛，三爻與二爻的關係並不好。三爻要靠自己先天不足的條件與「上九」硬爭到底，肯定要吃虧。「六三」與「上九」雖然相應與，但終究逃不掉利益的衝突爭奪，為了爭得共同的資源，互相整個你死我活，這種情況在人世間也是常見的。接下來，我們就開始進入六個爻的具體環境，先從第五爻開始。

五爻：大人得位

九五。訟，元吉。

〈小象〉曰：訟，元吉，以中正也。

上面說過，「九五」與「九二」都是陽剛的個性，兩剛「相應」而「不與」，他們之間起了爭訟是難免的。一個代表上卦統治階層的利益，或者代表全卦的整體利益；一個代表下卦為了爭取權益的基層民意付託。雙方各自堅持不讓，硬碰硬的結果，「九二」還是吃虧。「六三」跟「上九」相應與，但也不能免於「訟」的情境。這大概是因為身處「訟」的環境中，「天與水違行」，各有各的立場和利益，所以「六三」滿懷委屈，最終還是贏不了。還有一個就是「九四」。「九四」會跟誰爭呢？「九四」是中央執政階層，是部門經理人，表面上看，它應該是跟相應與的「初六」相爭，實際上「初六」與「九四」並沒有利益衝突。「初六」的爻辭明白告訴我們「訟不可長也」；「九四」真正的問題是跟「九五」訟，這叫窩裡反。就像乾卦最高權力的「九五」「飛龍在天」，跟他身旁虎視眈眈、功高震主、「或躍在淵」的「九四」發生統治階層內部的「訟」，大家都想爭做第一人。還有像坤卦第二爻和第四爻、第五爻也是這層關係，所以特別要謹言慎行，免於政治迫害。乾、坤兩卦的四爻、五爻都有這種要命的關係，距離那麼近，四爻是要聽命行事的，是合作夥伴，可是第五爻的核心權力誘惑太大。二者之間的爭就是「訟」。我們看人世間的「訟」，不要以為只是兩個陣營在那邊「訟」，就是同一個陣營，尤其是有權、有錢的核心陣營中，彼此之間都是勾心鬥角、各懷鬼胎；甚至同屬「九四」的同儕之間都在「訟」。在訟卦中，第四爻主要的「訟」就是大家都想爭第五爻，所以那個VS的關係是承乘的關係；「九五」已經有最高權力，四爻是備位者，當然躍躍欲試。但「九四」是陽爻居於陰位，所以它會忍耐，不到恰當時機不出手，出手就一定要成功。

好，第四爻既然鎖定第五爻做為人生規劃的下一步，同儕之間「訟」，跟第五爻之間也「訟」，贏不贏得了呢？絕大部分是贏不了的。「九四」這種窩裡反的風險極高，很可能會打入萬丈深淵。所以四爻與二爻「訟」的對象都是第五爻；原因不同、動機不同，善後的策略也不一樣。但是共同的命運都是「不克訟」，可見，二與四同功而異位。

我們回到第五爻。不管在全卦的調解立場，還是站在鞏固權位，應付來自前後左右的挑戰，「九五」都是贏的；這就是當位、當權的好處，沒人動得了他。「九五」爻辭是「訟，元吉」。為什麼「元吉」？〈小象傳〉說「以中正也」。訟卦六爻之中，除了第五爻，統統不當位，統統不正，只有「九五」是唯一當位的，只有他有資格當法官、斷是非，其他人都遷就自己的利益，認定自己是對的，司法不公，害自己受委屈，其實沒有一個正的。「初六」、「六三」陰居陽位不正；「九二」、「九四」、「上九」陽居陰位也不正。一個卦五個爻都不正，大家吵半天，沒有一個真正佔著理，都是自私自利，只顧自己的利益。仲裁者就落在唯一陽居陽位、當位、中正的「九五」身上。所以它是全卦六爻中唯一正的爻，站得住立場，所以叫「大人得位」。萬一他也捲入與其他爻的訟，「元吉」，他當然會贏。這一點和需卦完全不同，需卦是五個爻都正，唯一不正的是「需于沙，小有言」的「九二」；有情緒性的發洩，有種種爭執，但最後卻能「終吉」，因為它爻變為六爻全正的既濟卦（䷾），所以它是需卦中必然會出現的階段。那麼訟卦「九五」爻變則是六爻都不正的未濟卦（䷿），唯一正的爻出問題，訟不就完了嗎？

所以從正與不正、當位不當位，也可以看出需、訟兩卦的特色，只在一爻之差的一念之間，它們就跟「既濟」、「未濟」的人生終極解脫與成功失敗產生密切的關係。所以訟卦如果沒有「九五」的「大人得位」，真的會墮入深淵。

初爻：和為貴

初六。不永所事，小有言，終吉。

〈小象〉曰：不永所事，訟不可長也；雖小有言，其辯明也。

我們看第一爻：「不永所事，小有言，終吉。」「初六」與需卦「九二」的「需于沙，小有言，終吉。」多麼相像！在訟的時候，雙方因為意見不合，是非難定，難免意氣用事，如果「小有言」，不發展成「大有言」——傷人傷得太深，或者不能取得溝通之後的諒解——懂得「不永所事」，那就可以「終吉」。即使中間有些不愉快，有些言談上的衝突，但經過各自表述、善意溝通，就可以大吉大利；如果加油添醋、火上加油，非把對方罵倒不可，那就是自作孽、不可活的大笨蛋了。

「不永所事」的「永」就是把「訟」的狀態持續下去，一路纏訟到上爻。訟卦的「所事」不就是「訟」嗎？我們跟人家發生言詞衝突，那就是「初六」；訟之初，就是「君子以作事謀始」，「初六」就要懂得「謀始」，一旦發現自己講話大聲，心裡不愉快，馬上就要想起〈大象傳〉說的「作事謀始」，要「不永所事」，趕快踩煞車，冷靜下來。如果你做到了，那叫「小有言」，大家是有不愉快，可是不再發展下去。這一忍讓，低調處理，「終吉」。因為「訟」不下去、「吵」不下去了。「初六」就是這個意思。

我們看〈小象傳〉說：「不永所事，訟不可長也。」這就是避免讓局勢發展成上爻的「終凶」。「初六」要是不煞車，有一天就會變成「上九」。〈小象傳〉接著說「雖小有言」，我們之間已經開罵了，衝突已經發生，可是「其辯明也」，只要講明立場，把自己的委屈說清楚，達到溝通效果，所有的不愉快就到此為止。「雖小有言，其辯明也」，意思非常明瞭，與其花那麼多時間爭吵，不如腳踏實地尋求和平解決之道。所以如果「初六」不耍嘴皮，願意真正解決問題，爻變就成為腳踏實地的履卦（䷉）。履卦最重要的就是和平解決問題，「履險如夷」，「履和而至」。心平氣和才能達到最高目標，最高目標就是履卦的下一卦泰卦——「履而泰然後安」。人生做事履以和行，「和為貴」，「家和萬事興」，「世界和平」，這才是文明的表現。

可見，訟卦「初六」剛開始出現爭端時，有智慧的人就懂得馬上落實成「履」，如實的面對問題、解決問題；而不是牙尖嘴利、互相傷害。小到夫妻吵架都可以做如是觀，不然不划算，一定沒有贏家。

上爻：患得患失

䷅

上九。或錫之鞶帶，終朝三褫之。

〈小象〉曰：以訟受服，亦不足敬也。

我們再來看「上九」與「六三」這一對冤家。

先看「上九」。「上九」就是「終凶」了。如果「上九」可以轉念，就實現了「初九」的「終吉」；若堅持到底，即使面對交情不淺的「六三」也一步不讓；「六三」不是對手，你勝訴的可能性很高，但你們的關係卻整個都打壞了，而且還沾上一個不念舊情的訟棍罵名，勝訴的好果子又能保留多久呢？「吉凶，失得之象」、「塞翁失馬，焉知非福；塞翁得馬，焉知非禍」，這幾句話在「六三」、「上九」這兩個不克訟的爻是很明顯的。

「或錫之鞶帶，終朝三褫之」。「鞶帶」是一種皮革綬帶，具有標誌身份等級的作用。李鼎祚《周易集解》引虞翻的解釋說：「鞶帶，大帶。男子鞶革。」吳澄的《纂言》則說：「鞶帶，革帶也，所以繫韠繫佩。凡命服，先束革帶，乃加大帶。」「鞶帶」就是代指官職，是位高權重的象徵。「或錫之」，「錫」即「賜」，「終朝」是「一大早」。「褫」就是把你的衣服扒掉。主要是把你象徵權位的官服拿掉。「三」是多次的概念。「或錫之鞶帶」是追述過去，授爵封國；「終朝三褫之」是記敘現在，削職奪官。先給你穿上官袍，又給你脫掉官袍；而且是多次穿上、脫掉，常常得而復失，非常不穩定，讓你患得患失。可見強爭來的東西很難持久，正如老子所云：「金玉滿堂，莫之能守。富貴而驕，自遺其咎。」上九不擇手段的打壓舊同志，傷害舊感情，把「六三」壓得扁扁的，雖然取得爵位，但不能長保，最後被褫奪公權，下場很難堪。

《易經》常用「或」字，說明人生是充滿變化的。「上九」強爭到底，它可能會如願以償的爭到權位，可是能維持多久？皇帝剛剛賜你高官厚祿，但因為你樹敵無數，說不定聽到別人打小報告，「終朝」，在上朝或一個早上那麼短的時間裡，你就經歷三次上台、下台的大變化。一個人如果趨炎附勢，不能自己做主，就如孟子所說的「趙孟之所貴，趙孟能賤之」。趙孟即趙盾，是春秋時期中原大國晉國的權臣，很多趨炎附勢的人拍他馬屁；「趙孟貴之，趙孟賤之」，你沒有自我，況且你們是利益相交，並沒有真感情，他能讓你富貴，也可以讓你貧賤。「三褫之」，貴賤無常，剛剛接了官位，又丟掉官位。這就是上爻的下場。

「以訟受服，亦不足敬也」。〈小象傳〉說得真好！「受服」就是接受鞶帶的官服，你的地位是靠訟的手段強爭硬搶而來的，為了權勢，親情、友情你都可以置之不顧，所以你無法贏得任何人的尊重，搶來的東西也無法長久，隨時可能出狀況。結果不但沒有做成官，還把朋友都得罪光了，難怪「上九」

爻變會成為困卦（䷮）。

「或錫之鞶帶，終朝三褫之」，變化之快令人咋舌，原因就在「以訟受服，亦不足敬也」。「敬慎不敗」、「敬之終吉」，我們講需卦三爻將敵我矛盾變成主客關係時最強調的也就是一個「敬」字。做人做事還是得有這個「敬」，沒有「敬」，用「訟」搶來的富貴就是過眼雲煙，因為它是不合理的爭奪，如西方帝國殖民主義幾個世紀以前在亞洲、非洲的作為，不就是「訟」嗎？靠著強大的科技武器進行掠奪、殺戮，「以訟受服，亦不足敬也」，被欺壓的對象遲早有一天會起來反抗。國際之間的經濟侵略也是一樣，現在他們不都遭到報應了嗎？我們接下來看「上九」的冤家對頭「六三」。

三爻：訴諸舊德

六三。食舊德，貞厲，終吉。或從王事，无成。

〈小象〉曰：食舊德，從上吉也。

䷅

訟卦第三爻「食舊德」，這三個字有意思！需卦是講「飲食宴樂」、「需于酒食」、「需者，飲食之道也」，跟它相綜一體的訟卦人位第三爻，第一個字就是「食」。「食」什麼？靠什麼生存發展？靠舊關係，靠舊德。前面講過，「六三」跟「上九」翻臉，「上九」不顧舊情，把「六三」打到地獄，搶到自己想要的東西，偏偏又不能保久，最後也失去了。「六三」被「上九」這一棒打得眼冒金星，可是「六三」跟「上九」畢竟還有一段舊情。就像胡蘭成和張愛玲，雖然後來關係生變，最親密的人變成幾乎可以摧毀你的人，「六三」碰到這種情形，除了生氣、委屈，還可以做什麼？一哭二鬧三上吊，或者自不量力拚到死？完全沒有意義。可是一個人再狠，你如果對他示弱，擺低姿態，看在過去的情分上，他有可能良心發現，放你一馬，反正他已經搶到想要的東西。所以「六三」被「上九」逼到牆角，為了爭取生存，就得「食舊德」；而這「舊德」對「上九」還是可以發揮作用，因為他如果趕盡殺絕，旁人的輿論也不會同意。

如果深刻了解人性，用舊德做為訴求，只要你退讓，對方也不至於太離譜，那你就得到「食」的生存發展空間；畢竟你是輸家，對方沒有繼續追殺，還給你留下一條狹窄的生存空間。當「六三」站穩腳跟，又擁有一塊地可以養活自己，接下來就要「貞厲」。「貞者，事之幹也」，採取守勢，而且依正道而行，「利牝馬之貞」，因為是陰爻。但仍然很不舒服，因為還是有殘餘的風險，動盪不安，所以叫「厲」。靠「食舊德」避開生死關頭，至少沒有在關鍵時候整個崩潰，也沒有採取過激的反抗動作，在「食舊德」期間，就是療傷止痛期，要「貞」，即使很不舒服，也要忍下來，因為「終吉」。堅持一段時間，等「上九」死了，像張愛玲熬過十年寫下《小團圓》，因為上爻是「終凶」，等他得意那段時間過去之後，三爻就「終吉」了。所以讓他得意，看他能蹦到什麼時候？既然上爻「終凶」，好鬥的人總有一天碰到鬼，不一定是你收拾他，別人就幫你收拾他了。可見上爻這種好訟的習氣，得罪的不僅是今人，甚至有一拖拉庫人，爻辭就明示：「或錫之鞶帶，終朝三褫之。」所以「上九」不可怕，他也是起起伏伏、動盪不定的，等他上台的時候你忍，「食舊德」，維持舊關係；等到他下台，你心裡就爽了，然後你「終吉」，他「終凶」。當然其中有一個先決條件，就是你要活得夠長。所以，如果碰到愛人翻臉，碰到合作夥伴整你，馬上就要想到訟卦第三爻，第一個「食舊德」，先緩和、認輸，然後「貞厲」，想辦法活長一點；而且心中不能太介意，免得在心裡憋成「癌症」。所以在「貞厲」到「終吉」之間，就去聽聽佛經，研究《易經》，打打太極拳，這樣，贏得最後勝利的才是你。

以「上九」那種好勇鬥狠爭到底的個性讀《易經》、佛經都沒用，他可能一下子想不開，就得了

「癌症」，所以才會「終凶」。那時「六三」心中一定百味雜陳，與「上九」交手過，也交往過，然後他掛掉了，狂風暴雨過去，「六三」心裡一定在掙扎，要不要去參加他的告別式呢？如果你讀通《易經》，還是鼓勵你去，我若是「六三」，一定爽死了，想當時你不念舊情把我逼成這樣，結果我因為讀《易經》、讀佛經、打太極拳，天天打坐消災，撐到現在終於熬過來了，都快把仇恨忘掉了，結果你還在仇恨圈子裡轉。人生常這樣，尤其政治恩怨，別人活著時鬥他不過，等到他死了之後，還有什麼鬥不過呢？就像有些老年人常喜歡到陽明山公墓看看老朋友、老敵人，笑一笑，竟然神清氣爽，好像在精神上贏得最後的勝利。這就是「六三」。笑話是笑話，卻是事實。所以我始終覺得，人生以活得長為第一要義，活得長，就什麼都看得到，恩恩怨怨都過去了，得失禍福又算什麼呢？活得長就可以給每一個人送終，參加每一個人的告別式，最後輪到你要走了，管他怎麼「訟」與「師」，全部一筆勾銷，這不是很好嗎？活得長，經歷豐富，烏龜活一千年，蓍草活一百年，看事看長不看短，所以烏龜跟蓍草才能做為占卜的工具，這也是《易經》百試不爽的緣故。

這是第三爻，在關鍵時候，靠「食舊德」、舊關係，一口氣忍過去，後面就會越來越好。所以〈小象傳〉說「食舊德，從上吉也」。「上」就是上爻那個無賴，但是「六三」服從聽話，「從上」到最後是「吉」，把戰線拉長，不直接衝突，不給他斬盡殺絕的藉口，結果他「終凶」，你「終吉」，就是這樣。

或從王事，无成

「或從王事，无成」，跟坤卦第三爻完全一樣，坤卦是母親卦，坤卦是「六三」，訟卦也是「六三」。訟卦「六三」承繼坤卦「六三」的基因，可能母親胎教好，碰到不順利的環境懂得忍耐。坤卦「六三」

爻辭講「含章」，是不吐出去、也不嚥下去的功夫，把種種不順含在嘴裡，交給時間和你自己的修為，讓它自己化掉。敵人沒有任何藉口，不可能打你。「含章可貞」，不就是「貞厲」、「食舊德」嗎？「無成有終」，就是最後得善終的「終吉」，那曾經欺壓你的人反而不得善終。「或從王事」，「王事」是指政治方面的事，坤卦第三爻直接講「或從王事，無成有終。」因為「含章可貞，以時發也」，種種委屈總有一天會平反，這是坤卦忍耐的功夫，看誰是最後的贏家？「或從王事，知光大也」，人因為對未來有願景才肯忍耐，否則，還不如當場慷慨激昂算了；也正是對「上九」終將落到「終朝三褫之」的地步有把握，現在才願意忍氣吞聲。「無成」才有終，有成就無終，這也是人生鬥爭的藝術。就像老子所說的「夫唯不爭，故天下莫能與之爭」；表面上謙讓，暫時隱退，最後的贏家非他莫屬。不爭之爭，是以柔克剛，也是孔子所說的「南方之強」。

「六三」爻變為天風姤（䷫），現在雖然對你絕對不利，但危機有可能變成轉機，你要是承擔過了，將來就越來越好、越來越順。對方現在是最高潮，欺負你之後，就會一路往下掉。所以你慢慢等機會吧！看哪一天會接到他的「訃聞」。

好，這是「六三」，舊關係、舊情永遠有用，將來可以做廢物回收利用；不要認為一旦鬧翻，過去就要統統歸零，把「情書」統統撕毀、燒掉，留了下來，即使便條紙也不能丟，說不定可以救你一命。有些性情剛烈的人，要斷就全斷，不肯藕斷絲連，把所有記憶都毀了，不願面對過去。其實「舊德」真的有用，你看夏天的荷花好漂亮，但荷花會凋謝，滿池子只剩殘荷，等到下起雨來，「留得殘荷聽雨聲」，多美！所以「食舊德」，其實是一種心境的轉換，恩怨情仇都已成過去，雖然帶著一點傷痕，也不必把它毀掉，必要時說不定可以發揮作用，讓你在不利的情況下「終吉」。

訟卦「上九」與「六三」的恩怨情仇

訟卦第六爻與第三爻之間的恩怨情仇，是了解人性、人情，觀察人間世很典型的一對寃家怨偶。這個業力是很沉重的，如果「六三」、「上九」都是動爻，兩爻齊變的卦象就是「澤風大過」（䷛）。大過有非常之意，不按世間常規行事，超出身心負荷，是生命中難以承受的；若涉及男歡女愛，就是一種恩恩怨怨非常強烈的體制外情感。「六三」與「上九」明明相應與，最後卻搞得死不相見或死了才到墳前繞一圈。我們看「食舊德」的堅韌、「終朝三褫之」的得而復失，都是真實的人生；由「需」而起的「訟」，確實要慎之又慎，不然要背著這種枷鎖、包袱過完一生，真是痛苦！

第三爻忍過那段時間之後，就未必會計較了，參加「上九」的告別式，說不定還會掉眼淚呢！想想何必呢？俱往矣！然後，說不定就悟道了，立地成佛。這是「六三」與「上九」的恩怨。比起需卦三爻跟第六爻，如何從深陷敵我矛盾、生死相爭的環境——「需于泥，致寇至」，靠著「敬慎不敗」的本領，發展到上爻，居然變成「不速之客三人來」的賓主關係，這就是人生的本事。而且需卦三爻、六爻兩爻齊變為中孚卦（䷼），靠的就是「孚」，用「信望愛」將敵我矛盾化成主客關係。訟卦三爻、上爻兩爻齊變的結果是「大過」，這就很難承受了，不過，這也是寃孽，當然關鍵是「上九」要強爭，所以「上九」真該想一想，何必呢？人生有些東西該你的就是你的，跑也跑不掉；不該你的，拚命搶，頂多暫時借你過手一下，到最後也不是你的。這就是「訟」中之「困」。按訟卦三爻、六爻的戲碼上演的真實故事，古今以來不知有多少，讀《易經》的時候都想得通，真正實踐時，沒幾個人做得到，都想搶「鞶帶」，結果「終朝三褫之」。有很多東西千算萬算不如老天掐指一算，而老天那一算，所有的算計統統都不作數。

四爻：放下姿態

九四。不克訟，復即命，渝安貞，吉。

〈小象〉曰：復即命，渝安貞，不失也。

訟卦第四爻是怎麼回事？「不克訟」，輸了！怎麼爭得過五爻呢？得罪老闆，這下可糟了，在天子腳下，跑都跑不掉，還錯出手時機，不但沒有變成飛龍，還變成待宰的龍，戰戰兢兢。這要如何化解？五爻會怎麼對待他？所以，如果在四爻這種情況下，怎麼辦？「復即命，渝安貞，吉。」大丈夫能屈能伸，身段柔軟，好漢不吃眼前虧，把戰線拉長，還有機會凶中求吉。這就是高層的政治智慧，但首先，新敗之餘要絕對撐過去，活下去，否則就沒戲唱；畢竟爬到第四爻這麼高的位置不容易，累積這麼多資源，不能前功盡棄。

訟卦不講仁義道德，「不克訟」的時候，就要「復即命」，你得認命，輸了就輸了，眼下絕不可能硬，硬下去會輸得更慘。「復」即剝極而復的「復」、復卦的「復」，眼前的重挫、重傷不就是「剝」嗎？所有資源都喪失了，岌岌可危。接下來馬上要做「復」的打算；怎麼恢復如常，保住長期累積到第四爻的資源，甚至將來還有機會絕地大反攻？這都是「復」的意思。得罪第五爻了，怎麼和解，讓他手下留情、不要斬盡殺絕？那一定要做「復」的工夫。「復」就是轉向、改變態度。「即命」的「命」就是天命，代表「九五」的君命，重如泰山，你被籠罩得死死的，所以你必須認命。第一回合沒成功，就得馬上轉向「輸誠」，改變態度。如果繼續抗衡，一定死得很慘，永遠沒有「復」的機會。「九五」和「上九」一樣也是人，不管怎麼強硬，對「九四」、「六三」這樣已經落敗的人還是有顧忌，只要你肯屈服、退讓，就還有活命的空間。「復即命」，總的來說就是認命，百依百順，不再反抗。除非你不想未來，況且「九四」就在「九五」身邊，跑也跑不掉，跟第二爻的處境不同。第二爻是天高皇帝遠，所以第二爻的善後條件跟第四爻不一樣；第四爻就在天子腳下，二爻遠在天邊，而且在地方上有一定的勢力，有民意支持，所以他還有自由活動的空間，可以採取另外一套善後策略。因此「九四」慘敗之後，必須承認錯誤，重新接受「九五」的命令，重新拉近距離，這就叫「復即命」。「命」就是大形勢，形勢比人強，四爻根本動彈不得。

「渝」就是變的意思，水變質也叫「渝」，注意不是水量變了，而是水質變了，淨水變髒水就叫「渝」。人在官場，在「訟」的爭奪中，剛開始可能很清新，到後來都被污染了，那就叫「渝」。這是原來的意思，往下衍伸，就是水流會轉，立場、態度、想法徹底轉變。位居官場高層的第四爻，最重要的處世功夫就是「渝」，保持一定的靈活性，說轉就轉，不能太僵硬，否則就是找死。可見「復即命」之後就要靈活的調整策略，姿態柔軟，甚至連本質都徹底改變，把態度由對抗轉成充分合作。「渝」這種質變，《易經》到底贊成不贊成呢？在訟卦第四爻，還有將來要學的豫卦上爻，以及隨機應變的隨卦初爻，都有「渝」這個關鍵字，都是提醒你當機立斷、隨機應變。要是不設法大調整，馬上就會被時勢所淘汰。所以「渝」有時候還是美德，就是教你靈活應變，留得青山在，不怕沒柴燒。

所以不管是被形勢所逼，或者是想法改變，「渝」一轉就活過來了。「人挪活，樹挪死」，人得挪一挪才能活。「渝」想通了，不再抗爭，全力配合；「九五」還是需要你幫他做事，只要他認為絕對可以控制你，即使還防著你，但至少不會追殺到底，這樣雙方都把戰線拉長，未來有沒有機會？「安貞吉」，只要老老實實謹守「牝馬之貞」，一定獲吉。坤卦最後講「安貞之吉，應地無疆」，就是這個意思。

「九四」爻變為渙卦（䷺），表示化解危機。初爻到五爻組成的互卦也是渙卦的象，「九四」相當於藏著渙卦的君位第五爻，所以要真正了解這個爻，就要了解渙卦在講什麼。既是卦中卦的渙卦第五爻，本身爻變又是渙，就加重了這個爻的渙卦屬性，這樣才能化解攤牌時所無法承受的危機，爭得喘息的空間；「安貞吉」，暫時躲過眼前的殺身之禍。雖然未來很難講，但至少保留參賽權。如果這時候轉不過來，沒辦法「渝」，很可能當下就報銷了。

〈小象傳〉說：「復即命，渝安貞，吉，不失也。」「不失」，即不失敗，不喪失既得利益。能爬到第四爻畢竟不容易，絕不是一朝一夕之功，怎麼可以因為一場戰役失敗就全部都毀了呢？其實第四爻、第二爻，甚至第三爻，都有一個核心觀念一直延續到實際作戰的師卦，勝敗乃兵家常事，最重要的是穩住陣腳，不可以馬上崩潰，一輸就輸光光，這樣雖然敗了，之後還有可能東山再起、反敗為勝。所以在落敗的關鍵點上要能熬過去，形勢比人強，在人屋簷下，不得不低頭。在經濟不景氣的時候也別發瘋，「復即命，渝安貞」，才能減少損失，保住將來東山再起的資本，這是這個爻最重要的意思。

「渝」這個字剛才已經講過了，真到那個關鍵點，挫敗的恥辱，面子掛不住，你真能忍下來，而且還能夠轉向嗎？像句踐多能轉向啊！被夫差打敗之後那麼低調，做奴僕那麼多年，還嚐他的大便，這就叫「渝」。我們不一定做得到，但是要知道，剛烈易折，身段太僵硬，轉不過來，一下就斷掉了，不會有未來。這是「九四」陽居陰位，剛而能柔的本事。很多在組織中做到「九四」的老官僚，都有這種柔軟的身段，說變就變，早上講的不算，因為下午講的才算數。這個調整就叫「渝」。其實不讀《易經》，也聽過那些胡說八道的話，愛情小說常說：「海枯石爛，此情不渝。」海枯了，石爛了，但是我愛你是永遠不變的。這話怎麼能相信呢？「渝」就是到該變的時候，它會變得超乎你的想像，這種靈活應變的能力，才能讓你在不斷的挫折中活過來。還有，「渝」的多變，也像氣候，「天有不測風雲，人有旦夕禍福」，環境變了，你不調整行嗎？這是第四爻。

二爻：形勢比人強

九二。不克訟，歸而逋，其邑人三百戶無眚。

〈小象〉曰：不克訟，歸逋竄也；自下訟上，患至掇也。

第二爻炮打中央「九五」，結果「不克訟」，下場很慘；雖然有初爻的支持，在坎險中也擁有很多資源，但因為以下訟上、民與官爭，招致最慘烈的報復與災難性的後果。爻變是天地不通的否卦（䷋），表示你力量再大，也動搖不了「九五」。因為「九五」不會輕易放棄追殺，於是「九二」在地方上經營多年的成果可能一夕崩潰。面對這種危機，「九二」的善後策略跟第四爻中央大員的手法不可能一樣，因為他還有行動自由，天高皇帝遠，二爻與五爻隔三個爻，五爻要從高高的天上鑽到水底的深淵抓你，畢竟鞭長莫及。四爻卻必須馬上乖乖歸順，因為城門都關起來了，他哪兒也去不了。所以二爻、四爻同樣面對五爻都是「不克訟」，二爻的做法卻有一定的行動自由，它要好好運用坎卦靈活機變的特性，避免跟實力強大的上卦乾卦硬碰硬，那麼，改打游擊戰，是否行得通呢？

九二的應用智慧——游擊戰術

共產黨為什麼最後戰勝國民黨？越戰時北越軍隊為什麼能打敗美國軍隊？這就是毛澤東兵法——游擊戰術，也是「九二」的應用智慧。游擊戰不是硬碰硬，而是用坎卦的優勢去對抗那至高無上的霸權，避開正面衝突；從原先正面的配合關係，轉入地下抗爭、長期糾纏。其間最關鍵的還是低調、轉進，就像第四爻一樣。毛澤東兵法有十六字訣：敵進我退、敵駐我擾、敵疲我打、敵退我追。「敵進我退」，遇到強大的敵人，打不過，就不要做無謂的犧牲，馬上退。等到敵人要紮營駐防，「敵駐我擾」，我就騷擾他，讓敵人晚上睡不好覺；而且行蹤飄忽，天天對敵人發動突襲，讓敵人神經緊張，小部隊就可以讓正規軍坐臥不寧，最後消耗他的耐力，那就是「敵疲我打」。等到敵人疲倦了，就該我出手了，因為他被我擾得晚上都睡不著，吃飯也不寧，我們採取機動的外線作戰，他也不知道我有多少人，等到騷擾一陣走了，他還在那邊嚇得個半死。就像美國，恐怖主義只要一次攻擊成功，然後可以十年不攻擊，可是十年裡那個被攻擊的就天天在反恐，而且越反越恐，因為你不知道他什麼時候打你，你得到處設防，這十年要花多少錢？這就是游擊戰的好處。「敵疲」，他疲倦了，慢慢鬆懈下來，我就有下手的空間；敵明我暗，敵疲我打，等到他受不了了，「敵退我追」，打他個落花流水。毛澤東講的這些戰術雖然很白話，但是在游擊戰中卻大有作用。當然，要做到「敵進我退」、「敵駐我擾」、「敵疲我打」、「敵退我追」，一定要速度快，而且行蹤飄忽，沒有包袱，然後一定有藏身之所。這很重要，你絕對不可能住在大城市，所以你要鑽到地洞；地洞不好生存，你必須具有忍耐的功夫。在最難生存的地洞生存下來，這樣才能打游擊戰，在劣勢中跟優勢兵力對抗，這種戰術發揮到極致也很驚人。「九二」的抗爭就是這種長期抗爭，取得表面的和解之後，彼此都不太放心，可是你幹你的、我幹我的，我轉入地下，而你莫奈我何。二爻、四爻跟五爻的關係不同，二爻有距離，而且是民選出來的，民選的就得通過民意才能罷免，任期未滿，長官不可以隨便撤你的職。第四爻可能是內閣，五爻要你走，你就得走。

所以二爻「不克訟」之後，就要懂得「歸而逋」，「逋」就是逃竄，像流寇一樣。「竄」就是穴中的老鼠，活力不滅，但是藏在地底下。需卦就有「入于穴、出自穴」的說法，人生在弱勢的時候，穴是藏陰之所，是一個暫時安全的堡壘，雖然很難過，很憋氣，只要憋得起，你就可以神出鬼沒，人家都不知道你什麼時候會鑽出來。一個強大的敵人守在洞口，你鑽到洞裡去，沒事從後面鑽出來踢一下他的屁股，等他回頭，你又鑽下去了，洞就有這種利便。「而」就是能夠，所以〈小象傳〉講「歸逋竄也」，變成穴中的老鼠，藏在坎險深處，讓對手拿你沒辦法。像越戰時期，美軍對越南游擊隊一籌莫展，因為他們有當地居民的掩護，看到越南老百姓，到底是老百姓還是游擊隊？要是殺錯人，引起輿論譁然，可是萬一他是越共呢？美國大兵穿著制服，老遠就看得見。這就是訟卦的上卦對下卦、正規軍對游擊隊、官兵對強盜。明朝末年，明軍剿「流寇」李自成和張獻忠，怎麼也剿不了，結果卻亡在他們手裡。所以第二爻若懂得善後，保持機變百出的對抗能力，就是「歸能逋」。

「其邑人三百戶無眚」，「邑」就是國家、封邑、勢力範圍。「三百戶」，那不是一大堆人嗎？都靠你吃飯。如果你這個首腦被砍掉了，沒有長期對抗的意志，當時就想不開放棄了，底下統統都是待宰的羔羊；你的部屬、團隊，你的邑人三百戶，沒有人會相信他們，於是就一步一步整個瓦解。你好不容易才擁有「邑人三百戶」的私人武力或資源，怎麼可以因為自己放棄，就讓他們跟著完蛋？至少要安排他們的後路，再不然就要暫時保留權位，爭取較長的時間，既安排你自己的退路，也安排「邑人三百戶」的未來。「無眚」，你的部屬、團隊，你長久累積的資源，既然這次已經犯錯了，往後一定不能再感情用事，犯第二次錯誤。「眚」是人禍。人會闖禍，是因為眼睛長東西，嗜欲蒙蔽理智，感情用事，就是蒙卦的概念。眼睛看不清楚，判斷失誤，就會給自己惹禍招災，那是人禍。第一次所犯的錯是硬槓硬、炮打中央，沒想到結果如此慘烈。若處理得當，可以全身而退，改換另一種抗爭方式，還要保證你的基本團隊不能出問題，那就不能錯上加錯，否則會帶來更嚴重的打擊。在這種情況下，包括你自己，還有「邑人三百戶」統統都沒事，關鍵就在「歸」字，善用「歸」字訣，就能從「不克訟」的慘敗困境中安全逃脫。

「不克訟，歸逋竄也。」如何還能保留這樣的活力呢？人要吸取教訓，就得痛定思痛。因為你「自下訟上」，民與官鬥，「患至掇也」，是你自己判斷失誤，把禍患撿進家門來的。所以，訟卦第二爻跟需卦第三爻的麻煩一樣都是自找的。要想立於不敗之地，一樣要低調，要「敬慎不敗」；泥足深陷，要把它拔出來，需要善後的功夫。不過訟卦二爻不必像第四爻那麼乖，他還可以保留自己既有的東西，繼續周旋下去，「不克訟，歸而逋」。「歸」字跟第四爻的「復」字有異曲同工之妙。「復」是剝極而復，四爻跟五爻翻臉，輸了，在受傷之後想恢復正常關係，就得練就一套柔軟的身段，「即命」才可以不喪失既得資源。二爻也是長期經營地方，有「邑人三百戶」，如果頑抗到底，馬上就被剿光光，所以他要保留「邑人三百戶」，就要懂得「歸」。「歸」跟「復」一樣，在剝之後至少能恢復表面的正常，並保留既有資源，讓在朝的「九五」沒有繼續打下去的施力點。因為過去他的江山可能也是你捧出來的，只要你不要給他做絕的機會，他就不會趕盡殺絕，你就有機會喘過氣來。

很多《易經》的註解把「歸」字解釋成辭職回家抱孫子，一口氣下不來，老子不幹了，「此處不留爺，自有留爺處」，這種解釋就不對。尤其現在這種話更要少講，失業率這麼高，怎麼可以隨便辭職呢？為什麼不忍一口氣，繼續做米蟲消耗他的資源呢？老闆對不起你，你憤而辭職，哪有那麼笨的？辭職之後還說：「哼！你看我明天就找到事了。」你到他的對手那邊去，結果他的對手說：「對不起，我這裡正在裁員呢！」如果「處處不留爺」，你怎麼辦呢？所以在人生旅途的列車上，有時候剛開始做得很歡，良相佐國，對組織發展的確有很大的幫助，到最後發現老闆要動你了，你一氣之下憤而辭職，好不好？不好，就像在列車上跳車，很危險的。其實這個爻就教你，真正有智慧就要留在車上，繼續鬥下去；留在車上，那些資源都可以為你所用。看起來好像臉皮要夠厚，心要夠狠、夠堅定，你才有可能翻身，可是這就是人生的現實；憤而回家，說不定就在家裡待一輩子了。所以太有潔癖的人不適合學訟卦，就像孟子說的「滄浪之水清兮，可以濯我纓。」如果滄浪的水很乾淨，沒有貪污腐化，也沒有鬥爭，那就可以拿來洗帽帶；「滄浪之水濁兮，可以濯我足。」滄浪之水變濁了，那就要「渝」了，既然不能洗帽帶，就拿來洗腳吧！繼續混水摸魚，跟他周旋。因為留在地獄才有降魔的可能，若為了保持清潔，就去學伯夷、叔齊，其實對大局無益。

可見，人生就是打爛仗，環境變了，你一樣可以適應；不但圖得自保，還有未來的發展。若想要將來把是非曲直講清楚，也必須有未來才行。這就是「歸」的智慧。靠著政治智慧，用靈活的處理，甚至是不著痕跡的道歉，讓對方感受到我雖然有反撲的實力，但是我目前沒有那個意思，我認敗，「不克訟」了。可是二爻的方式和四爻不一樣，四爻只能乖乖坐等哪一天五爻發生空難，這是他唯一的機會。二爻不是，二爻還可以組織地下游擊隊反攻，所以它叫「歸」，「歸」就是想辦法恢復到我們吵架以前的狀態，並不是真的言歸於好，只是既然一邊已經退讓，另一邊也不好相逼。

我們一直強調，人生敗而不潰，一場戰役的屈辱跟勝利不是終極結果，最重要的是最後的結果。二爻、四爻、三爻在敗訴之後都會做調整，未來不但上爻可能出問題，五爻爻變是未濟卦，誰知道最後的贏家是誰？五爻不會永遠是五爻，時機一定會改變。如果你輸了，你就要耐心等待時機的改變。至少得活過來，然後保持「竄」的活力，再設法從不利的情境中跳脫出來。真誠的溝通是沒有用的，因為二爻爻變是上下不通氣的「否」卦（䷋），雙方已經翻臉，溝通無益，必須用其他方式尋求突破。

總之，人生居優勢的機會少之又少，居於劣勢的機會反而多，訟卦就教你在遭受最殘酷的打擊之後，怎麼翻身、怎麼調整，以求立於不敗之地。

《易經》中的法學思想

訟卦也涉及法的問題，提出《易經》的法學思想，像「褫奪公權」的觀念，在《易經》的時代就已經出現了。人生一定有「訟」，假定不想暴力解決，當然希望有公正的法庭，包括打國際官司。像圓明園的國寶會出現在歐洲，不就是當年他們用「師」的手段搶去的嗎？現在希望透過「訟」的手段解決。訟卦裡面連民事帶刑事統統包含，「作事謀始」；也包括可能的商業糾紛、政治糾紛，還有解卦裡面，談到特赦、大赦、和解、冤家宜解不宜結的概念。解卦〈大象傳〉提出「赦過宥罪」，「過」跟「罪」不同，「過」可以原諒，可以歸零、徹底赦免；「罪」不行，刑事、刑責不能隨便就算了，但可以放寬、減量，可以把死刑變無期徒刑，無期徒刑變有期徒刑。「以德報怨」雖然是出現在老子《道德經》裡頭，但不能亂用，像抗日戰爭結束後，蔣介石的以德報怨，沒有給中華民族爭取到任何實質利益，這是書呆子的做法，死了那麼多人，你怎麼面對呢？何以報德呢？所以《論語》提出一個正確的態度，如果「以德報怨」，調子唱那麼高，「何以報德」？應該「以直報怨，以德報德」。什麼是罪？臺灣的「二二八」是罪，「南京大屠殺」是罪，再過幾百年，「鴉片戰爭」也不能完全不算，但可以少算一點，那就是宥罪的「宥」。如果完全不算，那些人都白死了，何以警惕後人呢？這是和解的精神。另外還有豐卦、噬嗑卦都涉及嚴謹的立法、司法審判問題；中孚卦講「議獄緩死」，有信仰、有誠信的人可以坦然面對死亡，所以「議獄緩死」表示還有「議」的空間，可以減免罪責或延緩死期。

可見，從「法」的角度切入去研究《易經》，裡面的資源太豐富了。

「或錫之鞶帶，終朝三褫之」的實例

處在多變的時代，有時候真的是驚心跳膽，很多變化簡直來不及應對。記得二〇〇八年，我的一個學生是英國第二大銀行駐香港的高管，這家銀行在金融風暴中變成負資產。有一次他愁眉苦臉地問我：

「老師，將來還會不會有金融業？」我說：「你也太離譜了，從美國西部時代就有金融業了，再怎麼樣也只是方法改變，絕不會沒有金融業！」看到這裡，你就知道當時有多嚴重，從排頭變排尾，可以在瞬間發生。還有一個學生是瑞士銀行的，瑞士銀行的名聲曾經如雷貫耳，但他那段時間根本不承認自己是瑞士銀行的，因為在那次金融風暴中，瑞士銀行是倒數第三名，倒數第一名是美國的花旗銀行，倒數第二是英國的蘇格蘭皇家銀行。這種排頭變排尾的變化，都活生生的發生在我們身邊。我們學《易經》其實可以了解這個變化軌跡，一點也不奇怪。所以我常說，這是百年難遇的機緣，沒有比這個時候學《易經》更適合的了；天翻地覆的鉅變，題材沒完沒了，而且還在繼續發生，這很有意思。

所以，何必巧用機關，只要你違反天理，一定「或錫之鞶帶，終朝三褫之」。訟卦上卦是乾，乾代表天道，第五爻為什麼能「訟，元吉」？因為它合乎天理。上爻為什麼會得而復失，搞得那麼慘？因為他「亢龍有悔」。乾卦象徵天道，怎麼可以老欺負人、老騙人家錢？騙了那麼多錢，最後自己也滅頂了，「終朝三褫之」，下墜的速度還真快！上爻的現象在現實中也是很準的，有些朋友在高層混，過去幾年混得不錯，但上台、下台，真是沒個準。一個人事派定、一個位置的爭奪，其中可謂是千變萬化，一天之中可以變好幾次。所以臺灣官場有句老話，「上台靠機會，下台靠智慧」。下台更難，因為下台很難過，怎麼調適、怎麼轉換心境？人生得失都是苦，生老病死已經夠苦了，何苦還給自己添一個「求不得苦」？佛家把人生種種苦況分析得多細：「愛別離」，喜歡的偏偏得分開；「怨憎會」，討厭的卻天天碰在一起；「求不得」，想要的偏偏要不到；最後還來一個結論說「五蘊熾盛」。人生苦不堪言，所以佛家講「五蘊皆空」，理論是對，但是自古有誰能空了五蘊？

這是把上爻訟到極點的種種弊端。總之，人生在世要謹慎，上台下台，人事無常啊！

占卦實例1：訟「九二」、「九四」爻變——觀卦的智慧

二與四同功而異位，訟卦二、四爻兩個「不克訟」的爻，兩爻齊變是風地觀的觀卦（䷓），這個象跟這些鬥爭無關，而是指向另一個層次的問題。因為訟卦是人與人爭、國與國爭、人與天爭；人很難爭得過天，所以就得認命。人跟天爭，天就是「訟，元吉」的第五爻，它永遠是百戰百勝的；人或者是四爻，或者是二爻，明明「不克訟」，怎麼也爭不過老天爺，又該怎麼調整身心，重新看待生命世界呢？兩爻變是觀卦，那麼就要冷靜下來「觀我生」，好好體察人為什麼不能跟天爭。如果硬要爭，就是「不克訟」，如何善後，又是一門功課。

照前面講的「復即命」，重新認命、回歸天命，這個調整是必要的，因為你原先不顧一切去爭，其實是有問題的，所以現在要「復即命」，而且要「歸能逋」。不論失戀、離婚、失業，總要設法從快要自殺的谷底跳脫出來，還要保住所有家小，讓「其邑人三百戶無眚」。假定是兩岸關係，「歸」就是回歸到分裂之前較好的狀態，「邑人三百戶」就是臺灣兩千多萬人口，這可不能意氣用事的！「邑人三百戶」的身家性命要「無眚」，要無災無難，所以領導人即使受挫，絕對不可以因為個人的一時意氣就放棄責任。

這個卦象也剛好應到我一個大弟子身上，這個弟子到目前為止是學得最好的，因為心臟病往生，突如其來，不到四十歲就過世了，對我們還在學《易》的人來講也是一個衝擊。這個卦是我算的，我算他是壯志未酬，突然往生了。可是，這個卦象對我們還活著的人有什麼啟迪呢？整個人生的奮鬥，不就是「不克訟」嗎？你能強爭過天嗎？二爻、四爻絕對爭不過五爻，然後四爻「復即命」，正是歸天的象；二爻「歸能逋」是鑽到地洞去，正是入穴的象。「歸天入穴」，都因為「不克訟」，所以要懂得

「復」、懂得「歸」。從這裡面去觀察人生，才可以平復你對「不克訟」的悲觀，活著的人還有好多事得做，還得挑起「邑人三百戶」的責任！你不可能永遠沉溺在「不克訟」的環境中，你必須跳脫，慢慢恢復正常，切實的「歸」、「復」。這是從訟卦二、四兩爻人與天爭超越出來的「觀」，可以提醒我們想得更深更遠。

訟有各種形式樣貌，有時候時間會拉得很長，誰佔優勢、誰佔弱勢，誰受欺負，誰最後得到平反？都很難講。所以千萬不要因為一時受挫就跳樓、燒炭，永遠要學烏龜、學蓍草，活得長是第一要義，活得長才可以把人生往遠處看；遍歷盛衰興亡，才能從裡面琢磨出一些自然的道理。活太短看太短，千萬不要因為一時得失就痛苦不堪，或者做出激烈的行為。《易經》訟卦、師卦教我們永遠要敬慎不敗，穩住陣腳，敗而不潰，因為敗也不見得是永久的。

占卦實例2：一千年以後有關文明的三個卦象

人類文明再發展一千年會是什麼樣子呢？卦象怎麼說？既然學了《易經》，這些疑問就是自然而然的了。一千年後就是西元三千年，下一個千禧年，人類文明是不是依然分東、西兩大文明系統？人類文明能否學到一些教訓、走上正途，是繼續稱霸殺戮，還是走上世界和平的大同之世？回顧過去一千年西方文明的表現和東方文明的發展，西方文明堅甲利兵，東方文明則處處受氣。未來一千年，西方文明的發展還是「天水訟」（下圖），以「訟」（爭訟、爭奪、搶資源、爭霸）為核心，但也有轉機出現，六爻、五爻都動，其他爻不動。所以，再發展

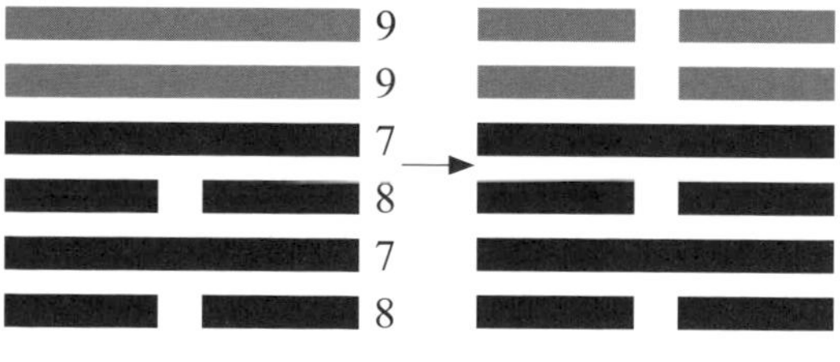

訟卦　　解卦

一千年，西方文明的發展還是訟，只是形式更多樣了，有軍事的、經濟的，甚至是文化的侵略，但是利益不可長保，具有高度不穩定性，而且最終也不能脫困，因為冤冤相報，解決不了真正的問題。不過，野蠻的西方文明特性，經過這麼多年，也有了第五爻的思維了——「訟，元吉」；不再只是製造問題，也開始設法排難解紛、解決問題。所以西方列強大國，一方面還是有根深柢固、爭鬥到底的第六爻，可是也有代表反省良心，希望「訟，元吉」，而「利見大人」的第五爻。兩爻齊變就是真心解決問題、不再重蹈覆轍的解卦。因為主要變數不是未必能掌權的第六爻，而是確定會掌權的第五爻。換句話說，一千年後的人類文化雖然還有一些極端分子會製造衝突，可是利見大人、排難解紛的主流勢力還是很強。這麼一綜合，利多利空，整體還是訟中有解，有和平共存、赦過宥罪的可能。

東方文明未來一千年的發展，也是和解的解卦（䷧），應在第四爻，爻辭是：「解而拇，朋至斯孚。」就是把包袱拋掉，和全世界交朋友。「孚」，就是講信修睦、信望愛。東方思想文化本身就有這樣的基因，幾千年前就主張稱王而不稱霸，希望用王道取代霸道。換句話說，一千年以後，西方文化雖然在「訟」的氛圍之中，但因為有部分反省的聲音出來，所以最終走上和解之路。這可能是世界文化相互感染的結果，一貫主張和解的東方文化再過一千年剛好是解卦第四爻，所以就促成西方文化的訟中有解象。這個答案很有意思，非常符合實情。

另外一個問題就是，一千年以後，整體的人類文明會是什麼面貌呢？答案是地天泰的泰卦（䷊），完全不變的泰卦，意思是世界大同，天下太平，國泰民安。這是東、西方互相影響的美好結果。看到這個卦，我覺得我們現在應該都去冷凍，現在全世界「訟」得這麼厲害，不光是國與國訟，人與人訟，人也跟天訟，你看環境這麼糟糕，生態破壞這麼嚴重。人甚至還在跟鬼神爭，大家在搶什麼地方可以安葬。現代世界最要命的就是「爭」，一個「訟」和一個「師」的想法，搞得天地不寧，鬼神也不寧。假定在文化互動之中把它根治了，那當然就是「泰」了。但現在大家活得多辛苦！你要是不想過現在這一千年，除非把時針撥到西元三〇〇〇年，然後一場大夢，一千年後人家把你解凍，睜眼一看，世界一片安泰，沒有戰爭。也有人講，會出現「泰」，可能是因為出現外星人，所以大家就得同心協力進行地球保衛戰。那大家現在為什麼鬥來鬥去？因為外面沒有敵人，一旦有共同的敵人，馬上捐棄成見，不然大家沒得活。再發展一千年，人類科技會進步到什麼程度？能源問題、生態問題、生物科技等相關問題，現在都面臨非常急迫的階段，但千年之後有可能走上泰卦的坦途，說不定已經有取之不盡、用之不竭的取代能源，石油灑在地上都沒人要了。泰卦還有一層意義，就是人們可以往地球以外各處去探索，因為天地交泰，可以太空移民。根據我們現在掌握的科技，人這一輩子想去宇宙太空旅行，依然有很大的限制；即使再發展一千年，若僅透過火箭、太空船，連走出太陽系都有困難。泰卦的出現說明人類會在宇宙中發展新的接觸，有進一步開拓的機會。但是話說回來，一千年後我們說不定已變成出土文物，現在擔那麼多心也無濟於事。只是從一千年的觀點來看，人類大可不必擔心，因為人類應該有智慧可以從訟的習染中解脫，東方文明最終會影響西方文明，使得世界走向太平。

兵機韜略——師卦第七（䷆）

師卦的來由

師卦是《易經》象徵軍事戰爭、組織衝突的一個卦。戰爭與組織衝突自古有之，自有人類以來就沒有斷過。所以在《易經》第七個卦，經過上經天道演變的自然發展，衝突很早就出現了，而它的出現，跟前面的訟卦有直接的關係。「訟」的「言之於公」，止於互相叫罵，或者氣氛不協調的談判，還是君子動口不動手的衝突；但是到了師卦，表示爭訟不能解決問題，可能會進一步產生暴力衝突、引發國際戰爭。所以，訟卦的最後一爻就很值得警惕，因為《易經》的每一卦基本上都銜接得很緊密，一卦接一卦，一爻接一爻。師卦極有可能就是訟卦吵得不可開交，沒辦法解決問題的時候，就面臨戰爭的邊緣。所以訟卦上爻是「其道窮也」，然後「或錫之鞶帶，終朝三褫之」；一個高度不穩定的狀況，人與人之間的互相尊重都沒了，稍有不慎，擦槍走火，就進入慘烈衝突、流血千里的師卦。所以訟卦上爻爻變是困卦，這種爭伐、搶奪，不管爭到沒爭到，結果都是困局。這就是師卦基本的來由。「訟」就是「師」的前兆，所以在「訟」的階段，大家都戰戰兢兢，就怕它發展成「師」，但事情的發展往往是你越不想發生，它偏偏就發生了。

國際新秩序的建立：師、比二卦卦序的發展與分析

在師卦六個爻的實際操作歷程中，包括師卦的卦辭、卦象，因為涉及戰爭雙方的勝與負，就要結合兵法、戰略來闡述這個特殊的卦。戰爭的目的是為了求勝，求勝當然就要講兵法、講戰略。師卦看著簡簡單單，也沒幾個字，但透過卦中卦與卦爻的變化，卦象之中可以看到非常豐富的兵法思想。《易經》畢竟是中華學術之母，是無窮創意的來源，兵法強調的重大原則，差不多都可以從簡單的師卦卦象，還有它的錯卦、綜卦、爻變衍生出來。這就是《易經》了不起的地方。

無論勝負，戰爭總會過去，國際之間經過一場世界大戰，一定會產生變化，所以戰後的和平與國際秩序需要重建。像第一次世界大戰和第二次世界大戰都是人類文明發展的不幸經驗，兩次大戰之後，整個國際形勢重新洗牌，贏的國家出牌，以苛刻的條件逼迫戰敗國割地賠款，形成不平等的世界秩序。二戰在一戰之後不久爆發，主角還是德國；換句話說，二戰的爆發，與一戰之後英法等戰勝國家對待戰敗的德國過苛不無關係；當時德國被壓榨到民不聊生、苦不堪言，所以它才會起來反抗。剛好一九二九年美國經濟大蕭條，在當時還算比較單純的國際貿易環境下，卻也導致全球的經濟蕭條。當時的美國總統羅斯福在美國國內推行所謂的新政，試圖振衰起弊；歐洲則逼得希特勒快速崛起，結果引發第二次世界大戰。第二次世界大戰造成死傷慘重，是很不文明、很不人道的，但它卻間接解決了當時經濟蕭條的問題，因為戰爭是最大的消費，武器生產了又破壞，青壯人口全部都當兵去，一次就解決了所有失業問題，而且前仆後繼、消耗率甚高，根本就沒有就業問題。最後歐戰勝利，日本也投降了，當時全球美軍實際參與作戰任務與後勤軍事人員超過一千萬。在承平時代，沒有一個國家能養得起這麼龐大的軍隊；即使養得起，一旦退役復員的費用也相當驚人。可是在戰爭時期，這些問題都不存在。那麼就有人問，

我們現在面臨比一九二九年還大、還可怕的全球性金融風暴，難道也要靠戰爭來解決嗎？我們當然不希望！而且，現在要爆發這種大規模的世界大戰，條件並不具備，因此誰也不敢輕舉妄動，但是局部的戰爭並沒有中斷過，像伊朗、朝鮮、美國，時不時來一點劍拔弩張；然後國際恐怖主義和治安問題形成的國內恐怖主義，也不時出來騷擾各國。

不管怎麼講，打仗是一回事，打完仗之後，怎麼和平處理後續問題，重建新的國際秩序，就非常需要高瞻遠矚的智慧，不然，一次大戰打完，可能馬上激發第二次世界大戰，造成更多死傷。那就是師卦之後的比卦（䷇）。比卦講合縱連橫的外交策略，希望建立一個可以杜絕戰爭、和平調解國際秩序的國際聯盟。可是這個機構也無法處理幾個戰勝國想要壟斷、主導世界的稱霸心態，所以還是不能真正解決問題。所以一戰後國際聯盟在歐洲要調解英法與德國之間的仇恨衝突就徹底失敗；在亞洲要制止日本侵略中國，也徹底失敗了。這完全是師卦之後的比卦問題，戰後國際合作的架構失敗，是因為智慧不足。

軍事與外交絕對是一體的兩面，聯合國一直保存到現在，倒也不是全無貢獻，它的功能發揮到什麼程度，當然見仁見智。聯合國就是國際合作的架構，希望用談判、用條約、用種種權利義務的關係代替戰爭殺戮，解決國際糾紛。需卦是資源分配不均，訟卦就是產生衝突，師卦是慘烈的戰爭，最後當然希望能和平解決問題。但是任何一個國家都有它對主權堅持、國家利益的種種考量，要擺平很不容易，因此需要公正的仲裁機構，需要「利見大人」；聯合國就是在二戰的教訓下成立的，這就是比卦。現在，即使有區域性的戰爭，包括朝鮮戰爭、越南戰爭、伊拉克戰爭、阿富汗戰爭，也絕不希望有第三次世界大戰，這就是比卦的外交談判、國際合作，多多少少取代了大規模的軍事衝突。當然核武的發明也是一個關鍵的因素，二戰的原子彈把日本炸得個稀里嘩啦，這給人類文明帶來很大的衝擊；直到現在，這種「恐怖的平衡」竟微妙的避免世界大戰的發生。大家都知道，冷戰時期美蘇兩個超級大國的核武競賽，可以把整個地球毀滅好幾十次。如果大國之間真的爆發這種互相毀滅的第三次世界大戰，誰都別想活。在這種「恐怖平衡」之下，使得傳統戰爭後，誰也不敢用核武解決問題。人類文明的發展，在這個世紀有很多現象是很有趣、很值得觀察的。

從《易經》來講，師卦的戰爭結束後，透過比卦的國際仲裁機構，以外交取代軍事衝突，建立戰後國際和平秩序，能不能徹底解決人類的紛爭？按照卦序來看，比卦後面是小畜卦（☴☰），是密雲不雨、以小博大，在夾縫中求生存的小畜卦；也就是說，成效很有限。每個國家都想要依靠國際外交解決問題，所以一定會有些幫助；而且，因為與強國建立外交，實力也小有增加，這就是「小畜」。就像存錢，資源會慢慢累積，但是很有限，而且小畜卦是「密雲不雨」，《易經》是用流血和下雨來象徵戰爭與和平的。「密雲不雨」，說明要真正和解並不容易，搞不好還會爆發流血衝突。小畜卦其實是可和可戰的，換句話說，比卦仍有其限制，當然比師卦好，但後面是小畜，國際情勢基本上還是很悶，到處有地雷，充滿衝突的危機，無法快速進展為象徵國際和平的泰卦（☷☰）。泰卦是第十一卦，小畜卦後面還有一個履卦（☰☱），履就是在小畜的時候儘量避免衝突、避免流血，然後經過比卦的國際和平仲裁，讓大家知所戒慎，不敢為所欲為；但並不代表很多事情都處理了，而大家簽訂的各項協定，各方能不能確實履行國際合約呢？這就是履卦。這樣就把卦序串起來了，需、訟、師、比、小畜，後面還有一個履，就落實到實踐的階段。有很多簽約都是僅供參考的，有些強國或者那種賴皮的甲方、乙方廠商，不願實現義務，導致和平無法確保，再又引發衝突。所以在比卦之後的小畜卦仍未能完全解決國際紛爭，必須到履卦，大家都會奉行彼此之間的協定，才會抵達泰卦的國泰民安、世界和平。所以和平真的不容易，《易經》經歷十個卦才創造一個「泰」，可是持盈保泰也不容易，轉瞬之間，「泰」就可以變成「否」（☰☷），這叫「泰極否來」。讀到否卦就有點不想活下去了，因為辛辛苦苦熬過十個卦才創造一個泰卦，但是從泰卦直接就掉到否卦；經濟也好、政治也好、人生很多事情就是如此，真的很不好混！要創造一個榮景，不知要花多少工夫去拚，拚來的繁榮好景，又不懂得珍惜，驕奢淫逸，可以一夕之間敗家，破壞快得不得了。像要建設紐約的雙子星，絕不是簡單的事情，要累積好多資本主義社會的財富，但「九二」恐怖攻擊後，幾個小時就整個垮掉；那些百年老店、快兩百年的大企業，你以為它會千年不倒，可是要倒閉的時候，排頭馬上變排尾。所以通過《易經》，我們可以得到一個警示：建設好難，破壞好容易。所以人生真正要成功，要得善終，真的要有大智慧，不然很不容易。好，卦序的原理先講到這裡。

師、比互為綜卦的競合關係

師卦、比卦的軍事外交是一體兩面，這是基本常識，為了解決衝突，一是用打的，一是用談的。既可以是打完再談，也可以是邊打邊談。也就是說，有打的一面就有談的一面；有談的一面，也可能暗含著打的一面。打打談談、談談打打，打是談的籌碼，要是沒有實力，弱國無外交，打的實力才是談的本錢。這就是綜卦的意思。當戰爭不能真正解決問題時，衝突雙方就希望用和談的外交手段取代軍事行動，用外交部的努力替代國防部不能解決的問題。戰爭的消耗是巨大的，任何一個國家不可能經受得起長期戰事，而外交的消耗再怎麼折騰也貴不過戰爭的費用，所以戰爭雙方都希望用低廉的成本、用和平的方式解決紛爭。但是如果沒有一定的軍事實力，怎麼跟人家談，誰會理你？所以師卦也是比卦的後盾。

不僅在軍事上存在著衝突，企業與企業、組織與組織、個人與個人之間常常也是師卦、比卦兩種基本互動關係。一種是衝突，跟你競爭；一種是跟你合作，甚至有時候可以跟敵人合作，組織統一戰線；或者是聯合次要敵人，打擊主要敵人。這種既競爭又合作的關係，就是「競合關係」。所以競爭和合作（師卦跟比卦）的關係並非截然兩分，這就是綜卦的意思。你要懂得巧妙地綜合運用，取得己方的最高利益；用師卦的實力威懾，轉換成談判桌上的利益，並以談判取代衝突，以免「龍戰于野、其血玄黃」，落入兩敗俱傷的可能性。

面對師卦、比卦，一定要了解相綜的用意，交相為用，甚至有時候像既競爭又合作的政治姿態，或者既和談又打仗的姿態，都不要太認真；因為每一個動作、每一種講話都有「雙聲道」，裡頭可能同時有競爭和合作的意義。所以師卦、比卦的卦象很簡單，我們看師卦，快要衝突了，把它轉一百八十度的角度一看，就是比卦，其實是要合作。這就是綜卦的意思。不同的角度，不同的立場，可以看到不同的卦象。那到底是要打還是要談呢？都有可能。也就是說，你不要老是站在一個固定角度看問題，那樣很容易產生偏執。看到「師」就要想到「比」，因為兩者根本就是一體的；轉換一個觀察角度，即「師中有比」、「比中有師」，可以做出完全不同的解讀。換句話說，兩國之間即使有正式的外交關係，可是中間這種師卦的小規模衝突，永遠都會存在，永遠都是打一打就去談一談，談一談發現對我不利，接著再打一打。

縱橫天下：師、比應用的智慧

比卦之「比」，我們不要誤會，以為是要合作，要互助，要談判，要經貿往來，甚至要更進一步發展緊密關係，會不會被併吞了呢？這個擔心也不無道理，因為比卦畢竟還是兩個獨立的個體，並沒有合而為一。《說文解字》云：「比，密也。二人為从，反从為比。凡比之屬皆从比。」「比」字像平行線一樣，你要做生意，我也做生意；你要表示善意，我也表示善意。如果是採取對抗，各行其是，背道而行，越行越遠，那就是北方的「北」，打仗就可能敗北。比卦就不容易起衝突，而是附和、聯合。

「比」是介乎中間的，他們的利益是平行的，國際上大國與小國是互相依附的，大國需要小國的資源、市場或廉價的生產力；小國也需要大國，就像戰後很多國家都投身到美國的庇護下；像日本就佔了便宜，自己少養軍隊，拚命發展經濟。那就是比的關係。可是你是你，我是我，各自主權分明；就像一塊大石頭、一塊小石頭，並沒有融合成一個東西，只是靠得比較近，有彼此利益的互動。這就叫「比」。

在春秋戰國時代，師卦的活動與比卦的國際聯盟、國際合作，可謂是縱橫捭闔，也是非常精彩的一個時代。那個時代人才輩出，尤其是戰國的「縱橫天下」。大家知道，中國歷史上有縱橫家蘇秦、張儀，也有兵家孫武、孫臏、吳起。尤其到戰國的時候，蘇秦、張儀之類憑著三寸不爛之舌，遊走各國，說服國君組成國際聯盟，或者合縱，或者連橫。蘇秦促成六國合縱，齊力合攻秦國（尤其是商鞅變法成功之後的秦國），這就是一種國際合作的狀態。後來被張儀拆解連橫，六國中某些國家轉而依靠大國秦國。這在春秋戰國時代是很精彩的國際競爭，也造就大量的人才、大量的故事、大量的職業外交家；也產生大量的戰將和兵法家。許多精彩的思想著作，一直到二十一世紀的今天還是顯學，相關的研究持續不斷；尤其現在全球面臨息息相關的局面，在戰爭或外交、衝突競爭與合作之間，每天都有新的變化。所以師卦、比卦是非常實用的，從個人的小範圍而言，若能靈活運用在職場生活、人際交往、組織互動上，可以為自己爭取到最大的利益。

戰國時候，鬼谷子是一個頗為神秘的人物，蘇秦與張儀、孫臏與龐涓都是鬼谷子的學生。孫臏、龐涓是兵法家，蘇秦、張儀是縱橫家、外交家，都是鬼谷一門傳下來的。換句話說，鬼谷子就是師卦與比卦的代表。當然，懂外交的不能不懂軍事，因為少了師卦的思維，而要進行比卦的活動，那是不可能成功的；同樣，懂軍事的也不能不懂外交，那些首屈一指的兵書，就有很多外交的思維，《孫子兵法》尤為明顯。因為戰爭是一個綜合的活動，一定要有整體的考量，不能只從軍事的角度考慮，還要考慮政治、國際外交等。鬼谷子就是這麼一個代表，在富國強兵、彼此互相爭霸的時候，他的學問尤為實用。也就是說，要想縱橫天下，懂軍事的一定得接受外交訓練，懂外交的必須懂得戰爭的攻防，在戰國爭霸的時代，這才是有用的人才訓練。

這些人憑著言談的話術和揣摩術遊走於各國，到底有沒有貢獻呢？如果你讀《孟子》，就會發現，孟夫子對蘇秦、張儀這類人是大肆批判，他說這些人不是大丈夫，完全迎合老闆的需求，給自己取得高位。這也是吃不著葡萄說葡萄酸，因為孟子搞了一輩子，周遊列國，啥也沒成。而蘇秦、張儀提出的國際外交方案，至少維持了大概二十多年的和平，這是最合乎老百姓需求的。當然這些人的確是為了自己的榮華富貴，而不是真的為老百姓，但他們那種智慧設計的方案，對天下情勢瞭若指掌，對於要說服的對象（國君）心理狀況也瞭若指掌，見面一次就搞定，那也是真本事。談判前的種種準備，臨機應變的智慧，這是談判者一定要學的。這些人既然透過合縱連橫的外交努力，締造了當時很長一段時間的和平，所以還是有實質貢獻的，這一點孟子卻無法辦到。

用戰國時代的歷史事實，印證《易經》師、比兩卦相綜一體的意義，就可以更真切的了解它們之間密不可分的關係了。

從霸道到王道：師、比的錯卦思維

師卦、比卦的錯卦又是哪兩個卦？錯卦為六爻全變，分別是同人卦（䷌）和大有卦（䷍）。軍事與外交基本上是為了富國強兵，是爭霸用的。如果能用外交談判解決問題，就不必打仗了。所以這兩者一定是合用的，但不管是師卦的戰爭還是比卦的外交，歷來世界大國將這兩種不同的手段交相運用，基本上還是一個稱霸的心理。美國幾乎是戰後多年的國際霸主，他要打誰就打誰，他要當國際警察，訂立各種盟約，自己卻不見得完全遵守。所以他基本上就沒有擺脫稱霸的思維，這也是世界禍患不斷的原因之一。我們前面損孟子無補於當時的實際局勢，這個批評未必中肯，從締造永久的世界和平來講，他講的一些大道理還是對的；所謂王道政治、王道思想，世界和平，萬國咸寧，締造永久和平，不再蒙受戰禍，這當然是人類夢寐以求的。但是，要怎樣才能實現呢？

師卦、比卦通過六爻全變產生的錯卦，就是王道政治。「地水師」六爻全變是天火同人卦；「水地比」六爻全變為火天大有卦。錯卦是截然不同，思維整個都變了，由霸道思想轉成王道思想。「同人、大有」就是講世界大同，〈禮運大同篇〉的內容全在這兩卦裡面。「大道之行，天下為公」，同樣是人，理應大家都有人權，小國也有生存權，不許強凌弱、眾暴寡。「同人、大有」裡面有離卦、乾卦；離是文明的象，乾是天道的象徵。天道無私，好生不好殺，所以師卦、比卦如果六爻全變，轉換整個思維，就可以由霸而王。我們衷心希望，未來中國崛起，能擺脫長久以來西方列強包括現在美國的稱霸想法，因為稱霸不能真正解決問題，反而會帶來更多問題；不管是軍事征服、經濟、文化侵略都一樣，美國就是一個例子。「同人、大有」的「眾生平等、眾國平等」，才是長治久安之策。所以，中國崛起後，不能只求富國強兵，儘管GDP後來居上，若還是稱霸的心態，對全人類的發展沒什麼好處，只是換人做老闆而已。所以一定要在硬實力的國力興起後，徹底揚棄階段性的師卦、比卦稱霸的思維，將「同人、大有」的王道思維逐步落實，這才有意義。不然你追趕一百年，最後只是換人稱霸，換人做老大，用大拳頭欺負別人，這不是中華民族的精神。

師卦、比卦的策略，怎麼談，怎麼打，怎麼給自己取得最高利益，當然值得重視；但是要知道，師卦、比卦的稱霸思維是有侷限的。自古以來稱霸的如秦皇漢武、亞歷山大，以及法國的拿破崙、德國的希特勒，沒有一個最後是成功的，反而造成更大的破壞。所以儒家長期提倡的王道思想是有道理的，總有一天人類文明會往這個方向演化，人類社會長期的問題才有徹底解決的希望。我們從《易經》可以了解，這並不容易，它是師卦、比卦六爻全變的錯卦思維。鄧小平當年講中國不管怎麼發展，永不稱霸，這就是大徹大悟。稱霸絕沒有好結果，無一例外。如果有稱霸的實力而不稱霸，反而推動「同人、大有」的實踐，那真是萬家生佛，締造文明真正的歸宿。

師卦、比卦通過六爻全變成為同人、大有二卦並不容易，但是在《易經》卦序中，這四個卦也不是隔得那麼遠。同人卦、大有卦是第十三、第十四卦，師卦、比卦第七、第八卦，中間只隔了兩組卦，所以要實現這個夢想也不是烏托邦。按照卦序的思維，師卦、比卦之後形成小畜卦跟履卦的格局，如果大家都可以遵守承諾，履行合約，接著後面的泰卦、否卦當然是天翻地覆、天旋地轉的乾坤大挪移；但否卦後面就是同人、大有，世界大同。這一點，我個人很有信心會在我的有生之年發展到一定程度，當然我也要想辦法活得長一點啦！

兵機韜略

接著我們談一下師卦中的「兵機韜略」思想。「機」是《易經》的重要思想。機者，當機立斷、見機而作、隨機應變；我想用六個字來概括：計、謀、韜、略、策、猷。對中國傳統思想、傳統智慧謀略有興趣的人，不管在政壇、在商場，還是在人生形形色色的變化中，這六個字的意義都值得高度重視。

師卦、比卦的思維也不離這六個字。

首先我們看「計」和「謀」。《孫子兵法》第一篇是〈始計篇〉。我們在訟卦就講過了，「君子以作事謀始」的「作」就是《孫子兵法》第二篇〈作戰篇〉；「謀」是《孫子兵法》第三篇〈謀攻篇〉。「始計」是沙盤推演、精確計算；「作戰」是軍費預算，若經濟實力不足，焉能有強兵？因為戰爭是非常大的消耗，該準備多少錢打仗，都得先算好，不能輕啟戰端。「形」是第四篇〈形篇〉，「勢」是第五篇〈勢篇〉，「虛實」是第六篇〈虛實篇〉。形、勢、虛實，正是《易經》的核心思維。陽實陰虛，陽大陰小，陽剛陰柔；然後「品物流形」講「形」；「地勢坤，君子以厚德載物」講「勢」。《孫子兵法》講形、勢、虛實，有形就有勢，有了形勢就有虛實，那是兵法的核心。前面講真正作戰前要深謀遠慮，先確定大致的作戰方針；到〈謀攻篇〉時，就提出兵法的最高境界——「不戰而屈人之兵」，最好是兵不血刃，和平解決。這是西方的兵法思想所沒有的，也是孫武獨樹一幟之處，他用最低廉的戰爭成本，爭取和平，保全所有資源，不僅保全我方，甚至也保全敵方，保全自然環境和歷史文化，這個思維就很高了。

「計」跟「謀」有什麼不同呢？一個是「言之十」；十方，佛教講十方，就是面面俱到。「言之十」就是沒有任何遺漏，我方的、敵方的、天地自然環境等等，所有該算到的在戰前全部要算到，這就是「計」的意思。「謀」是提出一個理論，發表一些言論主張，提供一個企劃，它是「某之言」，不是全方位的。全方位的「計」是在剛開始就提出所有可能的好幾個方案，可是最後不可能每個方案都執行，必須經過討論，選擇其中一個來執行，那就叫「謀」。所以一定先有「計」才有「謀」，如果沒有經過比較，直接就「謀」，怎麼能確定哪個最好？比較過後形成的才能叫「謀」，並且確切執行。這就是由計到謀的意思。三十六計也跟《易經》關係很深，裡面就有《易經》的卦象，雖然不是很高明，但光一個「計」就有三十六種，真的是「言之十」。

我們再看「韜」和「略」。「韜」是陰謀，要有包裝，不要讓人家知道你的真實意圖。「韜」的本意是兵器藏在「韋」之中，「韋」是熟而軟的牛皮。平常利器是不出手的，藏在皮套子裡，就像坤卦的「含章括囊」，等到時機成熟才出手，一出手就要達到目的。因為隱藏得很好，所以平常別人根本無法察覺，這就叫「韜」，所以它是陰謀；就有一本重要的兵書叫《六韜》，意思就是如此。還有一本叫《三略》，據傳是黃石公的著作。「略」的原義是各人有各人的田，國界、疆土一目了然；衍生義就是不必太詳細，只要綱要清楚就好了。就像現在的簡報，尤其給最高領導人的簡報，通常都嚴格限制不可以超過一頁A4的紙，綱舉目張，幫助最高領導人快速掌握大局。要是寫得又長又臭，重點也不清楚，任何領導人都無法立即決策。二次世界大戰期間，邱吉爾就是一個了不起的人才，他嚴格要求下面給他的簡報不可以超過一張紙，有時只准寫半張紙。這就是「略」的功夫。

另外補充一下，《六韜》是非常重要的兵書，偽託為姜子牙所作，其實成書年代約在戰國時期。武王伐紂是革命戰爭，必須小心隱藏自己才不會被鎮壓，所以不可能是姜子牙所作。而《六韜》包括〈文韜〉、〈武韜〉，裡面記載姜子牙跟周文王、周武王討論伐紂的革命戰策，後面還有取象於動物的〈龍韜〉、〈虎韜〉、〈豹韜〉、〈犬韜〉。

接著看「策」和「猷」。占卦的蓍草一根就叫「一策」，像《戰國策》，也是戰國時代很有名的書；是政治活動的經驗，對當時國際形勢、國際問題提出整套方案，經過周詳的計畫，對那些國君進行遊說，還要可執行、可操作，不能只有計畫。所以「策」字也有鞭策的意思；提企劃的人，要有說服力，老闆同意了，你就要負責執行。從企劃到執行是整套方案，從理論到實踐，如果進度落後，還要鞭策，這就是「策」。《戰國策》就是記載這些東西；將遊說的方法、進行的步驟等做嚴密的量化資料。「猷」則近乎一種「謀」，但不只是從軍事方面考慮，而是更全面地為定國安邦做出整體的謀略。

「大衍之術」的陰、陽、老、少機率分析

我們在「大衍之術」一章中，講到占卦有陰、陽、老、少，即老陰「六」、少陰「八」，老陽「九」、少陽「七」。在春夏秋冬的四季變化中，夏天變秋天是「九」變「八」，老陽轉少陰；再繼續降溫到冬天，從「八」變「六」，為老陰。冬盡春來，陰極轉陽，「六」變「七」，是老陰變少陽。往後溫度慢慢增高變成夏天，由「七」變「九」，是由少陽變老陽。由少陰變老陰，或由少陽變老陽，只是陰寒或陽剛之氣越來越盛，那是一種量的變化；可是「九」變「八」、「六」變「七」則是質變，所以在這些時間點的養生要特別注意，因為它是從陰轉陽、寒轉熱的時候。就如十二消息卦中的大壯卦（䷡）是陰曆二月，半年之後的觀卦（䷓）是「八月之凶」的陰曆八月，都要特別小心。因為觀卦是夏天轉秋天，就是「九」轉「八」的時候；大壯卦是「六」轉「七」的春分時節。其實，自然的機率就是這樣，蓍草占卜的程序，當然就有數理的規律，陰陽各半，像擲銅板一樣。出現機率最低的就是「六」，因為陰的東西要變成陰極轉陽是很不容易的，而陽極要轉陰的機率比它高三倍；十六次裡面有三次會出現老陽，只有一次是老陰，出現最多的是少陰。所以你占一個爻，十六次裡面有七次會出現不變的陰爻，有五次會出現不變的陽爻，所以得「七」跟「九」加起來就是十六分之三加五，就是二分之一；當然十六分之七加十六分之一也是二分之一，跟擲銅板一樣，陰陽絕對是一半一半。如果沒有大規模戰爭，世間男女、雌雄的比例也是各半，這是自然分配的機率，可是如果要找「變」跟「不變」的比例，不變的「七」跟「八」，出現的機率占四分之三，可見這個世界總是相對穩定、沉默的大多數居

多；主導變化的「九」跟「六」，是少數極端的特殊狀況，是在非常時期、關鍵時期領導革命、改朝換代，加起來是十六分之三加十六分之一，佔四分之一。然而這四分之一的少數，是有變化創造能力的；四分之三的多數大部分是不變的。在管理上也是如此，不管好壞，百分之二十的人決定百分之八十的成果；百分之八十的人對整個組織的前途只有百分之二十的影響力。所以，文明的創造是靠「九」跟「六」突破，「七」跟「八」跟隨。

占一個爻要得到一個「六」，需要十六分之一的機率；要是連占六個「六」，那個機率是十六的六次方分之一。十六的三次方就是四千零九十六；要占到一個全陰的坤卦，機率就是十六的六次方分之一，也就是接近一千七百多萬分之一，那個機率是很低的。另外，我們占到一個卦，不可以同一個問題再占下去，如果你硬要繼續占，出現完全一樣的卦、爻，機率就是四千零九十六分之一。《易經》的變化類型是六十四乘六十四，四千零九十六就是這麼來的。換句話說，我這次在四千零九十六種可能的卦象、爻象中占到這個卦，假定我下一次再問，居然還是這個卦、這個爻，這樣的機率當然是四千零九十六分之一；如果連占三次還出現同樣一個卦、爻，就是一千七百多萬分之一的機率。這是理論上的推演，事實上，你若連占三次，就違反了蒙卦的戒律：「初筮告，再三瀆，瀆則不告。」大致如此，我們了解一下就好。

聰明睿智、神武而不殺

中國文化傳統，除了同人、大有兩卦是反戰的思想核心，也還有豐富的兵法思想，但總的來說，真能讓人心服口服的領導境界，是「聰明睿智，神武而不殺」這才是最高的武德。兵法的最高境界也是

「不戰而屈人之兵」，這必須聰明睿智，有最高妙的智慧才辦得到，所以孟子見梁襄王時曾說：「不嗜殺人者能一之。」真正要一統天下，不能窮兵黷武，不嗜殺人者才能行王道、統一天下。孔子寫《春秋》，也是反對戰爭、提倡和平思想。發動戰爭的人一定會高舉正義之旗，給戰爭道德上的合理性，然後把對方抹黑、妖魔化，可是孔子在《春秋》裡面拆穿這個謊言。整部《春秋》記載無數戰役，但沒有一場是正義之戰，所以孟子說「春秋無義戰」。總之發動戰爭就有罪，絕對不合正義。在《論語》的記載中，孔子所戒慎恐懼的三件事情，第一件是「齋」，就是祭祀。人跟自然、天地、鬼神的互動必須審慎，不可以嬉皮笑臉。第二件就是「戰」，戰爭衝突當然要謹慎，必須審慎面對。第三件是「疾」，就是瘟疫流行。「齋」涉及宗廟祭祀，象徵文化與政權的香火傳承，這是大事；戰爭也是大事，《左傳》就說「國之大事在祀與戎」。一個是香火相傳，是與先人所創造的基業互動。一個是人間的戰爭衝突，還有就是瘟疫流行，像SARS病毒或者金融「病毒」。這和西方哲學家齊克果說過人類命運的四個啟示差不多，即戰爭、饑饉、瘟疫，死亡。

國家大事，主要就是「在祀與戎」。師卦是談「戎」。《孫子兵法》第一篇就說：「兵者，國之大事，死生之地，存亡之道，不可不察也。」整個兵法，包括軍事戰爭、國防武備，都是國之大事。以和平為兵法的終極主張，這個王道思想是四書五經一貫的文化傳統，所以孟子除了講「春秋無義戰」，他對那些縱橫家的批判是很嚴厲的，他認為春秋戰國時代那些戰功輝煌的軍事人才是最大的國際戰犯，要處以最高的刑罰。他說：「故善戰者服上刑，連諸侯者次之，辟草萊、任土地者次之。」像二戰後的東京大審判和紐倫堡大審，納粹戰犯一直到現在還有些漏網之魚，雖已垂垂老矣，但落網之後還是要接受處罰，因為發動戰爭是最大的罪惡。

《易經》第一卦乾卦說「首出庶物，萬國咸寧」，這是理；可是到第二卦坤卦就是「龍戰于野，其血玄黃」，這就是勢。同人、大有是乾卦的天理，有離卦的文明，這個象自然是講和平的；師卦、比卦則是「龍戰于野」的坤卦，是實際形勢，因為人會迷失，「先迷後得主」，所以不講理，只講勢。師卦中有坎卦，坎卦多險，兵行險招，戰爭當然是最險的。所以由坤卦、坎卦所構成的師、比二卦，仍然是霸道；如果是由乾卦、離卦構成的六爻卦，就是同人、大有二卦，講文明，講天道、和平。這個相錯的卦例很值得玩味。

體用合一的意義

「北」就是敗北，軍事衝突導致兩敗俱傷，師卦與比卦都是「北」。先天八卦中，天南地北，乾南坤北，坤卦先天為體，就是北方（圖一）。後天八卦中，坎卦在北方，離卦在南方（圖二），所以水地比、地水師是體用合一，先天為體，後天為用，全部是在北方做衝突、對抗的準備，其實也是敗北的準備，因為「龍戰于野」，兩敗俱傷。天火同人、火天大有，則是天道跟人道，也是體用合一，既然我們重視乾卦天道之理，就應該發展人類文明

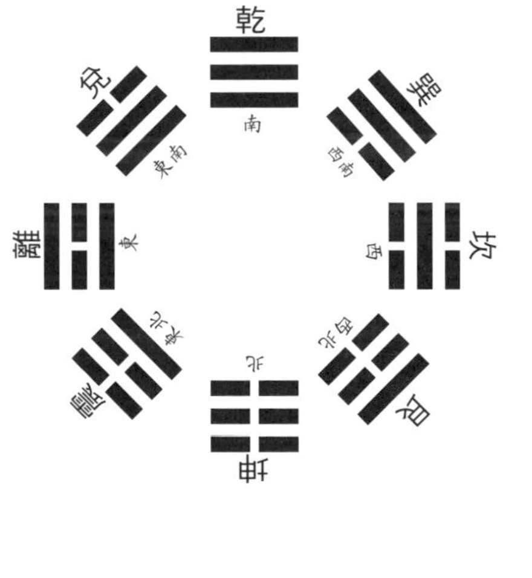

圖一：先天八卦方位圖

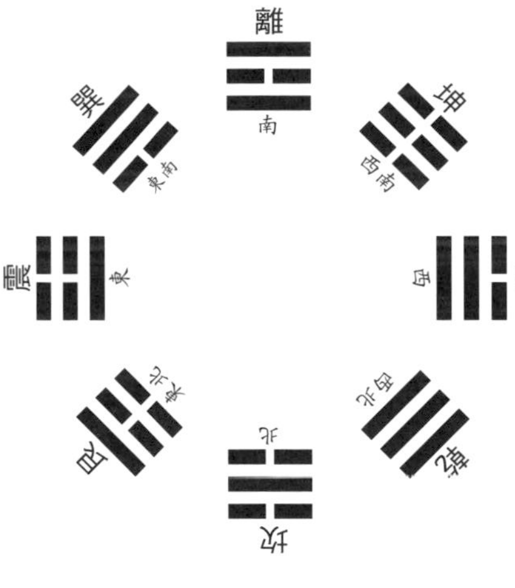

圖二：後天八卦方位圖

（離卦），用和平的理念建設人類文明，因為都屬溫暖的南方。乾卦在先天方位是南方，離卦在後天方位是南方，離南坎北，體用合一，象徵溫暖光明的日照。而坎水陰寒，是鬥志、也是鬥智。如何讓陰寒、充滿鬥爭險惡的師、比霸道思維，轉化成王道思維，讓人類世界成為天火同人、火天大有的溫暖、光明世界？在卦序中必須經歷一個「泰極否來」的轉換；然而這個轉換如果不徹底，痛苦、衝擊如果不深刻到一個程度，人是不會反省的。從一片榮景的「泰」一下子變成「否」，現在的世界經濟不正是如此嗎？資本主義的優點好像一下都變成弱點了，傷得這麼深，才會刺激人去想，接下來才有同人、大有的可能。所以，當大家發現ＡＩＧ（美國國際集團）那些肥貓的做法，連美國人都看不過去了，歐巴馬也氣得講不出話來。這就是從「泰極否來」的痛苦衝擊當中，產生「同人」的思想。都是人，責任、權利怎麼可以這麼不公平？所以否卦不見得壞，痛苦無比的否卦，反而孕育了同人、大有的思想，從師、比、小畜、履，到泰極否來，再到同人、大有；大有卦後面是更圓滿的謙卦（䷎）。謙也是和平的象徵，最後得善終，是六十四卦中唯一六爻非吉則利的一個卦。這就是卦序給我們的信念，前面一定有一些讓你刻骨銘心的衝擊，不然反省不會徹底。

坎之所在，險之所在

我的老師（愛新覺羅・毓鋆）文武全才，經驗豐富至極。國共內戰時期，「四平之戰」經歷幾次的反覆，戰火不斷，屍首滿街都是。他出門辦事，找不到地方下腳，沒辦法，只有硬著頭皮踩上去。他說那次之後，他就堅決反戰，覺得戰爭太可怕了，何況還是民族內戰。親歷師卦殺戮戰場的恐怖之後，任何劇烈的衝突，都會盡可能往比卦方面去想；如果將來可以「同人、大有」則更好。

要深入了解師卦，必須具備這些基礎的認識，包括錯卦、綜卦，還有交卦（下圖）的關係，即上下對調，內外轉換，關係很密切。像「水天需」、「天水訟」也是一個交卦的關係，比一般相綜的卦還多一層關係，都有坎卦，代表都有風險。不管是策略聯盟、外交談判，因為隨時可能翻臉，都是危險的。所以比卦的「比之所在」，也是「險之所在」；就像需卦的「需之所在」，也是「險之所在」。坎卦是流動不定的資源，同時也是無限的風險。要得到那樣的資源，還要保障那樣的風險不至於讓你翻船毀滅，這就需要高度的智慧。國際上哪有真的情誼呢？都是利害之交，這就是霸道思維的不足，缺乏對人性文明的尊重；大國小國互相利用，隨時可能翻臉，沒有永遠的敵人，沒有永遠的朋友。越戰打得那麼厲害，打完了，美國又得回去和越南做生意。商場如戰場，今天是朋友，搞不好下午就成為敵人；也可能化敵為友，雙方合作，組成統一戰線。所以人在比卦的合作關係上，可能是因為有共同的敵人，風雨同舟，這個關係就充滿危險。所以讀完師卦、比卦人生這麼實用的卦，跟各位講，世界大同的日子還早呢！那得像我的老師活這麼長才行。所以同人、大有二卦僅供參考，實際人生的每一天、每一分鐘都用得上師卦、比卦，鬥智、鬥力，充滿衝突。防人之心不可無，害人之心不可有，這就是師、比的實用價值。

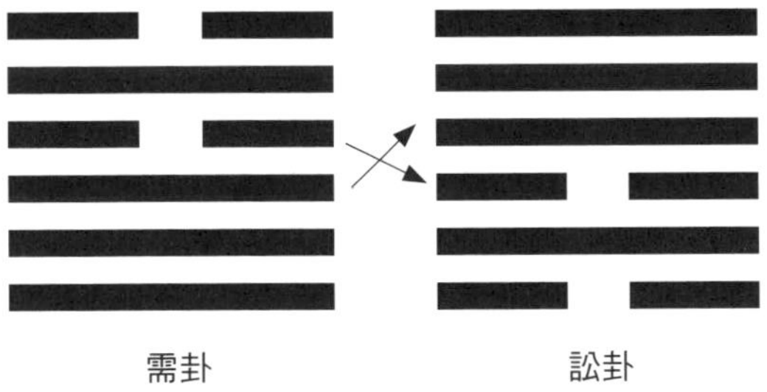

需卦　訟卦

比樂師憂

〈雜卦傳〉說「比樂師憂」，比起打仗衝突，交朋友是件好事，因為不必死人，可以合作，管他合作多久；戰爭就得死人，那是很值得憂慮的事，老百姓更不想。「比樂師憂」的前面是「乾剛坤柔」。宇宙間有強大、剛健的，也有比較柔弱的存在；而乾坤、陰陽、剛柔、大小、強弱、虛實之間要互動，互動的兩種基本關係，就是師卦的衝突或者比卦的合作。〈雜卦傳〉的卦序是一個橫剖面，「乾剛坤柔。比樂師憂。臨觀之義，或與或求」，這是把六十四卦做一個重新的排序；它是從本質上來定義六十四卦的，有人道的思維。〈序卦傳〉是從物種演化、生命的開端發展去演繹的。師卦、比卦是乾、坤之後必然發生的現象，所以要深入了解。這是〈雜卦傳〉的「比樂師憂」。

如果從正常的卦序來看，還可以得到一個啟示，誰都希望「同人、大有」的世界大同，可是理想的王道世界絕對不是一蹴可幾的，還得經過比卦、師卦的階段。文明的發展也是如此，由霸道而王道，因為人必須受到教訓，付出慘痛的代價，再從這裡面去找到出路。而且，沒有富國強兵，沒有師卦、比卦強大的軍事、外交能量，在那邊空喊「同人、大有」，也沒有任何影響力。實力才是有力的後盾，有實力的大國、大公司，可以不稱霸，不強凌弱、眾暴寡，才可能促進世界和平；所以霸道是一個必然的程序，大家要清楚。換句話說，孟子如果不能讓人家富強，他想推銷仁義道德，根本就不會有人理他。有實力才能由霸而王，按照自然卦序的發展也是這樣。這樣思考任何問題才不會迂腐，這是《易經》卦序給我們的思想觀念。

〈序卦傳〉說師、比二卦

〈序卦傳〉說：「訟必有眾起，故受之以師。師者，眾也。眾必有所比，故受之以比。比者，比也。」「師者，眾也」，就是勞師動眾，「比」就是比附結盟。像兩次世界大戰最明顯的就是分成了兩個戰線，一戰戰後是協約國跟同盟國，二戰戰後是同盟國跟軸心國。這也是「眾必有所比」，從剛開始的個體跟個體、國家跟國家的衝突，可能變成國際集團跟國際集團的衝突。「眾必有所比，故受之以比。」戰爭終有要打完的時候，打完之後還得談，還得重新劃定，各人有各人的田，戰後秩序的建立也得靠談判、靠外交，那就是「比」。「比者，比也」，就是我靠著你，你靠著我。「比必有所畜」，一「比」當然就有好處了，因為你有好朋友，有些資源你不具備，你可以從他那邊取得，然後彼此經貿往來，互通有無，所以你的實力資源就一定有所蓄積增加；「故受之以小畜」，但是增加得有限，因為彼此還是互相猜忌的，「密雲不雨」。因為沒有真正的友誼，還得勾心鬥角，有時候在同陣營中的同盟國之間還互相派間諜，跟敵國差不多。你要有這個透視能力，但最多只是「小畜」而已，還不是「大畜」。

師卦卦辭

䷆

師。貞。丈人吉，无咎。

師卦卦辭總共六個字：「貞。丈人吉，无咎。」「貞」乃固守正道，採取守勢，不侵犯人家。所以師卦之「貞」不是出征的「征」，而是不得已之戰；為了捍衛自己的資產、主權，再弱小都得抗敵，保家衛國，但基本上是採取守勢。從這個角度講，「貞」也算是師卦全卦的主導思維。一般看到師卦，總認為是要先動手，其實，從動口的訟卦到動手的師卦，先動手的，不管什麼藉口，開第一槍先動手打人的，總是理虧。很多戰爭都會找藉口，其實就是侵略，像盧溝橋事變就是日軍為發動全面侵華戰爭找的理由。

只有「貞」，採取防衛手段，而不是主動侵略，這樣才站得住腳。二戰時美國最後參戰就是如此，要向日本、德國宣戰，首先就得由國會授權，以什麼理由參戰。即使在戰爭開始時偷偷摸摸通過「租界法案」去幫助英國的邱吉爾，那是一回事，但是要正式宣戰，不是總統說了就可以，得國會通過。所以後來發生珍珠港事變，羅斯福總統提出宣戰，國會馬上就通過了；慷慨激昂，同仇敵愾，因為是正當防衛，必須回手。美國參戰的用意居心不管如何，表面看來還是被動防衛，在道理上站得住。英國的邱吉爾在獨立抗戰之後很苦，得知日本偷襲美國，美國宣戰，他就知道戰爭的結果已經很明顯了。因為那時還是機械戰的時代，鋼產量就可以決定戰爭的勝負，美國那時候的鋼產量九千多萬噸，日本只有七百多萬噸；所以邱吉爾看到美國參戰，就知道前面的苦都過去了。可見師卦最重要的原則是正當防衛，侵略人家怎麼講都有問題，所以每個國家負責軍事的叫「國防部」，你聽過哪一個叫「國攻部」的嗎？沒有。

可見，師卦第一個強調的就是戰爭的合理性——「貞」。《孫子兵法》第一篇〈始計篇〉就講「道、天、地、將、法」。「道」就是「貞」，為誰而戰，為何而戰，要講個道理出來。如果美國是看上人家伊拉克的石油，這就不合理，這是侵略；如果美國是幫助科威特，或者是保家衛國，那就是「道」。合乎「道」的戰爭，合乎「元亨利貞」的「貞」的戰爭，民意會支持，國會會通過。珍珠港事變之後美國參戰就是「貞」；九一一恐怖攻擊之後，九成以上的民意通過，那也是「貞」。因為我挨打了，我要還擊。所以「貞」之後就是「道」，在兵法中就是取得民意支持，「令民與上同意也」；老百姓與領導人同仇敵愾、萬眾一心，因為戰爭是合理的，民眾願意犧牲奉獻。

如果戰爭的理由正當，天時、地利、人和的大環境也具備，接下來就要挑選將才，在師卦就是最主要的那個爻——第二爻，那是在坎險中兵行險招，在最前線領軍作戰的軍事將領；那是師卦主爻，也是唯一的陽爻。在卦辭中這一爻就叫「丈人」。《易經》稱「丈人」的只有這裡。「丈人」代表這個主將真正有豐富的實戰經驗，而且不是好勇鬥狠鬥力的，是能夠鬥智的，有計策、韜略、謀猷的；因為練達實務，老成持重，所以有「丈人」的象。這樣的大將一旦接手保國衛民的正義之戰，他不會衝動，他可以完成政治領袖或國民的託付，所以他主持統兵的任務能取勝，這就是「吉」。不輕舉妄動、老成持重的「丈人」就「吉」，師卦中的「吉」就是獲勝。我們都不希望戰爭發生，但戰爭一旦發生，當然要設法求勝，而且師卦中沒有「孚」，不像在需卦、訟卦時，不到最後關頭絕不輕言放棄和平，所以需卦、訟卦卦辭有「孚」；師卦沒有「孚」，到比卦初爻才再出現。也就是說，在師卦的時候不可能跟敵人講誠信，要用盡一切手段求勝，即使欺敵也無妨。這一點，《孫子兵法》就直接說：「兵者，詭道也。」在鬥爭策略上有很多假動作叫「詭」，這是合理的，因為是戰爭就是生死相爭。還有句話說：「兵以詐立。」兵不厭詐。有「詐、詭」二字當頭，當然沒有「孚」。

「無咎」很重要。我們從一開始就講，《易經》是追求「無咎」的；因為吉、凶是相對的，一時的得失、勝負、輸贏，那都是相對的。「吉」後面還能「無咎」，才是有風度、有人性，這樣的勝利就可以持續長久而沒有後遺症。卦爻辭一般的「吉」後面沒有「無咎」，「吉」一段時間之後可能轉「凶」；今天賺了，明天可能就賠了。因為你這次賺的時候，手法太卑劣，贏得了官司或戰爭，卻贏不得人家的尊重；像「終朝三褫之」一樣。如果是光明正大取勝，贏得對方心服口服，戰後也不會苛刻對待落敗的敵人，後面就是「无咎」，不會像德國在一戰之後希特勒又發動二戰那樣。

可見，戰爭不只是取勝為上，因為軍事沒有獨立的價值，它是政治的附屬品，為了國家利益而戰，所以永遠是以政領軍，絕對不許軍人干政或是窮兵黷武。軍事只是執行國家政策，如果非要以戰爭的武裝力量來解決問題，它也要服從於政治需要。只有國家元首才可以宣戰媾和，軍隊是專業的執行政治任務的工具，絕對不能本末倒置。但自古以來，軍事的鬥爭力量就是一個特殊的現象，它可以說是一個殺人的工具，而且是合法的殺人工具，因為政治賦予它很多權力，所以一旦改朝換代，武力往往成為政治的威脅；領導者得了江山之後，就常有殺功臣或者「杯酒釋兵權」的事情發生。掌兵權的人最容易引起猜忌，這也是師卦提醒我們的。因此，第一，軍事不能脫離政治，必須以政領軍；第二，真正的將才不能只懂軍事，還得懂政治，譬如內政、外交；純軍事的動作，在軍事上好像是合理的，對當時敏感的政治局勢反而不利。一個大將不要以為敵人只在外面，你的老闆可能是你最可怕的大敵；你現在幫他打江山或者是領軍出征，打完了你就可能變成他的眼中釘；歷史上「狡兔死、走狗烹」的例子數不勝數，像文種、韓信都走上這條不幸的道路。要如何功高而不震主？要想不被自己人所殺，就得擁有「吉，無咎」的智慧，取勝之後，首先要確保國際和平，其次不要讓君臣之間窩裡鬥，那樣的代價太慘重了。

總之，有「吉」的取勝，後面還要有內外全方位「無咎」的智慧，至少要有自保的智慧。要用政治智慧去化解裡裡外外的鬥爭，這全是「丈人」——這一全方位的將才需要了解的。

「无咎」的智慧

師卦的「九二」是軍事領袖，跟「六五」那個政治領袖是相應與的，有一個授權付託的聘雇關係。戰爭之初，國家元首會很隆重地登台拜將，打仗的時候也是密切合作；但是打完仗之後，為將者就要想了，那時候不需要軍人了，要裁軍了。上面開始猜忌你了，如何應對？這些問題都要思考。所以戰前要想到戰後，甚至在戰爭之中，突然發現上面派人來了，說是要來協助你，其實是監軍，來監視你的。像明朝的皇帝就經常派一個太監，派一個不懂軍事的，名義上是督察，實際是來監視控制，看住那些有軍權的職業軍人。這種情況自古皆有，也是集權制度下天經地義的事。怎麼面對、怎麼化解？這都是「无咎」的智慧運用。若像岳飛那樣被十二道金牌召回去，後面還有秦檜的背後一刀，那樣的結局就太慘了。

可見，上陣殺敵盡可以逞英雄，但戰後別想得太單純，如果戰爭打完了，那還要將領幹什麼？裁軍或給你安排退休還算是好的，不然就會被幹掉。比較聰明的人就懂得「養寇」，強盜別打完，留下一點，你才不會失業，否則你的存在也沒有價值了。所以軍人有時候爭取預算，總要誇大戰爭的危機、敵人的強悍，這樣才可以確保他的價值。

這樣看來，戰後和平秩序的重建，戰後君臣關係的調節，都要想得很遠，想得很周全；要有化解問題的政治智慧，在「吉」後面還要「无咎」。換句話說，《易經》在講了「吉」之後，後面還有「无咎」，這不是重複，而是提醒你，「吉」後面不一定有好結果；「吉」之後還要有本領讓它「无咎」，沒有後遺症，這才是真正的智慧。像張良、范蠡都有這樣的智慧，事情做成功了，事後還能全身而退，可以不受其害，這才算功德圓滿。

師卦〈彖傳〉

〈彖〉曰：師，眾也；貞，正也。能以眾正，可以王矣。剛中而應，行險而順，以此毒天下，而民從之，吉又何咎矣？

能以眾正，可以王矣

我們看〈彖傳〉。首先是「師，眾也。」這就是勞師動眾的意思。「貞，正也。」即固守正道，遵守大的原則——為何而戰，為誰而戰。「能以眾正，可以王矣。」「王」為動詞，由霸而王，天下人心所歸往，使王道普及於天下。「正」也是動詞，把不正的變成「正」。師是眾，貞是正，把眾與正連在一起，即「能以眾正」，就是能夠動員群眾，撥亂反正，維持天下的公義和正義；掃平群魔，進而取得最終的勝利。

大致來講，過去的戰爭，像第二次世界大戰的軸心國，納粹德國殺人太多，希特勒被稱為魔王，日本軍隊殺人如麻，他們的侵略野心最終都被打敗，尤其日本還嘗到原子彈的苦頭。這場戰爭到最後，好像有一邊正、一邊不正。戰勝國就是希望「能以眾正」，全面動員。其實那時兩個特殊的國家領導人——希特勒與東條英機也是很厲害的，但一旦形成對壘，兩邊的實力相差很遠。因為不能只看軍事實力，還要看生產資源，因為一動員起來，非軍事資源都可以轉成軍事資源，像美國當時一動員起來，勝負就已確定了。那時全球的工業產值同盟國大概就佔了五分之四，而軸心國德、義、日（義大利是可有可無的）僅佔五分之一。用五分之一的力量去對抗五分之四的力量，尤其最後啟動了美國的戰爭機器，結果可想而知。換句話說，二戰就是「能以眾正」，大部分人站在這一邊，「得道多助，失道寡助」。這也是孟子講的，用多助的去伐寡助的，「可以王矣」；由霸而王，因為你有堅強的實力，可以把野心分子、窮兵黷武者擊敗了。有了「能以眾正」的動員能力、號召能力，就「可以王矣」。雖然得經過戰爭，但卻可以捍衛真理正義。

「剛中而應，行險而順，以此毒天下，而民從之，吉又何咎矣。」後面的解釋就要讓你自己去想了。它把「吉，无咎」換成「吉又何咎矣」，既然一定會戰勝，還有什麼好「咎」的呢？其實「吉」後面的「无咎」意義更深。

剛中而應，行險而順

「以此毒天下，而民從之。」戰爭一旦開打，總希望是為正義真理而戰，為保家衛國而戰；但無論如何，全天下都會受創嚴重。「以此毒天下」，戰爭像傳染病一樣，使得生靈塗炭，百姓處於水深火熱中。像那些戰敗國，日本、德國打到最後，十幾歲的孩子也上戰場，後方民生物資的緊張根本就是苦不堪言。打到最後，連戰勝國也苦哈哈。嚴格來講，這種重大戰爭沒有真正的贏家，根本就是「龍戰于野，其血玄黃」，兩敗俱傷，所以除了慘敗要避免，慘勝也很慘。二戰的戰勝國除了美國，英、法兩國在戰後幾乎打趴下去了，一屁股的債不知道怎麼辦，然後民生經濟的復甦也很慘，幾乎就在飢餓邊緣掙扎。所以不論勝負，都要付出重大代價，所以《孫子兵法》云：「不戰而屈人之兵，善之善者也。」這才是真正的贏家。

戰爭雖然「以此毒天下」，但是不得已而為之，人家打你，你不抗爭，你的落後和示弱只能換來更多挨打。抗爭當然會造成傷害，但是前仆後繼、敵愾同仇、上下一心，要為民族、國家、公司的生存奮戰到底，這就是「而民從之」；老百姓沒有第二句話，只有跟從，奮起抗爭。軍隊也是從民眾來的，軍之本在民，如果老百姓願意，他就願意持干戈以衛社稷，甚至放棄各行各業，受徵入伍。但是像越戰時期，很多美國大學生不願意去打仗，就是覺得那個戰爭不合理，要他放棄青春年華求學就業的機會，不明不白的隨時可能戰死在越南叢林，他為什麼要幹呢？

「剛中而應」，很明顯是指唯一陽剛的「九二」爻，這是大將的角色，在戰爭前線領兵作戰的坎險之中。他是陽剛居下卦、內卦坎險之中，跟「國君」「六五」相應與，是互補的關係。「六五」不一定懂軍事，但他是政治的最高領袖，國家代表人；宣戰媾和是國家元首的特權，軍人、軍頭，不管你做到何種職位，也不能決定戰爭開打不開打。換句話說，軍人就是聽令行事，由政府決定動員軍隊，他只是執行這個命令，爭取勝利。至於怎麼打，則是軍事專業的事，那就要尊重軍事專家；是打還是和，就要由政治領袖決定。這就是我們說的以政領軍，若以軍領政，則流弊無窮。所以一定是政府控制軍隊，尤其是靠軍權、靠革命打天下的，對武裝部隊更是深具戒心，絕對要牢牢掌握軍權，不容許軍人據山頭而立。這種做法是合理的，因為軍事本就是為政治服務，絕不是私人的或哪一個黨派的武裝部隊。

「九二」跟「六五」就是大將跟國君或軍事領袖跟政治領袖之間的授權關係。「六五」、「九二」相應與，「六五」不見得懂軍事，但他在最高的政治領導地位，他必須看得很廣，不只考慮軍事，還要考慮其他，由他決定是戰是和。怎麼打，那是軍人的專業，就是「九二」的職責，因為他是陽爻，在一個打仗的師卦中，他有真才實學，老成持重，練達實務，是真刀真槍幹過的，當然得受到尊重。

「六五」授權予「九二」，他們之間的關係是互補的；「疑人不用、用人不疑」，這個原則很重要。而且軍事是比較專業的判斷，政治領袖在後方，尤其古代戰爭，交通聯繫不方便，戰場千變萬化，一定要重視大將在前線作戰的專業判斷，不能事事干涉。所以說，將在外，君命有所不受。在師卦中「九二」為實、「六五」為虛，是政治領袖與軍事將領之間的互動關係。當然還是以政領軍，可是一定要重視軍事專業；怎麼打，儘量少干預，該不該打，是文人政府決定的。這就叫「剛中而應」。「九二」做為軍事將領，他是陽剛，在坎險之中，必須剛而能柔，因為打仗不是硬碰硬，如何以弱擊強、以小博大、以寡擊眾，都要講策略；還要懂得中道，才能因應坎險之中的挑戰，並且能爭取到「六五」推心置腹、全權授權的信任。

「行險而順」：「九二」就在坎險之中，兵行險招，兵凶戰危。「順」就是上卦坤的概念，內險外順，下險上順，這是「地水師」的標準象。「行險而順」，順勢用柔，坤卦代表廣土眾民，策略上因為形勢比人強，所以要順勢用柔。兵法就講「形、勢、虛實」，不是好勇鬥狠，所以主將要「智、信、仁、勇、嚴」五德俱備；因為兵法不是一人敵，是萬人敵，是大規模的組織作戰，兵機韜略很重要。

「剛中而應，行險而順」：在整個師卦的兵法就是如此，具有下卦坎水的機變流動性。大家所爭奪的正是坤卦代表的廣土眾民，這是主權的象徵。所以要取得勝利，要懂得坤卦的「地勢坤」，尤其冷兵器時代是以陸戰為主，兵法就是從山川大地的意象而來，所以要順勢，要講策略。兵法有一句很有名的話叫「兵形象水」，兵無常勢，水無常形，能夠因敵變化而取勝的就是「神」；「不可為典要，唯變所適」。完全是《易經》的基本精神，靈活得很。

可見，在師卦中，作戰如水流，隨時可以轉向，「兵形象水」，充滿可塑性；視對敵目標與周遭的地形天候而部署，必須「行險而順」，沒有一定的形式，戰場是活的，千變萬化，要順勢用柔，爭取廣土眾民的擁護，才能「以此毒天下，而民從之，吉又何咎矣？」

師卦中有復、解、師、坤卦之象

師卦的「九二」、「六三」、「六四」、「六五」這四個爻合成的卦中卦就是地雷復（䷗），亦即師卦裡面含了復卦的象。因此，所有戰爭理論上的「貞」——正確的戰爭理由，還是希望「復」——復「正」，「能以眾正，可以王矣」。這樣一來，師卦的大將責任就更重了，他是師卦的「九二」，唯一有實力的陽爻，最有專業素質，又很冷靜；在二、三、四、五爻構成的復卦中，「九二」就是復卦當中那「一陽復始，萬象更新」，足以捍衛真理、恢復秩序的核心力量。師卦的卦中卦，除了這個復卦的象，二、三、四、五、上爻也可以構成一個復卦。值得深思的是，「九二」在師卦中是卓越的將才，卻也是兩個復卦唯一的陽爻。可見這是一切的根本，沒有他就不必打仗了，這一角色的分量之重，可說是繫天下安危於一身。

另外，我們不要以為師卦全都是刀刀見血的戰爭，戰爭最終的目的還是解決問題，甚至最好是「不戰而屈人之兵」，能和解最好；所以和解的解卦（䷧）也在師卦裡頭，即初爻、二爻、三爻、四爻合起來的卦中卦就叫「雷水解」。戰爭畢竟是過程，最後還是要和解，戰後還要重建家園。因此師卦中有和解的解卦不足為奇，但「六四」這一爻要特別注意；「六四」就是初、二、三、四爻構成的解卦最上爻，是最後徹底解決問題的「公用射隼於高墉之上，獲之無不利。」也就是說，師卦的第四爻含藏著解卦最後解決問題的第六爻。而且師卦的「六四」本身爻變也是解卦，可見，師卦的「六四」跟解卦的因緣之深、關係之密。此外，師卦中也有坤卦，這是由三、四、五、上爻所構成的。師卦主要爭的就是坤——土地與民眾；而且坤卦講「地勢坤」，所以師卦的「勢」很重要，順勢用柔，尊重客觀的兵法規律，懂得順應形勢來取得勝利。這是第四個卦中卦，還有第五個。由初、二、三、四、五爻構成的又一個師卦，師中有師，表示戰爭中還有戰爭，一場大戰本來就包含無數戰役。這個卦中卦的卦象很單純，大將的「九二」還是大將，不管怎麼挪，都很重要。

一個卦的卦中卦有五個卦，所以師中有師，師中有解，師中有坤，師中有兩個復卦；再把相應的爻位一瞧，就可以立體全方位地了解〈彖傳〉所講的內容，對戰爭也有多角度的認識。

師卦〈大象傳〉

〈大象〉曰：地中有水，師。君子以容民畜眾。

「地中有水，師」，水不在地表而在地下，所以是地下水。師卦很有意思，說明坎既然是戰爭資源，譬如兵力的配置，當然是秘密的，怎麼可以擺在地面上一覽無遺？戰爭資源，不管是兵力、武器，還是種種的物資調度，絕對是要隱藏不露的，像地下水一樣，是潛在的資源；而且是流動的，不固定在一個地方。這就合乎兵法的隱秘性、變動性，就是「地中有水」的象。從這個象我們可以悟到很多，以現代戰爭來講，如果發生戰爭，最可怕的武器就是地中有水的象。像現代核武導彈的時代，大國可能永遠不用，但它一定有導彈發射台；但這還不是最厲害的，因為固定的發射台不像地下水可以流動換位置，最可怕的是本身可以發射，還可以流動的核潛艇。你不知道它在哪裡，也不知道它什麼時候打你，打完了它又換位置了。這才叫可怕，完全合乎《易經》師卦的卦象。既要隱秘，又要能隨時移動，保持還手的空間，讓對方難以捉摸。像訟卦「九二」鑽到地底下打游擊，也是這個意思。

「地中有水，師」也是備戰的象。戰爭的象最靈活，「君子以容民畜眾」，軍隊從民眾來，不管徵兵還是募兵，平時就要當成戰時，要訓練預備役軍人。像以色列幾乎全民皆兵，每個人都得受嚴格的軍事訓練，必要的時候可以將常備軍擴充好幾十倍，拿了武器就可以上戰場。平常可能各安其業，一到戰時，脫下西裝、穿上軍服，就是戰鬥資源，立刻可以進入戰爭狀況，這就叫動員機制。一個國家不可能養這麼多常備兵，尤其是國家人口少，天天養兵，花那麼多錢，又不事生產建設，經濟停擺，那非完蛋不可。富國才能強兵，平常時候維持一定的常備部隊就可以了，戰時緊急動員，就能變成雄師百萬。這種動員的機制就叫「容民畜眾」，不但老百姓拿起槍就可以變成戰鬥力量，還有整個社會的生產機制也可以立即為軍隊服務，像美國在二戰剛開始時，常備軍事力量很薄弱，可是一旦開始動員，民轉軍，連ＩＢＭ都可以生產武器，那個能量一發揮出來，工業力就是戰力，這就是「容民畜眾」的力量。

所以「容、畜」就是把軍事力量隱藏在民間，在各行各業之中，戰時需要，立刻轉成軍事力量。這才是治軍的正途。這也是後勤動員的觀念，戰爭成敗的因素有很多，主要的力量還是來自民間，包括科技的力量、工業的力量，現在還有資訊的力量，都是綜合戰力的要素。一個擁有經濟實力的國家，即使沒有很強的軍事力量，也沒有人敢輕視它，因為一旦發生國際戰爭，它可以很快進入狀況，立刻變成可畏的力量。如果平常就維持一個軍事大國，那非窮垮不可，要養那麼多專業的軍隊力量，絕非長治久安之策。所以綜合國力的發展，一定要均衡，絕對不能畸形。平常要「容、畜」，平常就是民眾，就是各個企業、產業，「君子以容民畜眾」，就是從上卦的坤卦來的；下卦的坎卦是潛在戰力，是流動的，坎卦平常是ＩＢＭ，是老百姓、大學生，到時候會由潛在力量變成正規軍，可以靈活的調整。

但問題又來了，打完仗，軍人就得復員，軍要轉民，這是很大的學問。戰爭結束，誰能養得起這麼多軍隊？二戰之後那麼多美國大兵，有那麼多工作崗位等著他們嗎？顯然沒有。但是不安頓好這些退伍軍人，說不定他們就會擾亂社會治安，怎麼辦？一九四五年八月，由布萊德雷出任美國退伍軍人管理局局長，就是替杜魯門總統安排一千多萬軍人的復員，而且要在極短時間之內完成，讓社會恢復承平時期的經濟建設。所以，隨時可以動員，隨時可以復員，這樣才可以應付師卦的挑戰。戰國時代秦國為什麼最後能統一中國？因為實施「耕戰合一」制度，拿起鋤頭會耕田，拿起刀槍會打仗，生活條件與戰鬥條件合一。因此一個國家的軍隊一定要有這種調整自如的指導機制。這就是「容畜」的機制。人生難免遭遇師卦的衝突，絕對要有處理危機的力量，隨時可將潛在的流動力量轉成表面的戰鬥力量，才能立於不敗之地。

師卦六爻詳述

六爻爻際互動關係

師卦六爻爻際互動關係如何？我們先看第二爻。「九二」是師卦最重要的一爻，也是唯一的陽爻。「初六」平時是基層百姓，戰時就是兵；「九二」為大將，這一點我們已多次強調，必須服從上級的領導。初爻、二爻是陰承陽、柔承剛，戰爭期間都得服從軍事指揮體制的領導。值得重視的是四爻，四爻關係到將相和不和？中央是文人政府，前線是作戰的武裝部隊，會不會有人從中扯後腿？關係到整個戰局。因為打仗要有後勤、要有預算，如果國會或內閣那些文人政府官員，他跟你有恩怨，搞得將相不和，那就麻煩了。因此，二與四同功而異位，都是為第五爻和民眾服務的，可是他們之間可能意見不同，或爭功，或邀寵，四爻做為調度資源的文人政府，跟二爻這個直接領軍在前方作戰的軍事長官能否分工合作，共同為整體的目標奮鬥，這一點很重要。如果互相卡對方、互相鬥，結局當然很慘。這是二跟四同功而異位的關係。關鍵是第五爻能不能公正地排難解紛，促成將相合作，而又有廣大的民眾支持。可見，以第二爻大將為核心的師卦，面臨的不僅是君與將的問題，還有將與相，以及有效指揮百姓的問題。

最曖昧的角色就是第三爻了。國君真的相信擁有統兵大權的前線將領嗎？尤其在過去資訊聯繫不便的時代，大將軍、大元帥統軍在外，國君不放心，他就會派第三爻去監軍，可是他不會打仗，也不懂軍事，卻專門管制思想。「六三」不中不正，陰居陽位，外行管內行，官大學問小，可是就是他造成「九二」痛苦不已。陰乘陽、柔乘剛，這是一個不正常的關係。就像納粹德國的軍官，司令員旁邊的蓋世太保，一天到晚打小報告、寫黑函。可見，三與五是同功而異位的，讓整個局勢變得很複雜；還沒跟敵人開打，內部猜忌就已亂成一團。所以，「九二」雖為大將，日子也不好過，有跟「六四」將相和不和的問題，還要應付老闆秘密派來監控的第三爻。

最後一爻就代表戰後，仗打完，該進入「比卦」的階段了，因此戰後的處理更重要。這個爻變為蒙卦（䷃），情欲蒙蔽理智，常常看不清楚。戰後的論功行賞公不公正？該賞該罰的都做對了嗎？然後，戰後的比卦，要建立新的國際秩序，會不會像一戰後的戰勝國一樣，利益掛帥，不但讓戰爭白打了，還埋下二戰的隱憂。可見，戰後的處理就看這個爻能不能賞罰分明。美國第二次海灣戰爭也讓很多人不服氣，歐洲大國都不同意，也不出兵，最後搞了一個半大不小的西班牙繞過聯合國出兵幫忙打伊拉克。布希政權給他們石油等很多好處，卻給沒有參戰的歐洲大國臉色看。這是很不明智的。戰勝者得意忘形，往往贏了戰爭，卻贏不了和平。這就是師卦上爻的重要性，人在戰勝之後最容易被自己蒙蔽，出差錯的可能性極大。

當然，六個爻的爻變很簡單，初爻爻變是君臨天下的臨卦（䷒），臨卦談管理，軍事管理不能失控。第二爻爻變就是坤卦（䷁），第三爻爻變為升卦（䷭），尷尬的監軍角色，搞思想控制的，像附骨之蛆一樣很難去除，將來諸位學了升卦就知道，多少有一些虛幻性、泡沫性。第四爻爻變就是解卦（䷧），文人政府要如何支援前線，不搞私人派系鬥爭，才能解決問題。第五爻為戰爭中的國家元首，如果態度偏頗，一天到晚派細作去看住你的愛將，想牽制他，你以為安全，結果反而砸了自己的腳，造成將權不專，就得準備窩裡反了，所以爻變是坎卦（䷜），陷入坎險。第六爻爻變是蒙卦，上面已經分析過了，不再多說。

在爻辭中，第六爻沒有「師」字，此為不言之象，就像需卦最後一爻沒有「需」字一樣，代表供需達到平衡，不需明說，就可以推斷出結果。一卦六爻，五個爻皆有卦名，表示都在等待結果，第六爻得到結果了，戰爭結束，所以沒有「師」。然而戰爭結束之後更重要，前面五爻都在打，各都處在戰爭無盡的糾紛之中；第六爻的戰爭狀態已經結束，它卻關係到會不會引發下一次的戰爭或者就此媾和。戰爭一定有結束的時候，從戰爭到和平，就像陰極轉陽、陽極轉陰，而且動盪特別大，就像平常養生要特別注意溫差變化劇烈的時節。戰後的處置政策一旦出錯，前面的戰爭全部白打，那就是「吉」而後面沒有「无咎」。

打仗的師卦到最後一爻，就要進入「非戰」的時候，那就是比卦。比卦六爻全部都有「比」，也就是說不管任何時候，都要設法從外交解決問題。比卦六個爻全部有「比」，從基層到高層，從內到外，從下到上，是全民外交，不管在哪個位置，都要想到「比」的問題。可見，六個爻全部都有卦名與六爻中有一個沒有卦名，這也是不言之象。《易經》的修辭真是高明到極點，因此我們要好好體悟弦外之音，了解師卦和比卦本質上的不同——交友與樹敵。打仗就是樹敵，但最後總有化敵為友的時候。交朋友是一輩子的事，像屯卦的「匪寇婚媾」，念茲在茲，總沒有壞處；能化敵為友最好，千萬不要化友為敵。

初爻：軍紀重於一切

初六。師出以律，否臧，凶。

〈小象〉曰：師出以律，失律凶也。

「師出以律」，師卦一開始要出師了，但首要之事就是軍紀，軍隊一定得按軍法從事，才是有紀律、有戰力的部隊，而不是烏合之眾。大家都知道，軍中管理要從服從命令開始。所有的軍事訓練包括入伍訓練，人人平等，絕無特殊，「師出以律」，這樣才可以在軍中實施公平管理，維持軍紀至上的紀律。因為打仗是拚命的行業，風險那麼高，如果管理不公正、不嚴格，還沒開打，大家就溜掉了。

「否臧，凶」，「否」就是很糟糕；「臧」就是「善」的意思。軍紀森嚴為「善」，軍紀好，戰力強，這就叫「臧」。「否」則剛好相反，「否」是軍紀不正，管理亂七八糟，然後逢迎拍馬。打起仗來如果是「臧」，就會取勝；如果是「否」，一接敵就會潰敗。

若從狹義的角度來看，「否」就是「不」，「臧」就是「善」，指軍紀不善，結果一定凶。這是最簡單的解法。其實，它真正的意思應該是更深層的。「否」是一種不好的狀態，「臧」是好的狀態。什麼叫「否臧，凶」？「否臧」的結果就是指戰爭的成敗，最後要用勝負論英雄了。打仗的時候，如果不重視紀律，贏了是凶，輸了也是凶。因為紀律往往比短期的勝負還重要，若因違反紀律而敗，當然要追究責任；若戰時不服從命令、不守軍紀，貪功冒進，破壞規矩，就算取得僥倖的勝利，也照樣要追究責任。因為軍隊最重要的就是紀律，不可以有特例，若有人破例，即使將功補過，也不可取。否則，惡例一開，將來怎麼帶部隊？這就叫「否臧，凶」。

從這個角度講，「否臧，凶」的意義就更深了，表示軍紀重於一切，不然無法管理。所以「初六」爻變是君臨天下的臨卦（䷒），不可以失控，不可以自由過度，誰都不可以有特權，否則會造成「八月之凶」。不守軍紀，即使打贏了，還是得接受處罰。如果服從命令，自然有人擔責任，程序的正義很重要的。有些才華高、過於自信的人，自己好表現，往往不服從上級命令，像美國的麥克阿瑟將軍，不尊重文人政府元首總統，自己好像是全權大使，擅發所謂的反攻大陸言論，說要幫助臺灣的老蔣反攻大陸，還要向中國的東北投放原子彈。這些言論都逾越了一個軍事統帥的職權範圍，也嚴重違反紀律，儘管你有創意，百戰百勝，而且在朝鮮仁川僥倖登陸成功，卻留下不少隱憂，不論成敗都是「凶」。

〈小象傳〉說：「師出以律，失律凶也。」意思是失去綱紀、倫理，不遵守軍紀，結果就是凶的。

「律」如果單單把它解釋成戒律、紀律當然對，但還是不夠，「律」還包括節奏或人心的律動。「能以眾正，可以王矣」，為什麼打仗能夠同仇敵愾、萬眾一心？就是因為掌握到人心的節奏，引起大家的共鳴，即使拋頭顱、灑熱血，也一定要抗戰到底。由此可見，「師出以律」是多麼重要。所以為將者、領導人要掌握「能以眾正，可以王矣」，如此才能動員全體的力量；如果是強迫抓壯丁，所湊成的軍隊不是有正確思想觀念指導的軍隊，可能就會「否臧凶、失律凶」，因為他們根本不想打仗，也不認同這場戰爭，當然無法發揮理想的戰力。這就是「失律凶」的意思。

二爻：剛柔並濟

九二。在師中，吉无咎，王三錫命。

〈小象〉曰：在師中吉，承天寵也。王三錫命，懷萬邦也。

在講二爻之前，先補充一下初爻的「否臧」。「否臧」就是成敗、勝負或善與不善。成功為「臧」，失敗為「否」；「善」是「臧」，「不善」是「否」。所以對人事的評議，有「臧否人物」的說法。誰是人才，誰敗德傷品？誰是好人、壞人？誰是英雄、奸雄？誰是聖賢、大盜？這些都叫「臧否人物」。報紙或電視上的那些名嘴，常常口若懸河的在「臧否」，說善道惡、談論是非，是不是客觀公正、有沒有雙重標準？很難說。師卦強調標準一致，這樣，將與兵、上級與下屬才能上下一心、打成一片；不能你們吃大鍋飯，我是開小灶，那樣就沒有人肯賣命了。許多古代名將一定是與部下同甘共苦的，部下先安頓好了，他才安頓自己。這是「師出以律，否臧，凶」的警示意義。換句話說，要維持一支充滿戰鬥力的部隊，必須紀律嚴明，不允許任何特權。

接著講第二爻。「在師中，吉。」「中」是指「九二」身為主將，在下卦坎險之中，雖然親身歷險，但懂得持中之道，剛柔互濟，陰陽和合，不走極端，結果當然是「吉」。最重要的是，「九二」「在師」，堅守崗位，絕不脫離部隊，指揮作戰中規中矩，將初爻的一大堆問題都考慮到了，自然「吉」還能「无咎」。「在」字的意義十分重大。《易經》中諸如「見龍在田」、「飛龍在天」、「或躍在淵」，還有《大學》中的「大學之道，在明明德，在親民，在止於至善」，都是強調絕不能脫離你所在的環境，要直接承擔責任，堅持到底並且盡力做到最好。這才是「在師中，吉无咎」的意思。

所以〈小象傳〉說：「在師中吉，承天寵也。」「承」是下對上，「天寵」可說是天子「六五」的寵愛，也可以說是天命之所歸。一個卓越的將領，因為贏得君王信任，當然會登台拜將、授予軍權，好像天之驕子般受到寵愛。能有這樣的待遇，是因為古今中外許多戰爭的勝負，大概有一半以上都取決於有沒有傑出的將才。

再回頭來看爻辭最後一句：「王三錫命。」「王」就是指君王或政治領袖；「錫」就是「賞賜」，上對下為「賜」；「命」則是代表君命或天命；「三」為多數。過去的批註認為，因為「九二」表現太好了，「在師中，吉無咎」，百戰百勝，任務徹底執行，所以「六五」在戰爭進行中再三對他賜予封賞。這個批註可能是有問題的。因為戰爭還在進行中，最後的結果尚未知曉；同時這個說法也忽略了師卦的君、將之間有很深的潛在矛盾；而且賞賜戰功應該是在戰後，亦即第六爻。更何況在戰爭進行中，國君已授予大將軍權，恩賞與尊重都算十分隆重。所以，這個「王三錫命」恐怕不是多次賞賜，而是指君王不放心，隔一段時間就來一個公文、下一道御旨，表面上是了解戰情，其實是不放心；最後還派出「六三」作監軍，給他直達天聽的權力，負責打小報告、寫黑函。因為君王遠在萬里之外，不像現在全球通訊可以瞬息抵達，甚至可以看到戰場的實際狀況，遠征的大將在外面搞什麼鬼，會不會殺回來或據地為王，他都不知道，所以他很關心，所以「王三錫命」，隔三差五的來個公文，要你彙報一下，打仗已經備極辛苦，還得經常寫業績報表，心裡一定也很不爽。可是這也沒辦法，身為國君，最怕軍權失控，將領坐大；他不能參與前線指揮，內心有極大的不安全感，難免事事關心，因為這是關乎生死存亡的國之大事也。

所以〈小象傳〉解釋說：「王三錫命，懷萬邦也。」「邦」是諸侯國，「王」是天子，是最高領袖。當地方諸侯國發生叛亂時，大將就會被派去帶兵圍剿。可是國君對大將的忠誠度始終不放心，他會通過各種方式明查暗訪。這就埋下一個伏筆，以致影響到三爻、四爻、五爻。所以，由「懷萬邦」的角度考慮，「王三錫命」應該不是賞賜，而是像十二道金牌那樣對大將的節制文書。這就會構成對前線作戰的困擾，身為大將，戰場形勢瞬息萬變，已經是應接不暇，還要應付大後方層出不窮的政治問題。像朝堂之上的四爻可能在五爻旁邊進讒言，剋扣糧餉，讓五爻心生猜忌，原本互相信任的關係因此逐漸生變；然後旁邊的三爻還在監視大將的一舉一動，並及時向五爻彙報。然而，這種精神壓力，原本就是身為大將必然要經歷的遭遇。如何運用智慧，好好處理這些問題，也正是磨練一個傑出將領的良機。

四爻：將相和

䷆

六四。師左次，无咎。

〈小象〉曰：左次无咎，未失常也。

「六四」關係到「將相和」的問題，即後方文人政府的問題，包括戰時糧餉、運補各方面的後勤軍政作業等。「師左次，无咎」，這是對「將相和」的基本要求；不管有什麼私人恩怨，在對外作戰時，後方一切應以支援前方作戰為主，和衷共濟，精誠合作，千萬不要扯前方將領的後腿。但是，在後方的怕前方立了戰功，鋒頭蓋過自己，就一天到晚想辦法給前方將士惹麻煩，這種人、這種事自古有之。因為他離權力核心第五爻很近，整天在他耳旁嚼舌頭，五爻聽久了也開始動疑念，這就讓二爻的處境更加艱難。所以師卦這一爻的爻辭就是提醒四爻需大公無私，維持「將相和」。

「師左次」，就是打敗仗。古時候，右方代表尊榮的一方，左方代表失利的一方。打敗仗了，戰勢不利就叫「左」；被貶官就叫「左遷」。《易經》中有很多地方是分左右的。「左」就是交戰不利，「九二」在前線作戰不利，戰報傳到後方，如果「六四」小心眼要報復，他就會公報私仇，給「九二」好看。這樣做是很不智的。因為「左」下面還有「次」，「次」是敗而不潰，還能穩住陣腳。「次」在古代的意思是紮營，軍中沒有固定的宿營地，可能臨時安頓在荒郊野地，這就叫「次」；象徵軍隊打敗，但最後穩住陣腳，紮營休養，敵人也無法進逼，這就是敗而不潰的「次」。我們將來要學的「火山旅」（䷷），也有「次」的概念，第二爻叫「旅即次」，在旅程中，旅館不會住太久。旅卦第三爻是旅館燒掉了，叫「旅焚其次」，「次」就是旅館，是你暫時歇腳的地方。打仗紮營也叫「次」，表示已經穩住陣腳。

「師左次」，是交戰不利，打敗仗了，雖然「左」，卻還能「次」，所以絕不可以因為一次戰役失利，你「六四」就拚命進讒言，甚至希望陣前換將，這是戰爭的大忌，於國於軍極不利。因為一時的勝負不是最後的結果，前線將領「左」了，你不僅不能扯後腿，還要支持他，甚至幫他美言，因為他還有「次」，有籌畫反攻的機會。如此才能「將相和」，而後「无咎」。

〈小象傳〉說：「左次无咎，未失常也。」勝敗乃兵家常事，怎能苛求每一場戰役都得勝呢？這是四爻必須建立的心態，〈小象傳〉直接點出來了。所以後勤運補的總負責人非常重要，絕不能夠爭功諉過，像清末左宗棠收復新疆，後面負責運補後勤的就是曾國藩，他的資歷、閱歷都比左宗棠深，可是只有曾國藩壓得住陣腳，換作別人，可能就會扯後腿，影響戰局。曾國藩做第四爻沒有私心，左宗棠在前線就能征服回疆，所以我們現在才擁有新疆的完整版圖。

總之，做為四爻，要有和解的精神，他雖然不是主角，但他是枱面下的要角，要支援人家，做好後勤服務，幫忙解決問題。所以這個爻的爻變就是解卦（䷧），這很重要，不然，最後戰爭失敗，四爻也難逃責任。

三爻：切勿掣肘

六三。師或輿尸，凶。

〈小象〉曰：師或輿尸，大无功也。

第三爻與第五爻有直接的關係，所以我們把它們放一起講。三與五同功而異位，「六三」就是「六五」派到前線坎卦的陣營中就近看管、監控「九二」的結果造成兩方關係惡劣，因為彼此都知道對方是幹什麼的。「六五」的猜忌不但砸了自己的腳，也慢慢侵蝕「九二」對「六五」的忠誠。我們看卦象，三爻不中不正，陰居陽位，跟「九二」又是陰乘陽、柔乘剛的關係，這就會造成將權不專，決策三心二意，臨打仗還要開會，看似民主，其實打仗最忌決策不專，戰場上哪需要講民主？完全不懂軍事的人，打仗還得徵求他的同意，還得投票決定，豈不荒唐？即使現代民主國家，軍隊要捍衛後方的民主價值，本身一樣也不能實踐民主，因為軍人以服從命令為天職。但「六三」卻去分「九二」的權，這是犯大忌的。正如爻辭所說：「師或輿尸，凶。」「或」就是很可能產生這種狀況，因為三爻這個尷尬的角色干擾前線一條鞭的指揮，讓負責作戰的主管無法決策，這就很麻煩。

「輿尸」是什麼意思呢？過去也有一種解釋說，「尸」就是屍體，戰場上當然有很多屍體。「輿」就是馬車、牛車，馬車是在戰場衝鋒陷陣的，牛車是後面負責運送軍需輜重的。結果因為有三爻掣肘，讓二爻不能完全發揮，造成大敗，戰場上的屍首就用馬車、牛車一車一車的往後方運。這是過去一般的解釋，這個解釋也是有問題的。「尸」其實不是屍首的意思，「尸位素餐」這個成語大家一定聽過，說得俗一點就是佔著茅坑不拉屎，「尸」是做主的意思。身在主管的位置卻不盡責任，飽食終日，無所事事，結果沒有完成任務，什麼都搞砸了。這就叫「尸位素餐」。「尸」為什麼是做主的意思呢？我們現在祭拜先人，就立一塊祖宗牌位，但古代是用純潔天真的小男童，讓他坐在前面代表祖先接受家人的膜拜。這就是「尸」，代表純潔神聖的先人靈位，所以有「做主」的意思。「尸祝」這個詞語就是這麼來的。

在這個基礎上，那麼「輿尸」當然不是車子裝滿屍首。「輿」確實有車子之象，但在這裡卻是「眾」的意思。「師，眾也」。以前不管馬車、牛車，都是有講究的，車子的製造是機械工藝的精華，它是由眾多部分結合成一個整體；一個戰鬥組織也由很多方面構成，所以「輿」就是眾的代表。輿論就是眾人的議論，或者社會上有代表性的議論，也就是所謂的民主。打仗要開會，不是主將講了算，其他政治幹部的意見也得尊重，到最後妥協出來一個最爛的戰策。也就是說，好多「六三」在一旁多嘴多舌，結果「九二」原先的作戰方略完全被搞亂了，還得尊重這些外行人的意見。軍事要為無聊的政治干預服務，外行指導內行，這就叫「輿尸」。讓「六三」去分「九二」的權，在一旁唧唧歪歪，這在瞬息萬變的戰場上，看著像是民主，其實是最白癡的行為，一定是「凶」。就像〈小象傳〉說的「大无功也」。這種解釋才是正解。若將「輿」解作「車子」，雖然不違背原始意象，但真打過仗或稍稍了解古代戰爭的人就會明白，這簡直是開玩笑，打了敗仗，屍橫遍野，通常就是棄屍荒郊，若還有車子可用，也要用來撤走戰略物資或運送傷兵，哪還有餘力將屍體運去埋葬？

可見，「輿尸」的意思就是在決定戰略時，有很多分歧的意見，將領的專業決策被置諸腦後，結果當然「凶」。《易經》爻辭確實是多義性的，車子裝滿屍首的象也沒錯，但非要點。〈小象傳〉說「大无功也」，戰爭就是要求勝建功，結果非但無功，甚至慘敗，就因為五爻濫用職權的制度造成的。疑人不用，用人不疑，既已任用大將，又派間諜對他進行監控，這都是短視的做法。身為大將，該專斷就專斷，「將在外，君命有所不受」，不能三心二意，聽任外行人擺佈，管他是誰，你就必須對整個戰局負責到底，這也是《孫子兵法》對大將這個角色的要求。遇到派來監軍的人，就把他當「菩薩」供著，給他好吃好喝，就是不讓他參與軍事決策，這樣豈不是兩全其美？

五爻：充分信任

六五。田有禽，利執言，无咎。長子帥師，弟子輿尸，貞凶。

〈小象〉曰：長子帥師，以中行也；弟子輿尸，使不當也。

第五爻就是派遣第三爻監督「九二」的，因為它的爻辭後一段「長子帥師，弟子輿尸，貞凶」直接揭穿了這件事。「長子」就是「九二」。在春秋戰國時期，甚至在商代，常派貴族或太子——即長子領兵打仗。師卦二、三、四爻就是一個震卦（☳）長子的象。「九二」就是長子。「長子帥師」，他是大將；「六三」則是庶出的公子，這個紈袴子弟是「六五」的心腹，不懂得打仗，卻扮演「弟子輿尸」的角色，代表「六五」監控帶兵的長子，去分他的權。「貞凶」，貞者，事之幹也，這樣只會帶來敗局，結果是凶。這個慘烈的後果反映在前線，就是三爻爻辭「師或輿尸，凶」。清楚這個意思之後，下面

〈小象傳〉的「長子帥師，以中行也」就不難理解了。「九二」確實是將才，「在師中，吉」，當然是以中行了；「六五」也是居上卦之中，只要按中道而行就對了。沒料到五爻派二爻長子去「帥師」，又派了專門幫閒、拍馬屁的三爻去干擾他的指揮，當然是「弟子輿尸，使不當也」。蔣介石時代的「憲兵部隊」就跟這個有關。憲兵就是管兵的兵，就如軍中警察一般，目的是將部隊掌握在自己手上。漢武帝時代也是如此，建立一支皇帝直接掌控的軍隊，又怕這個軍隊坐大，再秘密訓練一支隊伍牽制他們。

歷史上同樣的例子不勝枚舉，就拿清朝雍正皇帝與年羹堯的故事來說。年羹堯與雍正根本就是穿一條褲子長大的關係。雍正後來做了皇帝，年羹堯被拜為大將，照講應該是絕對信任的，可是最後年羹堯連貶十八級，從大將變成看門小卒，最後還淒涼的死了。除了雍正的不信任，年羹堯自己也太驕悍了。最後的結果說明，他們早年共患難的關係，以及後來君與將的關係都不得善終。由此可知，不管為君、為將，都要有分寸、有智慧，不然一切白搭，只留下遺憾。年羹堯在前線發揮他的軍事專才，雍正以舉國之力支援他，但短期內不見有突破，於是就派了一票有黃馬褂的御前侍衛去軍前效力。這些人保衛領袖可能有才幹，到前線打仗則又是一回事。這就是「弟子輿尸」。年羹堯也很清楚這票人是來幹什麼的，他就給他們來個下馬威，就是要治得住你，免得受你牽制，干擾軍前指揮。這段故事在二月河所著歷史小說《雍正王朝》中寫得很精彩。結果這些「六三」也會看風向行事，他們見風就倒，不但沒有完成雍正「輿尸」的任務，反而變成年羹堯的心腹。從這也可以看出，年羹堯在這個高度敏感的動作上，同時也為自己埋下最後的殺機。難道皇帝派三爻到你這邊，會只派一次嗎？他一下派了十幾個，你收服了帶頭的，其他人會都被收服嗎？「螳螂捕蟬，黃雀在後」，這種「六三」不會只有一個。就像民進黨二〇〇〇年主政時，沒法一下子接班，就暫時留著國民黨時代的殘兵敗將當正主管，再派好多副主管在後面虎視眈眈，一方面看住，一方面見習。

〈小象傳〉專門解釋爻辭後半段，可是前半段還是很重要的：「田有禽，利執言，無咎。」只有國家元首才有宣戰與媾和的權力，師卦君位只要負責做兩件事：第一就是「令民與上同意」（《孫子兵法》），為何而戰，為誰而戰，要讓全國軍民認識清楚；也要對國際交代清楚。第二，既然派出「九二」長子帥師，就不該再讓弟子「六三」去扯他的後腿。

怎樣才能做到「无咎」呢？「田有禽」的「田」是田獵，「禽」就是禽獸的總稱，這裡是指戰利品、對手、敵人。古代常把打仗當打獵看，打獵一定要有目標獵物，打仗的目標則是人。如果戰爭不合理，人家發現你屠殺婦孺，你就是再贏再霸，大家也不服。自古以來的戰爭一定會先抹黑對方，目的是賦予戰爭的合理性。美國最擅長這一招，用各種手法將敵人塑造成禽獸、異類，所以海珊、賓拉登在西方世界簡直像惡魔一樣，是人類的公敵，美國要發動國際的力量剷除他們，除暴安良。這就叫「田有禽」。

把戰爭當作一種運動競賽，在早年的電影《現代啟示錄》中，就藉著一個上校在海灘衝浪的影像，將霸權大國的驕傲表露無遺。他覺得打仗殺敵就跟打獵一樣。「田有禽」就是領導人、政治領袖要製造輿論，把對方說成是野蠻人，自己則是替天行道的一方，他的戰爭是站在道德的高度去除害，而不是殺人，所以人家要「簞食壺漿，以迎王師」（《孟子》）才對。美國當年大量屠殺印第安人，乃至近代西方帝國主義到亞、非洲進行殖民侵略，都是同樣的模式。第二次波斯灣戰爭更是典型，不但將海珊和他身邊的人全部妖魔化，最後還特別選在伊斯蘭教最神聖的節日吊死他。這些做法反而會激怒伊斯蘭國家的民族主義情結，是很沒有智慧的。

可見，「田有禽」就是解決出兵的合理性，告訴群眾「為何而戰，為誰而戰」；既然對方是妨礙我們生存的「禽獸」，就一定得除掉他。「利執言」，就是「仗義執言」，要把「禽獸」抓住，而且要指出他的罪狀。第一，他是禽獸，大家不會把他當人看；第二，想辦法讓「禽獸」開第一槍，才有充分的理由除掉他。從這個角度看，日本人偷襲珍珠港，美國有了出兵的藉口，馬上就開始發佈戰爭總動員。所以有時候明明想動手，卻苦於找不到出手的理由，就得設法讓對方先打第一槍。

所以，師卦君位的政治領袖要做到「田有禽，利執言」，才能「令民與上同意」，民意通過，輿論也支持，然後「無咎」。這個模式幾乎是無一例外的。需卦的「小有言，無咎」，也是這樣。如此，到底正義在哪一方呢？像伊斯蘭教徒覺得受到美國欺壓，為了發動聖戰，必須犧牲奮鬥，不惜以自殺攻擊與敵人同歸於盡。他們覺得美國才是禽獸——你說我們是恐怖主義，你美國才是世界上最大的恐怖主義！「恐怖」與「反恐怖」，這就是戰爭的本質。

總之，戰爭伊始，挑選將才之前，首先要求戰爭是合理的，並進行內部說服和國際允許，這就是「田有禽，利執言，无咎」，也就是卦辭中的「貞」。蒙卦上九的「利禦寇，不利為寇」也是如此。這一關過了，才能談到軍事領域的「丈人吉，无咎」。大致是如此。

上爻：論功行賞，賞罰分明

䷆

上六。大君有命，開國承家，小人勿用。

〈小象〉曰：大君有命，以正功也；小人勿用，必亂邦也。

最後一爻，戰爭打完了，「大君有命，開國承家，小人勿用」，又是一個新的關口。「大君」就是戰勝國的領袖。像一戰後的英國，二戰後的美國就叫「大君」。因為贏家出牌，不論是負責重建戰後秩序，或主導重新分贓，當然要按照它的意志行事。對戰敗國要怎麼處理、怎麼暫時託管？或者應如何封賞功臣？在這個過程中，如果賞罰不均，戰功彪炳的人反而受罰，有裙帶關係而沒有實際戰功表現的人卻封王封侯，下次戰爭的軍紀就難以維持了。所以，師卦上爻戰爭打完，「大君有命」，在進行賞賜、分封時，終而復始，就得重新面臨第一爻的處境；如果戰後賞罰不公，就無法保證下一場戰爭在第一爻的階段可以建立嚴明的紀律。

「開國承家，小人勿用」，不要用小人，因為會賞罰不均。「開國承家」在夏、商、周三代是很明確的做法。武王伐紂，推翻了商朝，這麼大一塊土地，他不可能全部管理到位，所以就得封建天下諸侯。戰功大一點的封作一個新的國家領導人，即「開國」；戰功小一點的就給幾座城池算他的采邑，按土地民眾讓他抽稅，這是「承家」。所以「開國」是指諸侯國；「承家」是指大夫家。國與家最後還得聽命於周天子——大君。這就是封建制度之始，是最好、最實際的賞賜。山東當時就分給了齊、魯兩國。魯國就是周公的開國，子孫世襲罔替；齊國就是姜子牙的開國。

「大君有命，開國承家」，大家都有一塊地盤，封建時代這是很合理的；可是「小人勿用」，千萬別犯了蒙卦的毛病，讓情欲蒙蔽理智，賞罰全依個人好惡而定，就會埋下將來的隱憂。所以〈小象傳〉說：「大君有命，以正功也。」三爻叫「大無功」，上爻叫「以正功」。「正」是動詞，就是要正確執行，有多大的功，就給多大的賞賜，而且要快，絕對不能吝嗇。歷史上的楚漢相爭，就因為項羽不夠爽快，照講那麼多人幫他打敗秦國，他應該馬上分封行賞，「開國承家」，可是他小氣得很，總覺得把一塊地割給人家，就像割自己的肉一樣，官印都刻好了，他卻一直攥在手中，結果角都磨圓了還給不出去，下面就造反了。另外，那些專會逢迎拍馬的人可以得到大肆封賞，卻未必有治國的本領，那也是必敗無疑，所以說「小人勿用，必亂邦也」。馬上得天下，不能馬上治天下，戰後分功不當，好不容易打來的江山都有可能再出問題。

師卦上爻之後，下面就要進入比卦，展開文治了。但會打仗的軍人不見得有政治長才，進入和平時期，若把每一個軍頭都變成省長、縣長、部長，他能處理嗎？他雖然有戰功，但現在不需要這麼多會打仗的人，國家的名器不能開玩笑，師卦的高手，不一定是比卦的高手。所以這個轉換也需要高度的智慧。趙匡胤就懂得「杯酒釋兵權」，現在不必打仗了，你們這些人再握著兵權很麻煩，乾脆，老兄弟喝一場酒，把你們都灌得醉醺醺了，說我做皇帝晚上都睡不著，而且歷史上那麼多不是我殺你就是你殺我的事，何必呢？這樣吧，你們明天統統辭官退休，給很多土地，我保證照顧你們到死。這也是個聰明辦法，給錢可以，別給權，國家的名器不可以輕授，道理就在這裡。再不然，專門成立一個閒職機構給他老兄，譬如什麼「防治愛滋病委員會」之類的，每個月的薪水給他送到家，不一定要上班也可以。錢是小事，權是大事。給錢，讓他終享晚年，這樣大家相安。讓會做事、擅長管理的人各盡其力。可見，戰前、戰後，開拓期與守成期不同，怎麼對待有功之人，這就需要智慧，特別要注意「小人勿用」。

邵雍的宇宙預測卦象

簡單提一下，邵雍（一〇一一～一〇七七）的《皇極經世》中有所謂的替宇宙算命，可以預測後世千年、萬年，每幾年到幾年有一個卦。《皇極經世》中有五個卦給大家參考一下。首先二〇〇九年是觀卦（䷓）。觀卦卦象為「風行地上」，什麼風在地上穿行？不就是金融風暴嗎？這個風把全世界都吹得一塌糊塗。觀卦〈大象傳〉說「省方觀民設教」，這是說同一套方法不見得全世界都有效，須冷靜觀察，一方水土一方人，因時因地制宜。觀卦是十二消息卦中的陰曆八月，要小心「八月之凶」。結果陽曆九月十五號，「雷曼兄弟」引爆的次貸危機整個蔓延開，那正是「至于八月有凶」。資本主義那一套看不見的手整個失控了，直到二〇〇九年，我們都還在八月之凶的影響之下。觀卦〈大象傳〉指出行為的主體是「先王」，「先王」就是天下共主的意思，所以這是全世界的問題，不是局部的問題，必須眼觀四面、耳聽八方，才能妥善處理。

爆發問題的二〇〇八年是「利建侯行師」的豫卦（䷏）。豫卦是一個必須預測防範的卦，結果未能防範，還是出事了。二〇一〇年就是比卦（䷇），必須有密切的國際合作；因為任何一個國家、任何一個地區都沒有辦法解決這麼大的問題，所以就得合縱連橫。像中、美兩大國就要想辦法合作。但即使全球串聯，二〇一一年還是會出事，因為二〇一一是剝卦（䷖），代表問題會很嚴重。所以從二〇〇八年算起的五年內會出現新的金融泡沫的象。金融界比較清楚，那就是信用卡卡債的問題，同一時間會有很多債務剛好到期，無法償還，所以影響驚人。由「豫」到「比」，再到「觀」，全球流竄的資源，即使想以國際合作進行區域聯防，還是無法免於「剝」的劇烈衝擊。二〇一二年偏偏就是剝極而復的復卦（䷗）。就像瑪雅預言二〇一二年的浩劫剛好就是冬至那一天。當時還說二〇一二年底復卦冬至那一天會發生毀天滅地的大事。看誰能坐上「諾亞方舟」？沒坐上的人被「剝」掉了，坐上的就「復」了。當然這個說法現在已成虛妄，但它的警示仍值得深思。

照邵雍幾百年前的排卦，看起來確實有其參考價值。這五個卦有什麼共通性？除了觀卦二陽在上、四陰在下之外，其他都是一陽五陰的卦，也就是說只有一個陽爻發揮作用。還有這五個卦裡全都有坤卦。觀卦、剝卦、比卦的下卦都是坤卦，復卦上卦是坤卦；不管內外，到處都是坤卦。所以，廣土眾民的全世界都得順勢用柔，在挨打的情況下發揮坤卦柔韌的本領；在逆境中學習包容、忍耐，才能重新站起來。而且，乾卦的時代過去，在坤卦當令的時代，女人掛帥，這從很多方面來看，確實如此。此外，剝卦的行為主體不是「君子」，而是「上」，「上以厚下安宅」，表示全球領導階層都要焦頭爛額，尤其在二〇一一年剝卦的時候。另外四個卦的〈大象傳〉，全部都是「先王」，就是指全球各地的區域性領導人。觀卦是「先王以省方觀民設教」；豫卦是「先王以作樂崇德」；比卦是「先王以建萬國，親諸侯」；復卦是「先王以至日閉關」，冬至那一天閉關，一切政經活動暫停，休養生息，七日來復。

這五個卦所提供的訊息，對照當時的狀況來看，還真是吻合。總之，在國際關係越趨緊密的地球村，日後的問題絕對是全球性的問題，領導人的責任將會更沉重，唯有運用坤卦的智慧，才能消災解難。

縱橫天下——比卦第八（䷇）

本命卦與河洛理數

在講比卦之前，先提一些題外話。我們在講「大衍之術」的時候，提到過《易經》占卦方法不止一種，但截至目前，最讓我們佩服、也最沒有江湖習氣的，還是以「大衍之術」用蓍草占卦的這一套占法品位最高，而且裡面含有天地人時的曆法精密計算，以及天人互動的哲學內涵。而那種擲銅板之類的占法，用干支套卦，重視五行生剋，則完全背離或者避開卦、爻辭的精深義理，較偏於宿命色彩，品級已經低了一等。「大衍之術」的占法，雖然稍微繁複，但它非常豐富，不只是占問而已，還可以藉占習易，有助於一輩子的修行。

在講述比卦的過程中，也會介紹一種比較偏於宿命論的占卦方法，它是根據出生年月日的八字、紫微斗數等基本概念，將一個人的秉性、一輩子的發展格局做了相當程度的歸納。這些確實有些道理，我們可以用欣賞的心態來了解是怎麼回事。

這也是過去傳下來的東西，經過同學朋友之間的多次實驗，也有驚人的準確性。可幫助了解自己的性向，在既定的生命格局中，避開可能的弱點，把性格上的缺陷修正到最完美；並且對人生可能的變動有一個提前的掌握，我想對大家還是有幫助的。這套方法跟《河洛理數》這本書有關，作者據傳是邵雍、陳摶，但其實是借用他們的名字。《河洛理數》是根據乾道、坤道，男女，以及生辰八字——出生年月日時辰，決定一生的發展歷程。所以它不只是本命的屬性，還包括大運流年、八字的概念，所以才需要爻。爻就是「始壯究、始壯究」，從內到外、從下到上；陽爻當九年，陰爻當六年，一個爻包含六年或九年的運勢，甚至輾轉用那個模式去套，可以算到你的每一年都有一個卦、一個爻的象；每九年或每六年就有一個大運的象；這輩子你在先天、後天會各受哪一個卦、哪一個爻的致命影響？其實，把自己的宿命了解那麼深，也不見得是好事，萬一是爛命一條，就有人不敢面對；糊里糊塗，反而還肯繼續用功學《易經》。

師、比的競合關係

我們回到比卦的話題來。在師卦一章我們就講過，師卦是兵法，是軍事鬥爭，是組織之間大規模的對抗；也是勞師動眾的戰爭流血衝突，會給世界造成很大的破壞。古代戰爭主要是殘害人命，現代高科技、高殺傷力的戰爭還可能破壞自然生態環境，對已經很脆弱的生態環境造成不可彌補的傷害。換句話說，在天地人鬼神的互動之中，這種致命的戰爭，二十一世紀的人類絕對要有智慧與責任想辦法避免。其中一種方法就是國際合作，用外交談判解決因為需求分配不均而引起的國際爭訟，以及從訟卦演變到交戰的師卦。師卦的綜卦是比卦，這是用外交談判、聯盟合作的方式共同解決問題，比打仗的思維更進一步。軍事跟外交，就是師跟比；也就是說，競爭與合作常常是一體的兩面，我們至少要有這種認識，不要認為只有打仗才能解決問題。既合作又競爭，這是現代社會，尤其是在商界、政界、外交界常見的互動模式。這種競合關係就是典型的師、比二卦。像二〇〇八年以前，兩岸關係惡化，用師卦動武解決的可能性絕對不低，但那顯然不是好方法；二〇〇八年以後就開始比卦的合作、談判與互助關係，當時因為大陸地區應付金融風暴綽綽有餘，我們臺灣就多佔了一點便宜。我看目前這個態勢，溫家寶的「保八」看來是沒有問題的。現在兩岸關係解凍了，其實兩岸關係的發展也如原先預期的，速度可能會越來越驚人，尤其經貿交流這一塊，門一旦打開，不管未來島內政治情勢有什麼變化，經貿交流這一塊要想把門再關起來，幾乎是不可能了。當然兩岸不只是經貿交流的問題，還有更長遠的文化傳承、社會體制、甚至是軍事安全互信等更深遠的問題。換句話說，兩岸關係如今是從師卦的天平往比卦的天平走，將來和平解決兩岸問題的可能性大增，這就創造了歷史的紀錄，當然這些都要有特殊機緣與特殊智慧才辦得到。

國際合作的比卦之象

在師卦結束時我們介紹了邵雍的預言，說二〇一〇年全球就是一個比卦的情境，以「比」的國際合作，共同面對金融風暴帶來的實體經濟大蕭條；因為沒有人會想重蹈上個世紀的覆轍，用死了幾千萬人的第二次世界大戰解決一九二九年的經濟大蕭條。二十一世紀的人絕不會這麼笨，所以，國際合作的比卦就越來越重要，雖然各國的聯盟合作，不代表他們之間沒有矛盾；怎麼安排一個和平穩定的國際架構，比卦的智慧就很實用了。它的卦爻辭，關乎人與人、組織與組織、國與國之間和衷共濟的合作，這也是我們了解比卦的時代意義。何況現在這麼大的經濟問題，全世界的合作都不見得能解決，更不可能靠一個人、一個企業或一個國家單獨解決，所以，比卦就有急迫的時代性。

比卦的外交，就要懂得合縱連橫。中國的兵書除了教你打勝仗的兵法戰策，還有外交實務的理論操作，其中就有很多了不起的案例。主要的外交理論就是列入先秦九流十家的縱橫家，而大部分縱橫家都出自鬼谷子門下。鬼谷子門下既有師卦的兵法大家孫臏、龐涓，也有比卦的外交家蘇秦、張儀等。這個門派的存在，可知師卦、比卦關係密切，可交相為用；打打談談、談談打打，大致如此。戰國時期，要辦外交，必須要有師卦的實力作後盾，弱國絕對沒有談判空間。《戰國策》這部書有鬼谷子外交理論的實踐案例，生動記載說客如何在戰國七雄之間進行合縱連橫的遊說。參考這些歷史文獻，對師卦、比卦的認識相信會更全面；甚至對當今、往後人類社會如何避開「師」而用「比」解決國際矛盾，會有很大的幫助。當然，中國古代有關外交思想的典籍遠不如兵書那麼多，因為縱橫家的外交理論主要興起、盛行於春秋戰國，秦漢之後中央集權，天下統一，鄰近只有附庸中國的一些小國，天朝大國跟他們往來，哪會用得上「比」？一直到明、清出現船堅炮利的西洋國家，這個需求才又再產生。

比卦六個單爻變

在講比卦卦辭之前，我們先把比卦各個爻的爻變講一下。

比卦初爻爻變是屯卦（䷂），水雷屯，藉小草展現無限生機的象，說明草莽開創時期的種種。所以比卦初爻是外交剛開始的階段（下頁上右）。

二爻爻變為坎卦（䷜），可見外交有其風險，就看你怎麼把持（下頁上左）。坎卦也有套牢的象，交朋友、買股票都可能被套牢。其實「比之所在」，也是「險之所在」，光從比卦的象就知道有風險；朋友會翻臉，夫妻會離婚，同志會鬥爭；前段時間讓你賺錢，後一段時間讓你敗家，都是有可能的。這

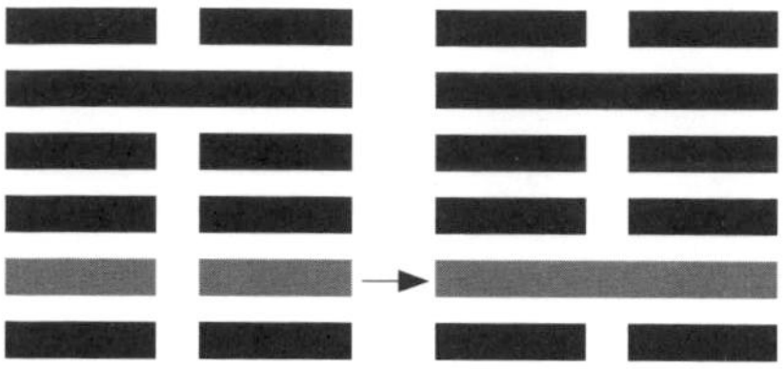

比卦　坎卦

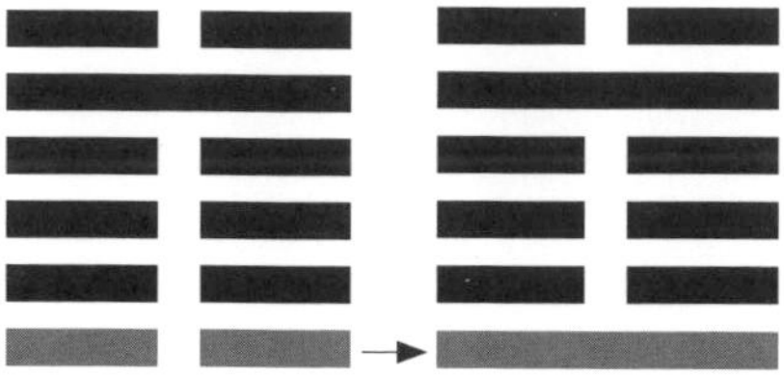

比卦　屯卦

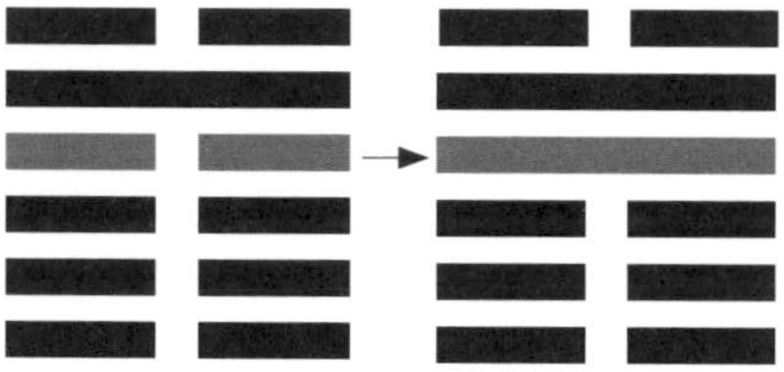

比卦　萃卦

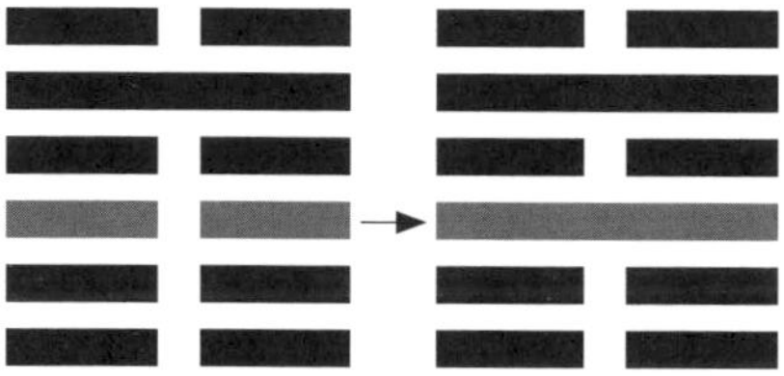

比卦　蹇卦

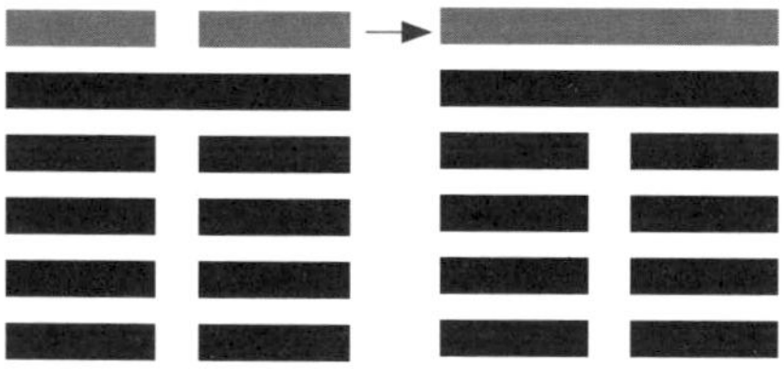

比卦　觀卦

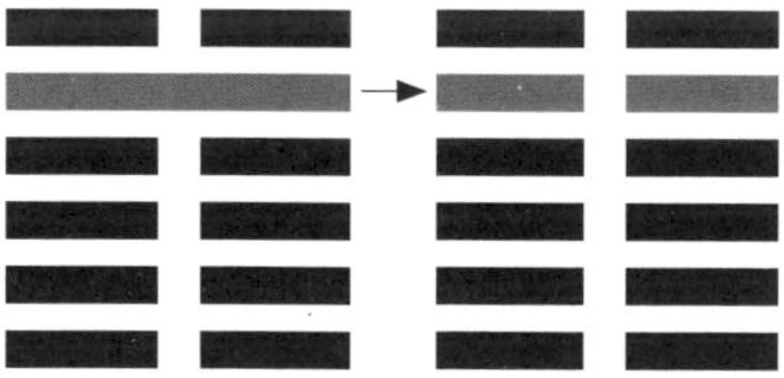

比卦　坤卦

些風險都要事先評估。就以國際外交來講，哪裡會有真正的友誼？你們會結盟，或者是有共同的敵人，或者是有共同的利益；關係一旦生變，翻臉的可能性很大。戰國時代，朝秦暮楚的狀況比比皆是，都是因為此一時彼一時的利益不同、考量不同；昨日的盟邦可能是今日的死敵，昨日的死敵可能變成今日的盟邦。到底要跟誰交往？當然要做好風險的考量。我們在需卦就講到，「需之所在」，也是「險之所在」，你需要的東西裡面就蘊含著風險，但你非跟它接觸、結合不可。能控制風險，就能享受利益，風險和利益是互相伴隨的，這是它的兩面性。從屯、蒙、需、訟、師卦一直到比卦，不是上卦坎險，就是下卦坎險，內險外險都沒斷過，可見人生之難、創造之難。一直到小畜卦、履卦，才暫時離開坎險，但小畜卦「密雲不雨」的沉悶，履卦踩老虎尾巴的膽戰心驚，仍然不輕鬆；到了第十一卦泰卦才總算可以舒口氣，然而才剛剛喘口氣，就從泰卦一路跌到否卦。所以把《易經》前面十二個卦看完，會覺得人生真的很難混。

這是借第二爻爻變延伸的話題，雖然爻辭看起來是「吉」，卻是從坎險中歷練出來的交友原則。比卦三爻爻變則更糟糕了——水山蹇（䷦），猶如犯了寸步難行的「風濕症」，動輒艱難，交朋友交到動彈不得（中右圖）。所以，這個爻是非常精彩的爻，提醒我們如果找錯合作對象，就會踩到地雷，害到自己。

四爻的爻變不錯，是出類拔萃的萃卦（䷬），精英相聚，而且有頂級成效（中左圖）。這個爻變可以更全面地幫助我們了解比卦「六四」這一居高位的爻，如果外交政策成功，交朋友交得好，就會締造萃聚的高潮效應。

五爻是比卦的君位，也是唯一的陽爻，是國際社會中資源雄厚的共主；就像師卦唯一的陽爻「九二」一樣，毫無疑問是全卦的主爻。談判影響力最大的當然是實力最強的天下共主，「九五」爻變是坤卦（前頁下右），廣土眾民，順勢用柔，責任都很重，而且不是硬打硬衝、咄咄逼人；必須有坤卦的智慧，才能成功扮演比卦「九五」盟主的角色。

上爻是很不好的一個爻，爻變為風地觀（䷓），比卦中又出現一個觀望的象（前頁下左）。

比卦的卦中卦

卦中卦還得歸功於明朝的來知德，我們以前說過，來知德老夫子的《周易集注》對於《易經》六十四卦的註解相當詳細，每一卦每一爻都有象，有時候會覺得太繁瑣，可這些都是《易經》不能偏離的基本的象。辭生於象，《易經》所有的文字（卦辭、爻辭），就是根據象寫出來的；先有那八卦、六十四卦的「無字天書」，後來才有卦爻辭這些「有字天書」。學過〈繫辭傳〉就知道，先循著象去了解那些卦爻辭；等到學通了，還要想辦法不受象的束縛，也就是「得意忘象」、「得象忘辭」。人先有「意」——意象，然後才有象；根據象出來的文字說明叫「辭」。如果拘泥於文辭本身，忘了它基本的象——自然現象、社會現象，那也是不行的。觀象很重要，可是也不能執著於象。「象」後面還有一個誠意正心的「意」——創意、意象，就如佛祖西來意、聖人之意，那才是所有言辭要掌握的部分；層層剝落，最後還要擺脫象的束縛。所以得「象」就要把「言」忘掉；得了「意」，就要把「象」忘掉。這都是〈繫辭傳〉的提醒。

來知德潛心研易，一輩子也沒做官，在深山修了二十九年，把《易經》每一卦的錯卦、綜卦、上下交易的卦，以及每一個爻的爻變，包括卦中卦，統統都列出來，整理得特別周全。這對我們後世學《易》特別有幫助。比卦的六個單爻變我們已經講過了，綜卦為師卦，師比兩卦相綜，在「師卦」一章已詳細講述。錯卦也講過了，比卦的錯卦為大有卦（䷍）。

我們來看比卦的卦中卦。先看第一個卦——二、三、四、五爻，構成山地剝（䷖），剝卦是「不利有攸往」，表示在「比」的時候可能造成資源大量喪失。外交一定有風險，交朋友、買美金、買連動債，都有風險。比卦不就是連動嗎？它一動你也跟著動，所以「比」中有「剝」象，要小心，不能亂「比」。

第二個卦是三、四、五、上爻構成的水山蹇（䷦）。上面我們提到比卦第三爻爻變也是蹇卦，故比卦「六三」可謂「蹇中蹇」，蹇的特性特別強；從比卦三爻以上到上爻的高層，都是風雨同舟。就像現在世界各國政要高層積極的穿梭往來，G20高峰會就是因為共同面臨非常困難的局面，統統套牢、動彈不得，所以一定要尋求和解。蹇卦下一卦就是解卦（䷧），蹇的時候當然要借助國際合作解決共同的問題。這是在同一條船上，被蹇逼出來的和解。所以三、四、五、上爻結成一個患難同盟。

第三個卦中卦是初、二、三、四爻構成的坤卦（䷁），還是順勢用柔、廣土眾民。

第四個是初、二、三、四、五爻構成的剝卦，比卦裡面有兩個剝卦的象。所以交朋友的時候要知道當中有兩個剝的可能，當然要小心；對於交往的對象，有密切聯繫互動的關係，都要認真評估，包括誠信調查，實力的差距，以及風險承擔的能力等等。可見，不能隨便「比」，因為裡面有兩個剝的象，扒一次皮不夠，還得扒兩次皮。

最後一個卦是二、三、四、五、上爻構成的比卦。比中有比，大圈子的聯盟中還有好多小圈子，本來就是這樣。朋友之中還有朋友，就像「師」中有「師」一樣，大戰之中還有小戰，不只有一次。

這就是比卦的五個卦中卦，有了這一層了解，在卦辭、爻辭的總體預測前提下，可以使我們對每一卦看得更深遠，對問題的結構也有更深入的掌握。

比卦卦辭

比。吉。原筮，元永貞，无咎。不寧方來，後夫凶。

不像師卦卦辭只有短短六個字，比卦的卦辭長多了，可謂是千叮嚀、萬囑咐。在師卦，打勝仗的原則就那幾個，只要有一個好的打手、有正確的理由，再考慮諸多後遺症，就可立於不敗之地。不像比卦，可見交友的原則更豐富、細膩，考慮的條件更多。所以比卦的卦辭一定比較長，少一個字也不行。

卦辭第一個字就是「吉」，結交盟友，彼此合作，當然是好事；「比樂師憂」，朋友多、人脈廣，「吉」的機會自然多。而且，朝中有人，有靠山，有呼應，一定實力大增，外敵入侵也不必單打獨鬥，所以「比」是「吉」。

接著就談到交朋友需要做長遠考慮，要善於選擇，不能濫交。生命畢竟有限，交友不慎，搞不好會貽誤終生。因此既要對朋友有深入的了解，也要方方面面的對自己有深入的了解，並不是一窩蜂，盲目決定。為什麼要交這個朋友、為什麼要爭取這個外交盟邦？都要做務實的思考。這就是「原筮」。「筮」字在蒙卦曾出現過一次，這裡又一次出現了。《易經》中只有這兩個卦的卦辭中出現「卜筮」的「筮」字。蒙卦是「初筮告，再三瀆，瀆則不告」，「初筮」講的是「初發心」要百分之百的純粹、虔誠、專注，占卦就會得到精確的卦象；若心思亂了，或者不敢面對真相，聽不進正確的意見，就會把凶險的象誤認是吉兆。在蒙卦，若要找老師，不管是人或經典，「初」都很重要。比卦是以平行關係交朋友，是交到損友還是益友？若是損友，還不如不交，所以要認真選擇朋友。選擇老師的蒙卦和選擇朋友的比卦都告訴我們，人生能得良師益友，對人生才確實有幫助；一旦拜錯老師、選錯朋友，不僅浪費時間，甚至下場悲慘；必須像卜筮、占卦一樣慎重其事。蒙卦「初筮告」，你才會得到啟示；比卦交朋友也要用「筮」，才不會交錯朋友。在六十四卦中，只有這兩個卦的卦辭出現「筮」，代表人生的良師益友必須慎重選擇。

「初筮」與「原筮」意義相近，但不完全一樣。「原筮」的「原」是動詞，讀過〈繫辭傳〉就很清楚，「原」是〈繫辭傳〉的常用字，就是追本溯源的意思，任何事都要回歸原點去思考。為什麼交這個朋友？是因為別人都交，你也一窩蜂湧上去結交？其實適合別人的不見得適合你，又不是比賽交朋友，所以不要徒慕虛榮、講究形式，要想得遠、想得透，確認這個朋友是可以互相切磋琢磨的益友。這就叫「原筮」。就像占卦會毫不避諱地告訴你真相，讓你原形畢露，好把外面那些虛幻的表象統統剝離，回到最核心的原點，讓你便於做決定；在交友、結盟之前先占一卦，看清事情的原貌真相，照做就不會出錯。

人生面臨重大抉擇、重大疑惑時，才會用到「筮」，接下來就有三個判斷的選擇：「元永貞」。首先是「元」，「元」有「大」和「開始」的意思。要不要「比」？倘若「比」之後，你發現元氣充沛、創意大增，完全進入新的境界，好像獲得新生一般，這樣的朋友、盟邦當然要爭取。其次是「永」。你們能交往多久？能不能永續？夫妻能不能白頭偕老？同志能不能生死與共？都要考慮。交朋友不是開玩笑，今天交明天丟，上午交下午吵，那何必呢？當然要經過長期交往才能培養默契、發揮效應，而且越陳越香。所以時間的長短也要考量，這是「永」的問題。第三是「貞」。交往的動機正確不正確？值不值得信守、奉行？有沒有邪惡的、互相利用的動機？或者純粹出於利益的考量？從正與不正的成份上，還要考慮、決定怎麼交、要交到什麼程度？對這樣的朋友關係要賦予多大的期望。經過「元永貞」的周密思考後，最後的結果才會「无咎」，立於不敗之地。

比卦卦辭的提醒是很重要的，必須特別注意。前面是「比」的大原則，要追根究柢，追本溯源的審慎選擇交往、結盟的對象。還要從「元永貞」三個指標評估這個對象是否值得交往？假定達到損友的標準，那就剔除掉，免得「未受其利，反受其害」。「永貞」的概念我們在坤卦也學過，坤卦的精髓到最後就是「永貞」，所以總要做長遠的、永續的考慮。像老朋友就是到老了還是朋友；可是在國際外交的環境中，「永」就特別困難。你一定聽過：國際間沒有永遠的朋友，也沒有永遠的敵人。再延伸一下：官場、商場沒有永遠的朋友，也沒有永遠的敵人。所以「永」是一個關口，代表結果不錯，代表「有終」，這是《易經》謙卦的概念。《易經》最重視蓋棺定論，「最後好」、「得善終」才是真好。謙卦就是「有終」。剛開始轟轟烈烈，到最後留下無窮的遺憾，這樣的例子多得是。像同人卦（䷌）第五爻君位「先號咷而後笑」，先是痛苦、傷心的嚎啕大哭，最後是笑，不管是悟道了，還是成功了，人生圓滿收場，所以那個爻就很好。最後笑才叫真笑。像旅卦那個最不吉祥的上爻「先笑後號咷」，笑得太早了，剛開始得意得不得了，最後號咷大哭，面對慘烈的全盤覆滅。可見，《易經》是很重視蓋棺定論的，人生不也是這樣嗎？所以要貫徹始終很困難，如果陳水扁在事發前暴斃而亡，在人們心目中的形象可能會不錯；結果時間拖久了，原形畢露，什麼壞事都給翻出來，前面的成績統統歸零。由此可知，「永貞」如同修行，是要貫徹始終的。

佛教的修行也是如此，釋迦牟尼「有終」，弘一大師李叔同也是「有終」，他們剛開始都享盡人生的榮華富貴，像李叔同前半生風流倜儻，瀟灑自在。等到他們修成了，一個成了驚天動地的佛教教主，一個成了近現代的律宗大師。為此我們還真的占卦探測過弘一大師最後的修行境界，結果真的很好。也就是說，這兩個人是認真修的，不管前半生怎麼樣，後半生都修到了完美的境界。這也證明了，最怕的是年紀輕輕啥也不懂就出家，到最後越修越不是滋味，然後在關鍵時候面臨誘惑犯戒，「先笑後號咷」，「先得主後迷」，結果全沒了。像佛陀和弘一大師是一美遮百醜，最後究竟圓滿。若把順序顛倒過來，結果是一塌糊塗一場空。

佛教歷史上最明顯的例子就是唐朝玄奘大師的得意門生辯機和尚。辯機和尚的智慧高深到可以跟老師共同創作、共同討論，最後卻過不了色戒這一關，跟高陽公主搞到一塊，結果三十幾歲就被砍頭。我相信這對晚年的玄奘來講，也是一個很大的衝擊。一個在佛法上這麼有造詣的學生，幾乎快要接班了，卻在最後一關過不去。其實，在血氣方剛的三十幾歲，也真不容易過，但他修了那麼多佛理，竟不能讓他度過色戒關，對辯機來說就是一個很大的遺憾；前面不管多大的成就，統統歸零，「先笑後號咷」，多慘！所以，人生即使先犯錯再懺悔，還是圓滿；因為前面犯錯是真的，最後的懺悔也是真的，前後加起來都是真的。爽也爽夠了，修也修成了，多好！要是一開始就修，後來抗拒不住，這一爽，前面的修都歸零，多不划算！可見，千萬不要年紀輕輕出家，那是假的，人世都沒有歷練過，出什麼家？這雖然是玩笑話，道理卻真，你要沒有真的爽過，怎麼知道為什麼要修呢？像《易經》下經第一卦就是咸卦（䷞），先談戀愛，然後才是恒卦（䷟）——夫妻的婚姻生活；接下來要損卦（䷨）的「懲忿窒欲」也好，甚至要艮卦（䷳）更徹底的「止欲修行、不動如山」也好，都是後來的事。前面沒有刻骨銘心的「咸」，後面哪來的「損」、「艮」？沒有標的嘛！沒有經歷生老病死、愛別離、怨憎會的磨練，當然沒有免疫力。弘一爽了三分之二輩子，剩下三分之一苦修，結果得道；辯機修了三十年，最後潰堤歸零。這都值得我們警惕！

我們來看卦辭後一段。「不寧方來，後夫凶」是一個重大的警告，交朋友「不寧」，是因為擔心交錯損友，有得失心、有風險，所以在審慎挑選過程中，精神狀態無法心平氣和。尤其知人知面不知心，眼前看著都好，誰曉得將來會不會心性起變化？所以「不寧」二字真是入木三分。談戀愛、擇偶、擇業，人生做重大選擇的時候都可能出現「不寧」的情緒。屯卦也曾出現「不寧」，那是一個新生命、一個草莽開創時期，必須花心思為未來打基礎的「不寧」。到比卦的時候，要開始佈局、組建人脈、聯姻結盟，當然也是「不寧」。這個「不寧」很正常，因為不能看錯、走錯，尤其在陷入孤立的時候，諸如失戀、失婚、失業，或者大風吹、換位置，為了「比」，大家都在活動穿梭，可是「比」到最後，獨獨你沒有位置坐，眾人都和和樂樂、各有各的團隊，你一個人遊魂般被擋在所有圈子外，那你就更不寧了。你可能會急著想辦法，甚至急到失去應有的分寸，看到對象就抓，那就危險了！萬一這個對象是錯的、是「比之匪人」呢？交錯了朋友比不交朋友更糟。這就是「不寧方來，後夫凶」的思考背景。「後夫凶」是因為某些原因而錯失跟人家展開和諧互動、成為一輩子好友的時機；可能是你自持身段，不懂得主動積極地釋出善意，老是希望人家三顧茅廬來求你，那麼錯失了時機的人就會凶。可見，人生每個關鍵都不能失之交臂，該掌握的機會，該出手時就出手；否則，可能一輩子就錯過了。錯過好姻緣、錯過建立良好的連動關係，最後勢必陷於孤立——「後夫凶」。所以，該表態的時候，甚至要積極主動表示善意，像臺灣如果錯過和大陸搞好關係的時機，就是典型的「後夫凶」。

「不寧方來」在現實生活中也有意思。在挑朋友的時候，看看這個那個，也看看自己，心中充滿「不寧」。等到發現怎麼人家都有位置了，都交上朋友了，一個一個都男大當婚、女大當嫁，怎麼就你孤孤單單一個人呢？這時「不寧」的心情就更焦躁了。「方來」的「方」是剛開始，這時趕快展開比卦的活動，已經來不及了，因為別人都已經成型，你能挑的機會更少了。那就是「後夫凶」。「來」是指往內、往下採取行動，「不寧」的時候才來，不僅錯失時機，也可能在倉促選擇時犯下大錯。這時你就是典型的「後夫」，錯過這個村就沒有那個店，你得面對孤獨、享受不到「比」的優勢或守望相助等溫暖，當然會「凶」。

「不寧方來，後夫凶」，所以在比卦的交往活動中，眼睛要放亮，要主動積極、心胸放寬，早點採取「比」的行動；否則朋友都被搶光，用錢也買不回來，這就是外交戰的現實。換句話說，有「後夫凶」，就有「先夫吉」。比卦最後一爻就是「後夫凶」，到了最後一爻才開始出門交友，肯定是凶的；比卦上爻爻變不就是「觀」嗎？你一直在旁邊看，不採取行動，總想等著人家來，誰會理你啊？比卦第一爻的吉從哪兒來呢？因為它「先夫吉」，它在比卦一開始時就積極展開佈局，廣結善緣、釋放善意，時間也綽綽有餘。哪像最後一爻到了倒數時刻才表現「比」的熱情，那就太慢了。所以比卦初爻是吉，上爻是凶。「不寧方來，後夫凶」，你可以想像比卦上爻的「不寧」會到什麼程度，明明需要朋友，又不採取正常行動，不是找錯對象就是根本落空，這就是卦辭的重要提醒。

「不寧」二字除了屯卦〈彖傳〉「宜建侯而不寧」，和比卦的「不寧方來」外，還有一個「不寧」是在兩情相悅的兌卦（䷹）。兌卦第四爻也有類似「不寧」的情緒——「商兌未寧」。「不寧」，就是還沒到好的狀態；「未寧」就是談判還沒有結果，當然會心情焦躁。人生常有「寧」與「不寧」的問題，所以要修這個、做那個，希望取得內心的寧靜。如何從「不寧」到「寧」，從個人的「安心立命」到「萬國咸寧」，都是《易經》所追求的。我們看那些偉大的佛經，剛開始講法時，總是弟子真誠希望師父安他的心，因為他碰到飲食男女的誘惑、人生的艱難困苦，搞得心不寧，必須找方法降伏其心。在比卦人際互動時也是如此，常常出現此心「不寧」，心猿意馬，所以要快速解決。

比卦〈彖傳〉

〈彖〉曰：比，吉也。比，輔也，下順從也。原筮，元永貞，无咎，以剛中也。不寧方來，上下應也。後夫凶，其道窮也。

「比，吉也」，交朋友是好事，會給你帶來收穫。「比，輔也」，魚幫水、水幫魚，你幫我、我幫你，如此才走得穩。像乾卦上爻的「亢龍有悔」就是因為過分強硬、傲慢，所以陷入孤立，沒有朋友、部下的幫助，以致「不可以有輔也」。有了「輔」，自己無法獨力解決的問題，包括拯救急難，解決經濟危機，都有朋友幫忙分擔。「下順從也」，這是從整個比卦的結構來看的，在比卦中，大家都想交往的朋友，當然是君位「九五」；既是唯一的陽爻，又是全卦的實力中心，沒有任何人有實力跟他抗衡。就像戰國時代西方的秦國，獨霸一方，其他六國都很弱，所以才會有蘇秦合縱六國的那一套，把幾個柔弱的陰爻加起來去對抗獨強的陽爻，勉強維持恐怖的平衡。這完全跟比卦的格局一樣。可是每個陰爻各為自己的利益打算，所以不容易成局，到最後蘇秦就被連橫化解掉了。連橫就陰險了，所有的弱國都想辦法跟強國靠攏，躲在它的保護傘下，這也正好應了強國的算計。「下順從也」就是指「九五」跟其他陰爻的關係而言。「上六」因為是姿態傲慢的國之大老，和當權、當位的「九五」是陰乘陽、柔乘剛的關係，象徵欲望蒙蔽理智，相處並不和諧。論資排輩，「上六」資歷可能比「九五」還深，但「九五」是現在當權的老大，「上六」是「亢龍有悔」的過氣大老，有可能陷入「龍戰于野」的慘烈或屯卦上爻「泣血漣如」那樣的悲情。在比卦的格局中，每個陰爻都需要「九五」，可是「上六」就是跟他不對頭，也放不下身段，所以「上六」最後會「後夫凶」，拚命觀望，不主動表態，等到「不寧方來」的時候，人家的門都關起來了，才拚命擠進來。那麼「下順從也」是指「六四」、「六三」、「六二」、「初六」四個陰爻，依附在比卦「九五」強大的君位之下，爭相要跟他靠近，唯獨「上六」不在內。畢竟形勢比人強，比卦那些陰爻怎麼敢跟「九五」為敵，或者像「上六」騎在它頭上呢？當然要想盡辦法爭取跟他關係正常化，而那又得看承乘應與的關係好不好，有沒有這樣的緣分？另外，「下順從也」也是指下面四個陰爻合起來剛好是一個坤卦的象，不就得順勢用柔，發揮坤卦的智慧嗎？

「利牝馬之貞」，不能逞強、硬碰硬，要想辦法借力使力，只要跟「九五」搞好關係，就可以將「九五」的資源轉為自我發展之用。其實，不只下面四個陰爻需要第五爻，第五爻也需要下面四個陰爻，有人坐轎子，就有人抬轎子。陽爻對陰爻有互補之效，陰爻對陽爻何嘗不是呢？「六四」、「六三」、「六二」、「初六」需要從「九五」得到最新的科技和資源幫助發展；「九五」何嘗不需要像「初六」、「六二」、「六三」、「六四」這樣的發展中國家、地區做為它的市場呢？既然形勢如此，我們當然要認真考慮自己的條件，考慮爭取交往的對象；「知彼知己，百戰不殆」（《孫子兵法》），定出個人或國家的外交政策，「元」否？「永」否？「貞」否？「原筮」想得更深入一點，還要「知天知地，勝乃可全」（《孫子兵法》），看看大環境的條件如何。

「以剛中也。」正好點出大家都爭相與強權「九五」交往。「九五」陽剛居上卦、外卦之中，這個主爻點出來了。「以」就是因為，因為「九五」是剛居上卦之中，又是唯一的剛，有豐厚的資源，跟它交往就可以得到發展提升的條件。所以，整個比卦的精神，其中陽爻、陰爻的互動、競爭，都是由「九五」帶動的。「九五」好像一顆石頭丟到平靜的湖面，是漣漪擴散的中心；又像一根磁棒放到一堆鐵屑之中，鐵屑統統集中到它那裡。然而「九五」也是居於上卦坎險中心，資源無限，也是風險無限，這永遠是坎卦的兩面性；「需」之所在，「比」之所在，也是「險之所在」。

下面就是那個可能的遺憾了——「不寧方來，上下應也，後夫凶，其道窮也。」整個比卦在等待觀望、在挑選抉擇、在患得患失，還不知道最後成敗如何的時候，正是「不寧」之時，偏偏有後知後覺的「不寧方來」。其實就是一個「上下應」的格局，「九五」跟「六四」是陰承陽、柔承剛的良好關係；「六二」跟「九五」中正相應與，格局清正；「初六」跟「九五」搭不上邊，很難高攀，既不「承乘」也不「應與」，唯一的可能就是異性相吸；可是「初六」在比卦基層開始漫長的發展過程中，絕對需要爭取「九五」的關注或資源輸入。在沒有任何現成關係的情形下，怎麼辦？爻辭就是教你怎麼突破困境，怎麼利用比卦交朋友的善意。「六三」跟「九五」也是既不「承乘」，也不「應與」，它本身還有缺陷，是典型的陰居陽位，本身就不正，陽位要求積極行動，可是陰爻沒有實力。這種不中不正的「六三」，我們在前面幾個卦也學過很多，屯卦是「六三」盲目打獵陷入原始林中，浪費寶貴的時機，甚至丟了性命。師卦「六三」也是一場糊塗，「見金夫，不有躬。無攸利」，抗拒不了誘惑，自己沒法獨立自主。師卦「六三」也很慘，「師或輿尸，凶，大無功也」。比卦「六三」則是「比之匪人，不亦傷乎」。在比卦裡面，各種形態的陰爻跟陽爻互動，「上下應」，像外交戰一樣穿梭往來，都希望爭取到最好的條件。陽爻也希望找到最聽話的陰爻跟他配合，又有市場，又可以「污染輸出」；陰爻也希望爭取強國的支持、長官的垂青，所以大家都「不寧」。這樣一來，「不寧方來，後夫凶」，「不寧方來」是一個「上下應」的複雜格局；「後夫凶」，就是你後知後覺，錯過時機，或者態度不正確，表態太晚，當然「其道窮也」，玩完了。比卦是交友之道、結盟之道，「其道窮也」，你到此就被淘汰了。

比卦〈大象傳〉

〈大象〉曰：地上有水，比。先王以建萬國，親諸侯。

實力的較量

〈大象傳〉非常值得注意。首先看「地上有水，比。」「有水」表示有風險，也有資源。跟師卦的「地中有水」不一樣。師卦是水在地中，是外面看不見的潛流、是地下水，所以軍事行動中的欺敵、隱蔽性非常重要。比卦是外交談判，在談判桌上得攤開來大家交心；你有什麼，我有什麼，都得明朗化，所以是地面上的水，水量、水質都一清二楚。「地中有水」，就有「容畜」之象，所以叫「容民畜眾」。現在是「地上有水」，一切都得明著來，把籌碼都攤在枱面上，給大家比較比較、見識見識，所以比卦也有互相較量的意思。像以前的科舉考試，考了秀才，又考舉人，舉人就要進京考進士，然後還有殿試，選出前幾名的狀元、榜眼、探花，那就叫「大比」。因為天下讀書人雲集京城互相較量。比過之後一看，排行榜出來了，真才實學的陽爻和實力不夠的陰爻，到最後是落榜還是金榜題名，這也叫「比」。我們常以為《易經》的卦就只有那一層意思，等到你徹底搞通了才曉得，它那觸類旁通的意思是探索不完的；不然占卦的時候，只會套標準答案做僵硬的理解，碰到稍有偏差的狀況，就沒法靈活變通。所以，「比」不只是交朋友，也有比較的意思。國際外交就是大家較量實力，看看你GDP多少，有多少軍隊，國民教育水準如何，人均產值怎樣？這一比才見出實力。如果實力相差懸殊，沒辦法對抗，就得採取合作手段，跟他站在一起。這就是「比」。從卦序的觀點看，從師卦到比卦，大戰結束之後通常由最強的戰勝國出牌組隊，和平建立新的國際秩序，看關係的遠近分封、重建。「大君有命，開國承家，小人勿用」，師卦最後一爻就是講這件事。所以師卦後面是比卦，就有較量、比較的意思，完全是靠國力、靠拳頭大小來主導利益的分配和國際架構的重建。因此比卦、師卦都還是實力決定一切的霸道思維。那麼，「地上有水，比」，對於哪裡有「水」，是「大水」還是「小水」，是匯流還是分流？都要有通盤的研究、規劃。

戰後新秩序

「先王以建萬國，親諸侯」，很有氣魄，建立一個新的戰後秩序。像周滅商之後，最有名的事就是封建，大部分姬姓子弟和有功之臣都封了地。姜太公封在山東的齊國，武王的弟弟周公封在山東的魯國。後來齊魯成為春秋時期兩大國，但齊國後來為田氏所簒，魯國是周公之後，故稱為禮儀之邦。師卦就是武王伐紂，戰後發揮組織能力，封建諸侯，所以，最後一爻說：「大君有命，開國承家，小人勿用。」接著就是比卦，要開始佈建戰後新秩序。「先王」是指當時的天子周武王。武王很快就死了，真正代行主要職責的是周公，雖然他自己封在山東的魯國，卻留在中央輔政，幫助年幼的成王建立制度，這個基本格局一直維持到春秋戰國時周朝滅亡。雖然後來周天子的實力大不如前，但是能讓一個基本的制度格局維繫政局長達八百多年，這是什麼樣的眼光和企劃能力？所以屯卦的「君子以經綸」，絕不容易。你看後來那些朝代，有的幾十年、一兩百年，至多兩三百年就亂掉了。

當然「萬國」是誇張了些，不過當時確實封了很多國家。師卦最後一爻就是論功行賞；有大功的給你一個國，功勳較小的給你一個采邑，讓你擁有一個或幾個城，然後大家聯合起來拱衛中央。既然都是一家人，或者是一起打天下的革命伙伴，最後大家共享勝利的成果，維持安定的局面，這就叫「封建」；也就是比卦「地上有水」的資源分配，將水跟水之間的連帶關係規劃出來。史無今有叫作「建」。是有開創性的，原先沒有這樣的體制，現在把它企劃、落實、建構出來。「親諸侯」也是封建，希望不再打仗，大家是親愛精誠的關係。確實如此，周朝封建，大部分諸侯國都是姬姓，光一個周文王就有上百個兒子，子子孫孫，就算沒有萬國，也有上千個國家。到後來不斷地兼併、鬥爭，六親不認，誰還管你姓「雞」（姬）還是姓「鴨」？不要以為同姓的大家族會相親相愛到底，時間久了，感情淡了，血緣也淡了，然後起內訌、鬧家變、爭權柄，到最後就演變成春秋戰國的局面，誰還管誰跟誰同姓，現實利益比什麼都重要。所以剛開始「建萬國，親諸侯」，是希望彼此之間和睦相處，因此〈雜卦傳〉就用一個「親」字形容同人卦。「同人」本來就是發展到最和諧的王道境界，人同此心、心同此理，世界大同。比卦就是想藉著「建萬國」，把這個因素考慮在內，希望達到一個和平、和睦相處的

「同人」世界。剛開始都是這樣想的，實際到後來都辦不到。

「建萬國，親諸侯」，中央與地方的矛盾被化解了，大家彼此都是互動和諧的，這本來就是大戰之後重建和平秩序的目的；然而事實上，還是唯我獨尊的意識在作祟，弱小國家能不乖乖按照我的意志行事嗎？像二戰勝利後，美國國勢達到頂峰，GDP和軍費支出都佔全世界一半以上，他就是以世界的主導自居的。比卦「九五」就是主導全局的主角，其他那麼多陰爻都是受封的「萬國」，一盤散沙，都得按「九五」的意志行事。至於分贓均不均，我們要進入爻的現場，並透過很多歷史案例，才會發現其中的利弊。

所以比卦的「先王以建萬國，親諸侯」，一方面是考慮到師卦以及師卦上爻的酬庸手法，只是很多人會忘記「小人勿用」的重要提醒，所以師卦上爻爻變是山水蒙，情欲蒙蔽理智，做了不公平的安排，留下嚴重的後遺症。像臺灣在阿扁執政的八年傷害很深，不知要收拾多久，才可以把風氣導正過來。過去有句話說「文官不愛才，武官不怕死」，那時候腐化嚴重，不管文官、武官，都是既愛財又怕死。這就是典型的師卦上爻的教訓——小人勿用，情欲蒙蔽理智，「必亂邦也」。

由這個「親」字，我們再深化一下對比卦的認識。大家都聽過「比武招親」吧，以前名門閨秀要出閣，因自認身價非凡，所以一定要嫁給文武雙全的男生，結果就擺擂台，比武招親，擂台上較量較量，到最後累得個半死，把所有人都打敗了，最後娶也娶不動了。「招親」的「親」就是戰後比卦的「親諸侯」，就是要經過較量，然後你脫穎而出。師卦大戰較量完後，國際社會開始重新洗牌，有些國家可能慘遭滅亡或分裂，像以前的東西德和南北韓；然後又產生一批新的勢力集團或國家，他們之間都希望能維持一個「親」的關係，好鞏固既得的利益。周初的封建制度，基本上就是這個模式。

賈誼的「眾建諸侯而少其力」

「先王以建萬國，親諸侯」，還要提醒的是，為什麼要建那麼多國家？為什麼不單純一點，分幾個大塊就完了，幹嗎分得那麼細？這也是比卦在師卦取得勝利之後，開始酬庸時一個很重要的政治智慧。也就是說，分得越細，讓他們成為一盤散沙，就沒有哪一個國家將來跟你不親的時候，會有足夠的力量反抗你。如果把三分之一的國家分給一個大諸侯國，另外三分之一又分出去，他就有抗衡你的實力，即使你們現在關係親密得很，一旦蜜月期過了，他本身就擁有雄厚的實力，足以威脅你的安全。所以最好把一大塊切成十小塊，讓每個人都有官做，都是王，然後每個人都沒有帶頭反抗的實力，這就是西漢初年洛陽少年賈誼〈治安策〉給漢朝皇室的建議。以「眾建諸侯而少其力」的策略維持長治久安。這是很重要的智慧。這是替中央皇室著想，如果讓其中一個力量太過龐大，那麼旁邊的一些小國就會依附他；他有了實力，就有可能造反；即使當時不造反，傳至子孫幾代之後，可能就尾大不掉，那不是給自己製造問題嗎？所以賈誼提出「眾建諸侯」的建議。

西漢初年實行的是「郡國並行制」，有一些分封的國家，但中央直接派縣長、郡守管理。秦始皇統一六國後實施中央獨裁的天下郡縣制，嬴姓皇族子孫絕對無法成為諸侯，可是秦朝短命而亡，郡縣制沒有多久就結束了。漢朝建國時為了撫慰功臣、鞏固自家實力，還是分封功臣和王室子弟，但是皇帝也不放心，所以中央就直接派任大量地方官員管理地方政務，同時也部分參考封建制度。後來就釀成了淮南王的悲劇，導致「七國之亂」。比卦〈大象傳〉就有這樣的智慧，如果你實在非封不可，千萬不要封太多，切成小塊小塊，每一個人手上只有那麼一點，以免賞賜過了頭，到最後他不但不感激，還會挾著那個資源來對付你。只要跟中央控管的實力相差懸殊，他就不會起非分之想。當然也有人會說，小國和小國不會組成聯盟嗎？問題是，誰來領頭呢？就像秦國滅六國一樣，六國合縱，可是卻無法真心合作。沒有人帶頭，哪個小國敢起來？所以「眾建諸侯」是為了削弱每一個個體的實力。在任何組織中，你若特別寵愛誰，讓誰天天升官，到最後可能他就是要你命的人。所以「建萬國，親諸侯」裡面有很深遠的策略和人性的考量，多多益善，才能彼此制衡，不讓一家獨大。

〈大象傳〉中的「先王」

還有一個值得重視的就是「先王」，過去我們多多少少也提過，我們發現比卦〈大象傳〉的行為主體變成了「先王」。前面七個卦都是「君子以」，比卦是第一次出現「先王以」的。大戰過後的比卦，一個新的國際聯盟、國際合作的體系出現了「先王」。這個「先王」就是師卦的「大君」，為了建構至少好幾百年的和平，不希望人民再遭受殘酷的戰爭蹂躪，他開始要深謀遠慮，所以要提出一個「建萬國，親諸侯」的架構出來，不管是經濟問題、政治問題、社會問題，都包含在內。然而，若沒有天下共主周天子的領導層級，怎麼能調和萬國的矛盾？這是「先王」才有的威信。就像神話小說《封神演義》裡面，姜子牙把所有的神都分封完了，卻忘了給自己留一個位置，他只好周遊列國，今天到A國，明天到B國，他們都是你封的，都招呼你吃大餐、住五星級旅館，這邊吃三天，那邊吃五天，一年也就過去了。但是，一到大年三十晚上，諸神歸位，不招待外客，大家小團圓，姜太公沒地方去了，實在沒辦法，就縮在牆角下、電線桿底下冷清清過除夕。所以現在就在這些地方立一塊牌位——「太公在此，諸神退位」，據說可以保平安。這個故事給我們的教訓是「先王以建萬國，親諸侯」，應該和屯卦從零開始開創事業一樣的慎重，不要唱高調，認清現在親不代表將來親的事實，才能做長治久安之計。

《易經》〈大象傳〉用「先王」的只有七個卦，這七個卦都大有文章。第一個就是第八卦比卦，第二個是第十六卦豫卦（䷏），然後是第二十卦觀卦（䷓）、第二十一卦噬嗑卦（䷔）、第二十四卦復卦（䷗）、第二十五卦无妄卦（䷘），「比、豫、觀、噬嗑、復、无妄」六個在上經的卦，〈大象傳〉都鄭重其事的講「先王以」，要怎麼操作、怎麼佈局、怎麼規劃。下經只有一個卦的〈大象傳〉講「先王」，所以非常值得注意，那就是第五十九卦渙卦（䷺）。這七個卦講「先王」，講的都是最高層的領導，影響都是世界級的、超乎國家以上的。有五十三卦是講「君子」；另外還有四個卦，像離卦（䷝）用「大人」，剝卦（䷖）用「上」，泰卦（䷊）和姤卦（䷫）都是用「后」的概念。這四個卦再加上七個「先王」的卦，這就符合現代企業管理中的「八十、二十定律」，雖然在六十四卦中不到百分之二十，但是這關鍵的少數會決定百分之八十（另外五十三卦）的整體大局，這是《易經》中的自然分佈。那麼七個「先王」的卦就非常值得重視了；而下經唯一的一個是渙卦，也很值得深入研究。這也是了解任何一個卦時可以做為詮釋的重點，再深入必有所獲。

〈大象傳〉中「五以」的結構

我們在上文講到在〈大象傳〉中用「先王以」的七個卦，只有居全天下、全世界高位，具有統合能力的才會用到「先王」。那麼其他五十三個卦是「君子以」，在六十四卦中幾乎佔了八成。這個比例剛好滿足企管的「八十、二十定律」，擁有資源、權力的百分之二十，是影響重大的關鍵少數，它的影響高達百分之八十；百分之八十是沉默的大多數，卻只有百分之二十的實際影響力。不論好壞，常常如此。另外四個卦，有兩個叫「后以」。「后」相對於「先王」來講，就有一先一後了，地方諸侯是由先王分封的，所以他在領導階層是次等位階。先王封諸侯，諸侯就叫「后」，在《孟子》中講的「群后」就是列國諸侯。等到西漢初年七國之亂之後，所有的「后」統統被粉碎、消滅，大一統的中央集權帝國形成，地方郡、縣，一直到後來的省，全部由中央官派的官員管理。這時的「后」才廣泛運用到母儀天下的「皇后」，不再指地方的最高領導階層。泰卦是第一個出現「后」的；其次「天下有風」的姤卦也是「后以」，都特別偏重地方行政長官危機管理的重要性。另外兩個一個是剝卦的「上以」，在岌岌可危的環境，居於上位的領導階層特別要小心，所以「剝」是專門針對「上」而不針對「下」來立論。離卦更特殊，人類文明的永續經營，要依靠「大人以」，我們學過乾卦〈文言傳〉就知道，「大人」是《易經》中修行最高的位置，而離卦〈大象傳〉是唯一的。

還有一種說法是，「后以」的卦有兩個半。因為還有半個是從屬性的，那就是復卦。復卦〈大象傳〉云：「先王以至日閉關，商旅不行，后不省方。」基本上是「先王以」，句中出現「后」字。所以是「先王」命令「后」如何如何；「后」要遵守「先王」的規矩，亦即地方服從中央的政令。復卦直接告訴你「先王」跟「后」除了是中央與地方的關係，也可以是「先王、後王」歷史先後相傳的關係。後代領導人、統治者要遵循古聖先王的規矩，那就叫「先王、後王」。〈大象傳〉這個結構就叫做「五以」——君子以、先王以、後以、上以、大人以。「以」是因為有，才懂得運用；將那個結果發揮到淋漓盡致，就可以延續到後代子孫。

「師」、「比」——人生成敗的關鍵

其實師、比兩卦最重要的就是交界的那一個點，也就是從「師」慢慢轉到「比」的階段，堪稱是人生成敗的關鍵。縱橫天下，贏得了勝仗，要確保戰後的成果，就要藉由「比」的智慧來維繫長治久安的和平，而前提是沒有私心的論功行賞——「建萬國，親諸侯」，這就考驗人的智慧、手段、能耐、修為。從師卦過渡到比卦的就是師卦第六爻，不要蒙昧、不要頭昏，若「開國承家」時酬庸不當，誤用了小人，「必亂邦也」，這是不容有絲毫僥倖心理的。

這個道理又涉及自古以來改朝換代所共同面臨的難題，那就是尾大不掉、功高震主、兔死狗烹的事情。漢高祖劉邦沒有處理好，是大殺功臣最典型的例子。漢初受封的韓信、彭越、英布三王，只要他不姓劉，兄弟之間有再深的革命感情都沒法長久相處，後來大概都死於非命；這就是「先王」或「大君」的手段夠狠，或者是先王的老婆像呂后那樣夠厲害。他們是贏了，可是手上染滿鮮血，那不是很遺憾嗎？人家幫你打天下，結果共患難可，共安樂則不可。越王勾踐殺文種也是如此，在師卦的時候好相處，到比卦分封利益的時候就窩裡鬥。如果是那些功臣贏了呢？或者他們坐大之後真的功高震主，為了自保而滅了大君、先王呢？搞得雙方你死我活，無論如何都是遺憾。有沒有更圓熟的智慧可以處理好這個問題呢？馬上得天下的不一定能馬上治天下，這是很明顯的道理。在開拓業績、草創的過程中，可能需要某種人才；在一切上軌道之後，進入管理時期，他們不一定能勝任。由師卦到比卦，會帶兵打仗的不見得會縱橫捭闔於國際外交談判。他們是不同階段的人才，那你怎麼辦呢？像趙匡胤的「杯酒釋兵權」，給功臣豐厚的賞賜，讓那些打天下有功的將領們回家養老；東漢的光武帝劉秀也處理得不錯，那些幫著劉秀掃除王莽、打天下的雲台二十八將大部分也類似「杯酒釋兵權」一樣得到封賞退隱。一方面是劉秀的個性比較寬柔厚道，不像劉邦那麼狠；另方面也是記取前代人的前車之鑑，才沒有出現兵戎相見、撕破臉皮的事。

可見在師卦最後一爻跟比卦的「建萬國、親諸侯」——戰後的政府組織設計，都是智慧和修為的考驗；絕不能感情用事，如果把不會治理朝政、只會幫著打天下的人賦予治國的重任，他一旦犯錯，你們感情深厚，要不要處罰呢？要處罰他，人家說你對付功臣不講情義；若不處罰，國有國法，怎麼能徇私護短呢？所以劉秀就讓戰時的功臣風風光光地退隱，或者徒有爵位、封賞，但絕不讓他們負責重大政務；一方面讓治國之才進入政府各個部門，即使功臣犯過，也可以公正賞罰。如此一來，戰功彪炳的人樂樂呵呵地退休了，君臣可以做一輩子的朋友；新上任的文官也可以依法論法，豈不是兩全其美、皆大歡喜？所以古代帝王中，劉秀的治績算是不錯的，師卦最後一爻跟比卦的「建萬國、親諸侯」都做得不錯。從另一面來說，像張良、范蠡這些有大智慧的人，幫著人家掃除暴政，建立新政權後，急流勇退，立刻歸隱；不要封賞、不要名，不僅得其善終，也贏得千古好評。只是歷史上這樣的人確實少見。

比卦六爻詳述（一）

四爻：敦親睦鄰

六四。外比之，貞吉。

〈小象〉曰：外比于賢，以從上也。

我們從第四爻講起。「六四」陰居陰位，本身正，可以好好扮演高級幕僚、高級執行幹部的角色。此外，他跟「九五」是陰承陽、柔承剛的關係，而且「九五」中正，所以是比卦中最理想的關係配對；良相佐國，高幹與最高領導之間的關係，地緣因素也近，所以爻辭很自然就寫出來了：「外比之，貞吉。」「之」是指「比」的對象，也就是「九五」。「九五」就在「六四」的外面，如果你是「六四」，在比卦這樣一個形勢下，當然要趕快抱「九五」的大腿。所以，「外比之」，就是跟「九五」結盟，展開良性的外交互動。「貞吉」，固守正道就吉。「六四」是陰爻，「貞」就是指坤卦的「利牝馬之貞。」母馬絕對不會爭先，一定跟著公馬跑；就像企劃到哪裡，百分之百的執行力就到哪裡；並駕齊驅，一點也不落後。所以「六四」跟「九五」如同神仙伴侶，是最好的搭檔。

〈小象傳〉說「外比于賢，以從上也。」「上」就是「九五」。「九五」各方面的條件比「六四」優越，當然比「六四」賢。「外比」者當然是要交好朋友、結好的盟邦、追隨好的老闆、跟隨好的大國。「六四」爻變為萃卦（䷬），是出類拔萃、登峰造極、精英相聚的概念。「六四」是精英，「九五」更是精英，彼此互補，雙方的配合如魚得水，就是因為「以從上也」。加拿大與美國就有點像這樣的關係。「九五」是美國、「六四」是加拿大，雙方和平共存，綿長的美加邊界幾乎不必設兵，不知省掉多少國防預算。這是因為「六四」不可能挑釁「九五」，反而要敦親睦鄰，保持善意的互動，使雙方互惠互利。如果相鄰的兩個國家、兩個公司或個人是這麼好的和平互動關係，那不「萃」都不行。可見敦親睦鄰很重要。美國之所以強盛這麼久，就是因為北邊的加拿大那麼遼闊的土地絕對不可能變成敵國，還可以互相貿易交流；南邊雖然有中美、南美、拉丁美洲，但那些國家根本不足以形成挑釁。如果美國能從強勢的政府變成禮貌、周到、低調的國家，其實不僅對美國有利，對全世界也有利。如果鄰國是具有強大威脅力的敵國，那不是每日戰戰兢兢嗎？可見，敦親睦鄰最重要，這是「六四」要告訴我們的，道理很簡單。

二爻：獨立自主

六二。比之自內，貞吉。

〈小象〉曰：比之自內，不自失也。

接著看「六二」。「六二」跟「九五」是相應與，距離雖然遠一點，但他們也是典型的互補，而且彼此的條件都不錯。「九五」居於上卦中心，既中且正；「六二」陰居陰位，居於下卦坤卦廣土眾民的中心；因為是陰爻，所以它並不像「九五」那樣具備強大的實力，可是它充滿潛在的發展性，就像幾十年前的中國大陸。美國是現成的強權，中國則有取而代之的潛力。可是現狀還是一剛一柔、一強一弱，GDP還差三倍半，人均還差十倍多。可是誰都不敢忽略「六二」未來成長的可能性。所以「九五」跟「六二」最好合作，而不是採取對抗；「六二」也不足以對抗「九五」，所以它也希望跟「九五」和諧互動，雙方維持經貿交流。「六二」獲得「九五」先進的科技資源，慢慢也壯大了。「六二」是下卦的區域性強權，也是未來可能的全球性強權，從這一點去體會「六二」跟「九五」為了短、中、長期的利益，最好合作互動，就是這個意思。

另外，「六二」在跟「九五」展開交往時，一定要保持自己的國格，重視自己獨立發展的利益，不可能做「九五」的附庸。做人也是一樣，交朋友不代表我賣給你了，比卦就算有大小強弱之分，但一定是兩個獨立個體的互動，我們只是互相親近而已，我並不是被你併吞、變成你的一省、一州。像臺灣有些人就有這種沒出息的想法，有個俱樂部叫「立志成為美國第五十一州」的團體，就是典型的沒人格。

這就是「六二」爻辭的精神，交朋友歸交朋友，絕不影響獨立自主的人格堅持。夫妻也是如此，太太跟你結合，雖然很親密，但她不見得是賣給你、變成你的附屬品。子女也是一樣，他們都有獨立人格。你雖然是「九五」，他是「六二」，但你不能干擾它，要互相尊重。所以「六二」要「比之自內」才會「貞吉」。

所以〈小象傳〉說：「比之自內，不自失也。」就是確保自己的獨立性，並不妨礙跟別人的和諧互動；如果完全沒有自主性，跟人家交往互動，不但人家看不起你，你也多半沒有好結果，很容易被併吞。可見，「不自失」是對外發展「比」的關係時非常重要的原則。「乾道變化，各正性命。保合太和，乃利貞。」乾卦〈彖傳〉這幾句話說的就是這個意思，既重視獨立人格，又不影響群體的和諧。所以「貞吉」就是固守「六二」獨立自主的外交策略，才會有好結果。「比之自內」，完全基於內在發展的自然需求，自己先站穩了，然後在發展過程交一些好朋友，互相切磋琢磨，好壯大自己。所以「六二」不是隨波逐流，更不是一窩蜂去高攀「九五」，而是基於內在生存發展的需求，去跟「九五」有一個良好的互動關係。另外，「比之自內」的原則，從乾、坤、屯、蒙一路而來都是一貫的。乾卦是「自強不息」，先把自己修好了；進入坤卦面對廣土眾民的現實形勢，必須自己「厚德載物」，搞好群眾關係。屯卦初爻強調自己先打好根基，有了實力，就有了交朋友的起碼條件；第二爻還要花十年工夫「匪寇婚媾」，去找適合婚媾的合作對象。可見，任何一個卦的第一爻都是打好內部基礎，第二爻就是往外發展群眾關係，這個規律很容易就掌握了。要是沒有一定的實力，誰願意跟你交朋友？誰願意被你拖累，還要照顧你這個無底洞呢？

「六二」跟「九五」交往時，除了要堅持自己的自主性，也不能影響和諧互動的關係，因為你還有求於「九五」，「九五」也需要「六二」的配合。所以這裡面就有風險了——上卦是象徵風險的坎卦。主要還是看你怎麼拿捏？如果為了討好「九五」，不惜喪權辱國，被牽著鼻子走，那你不是徹底被套牢在「坎」中嗎？反之，如果你執意堅持自己的立場，完全不重視與強大的「九五」和諧互動的關係，那不也是「坎」嗎？所以，分寸怎麼拿捏，完全就在「坎」裡頭。要知道，一山難容二虎，領先的第一名對第二名一定有戒心，尤其針對像龜兔賽跑一樣，還在埋頭苦幹、積極爭取時間，想從「九五」那邊取得新科技、新資源，再進一步壯大自己的「六二」來講，它的坎就在這裡。所以中國過去三十年從鄧小平開始，不跟美國硬碰硬，低頭發展自己，用三十年爭取到成長七十倍的機會；如果中間爆發戰爭，怎麼可能有現在這個局面？而且中國的外交政策是「中國永不稱霸」，這不是策略，而是真的，是有大智慧的，因為稱霸絕沒有好結果。能稱霸而不稱霸，就是中華民族的智慧。稱霸就是強凌弱、眾暴寡、害人害己，不管哪一種霸權，自古就沒有得善終的。坎從哪裡來？比卦第二爻這樣大概就懂了。

「比之自內」還有一個意思。所有的外交工作都是內政的延伸；內政不修，一天到晚搞外交也沒用。內政昌明，國家雖小，也有泱泱大國的風範，可以健康地展開外交。如果光靠虛偽的人際關係，內部貪腐、不長進、沒教養，什麼朋友都救不了你，還可能眾叛親離。這也是孔子寫《春秋》的重要提醒。春秋時代那麼多國家被消滅、被併吞，就是因為「虛內務」，內政亂七八糟；而「恃外好」，靠外面有強權盟邦支持，搞不好滅亡你的就是那個強大的盟邦。這是最愚蠢、最沒出息的做法。

上爻：不得善終

上六。比之无首，凶。

〈小象〉曰：比之无首，无所終也。

我們看上爻，就是卦辭所講的「不寧方來，後夫凶」。人家熱烈展開交往的時候，他站在旁邊看，啥也不做；等大風吹完了，就剩他沒位置，然後還驕傲。他跟「九五」的關係是陰乘陽、柔乘剛，所以「比之无首，凶」。「无首」的後果就很壞，完全不是乾卦「用九」的「群龍無首」的眾生平等。比卦已經告訴你，既然是在「比」的時機，就一定要找最強、最值得交的那個爻；而且五個陰爻都需要陽爻，你是陰爻，當然要跟他發展關係。偏偏造化弄人，「上六」與「九五」陰乘陽、柔乘剛，本就很難和諧，所以錯過了採取行動的最佳時機，結果落到「後夫凶」的下場。「比之无首」的「首」是指「九五」。「上六」攀不上「九五」，結果孤零零一個；「亢龍有悔」，「比之无首」，得不到

「九五」的幫助，被邊緣化，成了國際孤兒，可謂付出慘重的代價。雖然看起來他也「比」了，但是「比」得太慢，也「比」得不真誠，最後當然落空，找不到強而有力的靠山，自然是「凶」。就像〈小象傳〉說的「比之无首，无所終也」。《易經》最重視最後的結果，而他是淒淒涼涼無所終。

上爻爻變是觀卦（䷓），觀望過度，想最後撿便宜，哪有這麼好的事？想要有好結果，分到一杯羹，就得放下身段，早早就開始跟大家培養合作的關係。「比之无首，无所終也」，這是很慘的結局，該做的時候不做，想到最後關頭分享收割，不肯「下鋤頭」，只想做「鐮刀派」，大家最恨這種人。所以「上六」想倚老賣老，最後「无所終也」。

三爻：爻錯對象

六三。比之匪人。

〈小象〉曰：比之匪人，不亦傷乎？

「六三」本身條件不好，陰居陽位，不中不正。不過，六十四卦中，「六三」也很少是好的。這是一個比卦的時代，它跟上下的「六四」、「六二」同屬陰爻，沒什麼好「比」的。然後相應的爻「上六」，也不能給他什麼好處，資源無法互補，還是得打「九五」的主意；可是「六三」跟「九五」沒緣分，既非「六四」那樣是「承乘」的近水樓台，也非「六二」那種雖有距離卻有實際合作的「應與」關係。而「六三」本身還特別帶著邪氣，陰居陽位，本來居於陽位就會要求你積極表現，在比卦的時候就要積極跟人家去比，可是你底氣不足，不中不正，排比關係又不好，所以「三爻」跟「五爻」頂多只有「同功而異位」的分工關係，就像師卦三爻幫五爻扮演監軍去看住「九二」。既然沒有直接的管道，又欠缺交往的藝術，求之不得，往往會產生急躁的心理，很可能會「比之匪人」。「匪」即「非」，交錯朋友，找錯合作對象；六三條件所限，這是極有可能的情況。所以〈小象傳〉就進一步說：「比之匪人，不亦傷乎？」交到壞朋友，未蒙其利，先受其害。

「六三」爻變為蹇卦（䷦），外險內阻，寸步難行，動彈不得，真是困難之極。而這個困難是從「比之匪人」而來的，非常麻煩。關於「匪人」，第十二卦否卦有「否之匪人」，否卦（䷋）是十二消息卦之一，陰曆七月份，所以「匪人」除了指「不是人」，還有一個意思與民俗傳說有關，陰曆七月民間稱作鬼月，「匪人」就是見了鬼了。佛經中也講「匪人」，整個宇宙包括天地人鬼神。「六三」竟然跟非人產生了「比」，會發生什麼樣的事，可想而知。這叫「比之匪人，如影隨形」。

我們再看「比之匪人，不亦傷乎。」不管是真的壞人或者真的不是人，都會傷害自己，爻變為蹇卦，這就是答案。所以卦辭才那麼審慎地講：「原筮，元永貞，无咎。」「比之匪人」，既不「元」、也不「永」、也不「貞」，當然不會「无咎」。所以千萬不要看走眼、交錯對象。就拿張愛玲來講，她覺得她是「比之匪人」，這個「匪人」就是胡蘭成。等到胡蘭成死了，好傢伙，老娘要報仇了，給你來個《小團圓》，把你的東西統統寫出來，讓天下人都知道老娘的厲害。

總之，一旦「比之匪人」，那就「不亦傷乎」，變成寸步難行的「蹇」了。

我的本命卦——「比之匪人」

我們先不講第五爻和第一爻，先從第三爻的「比之匪人」切入，講解一下《河洛理數》的「本命卦」。本命卦就是每個人的先天命理，是從八卦演化而來的，但可以用後天的修為改善運勢。我的本命卦就是「比之匪人」，經常會交錯朋友、交不是「人」的朋友，而且深受其害，也不會記取教訓。我自己也覺得奇怪，常常跟「匪人」自然而然有一段接觸，然後「不亦傷乎」，傷痕累累，雖然是笑話，卻是真的。這就是本命卦對一個人先天屬性的影響。拿我來說，我跟這些匪人經常有緣分，他們都是來渡我、幫助我修行的。這好像是佛教的講法，講起來是不是很阿Q？其實「匪人」不是你第一眼就看得出來的，剛開始覺得一見鍾情、相見恨晚，其實卻深受其苦。

那麼，「比之匪人」是不是一定壞呢？不一定。說不定還是好的。所以〈小象傳〉講「不亦傷乎」，這話講得太早了。你再細看經文爻辭，其實並沒有講吉凶。注意，《易經》三百八十四爻的爻辭，如果沒有明言「吉凶」，只是對事態的發展做客觀陳述，他就不會下論斷。也就是說，當吉凶未定時，是吉是凶，就看你後天的修為與智慧；你可以決定它吉，也可以決定它凶。當然，比卦「六三」的〈小象傳〉是從世俗的普遍角度歸納出來的，一般交到壞朋友一定受傷，如果是菩薩之類的大智慧者，他反而會長進，說不定是吉。不是常有人說，失戀讓人變得成熟，塞翁失馬，焉知禍福？說不定他是你的恩人，他用另一種方式刺激你。

可見，「比之匪人」這一爻辭並沒有斷定吉凶，吉凶在乎自取，在乎個人修為，所以不要倉促下論斷。人生在這個時候就是關鍵的修行時刻，一般凶的，你可以把它變成吉；不然，吉也可能轉凶。像剝卦（䷖）上爻就講得比較明顯，「君子得輿，小人剝廬」，是君子還是小人，最終由智慧、德行決定。像恒卦（䷟）第五爻是「婦人吉，夫子凶」，男女有別，女子「恒其德」是吉，大丈夫「恒其德」就是凶，都要看一個爻的主體修為而定。所以「比之匪人」不是絕對的，你可以掙脫宿命的規律，看你能不能在一個不好的情境下鍾煉自己、提升自己，增加福報與智慧。我自己就是一個例子。我也必須這樣講才能自我安慰，不然，我的本命是「比之匪人」，如果我乖乖接受「不亦傷乎」的定論，那這一輩子不就完了？

我們進入《河洛理數》的本命卦。《河洛理數》認為，每一個人一定有某一個卦某一個爻是性格中最猛、最強的性向。這叫「先天本命」，是由出生年月日時辰推算出來的，像先天八卦一樣，這是「體」，會影響一輩子。然後其中也有等於是爻變的概念，像「比之匪人」，是吉是凶，就看你後天的造化。民間常說「三歲看老」，有點像生命的DNA，這個爻對你影響就非常大；你所感染的氣，會影響一輩子，這個最關鍵的爻，也叫作「先天本命元堂」。本命卦還有「大運流年」的概念，陰爻走六年，陽爻走九年。以我來講，零歲到六歲就是比卦三爻「比之匪人」的時限，走完了這個爻，六歲以後繼續往比卦四爻走。四爻再走六年，就走那個還不錯的五爻「顯比」的運，因為是陽爻，要走九年，十二歲到二十一歲都走在比卦第五爻。第五爻我們還沒細講。理論上二十一歲以後就有點糟，因為是六年的「比之无首，凶」。到了二十七歲，比卦走完了，再回頭從初爻開始。因為我的入口是第三爻，所以三、四、五、上走完，還得回頭把初、二爻歷練完，然後又是兩個六年，第一爻也還沒講，第二爻是「比之自內，貞吉」。於是前半輩子都在「比之匪人」的屬性籠罩下，不論你走到哪一個爻，都會受到它的深刻影響。以我來講，「先天本命卦」就是比卦，花多少年走完了呢？等走到第二爻，到了三十九歲，比卦服役期滿，於是進入「後天本命卦」，開始下半輩子的歷練。

後天也有一個入口，從哪個卦、哪個爻進去，那就叫「後天元堂」，那是影響後半輩子最重要的爻辭。在轉換的時候，先天的「比之匪人」對上半輩子的影響會更多一點，對下半輩子的影響，因為有「後天元堂」的作用，就會比較淺一些。而後天那個爻就會影響後半輩子每一年的運勢。「先天元堂」從前六歲或前九歲開始，那個影響是很深遠的，像很多人童年時期的成長經驗，幾乎就注定了後面的格局，就像宇宙開天闢地的前三分鐘，決定往後一百多億年的格局。

「後天元堂」是由先天轉後天變過來的，結合爻變與上下卦相交對調的觀念，有公式可以套，不必查表。以我的「先天元堂」為例，是比卦第三爻動，第三爻爻變是蹇卦（䷦），但蹇卦並不是你的「後天本命卦」，還要上下對調相交，轉過來。水山蹇上下卦對調為山水蒙卦（䷃），所以我的後天本命卦是蒙卦，哪個爻呢？比卦第三爻到了「後天」就是蒙卦上爻，這個爻就是影響後半輩子的「後天元堂」入口，這個爻的爻辭是：「擊蒙。利禦寇，不利為寇。」這就是我後半輩子最重要的一個爻。看出來沒有？我的先天是比卦「比之匪人」，後天是「擊蒙。利禦寇，不利為寇」。比卦卦辭講「原筮」，蒙卦卦辭講「初筮」，六十四卦只有這兩個卦的卦辭出現「筮」，蒙卦不就是啟蒙、教學相長嗎？看來我這輩子跟《易經》有不可解的緣分，從「原筮」開始「比之匪人」，跟一些說不清楚的「匪人」打交道；進入後天就從「擊蒙」開始，教學風格嚴厲，若能體罰，一定打得大家哇哇叫。現在流年不同了，進入「包蒙」的階段，所以你們特別吃香，但有時候恨鐵不成鋼，偶爾也會有點「擊蒙」的味道。「擊蒙」是嚴厲管教，是「利禦寇，不利為寇」，我的後半生大概都會受「擊蒙」的影響，至少九年；從三十九到四十八歲，那時候的學生都恨我，因為被「擊蒙」，當頭棒喝，不好受的！跟各位講，我就是四十歲開始在臺灣講《易經》，剛好是從比卦跨進後半生「擊蒙」的蒙卦，一年都不差。四十八歲以後，花九年走完上爻，回頭再從初爻開始走，這下輪到我也「蒙」了，得「利用刑人」。來「發蒙」，找個老師來救我，帶我解脫；從一個自以為是的老師變成學生，而且得重修六年。所以從四十九歲到五十四歲這段期間，如人飲水，冷暖自知，雖然並沒耽誤，繼續教書，但自己也「蒙」了，然後又得到重新的啟發。還好這個時間已經混過去了。五十五歲之後進入「包蒙」元年，目前正是「包蒙」中期，至少要混滿九年，所以這九年我是有教無類，特別溫和慈祥，但有時候還藏著一點「擊蒙」的意思。「包蒙」之後我就不敢想了，「見金夫，不有躬」，「困蒙」，還有十二年在那邊等著，不知道是什麼考驗？再混過去，最後是反璞歸真、返老還童。好，這是藉著奚落我自己，幫助各位了解一下本命卦的概念。

「比之匪人」的衍伸說明

上文是我自己現身說法，從「比之匪人」的先天本命轉到「擊蒙。利禦寇，不利為寇」的後天本命。本命卦是因人而異的，這個程序也不是算卦算出來，而是排出來的，現在有現成的軟體，只要輸入準確的出生年月日和時辰（以干支計算），是乾道（男）還是坤道（女），答案就出來了。知道本命卦之後，你精彩的一生，都詳細顯現在這十二個爻裡頭。此外還有大運、流年的概念，就是每九年或六年內，你受哪個爻辭的影響？然後它可以繼續細分下去，再算出在那九年、六年內的每一年，是哪一個當值？所以，可以算出你的長期、中期、短期到底受哪一個卦爻的影響最深？這個程序就叫「河洛理數」。如果是自己動手算，要參考《河洛理數》這本書。

為什麼叫「河洛理數」？天數二十五，地數三十，加起來五十五。一、三、五、七、九是天數，二、四、六、八、十是地數。天地之數五十有五，就是這麼來的。所以那是生下來就注定的定數，沒法更改。只是它不是用星象之類的術語分析，而是用卦辭、爻辭，這也是唐宋之後那些聰明人，因應時代需要，用古老的《易經》模型結合生辰的概念，建立這麼一個系統。我們可以列入參考，但不必執著。我不認為大家一定要曉得自己的本命；萬一很好，你會驕傲，驕必敗；萬一很爛，你失去奮鬥的信心，不驕傲也必敗。

我再強調一下「比之匪人」雖然沒有講「凶」，比較一下師卦的人位第三爻「師或輿尸，凶」，這兩個很像；只是「師或輿尸」是保證凶，「比之匪人」則不一定凶，看人的修為而定。「師或輿尸」是眾人作主，結果干擾主將的判斷，使打仗失敗，那一定是凶的。可是另外一個解釋也包含在內，「尸」可以解釋成「屍首」，是毀滅的徵兆，至少是打敗仗，而且死傷慘重，所以凶，「大无功」。「比之匪人」的「匪人」不一定是指人，包括天地人鬼神在內。我這個教《易經》的可能有點倒楣，一天到晚「比之匪人」。碰到之後，用開闊的心態看待，也見怪不怪，它們也是來長我見識的。有了這種接觸之後，你會更懂得「包蒙」。坦白講，在二十年前開始決定教《易經》時，我就已經做好心理準備，因為《易經》是什麼都有，會看到奇奇怪怪的各路人馬，這也叫「比之匪人」。但這也是緣分。

比卦六爻詳述（二）

初爻：誠信為先

初六。有孚，比之，无咎。有孚盈缶，終來有它吉。

〈小象〉曰：比之初六，有它吉也。

我們看初爻怎麼跟人家交朋友？初爻爻變是屯卦（䷂），草莽初建，很清新、很真誠地想跟人家交往，不過它位卑職微，當然要交到「九五」才有實質上的意義；但是天高皇帝遠，既不「承乘」也不「應與」，完全沒有緣分。那它要怎麼突破呢？它的爻辭指出來了，要靠誠信去突破，「日久見人心」，只要有誠信、熱忱，主動釋出善意，久而久之就會發酵。如果居心不誠，初發心就有惡念，那麼絕不可能突破那麼遠的關係，跟五爻發展關係。這就是「一念之誠」的力量。比卦交朋友，首重誠信，所以「初六」能突圍，完全靠「有孚，比之」。師卦從頭到尾沒有「孚」，兵不厭詐，打仗當然不能講誠信；只要仗打完了，就要趕快恢復誠信。像貨幣戰爭的師卦，華爾街滿街的騙子，騙得你團團轉。等到貨幣戰爭結束，進入比卦，就要亡羊補牢，重建新的債信系統。比卦第一爻立即拾出誠信的大旗——「有孚，比之」，不然怎麼恢復大家的信心，誰還敢買美金、買股票？今後全世界的大國都在設法恢復市場信心，若能成功，就可以「无咎」。

但因為先前一朝被蛇咬，十年怕井繩，光一個「孚」還不夠，你看到的東西都不敢下手，信心沒辦法一時恢復，在師卦的大破壞之後，很多人都對和平的善意半信半疑，所以這個「孚」得加碼——「有孚盈缶，終來有它吉」。講得真好！現在有兩個「有孚」了，後面的「孚」還多到從瓶子滿出來，象徵滿腔的赤誠。「缶」是最樸素的粗陶瓦罐，是一般老百姓日用的容器，而不是富麗堂皇的青銅。這樣一個容器裡面裝的都是「孚」，不但填滿水杯，還會流出來，猶如滿腔赤誠、熱情流瀉，主動釋出善意。所以要百分之三百的誠信，才足以恢復被師卦摧殘的信心。這就是「有孚盈缶」，要「比」之初重建信心的動作提供更多信用保證，假以時日，「終來有它吉」，雖然不是立竿見影，最後的結果是好的。「孚」一旦建立，人際互動就恢復了，一來一往慢慢就創造了價值，到最後「有它吉」。

「有它吉」很有意思，說明有些吉是你想像不到的，超過預期。你可能預期有一百個吉，結果出現三百個，喜出望外，所以誠信產生的福報，可能多過預期，正所謂「積善之家，必有餘慶」。人有虧損，天有補報，福報還可能會超過預期。三輪車跑得快，上面坐著老太太，要五毛，給一塊，你說奇怪不奇怪？這就是「終來有它吉」，是什麼造成這美好的後果？是「精誠所至，金石為開」；是「有孚，比之」之後，還加上「有孚盈缶」，結果換來喜出望外的福報。比卦「初六」因為處境不好，要跟「九五」發展通天的關係，就得用更多的誠信爭取信任，讓自己具備不可輕視的實力。所以初爻也有屯卦艱難締造的象，但因為它清新、完美，慢慢就「動乎險中，大亨貞」。小公司創業之初，來往的伙伴、廠商很少，所以要先立信，慢慢就積少成多。這就是〈小象傳〉所說的：「比之初六，有它吉也。」

初爻爻變為屯卦，條件不足，要用更多的「孚」去改善。談戀愛也是一樣，大家都經過那個階段，一家有女百家求，就像五陰爭奪一陽，多少陰爻像「六四」、「六二」一樣拚命去貼「九五」？你若是「初六」這隻醜小鴨，在群陰競逐「九五」時，怎麼爭取機會超越「六二」、「六四」，最後「終來有它吉」，飛上鳳凰枝？「初六」靠的就是「孚」，百分之三百的誠信。好比「烈女怕纏郎」，有那股纏勁，天天「有孚、有孚」、「送花、送花」，結果她心軟了，你就扭轉了形勢。所以，人生可以用「孚」去扭轉情勢，化不可能為可能。

可見，「初六」是比卦初學外交要遵守的第一個原則——誠信，不然怎麼展開互動？大國才有實力不講誠信，小國百分之三百講誠信都怕來不及，不講誠信怎麼混？所以不要搞錯了，比卦第一爻就強調誠信的重要，雖然到最後可能還是「比之無首，凶」，但是，若不講誠信，一下就玩完了，一點機會都沒有。

五爻：王者風範

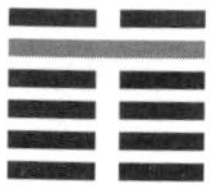

九五。顯比，王用三驅，失前禽。邑人不誡，吉。

〈小象〉曰：顯比之吉，位正中也。舍逆取順，失前禽也。邑人不誡，上使中也。

「九五」君位是比卦的中心，一個天下共主所需具備的王者風範，就是不強迫人家接受他的價值。像美國就常把美國文化的那一套當作是放之四海而皆準的普世價值，不尊重不同歷史文化背景的民族宗教信仰和文化價值，似乎要讓全球美國化，這是最笨、最沒有智慧的做法；搞得很多弱小國家先受美元之惠，最後卻統統反美。這是把比卦「九五」的資源、優勢搞到「過街老鼠，人人喊打」的地步，終於弄出金融風暴的大禍，讓歐巴馬不得不絞盡心力做亡羊補牢的調整。所以處在比卦「九五」的位置，就不要勉強別人，他願意跟你「比」就「比」；不願意，就尊重他的選擇自由；來者不拒，去者不追。這才是王者的風範。

「顯比」的意思很明顯，「九五」是唯一的實力中心，大家都想跟他「比」，而且他的實力擺明著就比你強，既然有這麼明顯的優勢，就不必來詭詐的那一套；要以德服人，不必以力服人；近悅遠來，自然就好，不必威逼、強求。「王用三驅」是網開一面的概念，這是古代「禮」的規範，表示君王打獵時要網開一面，不要趕盡殺絕。這個觀念在屯卦第三爻仔細講過。像清朝皇帝常在沒有戰爭的時候，邀請皇親貴族到熱河木蘭圍場舉行會獵，像軍事演習一樣，把皇家動物園豢養的動物放出來，三路合圍，這叫「三驅之禮」。既不能讓動物跑散掉，也不能讓牠衝撞聖駕，所以它是以三面密不透風的防衛，僅留一面讓野獸逃竄，動物跑過來自投羅網，皇帝就彎弓搭箭等在那裡；自然有射中的，也有些比較機靈的動物可以鑽空逃出去。這就是「來者不拒，去者不追」，不會趕盡殺絕。你願意加入我這個區域聯盟，我歡迎你；你不願意，我也尊重你的選擇，不強迫你接受。絕對不要四路合圍，一網打盡，你把活路統統堵死了，牠就要跟你拚命。做人也必須是這個分寸，你再強、再了不起，都要尊重不同的意見和選擇。可見「顯比」是指「九五」這個位置必須以「三驅」的胸懷與鄰國相處，即使「失前禽」，人家跑掉了，沒選擇跟你結盟，「邑人不誡」，指你手下那些管事的人，也絕不會警告、強迫那些不願跟隨你的人回來。這樣做的局面是「吉」，這樣處理，你的吸引力反而更大，因為強迫人家也未必能長久，而且還可能出亂子。交朋友、談戀愛、找合夥人，能強求嗎？不能。

〈小象傳〉說：「顯比之吉，位正中也。」這一點很明顯。「九五」既中且正。「舍逆取順，失前禽也」，「舍」就是捨棄。「舍逆取順」，有那不願跟隨你的漏網之魚，讓你蒙受「失前禽也」的損失，你也一笑置之，讓他自由來去。「邑人不誡，上使中也」，那些邑人因為你寬大為懷的用人政策，所以也能合乎中道，對那些漏網之魚既往不咎、從寬處理。所以「九五」爻變是厚德載物、有王者風範的坤卦（䷁）。我們看比卦「九五」與師卦「六五」是不是強烈的對照？比卦和平交往的時候，必須網開一面，尊重人家的自由。師卦是「田有禽，利執言」，非得抓回來不可，還要仗義執言、抹黑對方。兩個爻同是君位，做法正好相反。《論語》有一個很深刻、很到位的處世智慧——「己所不欲，勿施於人」，剛好合乎「顯比」這一爻的精神，假如像美國那樣「己之所欲，必施於人」，要求別人接受他的價值，甚至要把信仰伊斯蘭教的區域改造成所謂的民主自由世界，就是極笨的做法。要知道強制的手段是暴力，溫柔的暴力也是暴力。以上就是比卦「九五」所涵括的內容。

占卦實例1：李光耀的智慧——「比之匪人」

李光耀堪稱是新加坡的國父，我在看完《李光耀前傳》之後，對於他在二戰後獨立建國的經驗敬佩不已，於是占了一卦問「李光耀的智慧在哪裡？」他何以能創造新加坡的奇蹟，而且能爭取和平獨立、和平建國，他是怎麼做到的？結果出現比卦，二爻、五爻、三爻動。由此可以得知，二戰後李光耀主要是靠靈活的外交手段，妥善處理戰後複雜的國際關係。

首先是與宗主國英國的關係。戰後很多小國掙脫宗主國獨立，新加坡也在風潮中，但要怎麼以和平手段掙脫這個關係？其次是中國。那時新加坡百分之八十以上都是中國人，二戰後到共產黨革命成功並建立政權，整個東南亞都在中國的影響範圍內，民族主義情緒高漲，新加坡的民族主義者極力爭取跟中國大陸靠近；李光耀要擺脫這些影響力，獨樹一幟，就要搞好跟中國的關係。還一個就是跟鄰國馬來西亞的關係。新加坡的水源到現在都是由馬來西亞提供，如果不敦親睦鄰，馬國只要切斷水源，國家命脈就在人家手上。這三個方面都跟新加坡的命運息息相關，相當於比卦「九五」的位置，而新加坡就是「六二」的位置，在處理好跟「九五」的關係時，還要謹守「不自失」的原則，維護新加坡的自主權不可受到侵犯。此外還要注意可能是「比之匪人」的「六三」，這種階段性的合作對象，是聯合次要敵人打擊主要敵人的必要手段，這種關係也必須擺平。所以，有一段時間他就跟較激烈的民族主義分子組成統一戰線，一起擺脫大英帝國的影響；等到擊退英國集團，再與華人民族主義分子展開激烈的鬥爭，然後靠著和平的民主選舉，將他們擊倒，再審慎處理跟馬來西亞的關係。有時候必須跟魔鬼握手，那就叫「比之匪人」。這種靈活的階段性策略考量，生意人最了解這一套，不管我喜不喜歡你，但我非跟你合作不可，不然我眼前這一關都過不了。可是我們八字不合，不可能長久合作，「風雨同舟」渡過了蹇卦這一關，我們沒有共同的敵人了，接下來就是我們之間的較量了。這就是「比之匪人」。

我們占出來的比卦動二、三、五三個爻，全部加起來是四十五，用天地之數五十五減四十五，得數為十，點到第三爻——「比之匪人」，是李光耀最高的本領。這一來我又信心大增了，交朋友不一定是一輩子的朋友，碰到「匪人」也不見得是永遠的，但那一段時間可能有緣分，可以合作處理共同的問題，之後就沒有緣分再續。在政治鬥爭、商場競爭中，「比之匪人」可說是非常重要的權變策略。這一爻爻變為蹇卦，就是利用大家同時面臨「蹇」的艱難，逼著大家在一條船上合作，然後再處理彼此的矛盾。如果二爻、五爻、三

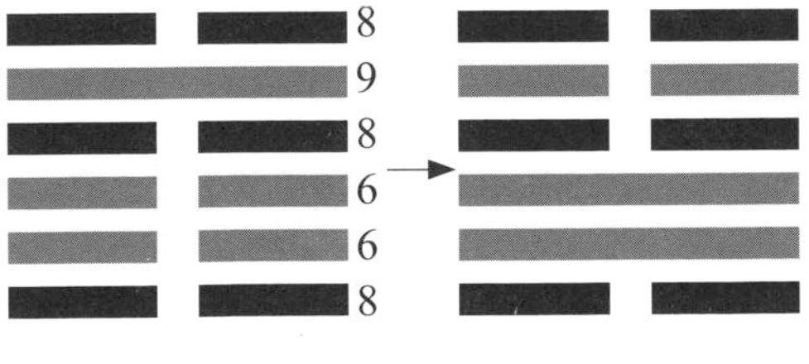

比卦　　升卦

爻都處理得好，三爻齊變為升卦（上頁圖）。李光耀就是懂得比卦這三個爻的操作，所以在新加坡這一彈丸之地創造了升卦高速成長的奇蹟。

這下我們應該明白李光耀是怎麼治國的吧！他最大的長才，就是「比之匪人」，可見「比之匪人」不但不會受傷，還可能創造「升」的佳績。可是這是一般人常因感情用事而做不到的，只要跟我不是一路的，我絕不合作！絕不合作，那就喪失了很多可能。要知道，佛還有避魔的嗎？佛如果避開魔，怎麼降魔呢？他必須要深入接觸、了解魔，才知道怎麼對付。所以什麼都不怕，碰到什麼，就主動積極地從他身上學東西，只要不被他拖累，何所懼？大致是如此。所以新加坡建國「比之匪人」，不但不凶，反而吉。

占卦實例2：臺灣二〇〇二年的經濟形勢

二〇〇二年臺灣的經濟形勢也是比卦，初爻、五爻動。天地之數相減之後，點到第五爻，第五爻爻變坤卦，如果兩爻齊變則有復卦（下圖）的象。復卦與坤卦都是時機，同屬十二消息卦，坤卦是陰曆十月，復卦是陰曆十一月。這說明臺灣藉著跟國際之間「比」的經貿交流，到二〇〇二年年底有復甦的跡象。靠著第五爻開放性的措施，積極交流；然後象徵大量貿易從業人才的「初六」，懂得「有孚，比之，無咎。有孚盈缶，終來有它吉」而造成了重大的突破。但關鍵點是在「九五」，那時候因為陳水扁政府不夠開放，所以復甦的幅度不夠理想。

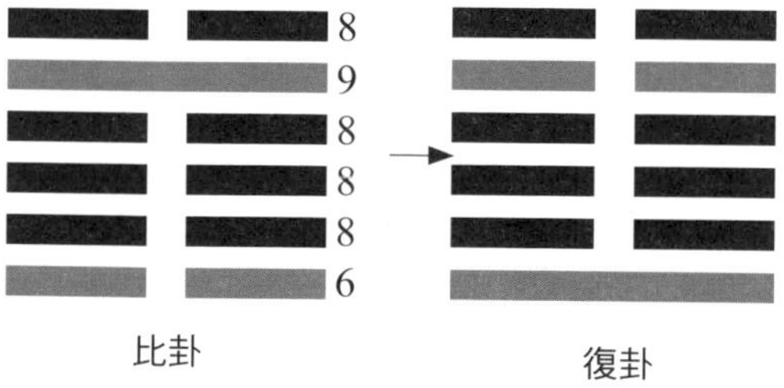

二〇〇二年大陸跟臺灣先後加入WTO，WTO不就是「比」嗎？新的遊戲規則，要跟國際接軌，中國大陸那一年的經濟形勢是師卦（䷆），臺灣則是比卦，兩岸是難兄難弟，一體兩面。大陸二〇〇二年要轉型，很多東西逐步要開放，還要進行動員。後來證明那一場轉型戰爭顯然是打勝了，所以才有後面豐碩的成果。臺灣根本就是以貿易取勝的，當年創造的經濟奇蹟也是如此，所以對比卦的策略應該是早已駕輕就熟的，然而，儘管二〇〇二年的經濟總體表現靠外貿拉抬不少，但外貿的績效還是大打折扣，為什麼？就是因為陳水扁錯過開放的最佳時機，導致幾年後面目全非。所以二〇〇二年臺灣經濟發展的重點，是在象徵臺灣總統的比卦「九五」，原本可以藉著比卦的時機大展宏圖，結果卻讓人大失所望。

劉君祖易經世界2
易經六十四卦的全方位導覽
易經密碼　第一輯

作　　者：劉君祖
責任編輯：李濰美
封面設計：張士勇
文字校對：陳錦生、李昧、鄧美玲、劉君祖
法律顧問：董安丹律師、顧慕堯律師
出　　版：大塊文化出版股份有限公司
地　　址：台北市 105022 南京東路四段二十五號十一樓
網　　址：www.locuspublishing.com
讀者服務專線：0800-006689
電　　話：(02) 87123898　傳眞：(02) 87123897
郵撥帳號：18955675　戶名：大塊文化出版股份有限公司
總 經 銷：大和書報圖書股份有限公司
地　　址：新北市新莊區五工五路 2 號
電　　話：(02) 89902588（代表號）　傳眞：(02) 22901658
初版一刷：二〇一五年十一月
初版九刷：二〇二三年四月
ISBN　978-986-213-648-5
定　　價：新台幣五〇〇元
Printed in Taiwan

易經密碼 : 易經六十四卦的全方位導覽 / 劉君祖著 .
-- 初版 . -- 臺北市 : 大塊文化 , 2015.11
冊 ;　　公分 . --（劉君祖易經世界 ; 2）

ISBN　978-986-213-648-5（第一輯 : 平裝）

1. 易經　2. 研究

121.17　　104020591